미국 대법관 이야기

최 승 재

경북대학교출판부

최승재

서울대학교에서 독어 및 법학을 공부하여 학사학위를 받았다. 괴테(Johann Wolfgang von Goethe)도 좋아했지만, 라드브루흐(Gustav Radbruch)를 더 배우기 위해 같은 대학에서 법학석사를 받고, 경제법(經濟法)으로 법학박사가 되었다.
변호사가 된 후, 미국법과 미국에 대한 이해의 깊이를 더하고자 미국으로 건너가 뉴욕(New York)의 컬럼비아 로스쿨(LL.M)(2004년)을 졸업하였다. 이때 『미국 대법관 이야기』를 쓰기 시작했다. 법과 다른 학문을 연결시켜 보려고 세종-시라큐스 MBA 과정을 졸업하여 경영학(經營學)을, 서울시립대학교 세무대학원 박사과정을 통해 세법(稅法)을 공부하였다.
실무가로서 삼성SDI 선임변호사를 거쳐, 한국 마이크로소프트(Microsoft) 담당 임원(공정거래 및 특허), 대법원 재판연구관을 역임하였으며, 현재 경북대학교 법학전문대학원 교수, 공정거래위원회 경쟁정책자문위원, 대한변호사협회 법제위원으로 활동하고 있다.
주요 저서로는 『특허권 남용의 경쟁법적 규율』(2010, 세창출판사), 『전략적 기업경영과 법』(2010, 한국학술정보), 『공정거래법의 쟁점과 과제』(共著, 2010, 법문사), 『과학기술법』(共著, 2010, 진원사), 『경쟁 전략과 법』(2009, 한국학술정보), 『IT기술과 법』(2008, 홍익대학교출판부) 등이 있다. 세상과 소통하기 위해서 『법조』, 『저스티스』, 『증권법연구』, 『경쟁법연구』 등의 주요 저널에 회사법, 금융법, 지적재산권법, 경쟁법 관련 논문 70여 편을 발표하였으며, 「법률신문」 등을 통해서 소논문도 40여 편을 발표하였다.

미국 대법관 이야기

초판 1쇄 2009년 4월 28일 | **개정 2쇄** 2013년 5월 20일
지은이 최승재 | **펴낸이** 함인석 | **펴낸 곳** 경북대학교출판부
출판등록 1973년 10월 10일 ㉖97호 | **주소** 대구광역시 북구 대학로 80
전화 053-950-6741~3 | **팩스** 053-953-4692 | **E-mail** press@knu.ac.kr
Homepage http://press.knu.ac.kr

정가 19,000원
ISBN 978-89-7180-309-7 93360

※파본은 바꾸어 드립니다.

서문

미국 대법관들의 삶으로의 초대

역사는 현재 삶의 가장 훌륭한 교사이다. 알버트 아인슈타인은, 인류는 역사에서 아무것도 배우지 못한다고 하면서, 역사적인 실수를 반복하는 인류에 대해 비판하였다. 그러나 사회과학을 하면서 실험실에서 실험을 할 수는 없기 때문에 우리의 부족함을 알면서도 역사를 살펴본다. 변호사로 법조실무를 하면서 미국법이 미치는 전 세계적인 영향을 피부로 실감한 필자는 로스쿨의 교수가 되면서, 제한된 시간에 로스쿨 학생 및 로스쿨 준비생 또는 미국법에 관심을 가지고 있는 일반인들에게 미국법을 보여 줄 수 있는 방법이 무엇이 있을까 고민하다가, 보통법 국가인 미국에서 미국법을 실제로 형성하는 미국 대법관들의 이야기를 쉽게 풀어서 쓴 책을 출간하는 것을 생각하게 되었다. 미국 연방대법원과 그 구성원인 대법관을 인간이라는 관점에서 역사와 엮어서 연구하는 것이다. 즉 어렵게만 느껴질 수도 있는 미국법을 대법관들의 삶과 그들이 내린 중요한 판결들을 통하여 살펴봄으로써 미국법에 보다 친근하게 접근할 수 있도록 하는 데 노력하였다.

이 책의 목적은 미국법에 관심을 가진 로스쿨 학생에게는 미국법 강의의 부교재로, 일반인에게는 교양서로 볼 수 있도록 함에 있다. 우리의 기존 법체계에 배심제도의 변형인 국민참여재판제도, 공판중심주의 등이 지속적으로 유입되고 있고, 지극히 미국적인 제도로 이해되는 유죄협상제도(plea bargain)까지 도입이 논의되고 있다. 이런 시점에 독자들은 미국에서의 법률적 전개를 대법관들을 통해 투영하여 봄으로써 미국과 그들이 가지는 사고체계를 법을 통하여 이해할 수 있을 것이다. 시대를 이끈 인간의 삶을 보는 것보다 역사를 이해하는 더 좋은 방법은 없기 때문에……. 필자의 미국 대법관들의 삶으로의 초대에 많은 분들이 응하셔서 작은 도움이나마 받았으면 한다.

첫 번째 이야기 여행에서 우리는 미국의 역사와 함께 시작한 미국 대법원을 여행한다. 좋은 여행을 위해서는 좋은 가이드를 만나야 하는데, 좋은 가이드는 너무 수다쟁이여서도 안 되고, 너무 무뚝뚝해서도 안 된다. 첫 여행에서 만날 사람들은 미국 대법원의 초기 시절의 대법관들이다. 지금으로부터 200년 이상이 지난 시간으로의 여행이지만 여전히 지금도 공감되는 부분이 많다. 두 번째 이야기에서는 워렌 코트 이후의 대법원을 살펴볼 것이다. 미국 대법원의 역사에서 가장 진보적인 법정으로 불리는 워렌 코트의 워렌 대법원장과 대법관들이 1960년대를 민권운동의 시기로 만들었다. 워렌 코트의 대법관들이 없었다면 과연 '마틴 루터 킹' 목사의 꿈이 '오바마' 대통령으로 이어질 수 있었을지, 베트남전의 질곡에 빠져 있던 미국민들에게 새로운 시대를 여는 케네디의 꿈이 가능하였을 것인지에 대한 생각들을 이 여행을 통해 하게 될 것이다.

세 번째 이야기부터 독자들은 미국 대법원에 대한 워렌 코트 이후의 시간을 여행한다. 버거 코트와 렌퀴스트 코트, 그리고 지금의 대법원장인 로버츠 코트까지의 시간들을 여정으로 한다. 1969년 이후 미국 역사 속에서, 미국 연방대법원은 지속적으로 워렌 코트로부터 멀어지기를 시도하면서도 동시에 베트남전 이후 미국 역사의 주요한 지점마다 결정적인 역할을 하였다. 2000년 부시 대통령이 민주당의 고어 후보를 이길 수 있었던 것이 바로 미국 연방대법원의 결정에 의한 것이라는 사실을 기억하는 독자라면 왜 이 책을 보아야 할지에 대해 굳이 말하지 않아도 될 것이다.

초판을 내고 난 뒤에 여러 독자들의 귀한 이야기를 듣고 또 오류를 발견하였다. 우선 이 오류들을 보완하고 책을 한 권으로 합치기로 하였다. 한편 그간 1년 반 정도의 시간이 흐르면서 수터 대법관과 스티븐스 대법관이 은퇴하고, 소토마요르 대법관과 엘레나 케이건 대법관이 취임하였다. 그래서 이런 부분들을 보완한 개정판을 내게 되었다. 이 책의 교정에는 이상은 군이 도움을 주었다. 경북대출판부도 계속 출판을 위한 수고를 해주었다. 마지막으로 한집에 살면서 부족한 자식에게 변함없는 애정을 주시는 부모님과, 평소에 잘 놀아주지 못해 늘 미안하게 생각하는 아들 정원, 딸 진원, 그리고 늘 한결같은 아내에게 감사의 마음을 전한다.

2010년 겨울

경북대학교 연구실에서

저자 최승재 씀

추천사

이번에 경북대학교 법학전문대학원 최승재 교수의 『미국 대법관 이야기』 개정판이 출간되었다. 필자는 수년 전 서울지방변호사회가 발간하는 『시민과 변호사』라는 인터넷잡지에서 「미국 대법관 이야기」라는 고정칼럼을 발견하고 재미있게 읽었던 기억이 있다. 2009년에 그 내용으로 『미국 대법관이야기』 1, 2권이 발간되었고, 이번에는 로버츠 대법원장 취임 이후 임명된 소냐 소토마요르와 엘레나 케이건 2명의 대법관에 관한 내용을 추가하여 개정판이 출간되었다.

최승재 교수는 2000년 사법연수원을 수료한 이후 대기업의 사내변호사, 대법원 재판연구관 등 실무가로서 왕성한 활동을 하였을 뿐 아니라 바쁜 시간을 쪼개어 상사법, 경제법, 지적재산권 등의 광범위한 분야와 관련하여 실무상 도움이 되는 주옥같은 글도 많이 발표하였다. 그 후 후학을 지도하기 위하여 경북대학교의 법학전문대학원의 교수로 자리를 옮긴 후 『미국 대법관 이야기』를 집필한 것이다.

어린 시절 어린이에게 위인전을 읽도록 하는 것은 훌륭한 인물이 어떠한 분이고 어떠한 삶을 살아야 후대에 위인으로 추앙받는지를 어린이에게 알려 주고 스스로 그와 같은 삶을 살도록 인도하기 위한 것이다. 마찬가지로 훌륭한 법조인의 삶에 관한 책이야말로 법조계의 입문을 준비하는 학생이나 신참법조인에게 험난한 인생행로에서 앞으로 어떠한 인생관과 세계관을 갖고 어떠한 삶을 살아야 훌륭한 법조인이 될 수 있는지를 알려 주는 법조계의 나침반이라 할 것이다.

미국에서는 연방대법관뿐 아니라 연방판사에 관한 많은 자서전과 평전이 있다.

젊은 법대생들은 이러한 책을 읽으면서 어느 대법관이 왜 위인으로 존경받는지, 그 대법관의 한계가 무엇인지, 어느 대법관이 어떠한 이유로 최악의 대법관으로 평가받는지 스스로 깨우치게 된다. 『Legal List』라는 책은 미국의 역대 대법관, 법관, 변호사, 판결, 저서 등에 관하여 최상위 10위뿐만 아니라 최하위 10위에 대해서도 소개하고 있다.

아직 한국의 법조인에 대한 평전이 많지 않은 현실에서 『미국 대법관 이야기』 개정판이 발간되는 것은 법조인의 대량 배출과 맞물려 법조윤리가 강조되는 이 시점에서 매우 시의적절하다.

로스쿨에 다니는 학생들이나 법조인으로서 첫발을 내딛는 분들뿐 아니라 기성 법조인들로서도 훌륭한 법조인의 삶에 관하여 진지하게 생각할 수 있는 필독서로 믿고 추천하고자 한다.

2011. 1. 14.

대한변호사협회 기획이사 林治龍

추천을 하여 주신 임치용 변호사님은 현재 법무법인 태평양 파트너변호사로 활동 중입니다. 1984년 사법연수원을 14기로 수료한 후 2007년까지 판사로 재직하셨습니다. 도산법 분야에 조예가 깊어 『파산법 연구 1, 2, 3권』(박영사)을 출간하는 등 많은 연구업적을 내셨습니다. 미국 남부의 명문 로스쿨인 듀크(Duke)대학교 Law School(LL.M, 1996)을 졸업하였고, 미국법에 대하여도 남다른 이해가 있으십니다.

목차

두 번째 이야기 · 워렌 코트의 대법관들

세 번째 이야기 · 버거 코트의 대법관들

다섯 번째 이야기 · 로버츠 코트의 대법관들

정리하는 이야기 · 미국의 사법제도

첫 번째 이야기
초기의 대법관들

01
대법원장 존 제이
John Jay
1789.10.19.~1795.6.29.

보통법(common law)으로서의 영국법과 미국법

사회학에서 사용되는 용어로서 아비투스(habitus)라는 용어가 있다. 문화적 인지와 실천을 구별하는 원리로서 사람들의 생활양식이나 문화실천은 상이한 자본의 배부와 위치에 따라 대립과 구별의 구도로 나타나게 된다. 이것을 '아비투스'라고 한다. 이 용어는 유물론적인 문화론에서 기인하는 것으로, 문화적 산물이 개개인의 미적 내지 윤리적 태도에 의하여 결정되는 것이 아니라 개인을 둘러싼 당시의 사회구조와 연관돼 있다는 프랑스의 사회학자 피에르 부르디외(Pirerre Bourdieu, 1930~2000)의 주장에서 시작된다. 영국에서 시작된 보통법이 미국법으로 오면서, 미국인들의 문화와 그들이 만들고자 하는 국가에 맞추어지면서 변용된다. 그리고 그러한 변용을 통하여 미국법의 기초를 만들어 낸 것이 초기 미국 대법관들의 역할이었다. 그런 초기 미국 대법관들 중에서 빛나는 두 명의 별을 들라고 할 때, 존 제이 대법관과 조셉 스토리 대법관을 우선하는 것에는 누구도 쉽게 이의를 제기할 수 없을 것이다.

조셉 스토리와 존 제이

초기 컬럼비아대학교(당시에는 '킹스 칼리지')에 '존 제이'라는 천재가 있고, 초기 하버드대학교에는 '조셉 스토리'라는 천재가 있었다. 그들의 공통점은 매우 어린 나이에 학교를 마치고 대법관이 되었고, 학교에 동상으로 남아 있다는 점이다. 존 제이 홀(hall)은 컬럼비아의 캠퍼스에서 로스쿨 건물로 나아가기 전에 있는데, 그가 컬럼비아에 남기고 있는 흔적 중의 하나이다.

존 제이는 1764년 당시의 킹스 칼리지를 졸업하고, 미국 독립혁명 초기 뉴욕주의 헌법을 초안하는 일에 관여하였다. 그리고 1779년까지 뉴욕주의 대법원장을 역임하였다. 그가 1745년생이라는 점을 감안하여 보라. 존 제이는 대법원장이었고, 법관으로만 일을 한 인물이 아니라 초기 미국의 독립과 관련된 일을 하였던 인물로서 초대라는 의미가 강한 인물이다. 아무것도 없던 시절에 영국식민지였던 관계로 영국의 기존의 제도를 바탕으로 하면서도 연방국가로서의 미국, 그리고 신생국가로서 미국이 나아가야 할 방향에 대한 일을 함에 있어 사법부와 관련된 소명이 그에게 주어졌던 것이다. 하지만 그는 초기 미국이 영국으로부터 독립하는 것에 그다지 우호적이지 않았기 때문에 독립선언문(Declaration of Independence)에서 그의 이름을 찾아볼 수 없다. 그는 1789년 사법법(Judiciary Act)에 의하여 창설된 신생 미국의 사법부의 초대 대법원장으로 지명되어 규정을 제정하고, 절차를 확립하고, 여러 가지 프로토콜(protocol)을 만드는 일을 하였다.

이와 관련하여 의미 있었던 것이 사법부의 정치적인 중립성을 선포하는 일이었다. 그는 해밀턴이 사법부에 대하여 주의 부채처리와 관련된 연방정부의 반대에 대하여 의견을 제시하여 달라는 긴급한 요청에 대하여 사법부의 역할은 구체적으로 사건화된 경우에 한하여 그 헌법합치 여부를 판단하는 것이라고 사법부를 정의하였다. 사실 이 부분은 어떤 나라의 사법부에서나 공통적으로 발생하는 문제라고 생각한다. 하지만 당시의 상황으로 돌아가 본다면 제이는 매우 선견지명을 가지고 있었다고 볼 수 있다. 왜냐하면 아직 형식이 갖추어져 있지 않은 상황에서 정치적으로 쏠리는 판단을 할 수 있는 상황에 스스로를 두는 것은 사법부 스스로의 지위를 위태롭게 할 수 있는 것이었기 때문이다. 이러한 사법소극주의적 태도는 존 제이에게는 충분히 설명할 수 있을 만한 상황이다. 경험을 통해 개인이 사회화되는 과정이며 발생론적 원리에 따라 사회를 구성하는 과정으로 이해될 수 있는 '아비투스'라는 개념을 생각하여 보면, 일정한 시간이 지나고 난 뒤의 조셉 스토리의 경우에는 마샬이라는 토대하에 사법부의 역할을 재정립하고, 그 활동의 반경에서 정리되어 온 내용들을 체계화하는 작업이 필요하게 된 시점이었고, 스토리는 자신에게 주어진 '체계화'라는 과업을 수행하였던 것이다.

미국법의 시초에는 존 제이가 있고, 그는 맨땅에 기초공사를 하였다. 그리고 그 기초 위에 조셉 스토리가 체계를 만들었다. 존 제이 시절의 판례들을 보면 그 당시의 상황을 알 수 있는데, 예를 들어 Chisholm v. Georgia 사건은 사인(private citizen)이 다른 주의 주민을 상대로 하여 소송을 제기할 수 있는가 하는 것인데, 이 결정은 뒤에 Georgia v. Brailsford 사건에서 뒤집어지고 수정헌법 제11조에 의하여 명문화되었던바, 이러한 일련의 사건으로 인하여 주의 권한을 정립하였다. 한편 그는 유명한 제이 조약(Jay Treaty)을 체결하는 것에도 관여하였던 것처럼 외교관으로, 뉴욕주지사로서 정치인으로, 심지어는 존 아담스(John Adams) 대통령에 의하여 사임하는 엘스워드(Ellsworth) 대법원장(3대)의 후임으로 다시 대법원장으로 복귀하여 달라는 부탁을 받기도 하였다. 결국 존 제이의 고사로 4대 대법원장은 존 마샬이 맡게 되었고, 그 유명한 마버리 대 매디슨 판결(Marbury v. Madison)(1803)로 미국 연방대법원은 새로운 도약을 할 수 있었다. 존 제이는 1829년 하늘의 부름을 받는 그날까지 초기 미국의 공직에서 지속적으로 봉사하였다.

미국법으로서의 보통법

1790년 2월에 시작된 미국 사법부의 역사는 200년이 넘지만 그 기간동안 대법원장은 지금의 로버츠 대법원장을 포함하더라도 17명에 지나지 않는다. 초기 미국이 가졌던 행운은 조지 워싱턴이란 탁월한 정치인이 대통령이 되었고, 그 워싱턴이 존 제이를 - 비록 그가 초기 미국 독립에 미온적이었음에도 - 지명하여 터를 잡았다는 것에 있다. 처음 미국 연방대법원은 지금과 달리 대법원장과 다섯 명의 대법관으로 구성되었으며,

초대 대법관은 2대 대법원장이 된 존 러트리지(John Rutledge), 윌리엄 쿠싱(William Cushing), 제임스 윌슨(James Wilson), 존 블레어(John Blair), 제임스 어델(James Iredell)이었으며, 이들은 각자 다른 주를 대표하였다. 존 제이가 대법원장직을 수행하면서 불만을 가졌던 13개의 항소관할을 순회하였던 전통은 1789년 법으로부터 101년이 지속되었다. 링컨의 전기를 보면 링컨이 변호사 시절에 판사를 따라서 이동하는 이야기가 나오는 것처럼, 명칭만이 아니라 실제로 순회가 이루어졌던 것이다.

보통법으로서의 미국법의 여명기, 존 제이와 조셉 스토리의 삶을 보는 것은 사법부의 일원에게는 주어진 환경이라는 것과 사법부 구성원의 역할을 본다는 점에서 의미있는 작업이다. 특히 조셉 스토리의 경우에는 자신이 남긴 많은 저작과, 아들인 윌리엄 웨트모어 스토리(William Wetmore Story)의 저작인 『조셉 스토리의 삶과 서간(The Life and Letters of Joseph Story)』 등 풍부한 문헌들이 있다. 또 스티븐 스필버그(Steven Spielberg)의 영화 〈아미스타드(Amistad)〉로도 그를 만날 수 있다. 조셉 스토리는 하버드 로스쿨의 기초자였고, 아울러 그의 자유로운 사고는 1941년 2월 미국 연방대법원이 1839년 8월 29일 미국 연방지방법원에서 시작된 '아미스타드' 사건을 처리하게 됨에 따라 이제 노예제도에 대한 그의 생각을 어쩔 수 없이 드러낼 수밖에 없는 상황이 되었던 것이다. 1857년의 '드레드 스콧' 사건은 미국 남북전쟁의 촉발점이 되었다. 마지막 보루로 여겼던 사법부마저 흑인은 사람이 아니라고 판시하자 미국 사회는 사회적 문제를 사법제도에도 기댈 수 없게 되었다는 절망감에 휩싸이게 되었고, 결국 전쟁 외에는 방법이 없다는 결론에 이르게 되었다.

이보다 15년 이상 앞선 '아미스타드' 사건에서 소송을 제기한 원고는 소송의 대상이 된 아프리카인들은 물건(personal property)이므로, 미국과 스페인 간의 조약에 따라 스페인에게 반환되어야 한다고 주장하였다. 그러나 스토리 대법관은 이러한 원고의 주장을 받아들이지 않았다. 스토리 대법관은 당시 노예제를 인정하고 있던 미국의 법적·제도적 상황을 감안하여 이들이 합법적인 노예라는 입증이 부족하고, 오히려 강제적으로 납치 감금된 자들로서 이들은 자유인이며, 자신들이 미국에 남을지 아프리카로 돌아갈지를 정할 권리가 있다고 판시하였다. 스토리 대법관은 압제에 항거하는 것은 모든 인간의 궁극적인 권리[1]라고 판단하였다. 법무장관 헨리 길핀 등 미국 행정부의 반대에도 불구하고, 스토리 대법관은 노예에게 자유를 주는 판결을 함으로써 미국의 공정한 법정에서 권리를 부여함에 피부색은 의도적으로 무시되어야 하며, 아프리카인도 국적과 상관없이 자유롭다고 판시하였다. 그는 따라서 미국의 사법제도를 운용함에 있어 아프리카인도 인간으로 취급 받아야 한다는 것을 밝혔다.

법관은 자신의 철학과 세계관에 영향을 받을 수밖에 없고, 객관적인 사회의 구조에 영향을 받을 수밖에 없다. 법관이 주체로서의 행위자가 되지 못하고 자신의 사고와 행위가 구조에 의하여 결정된다는 구조주의적인 접근방법론은 인간을 단순히 수동적인 반응체에 불과한 존재로 격하한 것이다. 법관은 개인과 집단을 모두 고려하면서 객관적 구조를 보전하거나 또는 변형하기 위하여 노력을 해 나가며 이러한 객관적 관계의 체계와 주관적인 경험이라는 것을 통합하여 나아간다. 구조가 인간을 결정하기도 하지만, 인간이 구조를 변혁하기도 한다. 이것이 아마 부르디외가 '아비투스'라는 개념을 통하여 말하려던 것이 아니었을까? 존 제이에게는 영국의 보통법 전통의 미국적인 계수라는 과제가 독립이라는 시대정신과 연결되어 주어져 있었고, 그는 가능한 한 사법부의 역할을 소극적으로 운용하면서도 틀을 갖추고, 초기에 강력한 힘을 발휘하던 행정부나 정치권으로부터 일정한 거리를 두면서 역량을 강화하였다. 그리고 조셉 스토리는 '존 마샬' 대법원장의 영향하에 사법권의 입법통제를 통하여 사법부의 지평을 넓힘으로써 강화된 역량을 바탕으로 사회에 미치는 영향력을 제고하려고 노력하였다. 조셉 스토리의 개인적인 철학이 아미스타드 사건의 판결에 영향을 주었겠지만 바로 이러한 당시의 구조가 대통령이나 법무장관의 의견에 대해서도 사법부의 목소리를 낼 수 있는 환경이 되었을 것이다.

1789년 미국 사법법(Judiciary Act of 1789)은 입법을 통하여 연방사법시스템을 구성할 수 있도록 하였다. 이 당시 연방대법원의 대법관 수는 연방항소법원의 수에 연동되도록 하였던바, 당시 연방항소법원의 수가 3개였기 때문에 연방대법관의 수는 각

1) 원문은 다음과 같다. 'the ultimate right of all human beings in extreme cases to resist oppression.'

항소법원별로 2인씩 6인이 되도록 규정되었다. 1801년 연방항소법원의 수와 연방대법관 수를 서로 연동하도록 하는 규정은 제거되었다. 하지만 1807년까지 6인의 연방대법관 수는 유지되었다. 1837년 2개의 연방항소법원이 추가되었고, 2명의 연방대법관이 추가 임명되었으며, 연방대법관의 수는 1863년에 10명으로 증원된다.

남북전쟁이 일어나고 앤드류 잭슨 대통령의 국가 재건 과정에서, 10명의 짝수로 된 대법관 수의 적절성에 대한 논란이 있었고, 1869년 사법법 개정을 통하여 연방항소법원의 수와 연방대법관의 수가 모두 9명으로 변경되었다. 9명의 대법관 수를 변경하기 위한 노력은 뒤에도 있었지만 이 수는 그대로 유지되었다.

존 러트리지

존 러트리지(John Rutledge)는 정치인 출신으로 초기 존 제이(John Jay) 대법원장이 사임한 이후 대법원장이 되려고 하였지만 인준이 되지 못하였다. 존 그리샴의 소설을 영화화한 〈팰리칸 브리프〉라는 작품에서처럼 종신직인 대법관의 경우 이러한 정신적인 문제는 결국 본인의 사임으로만 해소될 수 있다는 점에서 문제라고 할 수 있을 것이다. 존 러트리지는 자살을 기도하기도 하다가 정신병원에서 생을 마쳤다. 그 외 나탄 글리포트(Nathan Clifford)[2], 스티븐 필드(Stephen J. Field)[3] 등의 대법관도 성공하지 못한 대법관으로 평가된다.

2) 1803년에서 1881년까지 살았던 미국의 법률가, 정치인으로 1858년에서 1881년까지 대법관으로 재임하였다. 민주당 소속으로 뷰캐넌 대통령에 의하여 지명되었다.

3) 1816년에 태어나 1899년까지 생존한 미국 연방대법관이다. 그는 1863년 링컨 대통령에 의해서 새로 추가된 미국 연방대법관직에 임명되었다. 분리하되 평등하게(separated but equal)라는 원칙을 제시한 프레시 사건(Plessy v. Ferguson)의 다수의견에 찬성하였다.

02
대법원장 존 마샬
John Marshall

1801.2.4.~1835.7.6.

알렉시스 토크빌[4]은 구대륙 출신으로 신생 미국을 여행하고 『미국의 민주주의』(1853)라는 책을 저술하였다. 그가 본 미국에서의 민주주의는 신대륙에서 새롭게 시도된 것으로, 선례를 찾아보기 어려웠지만 주권재민의 원리를 매우 성공적으로 구현하고 있었다. 왕정이나 귀족정을 피하여 신대륙으로 이주한 청교도들을 중심으로 새로운 꽃을 피운 미국의 민주주의는 경이 그 자체였던 것이다. 이처럼 성공적으로 민주주의가 정착될 수 있었던 것은 삼권분립이 적절하게 이루어지면서 서로 견제와 균형을 달성하였기 때문이다. 알렉산더 해밀턴은 분립된 삼권 중에서 사법부를 가장 약한 권력이라고 하였다. 그러나 상·하원 의원이나 대통령과 달리 유일하게 비선출제의 최고권력기관인 대법원의 대법관은 다른 각 부를 규율하고 통제하는 역할을 헌법에 기초하여 하는 것으로, 오히려 가장 중요한 부라고 이해하였다. 그러므로 미국 헌법은 미국 연방대법원, 좀 더 넓게는 사법부 권력의 기초이다.

미국에서 사법부의 힘은 실제로 해밀턴이 예견했던 것과 같이 매우 미약하였다. 1803년 존 마샬(John Marshall) 대법원장은 마버리 대 매디슨 사건을 대법원의 열악한 지위를 획기적으로 바꾸는 계기로 삼는다. 대통령 아담스(Adams)[5]는 임기 마지막 날에

4) 토크빌의 전체이름은 'Alexis-Charles-Henri Clérel de Tocqueville'(1805~1859)이다. 그는 프랑스의 정치사상가이면서 동시에 역사학자이다. 미국의 민주주의외에도 『구체제와 혁명(The Old Regime and The Revolution)』(1856)과 같은 저술을 남겼다.

5) 미국 제2대 대통령으로 1797년에서 1801년까지 재임하였다. 초대 대통령 워싱턴을 도와 초대 부통령

워싱턴 D.C.에 치안판사(peace justice in District of Columbia)라는 직위를 신설하여 판사들을 지명하였다. 이렇게 정치적으로 임명한 판사들을 미드나이트 저지(midnight judge)라고 불렀다. 하지만 일부 판사들에 대한 임명장은 제퍼슨(Jefferson) 대통령이 임기를 시작하게 된 1803년 3월 3일까지 도달하지 않았다. 제퍼슨은 즉각적으로 국무장관 제임스 매디슨(James Madison)에게 명령하여 아직 임명장을 받지 못한 판사들에 대한 임명을 철회하였다. 이들 중의 한 사람인 윌리엄 마버리(William Marbury)는 연방대법원에 임명장을 주라는 소송을 제기하였다.

이 사건은 연방대법원으로서는 매우 고민스러운 상황을 야기하였다. 사건의 본질은 정치적인 상황에 기초한 정치적인 문제였지만 단순히 회피라는 수단을 선택할 경우 사법부의 열악한 지위는 개선될 수 없었다. 대법원장 존 마샬은 사법부의 의무는 입법부와 행정부가 한 행동에 대하여 이를 사법적으로 검토하는 것이라고 규정한다.

미국 대법원의 역사를 실질적으로 시작한 마샬 대법원장은 외가 쪽 친척으로 토마스 제퍼슨 대통령이 있고, 친가 쪽으로도 상원 및 하원의원들을 비롯한 여러 저명인사들이 있는 명문가 출신이었다. 그는 1801년 2월 4일부터 1835년 7월 6일까지 미국 연방대법원 역사상 가장 오랜 기간 동안 대법원장으로 재직하면서 미국 연방대법원의 기틀을 확립하였다. 그는 정치가로서, 변호사로서 일하다가 1801년 대통령 아담스에 의해서 올리버 엘스워드(Oliver Ellsworth) 대법원장[6]의 후임 대법원장으로 지명되었다. 원래 아담스 대통령은 전임 대법원장이었던 존 제이를 다시 대법원장으로 지명하려고 하였으나 그는 대법원에서는 어떤 활력도 무게감도 권위도 찾아볼 수 없다고 하면서 대법원장직을 거절하였다. 그래서 아담스 대통령이 찾은 대안이 그가 2년 전인 1799년 전쟁장관(Secretary of War)으로 지명한 '마샬'이었다. 그는 1801년 1월 27일 만장일치로 상원인준청문회를 통과하여 대법원장이 되었다. 그는 1803년 사건인 Marbury

---

을 역임한 그는 미국 건국의 아버지 중 한 사람으로, 건국에 중요한 역할을 하였다. 재선을 위해서 출마했다가 토마스 제퍼슨에게 패배하여, 고향인 매사추세츠로 낙향하였다.

6) 1745년생인 엘스워드 대법원장은 코네티컷주 출신으로, 학부에서 신학을 전공하고 뒤에 법학으로 전공을 바꾸어 법조인으로 일했다. 그는 미국 독립과정에서 헌법을 작성하는 데 관여하였고, 제3대 대법원장으로 1796년에서 1800년까지 재임하였다.

v. Madison 사건에서 연방대법원 역사상 최초로 의회가 입법한 법인 1789년 사법법(Judiciary Act)을 위헌으로 판단하여 무효화함으로써 연방대법원이 실질적인 연방의회의 견제자로서 기능할 수 있게 되었다.

이후 마샬은 대법원장으로서 자신을 지명한 존 아담스(John Adams) 대통령 외에도 토마스 제퍼슨(Thomas Jefferson), 제임스 매디슨(James Madison), 제임스 먼로(James Monroe), 존 퀸시 아담스(John Quincy Adams), 앤드류 잭슨(Andrew Jackson) 대통령까지 모두 6명의 대통령의 임기 동안 재직하였다. 그는 자신의 재직기간 동안 1,000여 건이 넘는 판결의 평의에 참여하였고, 519건의 판결을 작성하였다. 이를 통하여 마샬은 초기 미국에서의 연방의 힘을 강화할 것인가, 아니면 주의 힘을 강화할 것인가 하는 연방주의논쟁에서 연방의 힘을 강화하여야 한다는 연방주의의 강력한 지지자로서 이를 지지하는 판결을 하였다. 그는 연방주의자로서 강력한 연방의 권한이 초기 미국의 민주주의를 공고화하기 위해서 필요하다고 생각한 정치사상가였다. 초기 미합중국은 각 주의 권한이 매우 강하였고, 연방의 권한은 약했다.

이 시기를 대표하는 사건이 맥컬럭 대 메릴랜드(McCulloch v. Maryland) 사건(1891)이다. 마샬 대법원장은 이 사건의 판결문을 작성하면서 각 주는 연방정부에 대하여 과세할 수 없다는 점을 분명히 하여 주의 권한을 제약하였다. 이 사건은 1816년 필라델피아에 제1 연방은행을 설립하여 은행권을 발행하는 등의 업무를 개시한 후 연방정부는 볼티모어에 제2 연방은행을 설립하여 제1 연방은행의 지점으로서 각종 은행업무를 수행하고자 하였다. 그러자 메릴랜드주는 메릴랜드주에 의해서 설립인가를 받지 않은 모든 은행에 대하여 과세하겠다고 하면서 제2 연방은행에 과세를 하였다. 그리고 이에 대해서 제2 연방은행장 맥컬럭은 납세를 거부하였다. 이 사건은 연방대법원으로 갔고, 사법부의 판단에 따라서 연방과 주의 권한의 배분에 대한 중요한 이정표가 만들어지게 되었다.

마샬 대법원장은 이 사건에서 주의 연합체로서 합중국인 미국을 이끌어 나갈 몇 가지 중요한 판단을 한다. 우선 연방과 주의 권한분배에 있어 미국 헌법은 사회적인 계약으로서 이 헌법에 기초하여 연방이 만들어졌고, 헌법은 각 주의 권한을 제약한다.

그러므로 헌법에 기초한 연방은 주에 우선한다(헌법상 최고법 원칙 Supremacy Clause). 둘째 미국 연방의회는 헌법에서 규정하고 있는 명문의 규정과 암묵적인 규정에 제약을 받는다. 미국 연방의회는 명문으로 세입과 세출에 대한 권한을 가지고 있다. 반면 연방은행을 설립할 권한을 명문으로 가지고 있지 않았다. 미국 연방의회가 연방은행을 설립할 권한을 헌법상 명문으로 가지고 있지는 않았지만 헌법상 명문의 권한인 세입과 세출을 집행하기 위하여 필요한 암묵적인 권리로 인정되었다(헌법상 세입 및 세출 규정 Taxing and Spending Clause). 셋째 미국 연방의회의 권한은 명문으로 규정되어 있는 헌법 규정을 실행하기 위하여 합리적으로 필요성이 인정되고 헌법상 명문으로 금지되는 것이 아니면 허용된다(헌법상 필요하고 적절한 범위의 규정 Necessary and Proper Clause). 마지막 세 번째 요건에 대하여 메릴랜드주는 매우 제한적으로 해석을 하려고 하고 있지만 마샬 대법원장은 이런 메릴랜드주의 해석을 배척하고 연방권한의 확대를 꾀한다.

03
대법관 조셉 스토리
Joseph Story

1812.2.3.~1845.9.10.

조셉 스토리 대법관을 거치면서, 영국법과 미국법은 같은 보통법의 전통으로 법률적인 계보가 형성되어 있으면서도 상당 부분은 상이한 변화를 겪게 된다. 그리하여 영국에서 공부하고 오신 분들은 가끔, 영국에서 공부하는 사람이 적어서 그렇지 실제로 공부하여 보면 오히려 영국이 우리가 법대에서 공부하는 것과 더 비슷한 것 같다고 한다. 그러나 근자에 와서 미국법에도 많은 성문법들이 들어와 성문화된 법전의 해석이 매우 중요하게 되었고, 영국의 경우에도 유럽공동체법의 영향을 받아 대륙법과 비슷해지고 있다. 대륙법계에서도 집적되고 확립된 판례는 실무가들은 물론 연구자들에게 매우 중요한 의미를 가진다. 대륙법계와 보통법계, 그리고 미국법과 영국법도 서로 접근하고 있는 것이다.

조셉 스토리라는 개인이 살던 당시의 경제자본, 문화자본, 사회자본, 상징자본 등으로 나뉘어 있는 사회적 장에 의하여 영향을 받은 부분이 있을 것이고, 자신이 개인적으로 성장하여 온 배경이나 개인적인 성향이 혼융되어 있을 것이라는 점에서 그의 이야기를 시작한다.

대법관 스토리와 미국법의 발견

조셉 스토리는 1779년 매사추세츠주의 마블헤드(Marblehead)에서 태어나 1798년에 하버드 로스쿨을 졸업하였다. 그는 민주당원으로 1805년부터 매사추세츠주의 하원의원을 역임하고, 1811년에는 불과 32세의 나이로 당시 대통령이었던 제임스 매디슨(James Madison)에 의하여 미국 연방대법원의 대법관으로 지명되었다. 그는 이 자리에서 사망할 때까지 직무를 수행하였으니 그가 상원의 승인을 얻어 직무를 시작한 1812년 2월부터 기산하면 그가 사망한 1845년 9월까지 그는 30년이 넘는 세월을 대법관으로 재직한 것이다. 그는 1829년 하버드대학교 법과대학의 교수가 되었는데 그는 사망할 때까지 이 직위 역시 유지하였다. 그는 변호사로 시작하여, 정치인으로 활동하다가 대법관 겸 하버드대학의 교수로 생을 마감하였다.

초기 미국에서의 사법부는 그 역할이 매우 미약하였고, 초대 대법원장이 되었던 존 제이의 경우에도 이러한 열악한 환경에서 대법원장직을 수행하였다. 당시에는 주들의 권한이 강했고, 주들은 연방차원에서의 사법부의 역할에 대하여 부정적인 입장을 견지하고 있었다. 스토리가 대법관에 취임하자 헌법의 최고법조항(supremacy clause)을 통하여 연방대법원을 주법원에 우선하는 권위를 가지는 법원이 되도록 하는 일에 기여하였다. 물론 이러한 역할을 주도한 것은 당시 대법원장으로 4대 대법원장이었던 존 마샬(John Marshall)이었지만 스토리가 1812년에서 1832년까지 남긴 일련의 주요한 의견들은 매우 주요한 영향을 미쳤다.

대법관 스토리는 아마 우리나라에서 사법고시를 본 경험이 있는 사람, 특히 2000년 이전 국제사법(conflict of laws)이 주된 선택과목이었던 시기의 사람이라면 대부분 영미법이나 법철학을 공부하지 않았다 하더라도 들어보았던 경험이 있을 것이다. 미국법은 많은 부분 사실 주법 간의 충돌이라는 문제나 주법 중에서 절차적인 내지 실체법적인 준거법의 발견, 주법과 연방법의 준거법 및 법정지(jurisdiction)의 발견이라는 문제가 여러 나라의 법이 경합하는 국제사회의 그것과 유사한 면이 많다. 스토리는 이러한 주법 간의 충돌 문제가 많이 발생하였던 초기 미국에서 주법 간의 충돌 문제에 대하여 많은 업적을 남겼다.

스토리의 역작 『국제사법 주해(Commentaries on the Conflict of Laws)』(1834)는 이러한 문제에 대한 매우 중요한 업적이다. 그는 1835년부터 1845년까지 10여 년 동안 12권의 주해서를 다양한 미국법의 각 부분에 대하여 집필하였다. 그는 『국제사법 주해』 외에도 학자로서 실무가로서, 『미국 헌법 주해(Commentaries on the Constitution of United States)』(1833), 『조합법(Law of Partnership)』(1841), 『어음수표법(Law of Promissory Notes)』(1845) 등을 통하여 미국법의 기초를 잡는 역할을 하였고, 이러한 법률적인 기초가 되는 저작들은 향후 미국법이 영국법으로부터 독자적인 체계를 잡아나가는 기반이 되었다. 그는 이러한 이론적인 체계화 작업 외에 연방대법원 판례집(Supreme Court decisions)을 발간하는 작업을 함으로써 판례를 집적하고 이를 출간하는 작업을 체계화하였다. 그는 또 교수로서 하버드 법대의 명성을 높이는 점에 큰 기여를 하였다. 누구나 시대가 자신에게 부여하는 소임이 있는데, 스토리에게 주어진 소임은 미국법의 독자적인 체계를 잡아 나가는 것이었다.

스토리 대법관의 아들

윌리엄 웨트모어 스토리(1819~1895)는 스토리 대법관의 아들로서 미국의 조각가이며 시인이다. 우리나라 사람들은 하버드대학을 방문하여 설립자인 하버드의 동상만 보고 오는 경우가 많은데 스토리 대법관의 동상도 아들 스토리에 의하여 만들어져 헌정되어 있으니 한번쯤 보고 오는 것이 좋을 것 같다. 그는 아버지 동상뿐만 아니라 존 마샬의 동상도 만들었고, 『주홍글씨』로 유명한 소설가 나다니엘 호손에 의하여 작품화된 '클레오파트라(Cleopatra)'도 그의 작품이다.

04
대법원장 태프트
William Howard Taft

1921.7.11.~1930.2.3.

법조계의 선배 한 분을 만났다. 그 분이 30대에 정했던 목표 중에서 보스톤 마라톤 완주를 제외한 대부분의 목표를 달성하였다는 말을 듣고, 문득 카이사르를 떠올렸다. 카이사르가 해적의 무리에게 붙잡혔을 때 그는 해적들이 요구하는 금액에 대하여 그 금액이 적으니, 좀 더 많은 돈을 요구하라고 호기를 부렸지만 실제 그는 제대로 돈을 벌어 본 일이 없었고, 삼두정치의 한 축을 이룬 크라수스는 그의 주 채권자였다. 카이사르는 해적에게 잡혀서 죽을지도 모른다는 생각을 하였을 때, 과연 자신이 30대에 이룬 것이 무엇이 있는지를 생각하였다고 한다. 이미 그 나이에 폼페이우스는 로마 최고의 영웅이 되어 있었는데, 그는 해적에게 잡혀서 죽을지 살지 모르는 곤경에 처해 있었으니 그럴 법도 하다. 여하간 목표를 정해 놓고 한 걸음씩 그 목표를 향해서 나아가는 그런 이들의 삶은 주변의 사람들에게 늘 가르침을 준다.

태프트(William Howard Taft)는 미국 연방대법원 역사에서 대법관과 대통령을 동시에 경험한 유일한 인물이다. 미국 대통령 가운데에는 변호사 자격을 가지고 있는 사람들이 많은데, 바로 빌 클린턴이 변호사 출신 정치인으로 대통령이 된 사람이다. 하지만 대법관이 되고, 뒤에 대통령에 당선되기까지 하는 것은 임명직과 선출직의 최고위직을 모두 경험하는 것으로, 로마시대에서와 같이 법무관과 집정관의 영예를 모두 가진 것이라고나 할까? 젊은 시절부터 정말 다양한 일을 한 대법원장 태프트를 조명해 보기로 한다.

미국 연방대법원 청사와 대법원장 '태프트'

미국의 연방대법원이 행정부와 입법부인 의회와 함께 삼권분립의 한 축을 담당하면서도 정작 미국 연방대법원이 자신의 청사를 가진 것은 1935년의 일이다. 그 이전 146년 동안 미국 연방대법원은 청사도 없이 처음에는 뉴욕 상업거래소(Merchants Exchange Building)에 있다가, 1790년 정부가 필라델피아로 옮겨가자 법원도 따라 옮기면서 처음에는 독립관(Independence Hall)에 있다가 뒤에는 시청사(City Hall)로 옮겼다. 연방정부가 1800년에 영구적으로 그 수도를 워싱턴에 정하자 법원도 다시 옮기게 되는데 연방대법원 청사를 지을 재원이 없자, 의회가 연방대법원에게 의회 청사의 일부를 빌려주어 사용하게 하여 대법원의 워싱턴 생활은 더부살이로 시작한다. 지금 워싱턴의 옛 대법원 건물들은 1819년에서 1860년까지의 건물을 구 대법원청사(Old Supreme Court Chamber)라 하고, 1860년부터 1935년까지의 건물을 구 상원청사(Old Senate Chamber)라 한다.

1929년 당시 대법원장이던 태프트는 의회를 설득하여 의회가 대법원이 별도의 청사가 필요하다는 것을 인정하고, 청사신축예산을 승인하도록 하였다. 그는 이때 이미 1909년에서부터 1913년까지 대통령으로 재임한 이후였기 때문에 의회, 정부 등에 상당한 인맥을 가지고 있었고, 이러한 인맥이 그를 단순한 법률가와는 구별지었다. 그는 연방대법원 청사의 설계를 건축가 카스 길버트(Cass Gilbert)에게 맡기면서 "그 건물의 존엄성과 중요성이 미국 연방대법원의 영구적인 거처로 사용하기에 적합하여야 한다"라는 주문을 했다. 정작 이 주문을 한 태프트도, 건축가 길버트도 1935년의 연방대법원의 준공을 보지 못하고 사망하였고, 이 건물은 태프트 대법원장을 이은 대법원장 휴즈(Charles Evans Hughes)에 의하여 1932년 10월 13일 착공되어 건축가 카스 길버트 주니어(Cass Gilbert Jr.)와 존 록하트(John R. Rockart)에 의하여 3년여의 공사를 거쳐 완공되었다.

미국 연방대법원 건물은 고전 코린트식(classical Corinthian) 건물로서 휴즈 대법원장이 말했던 것처럼 '국가의 사법정의의 최고 표상'으로 현재까지 기능하고 있다.

태프트의 출생과 초기 시절

그는 1857년 9월 15일 오하이오주, 신시내티에서 변호사의 아들로 태어났는데 그의 아버지 알폰소 태프트(Alphonso Taft)는 공화당원으로 율리시즈 그랜트(Ulysses S. Grant) 장군의 비서를 맡았던 사람이다. 그는 예일대 출신으로 그의 아버지가 만든 '해골과 뼈(Scull and Bones)'의 단원이기도 하였다. 예일대를 차석으로 졸업한 그는 신시내티로 돌아와 신시내티 로스쿨을 졸업하고, 국세청 징세관 등을 거쳐 1890년 대통령 벤자민 해리슨에 의하여 연방 법무차관(Solicitor General)에 임명되었다가 1892년에는 새로 생긴 연방제6항소법원의 판사로 지명되어 1900년까지 봉직한다. 그는 이 시기에 뒤에 대통령이 된 테오도르 루스벨트(Theodore Roosevelt)를 알게 되어 친구로 지낸다. 그는 1896년에서 1900년 사이에는 모교인 신시내티대학에서 학장과 헌법 담당 교수직을 같이 수행한다. 그 외에도 태프트는 특이한 경력을 많이 가지고 있는데, 그중의 하나가 초대 민정 필리핀 식민총독(1st Civil Governor of the Philippines)(1901~1903)이었다는 것이다. 당시 필리핀은 1898년 미국과 스페인의 전쟁에서 미국이 이기고 난 뒤에 미국에 의한 군정이 이루어지고 있었다. 전임 군정 사령관은 아서 맥아더(Arthur MacArthur, Jr.)였다. 아서 맥아더는 우리나라에서 인천상륙작전 등을 지휘한 유엔군 사령관이었던 더글라스 맥아더(Douglas MacArthur)의 부친이다. 그는 판사를 하다가 갑자기 필리핀의 식민 총독으로 가는 것에 대하여 거부감을 가지고 있었다. 하지만 그는 이 제안을 고민 끝에 수락한다. 그 이유는 그가 대법관이 되고 싶은 꿈이 있었는데, 이 제안을 한 1900년 당시의 대통령인 윌리엄 맥킨리(William McKinley)가 그에게 더 나은 법관이 되기 위한 좋은 경험이 될 것이라고 권했기 때문이라고 한다. 그는 또 1904년에서 1908년까지 43대 미국 전쟁장관(Secretary of War)직을 수행했는데, 그를 지명한 것이 루스벨트 대통령이었다. 그가 이 시기에 루스벨트 대통령의 특사로 1904년 일본을 방문하여 천황을 만났다는 흥미로운 기록도 있다. 그는 루스벨트에게 계속적으로 자신의 꿈은 대법원장이 되는 것임을 밝혔으나 대법원장석은 공석이 되지 않았고, 오히려 그는 대통령 선거에서 이미 2선을 하고 출마하지 않은 루스벨트를 뒤이어 대통령이 되었다.

대통령 태프트

그는 27대 미국 대통령(1909~1913)이 되어 그의 친구 루스벨트의 후임이 되었고, 그의 후임 대통령은 유명한 제1차 세계대전의 종전과 그 이후 전후 처리를 담당하였던 우드로 윌슨(1913~1921)이었다. 그의 재임 시 우리나라는 나라의 독립을 잃은 국치일이 있었고, 격변하는 세계사의 정세 속에서 1914년에서 1918년 사이에는 제1차 세계대전이 일어나 각 열강들이 식민지 쟁탈전에 한창이었다. 대법원장이 되려고 하였으나 전임 대통령의 적극적인 지원하에 오히려 대통령이 되었다는 것을 어떻게 받아들여야 할지 모르겠지만 삶의 궤적이라는 것이 우리가 통제할 수 있는 영역 밖에서 일어나는 많은 일들과 연결되어 있다는 것을 보여 주는 일이라는 생각이 든다. 그의 재임기에는 영토도 늘어 뉴멕시코주와 아리조나주가 1912년 미국의 일부가 되었다.

(1) 수정 헌법 제16조의 제정

법률가의 시각에서 그의 대통령 재임기에 눈에 띄는 것은 1909년에 있었던 관세논쟁(tariff debate)을 해결하기 위하여 그가 회사와 사업자들에게 소득세를 제안하였다는 것이다. 그는 기업의 순소득에 대한 또 다른 새로운 논쟁을 불러일으켰다. 조세의 역사에서 보면 사실 소득세는 개인의 사생활에까지 끼어드는 매우 비민주적인 조세라는 공격을 받았지만 전쟁 자금 등의 보충을 위하여 어쩔 수 없이 도입되고 한시세(限時稅)로 유지되었던 조세다. 그가 이러한 소득세 개념을 가지고 오자 이 문제는 헌법 위반의 논쟁을 불러일으켰고, 미국 연방대법원은 유명한 플린트 대 스토니 트레이시 사건(Flint v. Stone Tracy Company)에서 소득세라는 새로운 조세가 합헌이라고 결정하였다. 법인(소득)세액은 1910년 2,100만 달러에서 1912년 3,480만 달러로 급증하였다. 이제 태프트는 개인소득세를 도입하고자 하였고, 이를 위하여는 헌법의 개정이 필요하였다. 이에 1909년 7월 상원을 통과한 후 각 주의 승인을 얻은 소득세를 위한 헌법개정안은 1913년 3월 15일 미국 연방 헌법의 수정 제16조가 되었다. 조세법의 역사에서 매우 의미 있는 사건으로 '태프트'라는 이름을 대통령으로서 법률적으로 남기는 사건이었다. 문언은 단순한데, "의회는 여러 주 간에 배분하지 않고, 설문이나 전수조사에 의하지 않고도 어떤 원천에 의한 것이든 소득에 대하여 과세하고 징수할 권한을 가진다"라고 규정하여 지금의 그 복잡한 연방소득세법이 등장하게 된 것이다.

(2) 대법관과 대법원장 6명의 지명

대통령 태프트는 대법원장 1명과 5명의 대법관을 임명한다. 1910년에만 해도 루튼(Horace Harmon Lurton), 휴즈(Charles Evans Hughes), 화이트(Edward Douglass White)를 각각 임명하였고, 1911년에는 드반터(Willis Van Devanter), 라마(Joseph Rucker Lamar)를, 1912년에는 피트니(Mahlon Pitney)를 임명하였다. 재미있는 것은 이 중 화이트는 대법원장 태프트의 전임 대법원장이고, 휴즈는 후임 대법원장이라는 것이다. 그가 화이트를 대법원장으로 지명하고, 그가 화이트의 후임 대법원장이 되었다.

대법원장 태프트

태프트가 그렇게 바라던 대법원장이 공석이 된 것은 1921년 자신이 지명한 대법원장 화이트가 사망하였기 때문이다. 그는 대통령 워렌 하딩(Warren G. Harding)의 지명을 받아 마침내 미합중국의 대법원장이 된다. 그는 1930년까지 대법원장으로 봉직한다.

(1) 사법개혁가로서의 태프트

대법원장이 된 태프트는 사법개혁에 관심을 가진다. 그는 1922년 국빈 자격으로 영국을 방문하여 영국 법원의 사법절차에 대하여 연구한다. 그는 이 연구를 토대로 하여 대법원의 신속한 사건 처리를 위하여 1925년 사법법(Judiciary Act of 1925)의 통과에 결정적인 기여를 한다. 이 법에 의하여 바로 '상고허가장(Writ of certiorari)' 제도가 도입되어 이제는 연방대법원이 의무적으로 상고사건을 처리하여야 하는 것이 아니라 사건을 선별하여 국가적으로 중요한 사건에 집중할 수 있도록 함으로써 연방대법원이 좀 더 효율적으로 사건을 처리할 수 있도록 제도를 개혁한다. 그리고 그는 연방대법원에 로클럭(law clerk) 제도를 최초로 시행한다. 자신 스스로이자 최초로 2명의 로클럭을 두어 연방대법관으로 하여금 좀 더 심층적으로 사건을 연구·조사할 수 있는 기초를 제공할 수 있게 된 것이다. 그는 앞서 본 것처럼 1929년에는 연방대법원의 청사 건립을 관철시킨다. 이와 같이 태프트의 대법원장으로서, 행정가로서의 역량은 후대 미국 연방대법원의 토대를 제공하는 역할을 한다.

(2) 태프트가 남긴 판결들

Balzac v. Porto Rico 58 U.S. 298(1922) 사건은, 미국 헌법 조항의 일부는 테러리스트에게는 적용되지 않는다는 판결로서, Jesús M. Balzac이 형사상 명예훼손죄로 푸에르토리코 지방법원에 기소되자, Balzac 자신이 미국 연방수정헌법 제6조상의 배심원에 의하여 재판 받을 권리를 침해 받았다고 주장한 사안이다. 당시 푸에르토리코 법은 경범죄의 경우에는 배심원재판을 인정하지 않고 있었다. 이 사건에서 미국 연방대법원은 미국령이기는 하지만 연방에 편입되어 있지 않은 지역의 경우에는 미국 연방 헌법의 적용이 없다고 판시하였다. 이 사건은 1900년대 초 미국에서 문제가 되었던 소위 군도 사건(Insular case) 중의 하나이다. 군도 사건이란 미국이 하와이를 미국 영토로 편입시키는 등 여러 섬들을 미국 영토로 편입시키면서 발생한 일련의 사건들을 말한다. 1898년 미국과 스페인 간의 전쟁에서의 승리 이후 미국은 파리 조약에 의하여 푸에르토리코, 필리핀 등의 군도를 미국령으로 두게 된다. 그러나 미국 헌법은 이들 섬들에 대해서 영토조항 등에서 아무 규정을 두고 있지 않았기 때문에 이들 섬들과 관련된 문제들을 어떻게 해결할 것인지의 문제가 발생했다. 1900년대 초반부터 미국 연방대법원은 Goetze v. United States, 182 U.S. 221(1901) 판결 등을 통해 군도 문제의 해결을 위한 사법적인 기준을 세웠다. 태프트가 관여한 Balzac v. Porto Rico 사건의 판결은 이러한 일련의 사건 중에서도 유명한 사건이다.

지금도 로스쿨에서 가끔 언급되는 사건이며, 태프트의 법해석에 있어서의 철학을 엿볼 수 있는 사건으로 Olmstead v. United States, 277 U.S. 438(1928)이 있다. 이 사건은 도청(wiretapping)에 있어서는 연방 수정헌법 제4조가 적용되지 않는다는 판시를 한 사건이다. 이 사건 이전에 연방대법원은 1914년의 유명한 Weeks v. United States에서 수정헌법 제4조에 의하여 위법한 압수수색에 의한 증거물의 증거능력을 배척하였다. 그런데 태프트는 자신의 철학적인 견해에 의할 때 이러한 선례는 이 사건과 같은 전화 도청에는 확장될 수 없으며, 만일 이러한 확장의 필요성이 있다면 입법부에서 법을 제정하여 명확한 금지규정을 가져야 한다고 판시하였다.

"나는 대통령 재임기를 기억하지 못한다"

태프트가 대통령으로 재임한 시기에는 법률적으로 매우 중요한 사건들이 여럿 있다. 앞서 언급하였듯이 연방소득세가 도입되었고, 정부가 매우 적극적으로 독점금지법 소송을 제기하여 무려 80여 건이 그의 재임기간에 법원으로 갔고, 주간 통상조항(interstate commerce)이 철도회사 사건에서 적용되었다. 하지만 그는 대통령이었다는 것에 구애 받지 않고 그가 대법원장이 되기 전까지 예일대학교 로스쿨 교수로 재직하였고, 대법원장에 임명된 후에는 1930년 사망하여 알링턴 국립묘지에서 영면하기 전까지 봉직하였다. 그는 하딩 대통령에 의하여 대법원장으로 지명되자 자신의 인생에서 가장 큰 영예라고 하면서, 이렇게 말했다고 한다. "나는 내가 대통령이었다는 사실을 기억하지 못한다." 대법원장의 자리는 바로 이런 자리다.

05
대법관 홈즈
Oliver Wendell Homes, Jr.

1902.12.8.~1932.1.12.

메타 피지컬 클럽

'메타 피지컬 클럽'이라는 모임을 들어본 적이 있는가? 주변에 이 질문을 하였을 때 그렇다고 하는 사람은 그렇게 많지 않다. 이 질문에 대한 설명을 하려면, 배경적으로 남북전쟁을 이야기하여야 할 것이다. 남북전쟁은 미국 역사상 전쟁 그 이상의 전쟁이다. 드래드 스콧 사건에서 연방대법원의 노예는 인간이 아니라 재물(財物)이라고 선언함으로써 미국은 노예제라는 사회적 화두에 대해 마지막 사회적인 대립의 해소 가능성이었던 연방대법원에 의한 갈등 해소라는 수단마저 잃어버렸다. 드래드 스콧 사건 이후 일촉즉발의 상황을 맞이하게 된 미국은 결국 정치도 사법도 아닌 공화국 내의 전쟁이라는 최악의 수단으로 북부가 남부를 눌러버림으로써 노예제 문제를 해결하였다. 전쟁은 끝났지만 패배한 남부는 여전히 완전한 공화국의 일부로 화학적으로 통합되지 못했다. 따라서 전후 힘이 아닌 방식으로 연방공화국을 통합하는 것에 대한 고민, 즉 어떤 시스템을 설계하고 적용하여야 하는가에 대한 심각한 고민을 미국의 지성계는 가지게 되었다.

남북전쟁이 북부의 승리로 끝났지만 국가는 여전히 정신적으로 분열되어 있었고, 남부는 전쟁의 패배로 물질적으로도 정신적으로도 공황상태였으며, 자유를 얻었다고는 하지만 흑인 노예들도 주어진 자유를 어떻게 활용하여야 하는지에 대해 아무런 생각을 할 수 없었다. 이런 상황에서 전쟁을 통하여 새롭게 탄생한 남북전쟁 후의 미국이 어떤 방향으로 나아가야 할 것인가에 대한 답을 연구하는 지식인들의 모임이 바로 '메타 피지컬 클럽'이다.

이 클럽은 1871년 하버드대학 졸업생들을 중심으로 만들어져서 1879년 봄까지 계속되었는데, 캠브리지에서 만들어진 이 조그만 토론 모임은 올리버 웬델 홈즈, 윌리엄 제임스, 찰스 샌더스 퍼스, 존 듀이 등이 주축이 되었다. 이 기간 중 1871년에서 1875년 중엽까지 이들이 고민한 주제가 바로 실용주의(pragmatism)이다. 우리는 보통 실용주의하면 존 듀이를 떠올리는데, 이 과정에서 많은 변호사들이 같이 고민하고 있었다는 사실은 변호사들도 잘 모르는 것 같다. 바로 이 클럽에서 고민한 내용들로 '프래그머티즘(pragmatism)'이라고 하는 근대 미국을 있게 한 인문학적인 전통 내지 정신이 만들어지게 되었다. 바로 그 클럽의 중요한 일원이 이제 보게 될 올리버 웬델 홈즈 대법관이다. 보스턴 지역의 변호사들이 주축이 되어서 만든 이 클럽이 미국 정신의 모태가 되었다는 사실은 법률가의 역할과 그들의 인문적 교양에 대한 요구를 잘 보여 준다.

아버지와 아들

올리버 웬델 홈즈 부자는 두 사람 모두 미국사에 커다란 족적을 남겼다. 홈즈 대법관의 아버지인 홈즈 시니어(Oliver Wendell Homes Sr.)는 내과의사였지만, 실제로는 미국의 저명한 시인으로 문명을 떨친 사람으로 당시 의학 선진국인 프랑스로 유학하여 의학을 배우고, 새로운 의학지식을 전파한 인물이고, 아들인 홈즈 대법관은 남북전쟁 이후 미국의 재건에 있어서 메타 피지컬 클럽을 통하여 앞으로 있어야 할 미국의 정신에 대한 토대를 제공한 사람이면서 미국 연방 대법원의 역사에 있어서도 중요한 획을 그은 인물이다. 그리고 그의 외조부 또한 매사추세츠주 주대법원의 대법관을 역임한 인물이다.

1841년 봄 이러한 집안에서 홈즈 대법관이 태어났다. 홈즈의 집안은 매사추세츠주에 기반을 두고 있었고, 반면 그의 어머니의 집안은 뉴욕을 근거한 집안으로 홈즈 대법관은 매사추세츠주의 보스턴에서 태어났다. 하버드대학을 1861년에 졸업하였던 문학청년 홈즈는 남북전쟁이 터지자 북군의 일원으로서 남북전쟁에 참전하여, 전투에서 부상을 입기도 하였다. 그의 이런 참전 경험은 그로 하여금 법이라는 것에 대한 관점을 상당히 실용주의적인 것으로 생각하도록 하는 중요한 역할을 하였던 것 같다.

그가 1871년 이후 참여하였던 메타 피지컬 클럽에서 여러 동료들과 토론하면서 전쟁과 법, 그리고 국가의 근거에 대하여 고민하였다. 홈즈대법관은 자신의 남북전쟁 참전경험을 통해 전쟁의 잔인성, 국가의 폭력성과 법의 역할에 대하여 성찰하였다. 홈즈와 클럽에 모인 동료 변호사들은 진화(evolution), 경험주의(empiricism) 등의 주제에 대해서 토론하면서, 법은 과거에 입법적인 결정이 어떻게 이루어졌느냐가 중요한 것이 아니라, 사법적인 판단이 가지고 올 결과가 중요하며, 법도 문화적인 현상의 하나로서 진화하는 것이라는 생각을 가지게 되었다. 이러한 그의 생각들은 홈즈 대법관이 전쟁에서 돌아온 후 보스턴에 있는 조그만 로펌에서 개업을 하고 있을 때에는 바로 현재화되지 못했지만, 그는 시간이 나는 대로 주변의 변호사들과 토론하고, 런던을 방문하여 그곳의 명사들과 토론하며 그의 생각을 정립하여 갔다. 그의 변호사 생활은 1866년부터 15년간 계속된다.

1881년 그는 보통법 체계하의 미국에서 중요 고전 중의 하나인 『보통법(Common Law)』의 초판을 출간한다. 이 책을 통하여 그는 지난 시간 동안 그가 고민하였던 문제들을 세상에 내어놓게 된다. 이 저작의 또 다른 의미는 그가 대학의 교수가 아닌, 실무를 하는 변호사로 일을 하면서 이 책을 저술하였다는 것이다. 교수로만 생활을 한 법률가에 비하여, 실무변호사로서 현상을 매우 날카롭게 투시하고 있다는 점에서 중요 저작의 반열에 올라가게 된다. 그는 책에서 판사들의 판단은 사실을 정리하고, 이 사실에 대하여 법률을 적용하여 판단하게 되는데, 이러한 과정에서 현실적으로는 사법적인 판단의 과정에 논의되지 않는 법 외적인 요소가 중요하게 고려된다는 점을 지적한다. 이러한 예는 사실 남북전쟁으로 가지 않도록 할 수 있는 마지막 비상구로 불리었던 '드레드 스콧 사건'에서도 발견된다. 사법사적으로 중요한 사건의 경우에는 항상 이러한 법 외적인 요소들이 고려되는 것을 볼 수 있다. 왜냐하면, 실제 법률이론이라는 것이 단선적이지 않고 서로 대립되는 이론들이 존재하기 마련이고, 이러한 이론들은 중요한 사건의 경우 더욱 극단적으로 대립할 수 있기 때문이다. 결국 이러한 상황에서 판사의 판단은 형량적인 고려를 할 수밖에 없고, 이러한 사고적인 체계는 법학에 있어서 법경제학적인 판단의 필요성을 요청하게 되는 것으로, 홈즈는 이러한 점에서 법경제학이라는 분야를 법학의 일부로 포섭하는 것에 주요한 공헌을 하게 되는 것이다.

대법관 홈즈

(1) 홈즈의 대법관 취임

홈즈는 1882년 하버드 로스쿨의 교수직과 주대법원의 대법관직을 거의 동시에 제안받게 된다. 홈즈 대법관은 주대법원의 대법관직을 제안받자, 하버드 로스쿨 교수직을 사직하고 주대법관이 된다. 사실 그는 1878년에도 연방법원 판사로 지명이 예상되었지만, 당시에는 매사추세츠 주지사였던 조지 프리스비 호어(George Frisbie Hoar)가 그를 지지하지 않아서 판사가 되지 못한 경험이 있던 상황이었다. 이때 그에게 주대법관직을 승계하여 준 사람이 호레이스 그레이(Horace Gray) 대법관[7]이었는데, 그는 뒤에 연방대법원직도 1902년 홈즈에게 승계하게 된다. 인연이라는 것이 이렇게 이어지는 것 같다.

1902년 대통령 테오도르 루스벨트(Theodore Roosevelt)는 홈즈 대법관을 미국 연방대법원의 대법관으로 지명한다. 연방상원의원 헨리 카봇 로지(Henry Cabot Lodge)의 추천을 받은 그는 연방 상원의원의 만장일치로 대법관으로 인준된다. 1902년 12월 건강상

7) 1882년부터 1902년까지 대법관으로 재직하였다. 그는 체스터 아서 대통령에 의해서 대법관으로 지명되었는데, 자신의 급여를 잘라서 미국 연방대법원 역사상 최초로 로클럭을 고용하였다. Pollock v. Farmers' Loan & Trust Company, 157 U.S. 429사건에서 소득세를 위헌으로 판단한 다수의견에 동조하였다. 이 판결은 5 대 4 판결로 미국 연방대법원이 이 사건에서 소득세를 위헌으로 판결하자 의회는 연방 수정헌법 제16조를 제정하여 직접 소득세의 근거규정을 헌법에 명문화함으로써 이 문제를 해결하였다.

의 이유로 사퇴한 호레이스 그레이를 이어 홈즈는 연방대법관이 된다. 그는 1932년 대법관직을 사퇴할 때까지 30여 년 동안, 자신이 판단한 사건들을 통하여 그의 가치관의 일관성 내지 이론의 일관성에 대한 논란과 함께 그의 공리주의적 내지 실용주의적 형량에 대하여도 도덕적인 관점에서 비판을 받았다.[8)]

(2) Buck v. Bell 사건

그중 중요한 사건이 바로 Buck v. Bell 사건(1927)이다. 이 사건은 버지니아주에서 시행하는 강제적인 불임시술(compulsory sterilization law)의 합헌성에 대한 판단을 다루었다. 당시 버지니아주에서는 정신병을 가지고 있는 사람들의 불임시술을 강제하는 법을 1924년부터 제정하여 시행하고 있었다. 이 법은 정신적으로 결함이 있는 사람들에게 불임시술을 함으로써 환자의 건강과 사회 복리를 증진하는 것을 목적으로 하였는데, 남성은 정관절제술을, 여성은 난관절제술을 실시하되 심한 고통이나 생명의 위험이 있어서는 안 된다고 규정하였다.

이 사건의 주인공 캐리 벅(Carrie Buck)은 정신박약인 백인 여성으로서 정신박약자들을 수용하기 위한 시설에 수용되어 있었는데, 그녀의 어머니도 같은 수용시설에 있는 정신박약자였고, 그녀 역시 정신박약인 사생아를 낳았다. 법률상의 요건에 따라 3대에 걸친 정신박약아가 출생한 것이다. 그녀가 1심 재판을 받은 1924년 그의 나이는 열여덟이었다. 그녀는 1983년까지 생존하였다. 한편 또 다른 주인공인 벨(James Hendren Bell)은 버지니아주 심신박약자 보호소장(Superintendent of State Colony for Epileptics and Feeble Minded)이었다.

미국 연방대법원은 이 사건에서 강제불임시술을 규정한 버지니아주의 주법을 합헌으로 판단하였다. 그리고 이 사건의 다수의견을 작성한 것이 바로 홈즈 대법관이었다. 이 사건에서 유일하게 반대의견을 낸 사람은 피어스 버틀러(Pierce Butler) 대법관이었는데, 그는 소수의견을 작성하여 남기지 않았기 때문에 그가 왜 반대하였는지에 대해서

8) 이러한 비판적인 관점의 저술로 앨버트 앨슐러 저, 최봉철 역, 『미국법의 사이비 영웅 홈즈 평전』, 청림출판(2008)을 참조하면 다른 시각을 볼 수 있다.

는 알 수 없다. 이 사건은 홈즈 대법관 스스로가 말한 사회적으로 매우 파장이 큰 사건이었다. 이 사건은 결국 미국 전역에서 유전적인 이유로 불임시술을 하는 것을 합법화하는 결과를 가져왔다.

당시 미국의 주들 가운데는 강제 불임시술을 규정하고 있는 주들이 있었지만 대부분의 주들은 이러한 강제 불임시술을 실제로는 하고 있지 않았다. 하지만 연방대법원의 이 사건 판결이 나자 많은 주들이 새로운 법률을 제정하거나, 기존의 법률을 개정하는 방법으로 버지니아주법과 유사한 법률을 시행하게 되었다. 이 버지니아주법은 유전학자로 이러한 강제불임시술을 지지하였던 롤린(Laughlin)에 의하여 상당부분 도움을 받아 제정된 법으로, 과학자들의 유전에 대한 신념은 법의 이름으로 강제불임시술이라는 결과를 가져왔고, 연방대법원은 이러한 강제불임시술을 사회공익을 위한다는 미명하에 하나의 과학적 근거를 갖춘 합법적인 수단으로 승인한 것이다. 이 버지니아주의 강제불임시술법은 1974년에 와서야 폐지되었다.

홈즈 대법관은 판결에서 이렇게 말한다. "사회 전체의 이익 때문에 가장 우수한 시민의 생명을 희생시키는 일도 적지 않다. 사회가 무능력자로 차고 넘치는 것을 막고자 이미 사회에 부담이 되는 사람들에게 그보다 적은 희생을 요구하는 것이 금지된다고 할 수는 없다. 사회에 적응할 능력이 없는 사람들의 자손이 범죄를 저질러 처형되거나 혹은 저능으로 말미암아 굶어죽을 때를 기다리는 것보다는 그들의 출산을 금지하는 것이 사회에 이익이 된다. 법률로 예방접종을 하도록 강제할 수 있는 것과 같은 원리로 나팔관 절제도 강제할 수 있다고 해야 한다. 삼대가 저능으로 판명되었다면 출산을 금지할 이유는 충분하다."[9)]

---

9) 원문은 다음과 같다. 홈즈 대법관이 가장 많은 비판을 받는 판결이어서 원문을 보는 것도 의미가 있을 것 같아 붙인다. 'We have seen more than once that the public welfare may call upon the best citizens for their lives. It would be strange if it could not call upon those who already sap the strength of the State for these lesser sacrifices, often not felt to be such by those concerned, in order to prevent our being swamped with incompetence. It is better for all the world, if instead of waiting to execute degenerate offspring for crime, or to let them starve for their imbecility, society can prevent those who are manifestly unfit from continuing their kind. The principle that sustains compulsory vaccination is broad enough to cover cutting the Fallopian tubes. Three generations of imbeciles are enough.'

버지니아주법이 연방수정헌법 제14조를 위반한 것이라는 원고 측 변호인들의 주장은 이렇게 하여 받아들여지지 않게 되었고, 유전학은 공익의 이름으로 개인의 신체의 존엄과의 형량에서 승리하였다. 결국 당시 시대적으로 우생학이 지식인층에서 많이 받아들여지고 있었던 시대상황에서 홈즈 역시도 자유롭지 못했다. 홈즈 대법관이 찰스 다윈의 『종의 기원(On the Origin of the Species)』이나 찰스 스펜서의 『사회정학(Social Statics)』과 같은, 당시를 풍미하던 적자생존의 법칙에 대한 아이디어들에 대하여 긍정적인 시각을 가지고 있었음을 이 사건의 판결에서도 알 수 있다.

(3) Schenck v. United States

홈즈 대법관을 유명하게 한 사건이 바로 이 사건에서 홈즈 대법관이 설시한 '명백하고 현존하는 위험의 원칙(Clear and present danger)'이다. 홈즈 대법관은 제1차 세계대전을 거치면서, 헌법이 보호하는 표현의 자유에 대한 의견을 자신의 판결을 통하여 피력하여 왔다. 결국 이 사건에서 전원일치의 의견으로 수정 헌법 제1조는 거짓말로 극장에 불이 났다고 외쳐서 공황상태를 유도하는 자는 보호하지 않는다는 유명한 표현으로 '명백하고 현존하는 위험의 원칙'을 천명하였다.

명백 · 현존하는 위험의 원칙은 1919년의 Schenck 판결을 통해 탄생할 때부터 이 원칙의 실효성에 대한 논란을 불러일으켰다. Schenck 판결 이후 1919년 11월 10일 선고된 에이브럼스(Abrams) 판결(250 U.S. 616)에서 홈즈 대법관은 반대의견을 집필하면서 다시 이 원칙을 언급한다.

이 사건에서 피고인들은 제1차 세계대전 중 독일의 러시아 침공에 대하여 중립적인 입장을 표명하는 정부를 모욕하는 취지의 리플릿을 배포하는 모의를 한 혐의로 기소되었다. 리플릿에는 독일의 러시아에 대한 공격이 러시아 혁명과 이를 기초한 노동자들의 혁명에 대한 도전임에도 자본주의자들과 워싱턴은 이러한 행동을 방관하고 있다고 비난하는 내용이 담겨 있었다. 그들은 러시아를 찬양하고 미국의 중립이 실제로는 러시아 혁명을 공격하는 것에 대한 방조행위라고 주장하였다. 그들은 탄약공장의 노동자들이 생산하는 탄약은 독일군만 죽이는 것이 아니라, 자유를 위하여 싸우고 있는 친애하는 러시아군도 죽이게 된다고 하면서 그들의 러시아 혁명에 대한 지지를 표명하였다.

이 사건의 소수의견을 쓰면서, 홈즈 대법관은 다음과 같이 견해를 밝히게 된다. "매일은 아니라도, 매년 우리는 우리의 불완전한 지식에 기초한 몇 가지 가정으로부터 우리를 해방시켜야 한다. 우리는 영원히 국가의 안전을 보호하기 위하여 즉각적인 국가의 개입이 요구되는 경우가 아닌 한, 표현의 자유를 제한하는 시도에 대하여 이를 경계하여야 한다. 나는 국가가 우리 헌법 수정 제1조에서 보장하고 있는 표현의 자유에 대하여 제약하는 것을 경계하지 않으면 표현의 자유는 결국 억압될 수밖에 없다는 점을 역사가 보여 주고 있다고 본다. … 나는 이 사건에서 검찰이 피고인들을 기소한 것이 미국 헌법상의 기본권을 침해한 것이라는 점에 대하여 좀 더 인상적으로 표현하지 못하는 것에 대하여 유감스럽게 생각한다." 이러한 홈즈 대법관의 견해에 대해 브랜다이스 대법관이 동조하였다.

이 명백하고 현존한 위험의 원칙은 표현의 자유 보장과 관련하여 여러 번의 부침이 있으면서도 유지되어 오다, 1969년 미국 연방대법원의 Brandenburg v. Ohio(395 U.S. 444) 판결에서 이 원칙의 현대적 기준이 마련되어 여전히 생명력을 유지하게 된다.

이 사건에서 소위 KKK단으로 악명 높은 큐 클럭스 크랜(Klu Klux Klan)의 리더인 브란덴부르크(Brandenburg)는 텔레비전 방송사에 전화를 해서 해밀턴 카운티에서 열리는 KKK단 집회에 기자를 초청했다. 초청된 기자는 이 집회를 녹화했고 녹화된 내용은 TV로 방영되었으며, 이 방송 내용 중에 KKK단의 향후 행동 방침과 그들의 주장이 담겨 있었다. 브란덴부르크를 포함한 KKK단원들은 이 녹화필름들에 근거하여 오하이오주의 '과격단체운동 처벌법(Criminal Syndicalism Statute)'에 의해 기소되어 유죄판결을 받았다. 미국 연방대법원은 오하이오주의 '과격단체운동 처벌법'에 기초한 이 사건에서 홈즈 대법관의 명백하고 현존하는 위험의 원칙을 원용 발전시킨다. 미국 연방대법원은 헌법상의 언론·출판의 자유는 폭력의 사용이나 법 위반의 옹호가 급박한 불법적 행동의 선동 혹은 야기를 위한 것이거나 그럴 개연성이 있는 것인 경우 이외에는 주가 그러한 폭력의 사용이나 불법의 옹호를 금지하거나 처벌하는 것을 허락하지 않는바, 이러한 관점에서 KKK단의 집회 당시에 그 집회에는 KKK단 단원 이외에는 아무도 없었고 집회에서 그들이 행한 인종 적대적 발언이 누구에게도 즉각적으로 신체적 위협을 준 바 없었다는 점에 비추어 보면, 피고인 브란덴부르크의 발언은 직접적 행동을 선동한 것이 아니고 단순히 어떤 결과를 옹호한 것에 불과하므로 수정헌법 제1조와 제14조에 의해 보장되는 표현의 자유의 보호범위 내에 속한다고 판시하여 유죄판결을 파기하였다.

(4) Lochner v. New York

가. 사건의 배경

홈즈 대법관을 유명하게 한 또 다른 사건이 로크너 사건(198 U.S. 45 (1905))이다. 이 사건은 미국 연방대법원의 역사에 있어서 중요한 이정표가 되는 사건 중의 하나로서 계약 자유의 원칙(right to free contract)을 천명한 사건이다. 5 대 4로 선고된 이 사건에서 홈즈 대법관은 소수의견을 작성하였다. 당시 뉴욕주법은 한 주 동안 제과점에서 빵을 구울 수 있는 시간을 제한하고 있었고, 조셉 로크너(Joseph Lochner)는 이러한 뉴욕주법 위반으로 기소되었다. 연방대법원은 펙햄(Peckham) 대법관이 작성한 다수의견에서, 이러한 뉴욕주법에 의해 개인의 영업의 자유를 제한하는 것은 연방 수정헌법 제14조가 암묵적으로 전제하고 있는 계약의 자유를 침해한 것으로 계약에 대한 정당한 제한이 아니라고 판시하였다.

1896년 뉴욕주는 제과점법(Bakeshop Act)을 제정하여, 하루 10시간 이상 또는 주당 60시간 이상의 근로를 하지 못하도록 하였다. 이 사건의 원고인 로크너는 자신의 피용자를 이 법에 위반하여 초과근로를 하도록 하여 두 번이나 벌금을 부과받게 되었고, 로크너는 두 번째 벌금을 부과받자 이러한 벌금 부과에 대하여 사법적으로 다투기로 결심하였다. 그는 뉴욕주 대법원(Court of Appeals of New York)까지 상고하였으나, 상고심에서 4 대 3으로 패소하였고, 결국 연방대법원에 상고하였다. 로크너는 이 사건에서 자유롭게 계약을 체결할 수 있는 권리는 드레드 스콧 사건 이후 미국 연방대법원에서 확립하여 온 원칙으로 단순히 절차적인 사안뿐만 아니라, 실체적인 점에 대하여도 규율할 수 있는 것으로 뉴욕주의 제과점법이 규정하고 있는 근로시간에 대한 제한은 이러한 연방수정헌법 제14조를 위반한 것이라고 주장하였다. 당시 미국 연방대법원은 홀덴 사건(Holden v. Hardy, 169 U.S. 366,391 (1898))에서 광부들에 대하여 하루 8시간으로 근로시간을 제한한 유타주의 법이 합헌이라고 판시하면서, 각 주는 각 주의 경찰권(police power)에 기초하여, 도덕과 주민의 건강을 위하여 입법할 수 있다는 판시를 한 바 있었다.

나. 사건의 진행

로크너 사건에서 원고 측 소송 대리인이었던 헨리 와이즈맨(Henry Weismann)은 제과점 노조를 도와 제과점법을 입법하도록 하는 데 기여한 인물로서, 이 사건에서는 반대 진영에 서서 제과점법을 통하여 개인의 계약의 자유가 침해된다고 하면서, 제과점들은 뉴욕주가 주장하는 것과 달리 환기가 잘 되어 있고, 심지어 좋은 빵 냄새가 나는 공간이라고 주장하였다.

이 사건에서 미국 연방대법원의 다수의견은 뉴욕주의 제과점법이 정당한 주의 경찰권의 행사가 아니라고 판단하면서, 비록 계약을 자유롭게 체결할 수 있는 권리는 그 자체가 절대적인 것은 아니라고 하더라도 보호받아야 할 권리로서, 사법부는 주가 경찰권이라는 미명하에, 개인의 자유에 대한 부당한 간섭을 하는 것을 제한하기 위하여 개입하여야 한다고 판시하였다. 뉴욕주의 법무장관이 주장하는 제과점원들은 스스로의 건강을 지킬 수 있는 힘이나 지식을 가지고 있지 않다는 주장에 대하여 주의 개입이 없더라도 스스로를 지킬 수 있는 힘이 있고, 제과점업 자체가 사회 통념상 건강에 위험한 업종이 아니라고 판시하여 이를 배척한다.

다. 홈즈 대법관의 반대의견

이 사건에서는 홈즈 대법관 외에도 다른 3인의 반대의견이 있었고, 다른 3인의 대법관의 반대의견은 할란(John Marshall Harlan) 대법관이 작성하였다. 홈즈 대법관은 반대의견에서 다음과 같은 유명한 말을 판결문에 남긴다.

"나는 내가 다수의견의 판단과 같이할 수 없음을 유감스럽게 생각하며, 다음과 같은 나의 반대의견을 개진한다.

이 사건은 국가의 다수 국민들이 아직 잘 이해하고 있지 않은 경제이론에 대한 것이다. 만일 이 사건이 단순히 내가 그 이론에 동의할 수 있을 것인가 하는 문제였다면 나는 경제이론을 판단하기 이전에 공부하였을 것이다. 그러나 내가 그러한 경제이론에 동의하는가, 아닌가 하는 것이 본 사건의 다수의견의 판단에 영향을 미쳤다고 보지 않기 때문에 그러한 경제이론에 대한 공부는 나의 의무가 아니라고 본다."

"일반적인 전제가 구체적인 사건을 결정하여서는 안 된다. 우리 사법부의 판단은 주요한 전제를 기술하는 것보다 더 섬세하게 이루어져야 한다. 그러나 나는 전제가 만일 수용된다면, 우리를 목적지로 인도하리라 생각한다. 모든 의견들은 법이 될 수 있다. 만일 그러한 법이 합리적이고 공정한 사람들의 관점에서 우리의 전통이나 법에 의하여 기본적인 원칙을 침해하는 것이라고 필연적으로 이해되는 경우가 아니라면, 우리 수정 헌법 제14조의 '자유'라는 단어가 지배적인 의견의 자연스러운 결론을 내리는 것을 방해한다면, 이는 오용된 것이라고 나는 생각한다. 합리적인 사람이라면 이 사건에서의 뉴욕주법은 건강에 대한 적절한 조치라고 생각할 것이다. 근로시간에 대한 일반적인 규제는 내가 판단하기에 결코 비합리적인 것이 아니다."

라. 로크너 사건 이후

이러한 로크너 사건에서의 판결은 미국 연방대법원의 중요한 태도획정을 보여 주는 것으로, 미국 연방대법원은 이 사건 이후 점차 연방 헌법 제14조의 적법절차조항(Due Process Clause)을 개인의 인권을 확장하기 위한 도구로 사용하였고, 아울러 이 조항을 통하여 행정부가 개인의 자유를 제한하려고 하는 경우에 경제적인 규제를 위헌으로 판단하는 근거로 삼았다. 이러한 로크너 사건에서의 법원의 태도는 이후 1929년 대공황의 도래로 행정부에 의한 많은 경제적인 영역에서의 입법에 대하여 영향을 미치게 되었다. 이후 정부의 경제에 대한 규제행정적인 접근에 대한 요구가 증가하게 되자,

1937년 웨스트 코스트 호텔 사건(West Coast Hotel Co. v. Parrish) 이후 미국 연방대법원이 정부의 경제 활동 개입에 대하여 엄격하게 제한하는 태도는 완화되어 좀 더 넓게 행정부의 개입을 허용하는 쪽으로 태도의 변화가 이루어지게 되었다.

법관이 법을 판단하는 원칙

법관은 사법적인 훈련을 많이 받은 전문가이며, 법관으로서의 경험을 통하여 사건을 판단하는 능력이 향상된다. 반면, 이러한 수련에도 불구하고 법관으로서 수많은 사건을 처리하면서, 법 자체에 매몰된 법 해석을 하고 있는 것은 아닌가 고민을 하게 된다. 홈즈 대법관은 로크너 사건의 반대의견에서 법관의 판단이 합리적이고 공정한 사람들의 판단과 일치하지 않는다면, 비록 그러한 판단이 법적인 논리의 면에서 타당하다고 하더라도 다시 살펴볼 필요가 있는 것은 아닌지 보아야 한다고 말하고 있다. 법률전문가로서 판사와 구체적 타당성의 고려라는 이 두 가지 요구. 남북전쟁기를 살면서 사법부가 구체적인 타당성을 놓침으로써 사회적 타협점을 놓쳤다고 홈즈 대법관은 판단한 듯하다. 법률적 정합성을 유지하면서 사회적 갈등을 봉합하는 현명한 판단에 대한 요구라는 홈즈의 법관에 대한 요청은 오늘날의 관점에서는 어떤 시사점을 줄지 생각하여 볼 일이다.

우리는 미국 사법 역사상 가장 많은 인용구를 가지고 있는 인문적 교양이 풍부하였던 대법관 중의 한 사람인 홈즈에 대해 지금까지 보았다. 메타 피지컬 클럽이라는 토론 그룹을 만들어 남북전쟁 이후의 미국을 동료 법조인들과 함께 고민하고, 실용주의라는 미국의 전후 철학을 형성하는 것에 기여하였으며, 『보통법』이라는 명저를 남긴 탁월한 실무가요 이론가이기도 하였던 법조인, 올리버 웬델 홈즈 대법관. 이 글을 그가 남긴 명구 중의 하나로 마무리하고자 한다. “명문의 법(black letter law)에 대한 합리적인 공부를 하는 사람들은 현재의 법률가라고 할 수 있다. 하지만 미래의 법률가는 통계학과 경제학에 능통한 사람이다.” 이 말은 1897년 홈즈 대법관이 『하버드 로 리뷰(Harvard Law Review)』에 쓴 글이다. 지금으로부터 110년 전에.

06
대법관 브랜다이스
Louis D. Brandeis
1916.6.5.~1939.2.13.

프라이버시권, 새로운 권리의 발견

우리가 흔히 기억하는 브랜다이스 대법관은 프라이버시권(right to privacy)과 연결되어 있다. 우리는 인간으로서 혼자 있을 수 있는 권리를 향수할 수 있다. 이러한 권리가 천부의 인권이라는 점을 선언한 그는 우리가 기억하는 가장 유명한 법률가 중의 한 사람이다. 그가 창안한 프라이버시권은 점차 빅브라더의 존재가 현재화되고, 심지어 이제 기술적으로는 기능적 자기공명장치(functional MRI)라는 기계에 의하여 브레인 스캔(Brain Scan)이라고 하는 기능까지 가능하여져 인간의 심리나 인지에 대하여까지 관여할 수 있게 되는 상황, 전자적으로 연결된 인간 간의 의사소통에 대하여 제삼자가 관여할 수 있는 여지가 점증하는 현재의 상황에서 큰 가치를 발하고 있다고 생각된다. 브랜다이스라면 그는 최소한 프라이버시권과 관련하여서는 저주를 받아야 할 대상이 아니라 법률가가 사회를 위하여 무엇을 할 수 있는가를 보여 준 경우라고 하여야 하지 않을까?

그런 그를 떠올린 것은 법률가들이 많은 유머에서 조롱의 대상이 되어 필자와 같이 유머에 약한 사람조차 몇 개의 유머를 기억하고 있는 미국이라는 나라에서 법률가가 할 수 있는 역할이 어떤 것인지 하는 새로운 지평을 보여 준 대법관이었다고 생각하기 때문이다. 그는 최초의 유대인 대법관이라는 인종(ethnic group)적인 관점이 아닌 미국에서의 법률의 발전에 있어 커다란 족적을 남긴 대법관이라는 점에서 기억될 수 있을 것이며, 그는 인권의 지평을 확장하였다는 점에서 기억되는 대법관인 것이다.

법률가와 입법작용

변호사 시절 브랜다이스는 대법원에서 변론을 하면서, 급진적인 주장을 하곤 했다. 1908년 그는 Muller v. Oregon 사건에서 여성 근로자들의 근로시간을 10시간으로 제한하는 주장을 하였다. 당시 그는 법원을 설득하기 위하여 10시간으로 근로시간을 제한하여야 할 이유를 설명해야 했다. 그는 이러한 설명을 함에 있어 법원의 선례(precedent cases)를 주장하는 대신, 통계적인 자료, 의료기록, 심리학 논문 등을 이용하였다. 그가 1900년대 초의 법률가라는 점을 고려하여 본다면 그의 이러한 태도는 매우 선구자적이었음을 알 수 있다. 무려 112면에 걸친 브랜다이스 브리프(Brandeis brief)에서 오로지 2장만이 법리에 대한 것이고, 나머지는 모두 사실관계에 대한 설명이었다. 그의 이러한 방법론은 법학을 단순히 십계명과 같은 규범명제에서 과학적인 분석과 통계를 뒷받침하는 사회과학의 한 분과로 진입하게 한 것이라고 할 것이다. 그는 이러한 주장을 통하여 법원이 규범적인 관점뿐만 아니라 그 규범에 의하여 규율되는 규범현실을 바라보도록 하는 방식으로 변론을 진행하였던 것이다.

사실 법률가의 역할에 대하여 소극적으로 보면 법률가는 이미 만들어진 법을 해석하고 이를 적용하여 집행하는 역할을 하는 전문가 집단이다. 하지만 사회의 진화가 이루어질수록 많은 법들은 단순한 규범명제에 의하여 규율되는 것이 아니라 매우 기술적이고 세분화된 정교하게 방향성을 가진 규범이 필요하게 되고 입법작용에 대한 법률가의 역할은 증대된다. 사법부의 역할, 특히 대법원의 역할도 이러한 영향을 같이 받게 되는데 미국 연방대법원의 역할에 대하여 시대의 상황에 따라 계속적으로 고민되고 시대정신(Zeitgeist)에 영향을 받게 되는 것이 바로 이 사법부의 역할에 대한 사법적극주의 내지 사법소극주의 논쟁, 다시 말하면 사법부의 입법형성적 기능의 한계와 관련된 논의라고 할 수 있을 것이다. 이런 면에서 브랜다이스는 입법형성적인 기능에 적극적인 성향을 가지고 있던 대법관이었다고 볼 수 있다.

대법관의 인준과 청문회

이러한 입법형성적 기능은 실제에 있어 개별 대법관의 세계관에 직접적인 영향을 받게 된다. 그런 만큼 대법관 인사청문회에서 각 대법관의 세계관을 검증하는 작업은 입법부(구체적으로 미국의 경우 연방 상원)에 주어진 중요한 사명 내지 역할이라고 할 것이다.

우드로우 윌슨 대통령은 브랜다이스의 입법형성적 기능에 대한 사법적극주의적 태도에 대하여 매우 우호적인 태도를 취하였고, 1912년 그는 우드로우 윌슨 대통령에 의하여 대법관 후보로 지명되었다. 그의 지명은 당시 매우 치열한 논쟁을 불러일으켰다. 그는 유대인이었으므로 종교적인 분쟁에서 자유로울 수 없었고, 정치적으로 급진주의적이라고 평가받았기 때문에 반대편의 공격을 견뎌내야 했다. 일례로 공화당 출신의 전임대통령이었던 태프트(William Howard Taft) 전 대통령은 '미국인으로서 또 애국자로서 자신이 겪어야 할 최고의 멍에'라는 표현까지 사용해 가며 그의 지명을 비난하였다. 그럼에도 그는 인준청문회를 살아남아 47 대 22로 4개월간의 청문회 끝에 대법관이 되었다.

대법관 브랜다이스를 알려고 하면 그와 관련된 일화들을 살펴보는 것도 의미가 있겠다. 하지만 법률가 특히 법관을 파악하는 것에 있어서 무엇보다도 그가 관여한 사건에서 취한 태도를 살펴보는 것이 가장 중요한 출발점일 것이다. 이것은 인사청문회에서도 마찬가지이다. 사형제(death penalty)와 같은 중요한 사회 기본 질서와 관련된 논점에 대한 의견 및 도덕성, 청렴성, 경력, 종교적인 성향 등 모든 전인격적인 요소가 대법관이 되기 위하여 고려되어야 하는 것은 재론의 여지가 없다고 할 것이다. 하지만 무엇보다도 가장 우선적으로 검토되고, 검증의 기초자료가 되어야 하는 것은 역시 법관으로 관여한 판결들에서 보인 태도라고 할 것이고 이 점이 충분히 검증되어야 할 것이다. 만일 이러한 점에 대한 검증이 충분하지 못하다면 사실 인사청문회는 제대로 기능하지 못한 것이라고 하여야 하지 않을까 싶은 생각을 가지게 된다. 이런 관점에서 평가자의 주관적인 시각에 따라서 다를 수 있겠지만 우리의 대법관 인준청문회에 대하여 몇 점이나 점수를 줄 수 있을지 생각하여 보는 것도 인사청문회라는 제도의 설계 및 운영에 있어서 항상 고민하여야 할 점이라고 할 것이다.

브랜다이스가 창조한 권리들의 목록

(1) 언론의 자유 확장

대법관 브랜다이스를 기억할 수 있는 첫 번째 사건은 언론의 자유(freedom of speech)와 관련된 사건인 Schafer v. U.S.(1920)에서 그가 반대의견을 내면서 홈즈(Oliver Wendell Holmes Jr.) 대법관의 '명백하고 현존하는 위험의 원칙(The Clear and Present Danger test)'이 권리를 제한하기 위한 목적이 아닌 권리를 보호하기 위하여 사용될 수 있음을 논증한 것이다. 그는 또한 같은 해 Gilbert v. Minnesota(1920) 사건에서 병역거부의 자유와 관련하여 역시 반대의견을 내면서 적법절차 조항인 수정헌법 제14조가 인권목록의 확장을 위하여 사용될 수 있음을 논증하였다. 적법절차혁명(Due Process Revolution)이 일어난 시대보다 수십 년을 앞선 그의 이러한 주장은 시대를 뛰어넘어 다수의견이 되었고, 오늘날 국경을 초월하여 우리나라에서조차 다수적인 입장에 있다는 점을 보면 그가 얼마나 선구자적인 견해를 가진 법률가였는지를 알 수 있다. 그가 휘트니 사건(Whitney v. California (1927))에서 "국민들에게 있어 생각하는 것을 말할 수 있는 자유는 정치적인 진실을 발견하고 확산시키는 점에 있어서 매우 긴요한 자유이다"라고 판시한 것에서도 그의 태도를 다시 확인할 수 있다.

(2) 프라이버시권의 창안자

무엇보다도 브랜다이스 대법관을 유명하게 한 것은 프라이버시권이다. 최근 미국에서 가장 중요한 법률적인 쟁점 중의 하나가 바로 테러와의 전쟁에서 '대통령에 의한 영장 없는 도청의 허용'이다. 그렇지만 미국에서의 다수견해는 이러한 도청에 대하여 현실적인 필요성을 인정하면서도 대통령에게 영장 없는 감청[10] 권한을 부여하는 것에 대하여는 부정적이다. 바로 프라이버시라고 하는 그들의 헌법상 권리를 그들이 얼마나 중요하게 생각하는가 하는 점을 엿볼 수 있는 주제라고 할 것이다. 이 프라이버시권은 통상 알려진 것에 따르면 1890년경 변호사 브랜다이스와 그의 파트너였던 워렌이 발명한 개념이라고 한다. 그가 대법관으로서 이 개념을 사용한 것은 1928년 사건인 Olmstead v. U.S. 사건에서이다. 이 사건 역시도 도청과 관련된 사안이었던바, 브랜다이스 대법관은 이 사건의 판결에서 프라이버시권을 논증을 위한 도구로 사용한다. 그는 "우리 헌법의 아버지들은 정부에 대하여 정부로부터 혼자 있을 수 있는 권리를 부여하였다. 이 권리는 문명사회에 있어서 가장 포괄적이면서 가장 중요한 권리이다"라고 선언한다. 그의 이러한 반대의견은 1965년의 그리스월드 사건(Griswold v. Connecticut)에서 받아들여지게 된다. 무려 37년의 세월이 걸린 것이다. 적법절차혁명기였던 워렌 코트 시기에 이루어진 이 사건은 의사가 주법에서 금지하고 있는 피임을 혼인 중인 부부에게 권하여 기소된 사안으로 대법원은 '정신적인 프라이버시권은 비록 그것이 권리장전에 명시적으로 규정되어 있지는 않지만 다른 명시적인 보장규정에 의하여 보호되는 권리이다. 이러한 권리는 불필요하게 광범위한 규제를 하는 주법으로부터도 보호되어야 한다'라고 판시하여 불문의 권리로 인정한 것이다.

그리스월드 사건

우리는 그리스월드 사건을 적법절차조항과 프라이버시권과 관련하여 기억하고 있다. 하지만 이 사건에서도 기억할 만한 두 개의 반대의견이 있다. 하나는 블랙(Hugo L. Black) 대법관의 의견이고, 다른 하나는 스튜어트(Potter Stewart) 대법관의 의견이다. 블랙 대법관은 '무엇이 기본적인 인권인가 하는 것은 매우 자의적이다. 법원은 무엇이

10) '감청(wiretapping)'은 전화를 엿들어서 범행의 내용을 파악하기 위한 수사기법의 하나로, 수사 목적으로 감청을 하려면 우리나라의 경우에도 영장을 받아야 한다.

현명한 법이고, 무엇이 어리석은 법인가 하는 것을 판단하여서는 안 된다. 법이 시대정신에 부합하도록 하는 것은 오로지 법 개정절차를 통하여서만 이루어져야 한다'라고 판시하였고, 스튜어트 대법관은 '적법절차 조항 자체가 실체를 가지고 있는 것이 아니므로 어떤 법이 위헌인지 여부가 불분명하다. 한편 헌법은 프라이버시권에 대하여는 아무런 규정을 가지고 있지 않다'라고 판시하면서, 다수의견에 반대하였다.

이들의 견해는 아무 가치가 없는 것인가. 개인적으로 이러한 관점은 여전히 법률가들에게 있어서는 고민하여야 할 관점이라고 생각한다. 적법절차조항을 통하여 시대정신을 발견하여 법률의 규정을 통제한다는 아이디어에 대하여 그 한계에 대한 규율자로서 블랙과 스튜어트의 견해는 항상 그 경계에서 의미를 가질 것이기 때문이다.

반대의견과 시대정신

브랜다이스의 경우를 보면 그를 다른 대법관보다 더 기억하도록 하는 것은 그의 반대의견들임을 알 수 있다. 그렇다면 반대의견은 항상 그 대법관을 포함한 법관들이 시대정신에 부합하는지의 여부를 판단하는 척도로서 기능할 수 있는지에 대한 답은 어떤가. 시대를 넘어선 브랜다이스의 정신세계는 추후 워렌 코트의 적법절차혁명을 통하여 주류적인 견해가 되었고, 시대를 이끄는 정신적인 원칙이 되었지만 우리가 그리스월드 사건에서 블랙이나 스튜어트의 반대의견을 보았듯이 어떤 반대의견은 다수의견의 한계적인 기능을 하기도 한다. 그러므로 단순히 반대의견의 수만을 가지고 어떤 법관의 성향을 판단하는 것은 통계적으로 거의 무의미하다고 생각한다. 사건에서 법관은 구체적인 타당성을 도모하여야 하며, 반대의견의 내용도 다양할 수 있기 때문이다. 결론적으로 반대의견은 시대정신을 선도하기도 하며, 시대정신이라는 주류적인 견해에 대한 한계기능을 하기도 한다. 논란에도 불구하고 분명한 것은 반대의견을 경청하고 그 아이디어를 받아들일 수 있는 것은 브랜다이스가 원하였던 언론의 자유의 중요한 내용이고 사회의 성숙도를 판단할 수 있는 중요한 가늠자라는 것이다.

07
대법관 카도조
Benjamin N. Cardozo

1932.3.14.~1938.7.9.

올리버 웬델 홈즈 대법관을 이어서

미국 대법원 역사상 가장 위대한 대법관을 꼽으라고 한다면 반드시 빠지지 않고 들어갈 대법관이 있다. 바로 대법관 카도조(Benjamin N Cardozo)이다. 미국법을 공부한다고 하면 반드시 언젠가는 만나게 되는 인물, 카도조를 만나보기로 하자.

카도조는 올리버 웬델 홈즈 대법관에서 카도조 대법관, 그리고 프랑크퍼터 대법관으로 이어지는 하버드, 컬럼비아, 하버드 출신의 뛰어난 대법관들의 선을 연결하는 허리에 있는 대법관이며, 우리가 흔히 들어 알고 있는 많은 미국법의 이론들을 만들었고, 전미법률가협회(American Law Institute : ALI)를 창립하고, 리스테이트먼트(Restatement)를 만드는 작업을 하여 미국법 이론의 기반을 확립한 이론가이다.

홈즈가 사상적인 기초로서 실용주의(pragmatism)를 제창하여 그 출발점을 열었다면, 이를 구체화하고 이론화하여 실제의 법리에서 적용할 수 있도록 한 것이 바로 카도조이다. 그의 천재성은 미국법의 여기저기에서 찾을 수 있으며 그를 거치지 않고 미국법을 이해하는 것은 불가능하다고 하여도 과언이 아닐 것이다.

카도조는 뉴욕에서 출생하였고, 유대인이었다. 그는 어린 시절에 부모를 여의고, 1929년 그의 누나가 사망할 때까지 11살 위의 누나와 함께 살았다. 그는 평생을 독신으로 살았는데 결혼도 하지 않고 누나와 같이 사는 것에 대하여 주위 사람들로부터 동성애자라는 이야기부터 여러 가지 루머를 들었고, 심지어 러니드 핸드 판사 같은 이가 "그가 동성애자라는 증거는 없다"라는 말을 하였다는 것을 보면 1900년대 초의 미국 사회의 모습을 짐작할 수 있다.

그는 열다섯 살에 컬럼비아대학교 학부에 들어가서 1889년 컬럼비아 로스쿨을 마친다. 뉴욕주 지방법원(Supreme Court of New York)[11]의 판사였던 그의 아버지는 이리 철도에 대한 적대적 기업인수 사건과 관련된 수뢰사건에 연루되어 판사직을 그만두었고, 이후 변호사로 일하였다. 그는 유대인 중에서도 포르투갈에서 이민 온 유대인으로 그의 이름도 바로 이러한 그의 핏줄과 관련이 있다. 그는 뉴욕주 판사로서 뛰어난 판결을 많이 남겼지만 가장 뛰어난 판결들은 그가 뉴욕주 대법원의 대법관으로 재직할 때나 뉴욕주 대법원장으로 재직하던 시절의 것들이 많다.

뉴딜계획과 카도조

미국에서는 카도조의 이름이 들어간 학교들을 종종 볼 수 있는데, 카도조 고등학교니 카도조 로스쿨이니 하는 유의 이름들이다. 우리도 법률가의 이름이 들어간 학교를 가질 수 있으면 좋겠다는 생각을 해 본다. 홈즈 대법관의 경우에도 그에 대한 비판이 있다. 어찌 완벽한 사람이 있겠는가. 하지만 후세 사람들에게 역할 모델이 될 수 있는 선배는 우리에게도 필요하지 않을까?

홈즈에게 남북전쟁이라는 화두가 있었다면, 대법관 카도조에게는 뉴딜정책이라는 화두가 있었다고 할 수 있다. 그는 후버 대통령에 의하여 지명되었는데 1932년 그의 대법관 지명은 사실 어찌 보면 그의 명성에 비하여 다소 늦은 감이 있었다. 그가 1870년생이라는 점을 감안하면 그의 나이 60세가 넘어서 비로소 대법관이 된 것인데 1938년 그가 사망한 시점까지 실제 그가 대법관으로 봉직한 기간은 그리 길지 않다.

유명한 일화로 할란 피스케 스톤(Harlan Fiske Stone) 대법관이 1925년에도 그 대신

11) 미국은 주마다 주법원의 명칭이 다르다. 많은 경우 Supreme Court는 주 대법원이지만 뉴욕주의 경우에는 Supreme Court가 1심 지방법원이고, 대법원은 Court of Appeals이다.

카도조 뉴욕주 대법원장을 연방대법원 대법관으로 지명하여 달라고 당시 대통령이었던 캘빈 쿨리지(Calvin Coolidge)에게 요청하였고, 1932년에는 새로 임명될 대법관 직은 카도조에게 돌아가야 한다고 역설하면서 필요하다면 자신이 물러날 수도 있다고 하였다는 점이다. 과연 이런 일이 얼마나 가능할까? 카도조에 대해 다시 한번 생각하게 하는 대목이다.

후버는 대통령으로 모두 세 명의 대법관을 지명하였다. 1930년 찰스 에번스 휴즈(Charles Evans Hughes)를 대법원장으로, 오웬 조세푸스 로버츠(Owen Josephus Roberts)를 대법관으로 지명하였다. 카도조는 누구나가 인정하는 유능한 법관이었지만 소수계인 유대인이었고, 그에 대한 대통령들의 선호는 부정적이었다. 하지만 결국 1932년 후버 대통령은 자신의 마지막 대법관 임명을 카도조를 선택하는 것으로 마무리하였다. 인기가 없었던 후버 대통령이 법조인들로부터 지지를 받았던 거의 유일한 순간이었던 것 같다. 이렇게 하여 대법관이 된 2호 유대인 대법관 카도조는 1호 유대인 대법관 브랜다이스, 카도조의 능력을 누구보다 신뢰하였던 스톤 대법관과 함께 뉴딜계획의 실행을 위한 루스벨트의 노력에 대하여 사법부가 하여야 할 사회적인 역할에 대하여 인식하고, 대법원 내지 진보진영을 대변하는 역할을 하였다. 카도조의 뒤를 잇게 되는 프랑크퍼터 대법관도 유대인인데 카도조와 프랑크퍼터 대법관은 성향에서 차이가 있었다.

카도조가 대법관이 된 1932년은 미국 역사에 있어서 매우 중요한 해이다. 1929년 대공황은 미국을 초토화시켰다. 그 와중에서 일부 대기업들은 이득을 얻었다. 모건 가문을 중심으로 한 금융가들과 대기업가들은 침체에 빠진 미국 경제에 대하여 후버 대통령에게 정부의 개입이 아닌 시장에 의한 해결을 강조하였다. 하지만 상황은 악화되어 갈 뿐이었다. 대중의 분노는 극에 달하였고, 재선에 나선 후버와 공화당이 얻을 수 있는 표는 그리 많지 않았다. 이 상황에서 소아마비 장애를 가지고도 하버드와 컬럼비아 대학을 졸업하고, 노동자 권익보호, 기업의 독점에 대한 제동 등 위기상황의 국가에 대한 정부의 개입을 통하여 경제를 재건하려고 하였던 프랭클린 루스벨트가 미국의 대통령으로 당선된 해가 바로 1932년이다. 그는 유명한 뉴딜계획을 내놓았다.

하지만 이 계획은 기득권 계층에 의하여 거센 저항을 받았고, 법원은 뉴딜계획 자체의 합헌성을 공격하였다. 결국 루스벨트 대통령은 대법원의 역할에 대하여 주목하게 되었고, 대법원의 구성을 변화시키려고 시도하게 된다.

법원을 재구성하라

1933년 시작된 뉴딜정책을 뒷받침하기 위해서는 여러 가지 정책의 법제화가 필요하였다. 그는 임기를 시작하자 100일 이내에 많은 정책들을 쏟아 낸다. 어떤 정권이건 시간이 지나면 변혁은 어렵다. 초기에 바꾸지 않으면 자신이 바뀐다. 그것이 정치라는 것을 루스벨트는 정확하게 이해한 것 같다. 그의 이런 정치력이 그를 미국 역사상 초유의 4선 대통령으로 만들었던 것 같다.

1929년 10월 29일 미국에서 증권시장의 붕괴로 인하여 시작된 대공황은 그 이전 증권시장에 대한 광적인 열광과 이를 통한 평가자산의 증가로 부자가 된 것으로 생각하던 대중들을 한순간에 길거리로 내몰았다. 하지만 후버는 정부의 직접적인 개입을 하지 않았다. 루스벨트는 정부의 직접적인 개입을 하려고 하였지만 이러한 루스벨트의 시도는 자본주의에 대한 도전으로 이해되었다.

이런 상황에서 법원의 역할은 무엇인가? 대법원은 헌법을, 그리고 국가질서를 수호하여야 할 책무를 가지고 있는 최후의 보루이다. 첫 100일 동안 루스벨트는 '위기은행법(Emergency Banking Act)'과 '경제법(Economy Act)' 등 일련의 경제관련법들을 제정하였다. 하지만 해법은 여전히 균형재정에 바탕을 둔 것으로, 케인즈의 명언인 "우리는 장기에는 모두 죽는다"라는 말의 의미를 완전히 실행하여 적자재정까지 감수하기에는 케인즈에 대한 당대의 믿음이 그리 높지 않았던 것 같다.

이러한 정책의 중심에 국가재건위원회(NRA : national Recovery Administration)가 있었다. 위원회의 수장이었던 존슨은 기업들에 대하여 일반조항(blanket clause)을 이용하여 정부의 정책을 강제하려고 하였고, 기업들의 반발은 거셌다. 1935년에 이르면 경제는 뉴딜정책을 시작한 1933년에 비하여 상당히 개선되었지만, 미국 연방대법원은 셔흐터 사건(Schechter v. United States)에서 국가재건위원회법을 위헌이라고 만장일치로 판결하였다. 같은 날 미국 연방대법원은 1934년 제정된 프레이저법(Frazier-Lemke Farm Bankruptcy Act)도 위헌으로 판결하였다. 이로써 미국 연방대법원에 의하여 루스벨트 정부가 추진하던 일련의 정책들은 위기에 봉착하게 된다.

재선에 성공한 루스벨트가 선택한 대안은 1937년 먼저 대법원의 구성 변화를 위하여 대법관의 수를 증원하겠다는 것이었다. 그는 사법개혁법안(Bill of Judiciary Reorganization Act of 1937)을 의회에 제출하여 승인을 요청하였다. 하지만 이러한 루스벨트의 요청에 대한 의회의 답은 분명하였다. 그들은 경제 재건도 중요하지만 그의 독재를 원하지 않는다는 점을 분명히 하였고, 아울러 연방대법원의 역할에 대한 의회의 인식을 보여주었다.

그런데 아이러니한 것은 루스벨트가 한 수 위를 염두에 두었는지는 알 수 없으나, 기존의 로크너 사건(Lochner v. New York)에서 정립된 소위 로크너 원칙이라는 정부의 경제 분야에 대한 규제 내지 개입을 억제라는 원칙에서 연방대법원이 한 발 양보하여 뉴딜에 대한 숨통을 열어주었다는 것이다(West Coast hotel Co. v Parrish). 사법부로서도 이러한 루스벨트의 행동에 대하여 부담을 느꼈던 것이 아닐까 싶다. 역시 루스벨트는 대단한 정치력의 소유자라는 것을 알 수 있다. 그는 이미 제안 단계에서 그의 소위 법원 재구성안(Court Repacking plan)에 대하여 반발이 있을 것임을 알고 있었을 것이고, 한편 법원이 부담을 느낄 수밖에 없다는 점도 인식하였던 것이 아닐까 싶다.

웨스트 코스트 호텔 사건(West Coast hotel Co. v. Parrish)

사실 카도조를 이해하기 위해 대법원의 판결을 보는 것은 그의 위대함을 인식하는 좋은 수단이 되지 못한다. 그가 뉴욕주 대법원의 판사로 일하면서 한 판결들이 그의 업적을 알 수 있게 한다. 하지만 대법관 카도조와 떼려야 뗄 수 없는 뉴딜을 이야기하려면 이 사건을 언급할 필요가 있다.

이 사건은 5 대 4로 기존의 1923년 애드킨스 사건(Adkins v. Children's Hospital, 261

U.S. 525 (1923))을 통하여 만들어진 판례를 변경한 사안이었다. 이 사건에서 카도조와 그의 삼총사 멤버인 스톤, 브랜다이스에 휴즈 대법원장과 로버츠 대법관이 같이하면서 다수의견이 된 사건이다. 법원은 로크너 사건 이후 정립된 경제사건에 대한(사적 자치에 대한) 불개입 원칙에 대하여 수정을 가한 것이다.

이 사건은 주당 최저임금을 정하고 있는 워싱턴주 법을 지키지 않은 호텔에 대하여 근로자가 최저임금과 실제로 지급받은 임금의 차액을 구한 사건이다. 워싱턴주 대법원은 근로자의 손을 들어주었고, 호텔은 연방대법원에 상고하였다. 공공의 목적이 있을 경우 정부는 계약의 자유에도 불구하고 계약에 개입할 수 있다는 의견이 다수인 반면, 4인의 소수의견을 집필했던 서덜랜드(Sutherland) 대법관[12]은 대공황이라는 상황을 인식하여 법원이 계약의 자유에 대한 견해를 변경하여서는 안 되며 로크너 원칙이 유지되어야 한다는 것이었다.

사법부와 루스벨트 행정부의 계속되는 긴장관계

카도조가 대법관으로 재직한 시기를 특징짓는 단어는 '뉴딜정책'이다. 뉴딜정책을 지원하기 위한 일련의 입법과 이를 위헌으로 선언한 대법원의 태도, 이 시기는 사법부와 의회의 대립이 보여 주는 양상을 알 수 있는 시기이다. 1936년 5월 18일 대법원은 '역청탄 보호법(Bituminous Coal Conservation Act)'을 위헌으로 판단하였다. 이 법은 입법자의 이름을 따 '거피-스나이더 석탄법(Guffey-Snyder Coal Act)'이라고도 불렸다. 의회는 이 법을 제정함으로써 당시 피로 물들어 있던 석탄 산업을 정화하려고 하였다. 역청탄은 석탄화학공업의 기초가 되는 재료이며, 포항제철과 같은 제철소 등의 공업용 석탄으로 사용된다. 당시 석탄 산업은 회사의 경호원들과 노동조합원들 간의 대립

---

12) 서덜랜드 대법관(George Sutherland)은 1922년 하딩 대통령에 의하여 대법관으로 지명되어 1938년까지 대법관으로 재직하였다. 클락(John Hessin Clarke) 대법관을 승계하였고, 후임 대법관은 리드(Stanley Forman Reed) 대법관이었다. 그는 루스벨트 대통령의 뉴딜정책에 저항한 소위 네 마리 말로 불렸던 대법관 중의 한 사람이다. 그와 같은 진영에 섰던 대법관으로 맥레이놀즈(James Clark McReynolds), 버틀러(Pierce Butler), 드반터(Willis Van Devanter) 대법관이 있다.

이 극에 달해 있었고, 이들의 충돌은 유혈충돌로 이어지곤 했다.

이 법은 1935년 연방대법원이 셔흐터(Schechter) 사건에서 NIRA를 위헌으로 판결한 후, 상원의원 조셉 거피(Joseph Guffey)가 발의하였고, 의회는 이를 승인하였다. 루스벨트는 이 법이 사법부의 위헌심사를 견딜 수 있도록 해 달라고 의회에 요청하였다. 루스벨트의 요청에 의하여 이 법이 통과되자, 석탄산업의 주요 기업 대표들은 워싱턴에서 모였다. 당시 기업의 대표 중에서 가장 나이가 적었던 제임스 카터(James Carter)가 이들이 회의한 내용을 정리하여 정가에 전달하는 역할을 하기로 하였다. 그는 해결사 프레드릭 우드(Frederick Wood) 변호사를 고용하여 역청탄 보호법의 위헌성을 주장하였다. 우드 변호사는 셔흐터 사건을 위헌판단을 받도록 하여 그 능력을 인정받았던 변호사였다. 그는 셔흐터 사건에서 주장하였던 논리에 근거하면서 근로관계를 규율하는 법령은 그 규정의 특성상 지역적인 특성이 반영되어야 하므로 주법에 의하여 규율되도록 하는 것이 타당하다는 논리를 폈다.

이 사건은 루스벨트 대통령의 입법을 통한 경제 회생 노력에 대하여 사법부가 다시 어떤 결정을 내릴 것인가 하는 점에서 주목을 받게 된 사건이다. 이미 사법부가 NIRA에 대하여 위헌판결을 하면서, 루스벨트의 연방정부 권한 강화와 이를 통한 직접적인 정부의 재정 개입을 통한 경제회생노력이 다시 이 사건을 통하여 도전에 직면하게 된 것이다.

카터 사건(Carter)과 소수의견을 쓴 삼총사

카터 대(對) 카터 석탄 회사 사건(Carter v. Carter Coal Co. 298 U.S. 238 (1936))에서 다수의견을 작성한 서덜랜드 대법관은 모든 악행은 작은 첫걸음에서 시작되는 것이라고 하면서 사용자와 근로자의 관계는 연방정부가 개입할 것이 아닌 사용자와 근로자 간의 개별적인 문제로서, 만일 이러한 주 입법에 의하여 해결될 문제에 대한 연방정부의 개입을 허용하게 되면 연방은 정부의 권한 확장을 통하여 주의 권한을 제약할 것이라고 보았다.

연방의회는 '거피법(Guffey Act)'의 적용에 있어 연방의회의 권한은 임금이나 노조활동과 관련된 파업은 석탄 산업의 경우 주간 통상의 문제를 야기하고 있으므로 입법의 대상이 된다고 보아 연방의 개입이 가능하다고 보았다. 하지만 연방대법원은 연방의회는 모든 지역에서 발생하는 문제에 대하여 규율할 수 있는 권한이 있는 것은 아니라고 하면서 연방의회의 권한을 인정하지 않았다.

이에 대해 카도조 대법관은 삼총사를 대표하여 소수의견을 집필한다. 그는 우선 카터사(社)에서 생산된 석탄의 97%가 탄광이 존재하는 지역 밖으로 이송되어 판매된다는 점을 지적하였다. 이에 기초하여 카도조는 만일 사안을 석탄의 생산에만 국한한다면 의회의 권한은 주간통상 규정의 적용을 받지 못할 것이므로 권한 밖의 입법이 될 것이나, 사용자와 근로자 간에 발생하는 처절한 노동쟁의에 대하여 연방정부가 탄광이 전쟁터로 변하는 것을 막아야 할 필요성이 인정되고, 석탄이 결국 운송되어 소비된다는 점을 생각한다면 의회의 입법은 정당성을 가진다고 다수 의견에 반대하였다.

삼총사의 의견은 휴즈 대법원장과 그 추종자들에 의하여 소수의견에 그치게 되었고 다시 루스벨트의 경제회생 입법은 위헌판단을 받아 좌절되었다.

경제위기와 심화되는 노동쟁의

경제위기가 계속되자, 붕괴된 농민계층과 도시 빈민층은 저임금 근로자가 되었고, 이들의 경제적 지위는 지속적으로 악화되었다. '분노의 포도'로 대변되었던 이 시기 노동 계층의 분노는 생존의 문제와 연관되어 사회 불안으로 연계되었다. 하지만 이러한 위기에도 부유층의 부는 오히려 가속적으로 증가되었고 이들은 저임금의 근로자들을 열악한 근로조건에서 사용할 수 있는 기회로 보았다.

루스벨트 정부는 이러한 저임금 근로자들의 생계에 대하여 정부가 적절한 조치를 취하는 적극적 개입을 하지 않을 경우에는 경제위기를 타개할 수 없다고 보았다. 경제위기에서 가장 고통을 겪는 것이 서민 계층이라는 것은 우리의 경우에도 IMF 경제위기에서 보았지만 미국 대공황기의 경제위기의 해법도 결국 서민경제에 대한 루스벨트 해법에서 출발하여야 한다고 보았다. 하지만 대통령과 의회의 이러한 입법적인 노력은 사법부에 의하여 좌절된다. 사법부는 카터 사건에서 드러나는 것처럼 근로관계에서의 노동 착취 문제를 사적 자치의 문제로 인식하고 있었다. 그러므로 사법부의 시각에서 볼 때, 루스벨트 정부의 입법들은 NIRA나 '역청탄법'에서 보는 것처럼 사적 자치의 문제에 대하여 개입하는 것으로 보았다.

모어헤드 사건과 법원 재구성 계획에 대한 평가

뉴딜정책 입안자들의 지속적인 패배에 연이은 사건으로 주목할 만한 사건은 카터 사건이 선고된 2주 후에 선고된 '모어헤드 사건(Morehead v. New Yorkex rel. Tipaldo, 298 U.S. 587 (1936))'이다.

이 사건은 뉴욕주의 여성과 연소자에 대한 최저임금보장법의 위헌성에 대하여 앞서의 애드킨스 사건을 선결례로 하여 연방대법원이 뉴욕주 최저임금보장법을 위헌 판단한 사안이다. 이 사건에서 뉴욕주 법무장관이었던 엡스타인은 뉴욕주 최저임금보장법이 워싱턴 D.C.의 최저임금법과 유사하기는 하나, 애드킨스 사건과 본 건은 구별되는 사건이라고 하였다. 앞서의 애드킨스 사건은 모든 연소자와 여성에 대하여 일률적으로 최저임금을 적용한 것임에 반하여, 뉴욕주의 경우에는 합리적인 기초에 근거하여 최저임금의 적용 여부를 결정하였다는 점에서 구별되어야 한다고 주장하였다. 이 사건은 1938년 '공정근로기준법(Fair Labor Standard Act)' 제정의 기초가 되었으며, 애드킨스 판결은 뒤의 웨스트 코스트 판결에 의하여 판례 변경이 되었다. 이 모어헤드 사건에서 대법원이 뉴욕주의 최저임금보장법을 5 대 4로 위헌이라고 선고하자, 대중은 분노하였다. 4명이 5명보다 한 명 적다는 이유로 위헌이 되어야 한다는 것에 대하여 대중들은 수긍하려고 하지 않았다. 사법부의 위기가 온 것으로 보였다.

1937년 2월 루스벨트 정부는 기존의 대법관 외에 추가로 6인의 대법관을 임명하려는 법원 재구성 계획을 시도하였다. 그 대상이 되는 대법관은 반 드반터(Van Devanter), 맥 레이놀즈(McReynolds), 서덜랜드(Sutherland), 버틀러(Butler) 등 4인의 대법관들과 휴즈(Hughes) 대법원장과 브랜다이스(Brandeis) 대법관과 같이 70세 이상의 대법관 2인을 포함하여 총 6인이었다. 루스벨트가 대법관을 추가적으로 임명하여 대법원과 맞서려고 시도하였던 것에 대한 평가는 나뉜다. 사법개혁법안을 통하여 시도하였던 루스벨트의 법원 재구성 계획에 대한 사법부의 시각은 사법부의 독립성에 대한 도전으로 이해되었고 사법부의 위기로 인식되었다. 하지만 사법부에 대하여, 사법부가 경제위기 상황에서 사적 자치만을 강조하고 정부의 역할에 대하여 적절한 인식을 하지 못함으로써 대기업을 중심으로 오히려 경제위기를 이용하려고 하는 세력의 이론적 기초가 되었다는 비판이 같이 존재한다고 보인다.

삼총사, 네 마리 말에 대하여 말하다

카도조는 루스벨트의 일련의 정책에 대하여 지지하는 입장을 취하였다. 삼총사였던 할란 피스케 스톤과 카도조, 브랜다이스 대법관들은 버틀러 대법관 등 소위 네 마리의 말이라고 불리는 대법관들의 자유방임주의와 사적 자치에 기초한 일련의 판결들에 대하여 부정적인 시각을 보였다. 카도조의 관점에서 이들은 휴즈 대법원장과 함께 대공황기의 경제위기라는 현실을 전혀 고려하지 않고 현실에 기초하지 않는 판결들을 하는 대법관들로 보였다. 형제들(Brothers)의 이러한 모습에 대하여 삼총사 중의 한 사람인 스톤 대법관은 "자신들의 경제적인 필요성 때문에 몸과 정신을 하나로 유지하기 위하여 필요한 것보다 더 적은 일을 하면서 계약의 자유가 보장되어야 한다고 주장하는 사람들에게는 잔혹한 아이러니가 존재한다"고 하면서, "애드킨스 사건 이래 개입이 이루어졌던 시기에 우리는 임금이 사용자와 근로자 간의 자유로운 협상에 의하여 이루어지는 것이 아니라는 것을 배울 수 있었다"고 말했다.

1937년 2월 3일, 루스벨트는 2월 5일에 있을 의회 연두교서 발표 전에 대법관들과 저녁 만찬을 하였다. 이 자리에는 지병을 앓고 있었던 스톤 대법관과 이미 병이 깊었던 브랜다이스 대법관을 제외한 모든 대법관들이 참석하였다. 1938년 카도조 대법관도 세상을 뜬다. 삼총사와 대통령의 만찬은 이루어지지 못했다. 루스벨트는 이틀 뒤 연두

교서에서 "우리나라는 전진하여야 한다"고 선언한다. 그리고 사법부 재편 계획이 발표되었다.

사법부의 독립을 생각하다

위대한 대법관 카도조는 사법부에 대한 대중의 분노가 폭발하기 전에 경제 현실을 사법부가 인식하고 이에 기초한 판결을 위하여 노력하였다. 법 논리가 사법부의 권위를 기초하는 논리라면, 이러한 사법부의 권위의 기초는 여전히 대중의 지지에 의하여 존재한다고 본다. 하지만 한편으로 사법부는 민주주의의 결함을 메우는 현자의 원로원이라는 점에서 대중의 의사만에 기초하여 판단하여서도 안 된다. 사법부가 가지는 이러한 긴장관계에 대하여 고민하지 않으면 사법부의 위기가 올 수 있다는 것에 대하여 루스벨트가 대법원 재구성을 사법개혁법안을 통하여 시도한 것은 우리에게 중요한 시사점을 준다. 결국 대법관이 얻게 되는 명예는 국가 발전을 위한 지도적인 기능을 하여야 한다는 고뇌의 다른 면이라는 것을 우리는 기억하여야 한다.

08 대법원장 프레드 빈슨

Fred M. Vinson

1946.6.24.~1953.9.8.

미국 연방대법관의 역사가 흠결이 없는 판결들의 역사이고, 천의무봉(天衣無縫)의 역사인 것은 아니다. 미국 연방대법원의 역사는 역사와 시대를 선도한 판결들의 역사임과 동시에 오판과 정치적인 개입, 그리고 편견의 역사이다. 아울러 인간인 대법관들이 대법관으로서의 자신의 직분과 자신의 개인적인 성향이 서로 부합하지 않음으로 인하여 발생한 여러 문제들을 발견할 수 있는 기회이기도 하다.

프레드 빈슨 대법원장은 1946년 갑자기 사망한 할란 피스케 스톤(Harlan F. Stone)[13] 대법관을 승계하였다. 그리고 그도 공교롭게 1953년 심장마비로 갑자기 사망하였다. 1946년 대통령 해리 트루먼(Harry Truman)은 대법원장을 지명함에 있어 자신의 친구이자 당시 재무장관을 맡고 있던 빈슨을 대법원장으로 떠올렸던 것이다. 그는 켄터키주 교도관의 아들로 태어나 켄터키대학에서 법학을 공부하였다. 빈슨이 대법원장으로 재임하던 시기는 휴고 블랙(Hugo L. Black) 대법관, 펠릭스 프랑크퍼트(Felix Frankfurter) 대법관, 로버트 잭슨(Robert Jackson) 대법관 등과 같이 쟁쟁한 대법관들이 있는 때였는데, 대법원 내에서 그의 역할은 미미하였다. 프랑크퍼트는 대법관 지명에 대한 질문에

---

13) 뉴햄프셔 출신의 할란 F. 스톤 대법관은 데오도르 루스벨트 대통령에 의하여 지명되어 대법관으로 1925년에서 1941년까지, 그후 대법원장으로 1941년부터 1946년까지 봉직하였다. 그는 휴즈(Charles Evans Hughes) 대법관을 승계하였다. 컬럼비아 로스쿨 출신으로 지금은 설리번 & 크롬웰(Sullivan & Cromwell)로 이름이 바뀐 로펌의 창립자 중의 한 사람으로서 당시에는 설리번 & 스톤(Sullivan & Stone)이었다. 루스벨트 대통령의 정책을 적극적으로 지지하였다.

프레드 빈슨을 "그는 나와 같은 유의 사람이다. 다만 그는 나에 비하여 교육을 덜 받은 인물이다"라고 평하였다. 하지만 프랑크퍼트는 그가 남긴 일기에서, 빈슨을 고집이 세고 쉽게 일하려고 하는(easy-going) 인물이라고 묘사하였다. 프랑크퍼트는 빈슨이 복잡한 문제들을 발견하고 정확하게 쟁점을 파악하는 능력이 결여되어 있다고 빈슨의 능력을 폄하하였다.

트루먼 대통령은 빈슨의 사교성을 높이 평가하여 그를 대법원장으로 지명하였다. 빈슨은 1970년에 있었던 여론조사에서 실패한 대법원장으로 조사된 유일한 대법원장이었다. 그의 임기 중에 처리된 사건의 수를 보면 휴즈 대법원장 시절 통상 200건 정도를 처리하였던 것에 비하여 절반 정도의 사건만을 처리하였고, 만장일치로 이루어진 사건의 수가 초기 36%에서 1952년에 이르면 19%가 될 정도로 급격하게 감소하였다. 이러한 통계를 볼 때 대법원장의 대법원 내에서의 의견조율 기능이 떨어졌음을 알 수 있다. 또 빈슨은 중요한 사건의 주심을 맡지 않고 다른 대법관들에게 맡겼다. 빈슨은 재임 중 한국전쟁과 관련된 사건을 처리하였는데, 그는 1952년 한국전쟁 당시에 트루먼 대통령이 한국전쟁을 치르기 위해서 철강공장의 경영권을 국가에서 관리하려는 시도에 대하여 반대함으로써 자신을 지명한 트루먼 대통령의 중요한 정책에도 반대하였다.

두 번째 이야기

워렌 코트의 대법관들

워렌 코트, 역사를 바꾼 이름

워렌 코트, 렌퀴스트 코트는 진보와 보수를 대표하는 이름이다. 이들 시기를 결정하는 이름인 워렌과 렌퀴스트는 이 시기의 대법원장이다. 미국사를 바꾼 미국 연방대법원의 결정들을 주도한 대법원장들을 살펴보는 것은 매우 흥미로운 주제가 될 것이다.

드와이트 아이젠하워(Dwight D. Eisenhower) 대통령은 워렌을 대법원장으로 임명한 것을 자신이 내린 가장 어리석은 결정이라고 한탄하였다. 애초 워렌은 아이젠하워와 1952년 공화당의 캘리포니아 주지사 선거에서 경합하였다가 마지막 순간에 경합 대신 아이젠하워에 대한 지지를 선택하였다. 아이젠하워는 이러한 워렌의 도움에 대한 대가로 만일 미국 연방대법원에 빈자리가 생기면 그 자리에 워렌을 지명하여 주겠다고 약속하였다. 그런데 문제는 그 첫 빈자리가 대법원장 자리였다는 것이다. 프레드 빈슨 대법원장이 1953년 9월 8일 갑자기 사망하면서 대법원장 자리가 빈 것이다. 아이젠하워 대통령은 사실 워렌을 대법원장으로 임명하지 않으려고 하였지만 워렌은 아이젠하워 대통령이 자신에게 한 약속을 잊어버리지 않았다. 그는 대통령에게 지속적으로 약속 이행을 촉구하였다. 그리고 마침내 1954년 3월 2일 그는 제14대 미국 연방대법원장이 되었다. 워렌은 정치적으로 공화당원이었고, 보수주의자였다. 하지만 어느 공화당원도 그가 대법원장이 되는 순간 그가 공화당원이라는 사실을 기억할 수 없었다. 미국 역사상 가장 자유로운 대법원이 탄생한 것이다. 사실 렌퀴스트가 한 일은 이러한 워렌이 벌여 놓은 일들을 다시 원래의 자리로 위치시키는 일이었다고 할 정도로 워렌 코트는 대통령들로부터 자유로웠고, 종신직이라는 그늘을 이용하여 대통령의 통제에서 벗어나 있었다.

워렌이 그의 성향을 세상에 보인 첫번째 사안이 브라운 사건[14]이었고, 1896년 이래 미국 대법원이 계속적으로 견지하여 온 '분리하되 평등하게(separate but equal)'라는 원칙은 워렌에 의해서 붕괴되었다. 하지만 브라운 사건은 워렌 코트의 대법관들이

14) 흑백분리교육에 대한 사건으로 분리교육을 지지하였던 미국 연방대법원의 Plessy v. Ferguson 판결을 파기함으로써 미국에서의 흑인 민권운동의 마그나카르타가 된 사건이다.

바꾼 역사의 서막에 불과하였다. 워렌은 대법원장이 되자마자 브라운 사건에 대한 자신의 견해를 동료들에게 피력하였고, 자신은 이 사건의 경우 만장일치 판결이 이루어져야 한다는 생각을 공유하려고 노력하였다. 그는 이 사건이 미국 역사에 미칠 파장을 고려하였던 것이다. 빈슨 대법원장 시절에 분명히 유지될 것으로 보였던 기존 대법원의 판결이 파기되었고, 그 결과는 누구도 예상하지 못하였던 만장일치 판결이었다. 놀랍게도 미국 연방대법관 중 그 누구도 파기에 반대하지 않았던 것이다.

워렌이 대법원장으로 있었던 16년 동안 대법원에서 변호사들은 그의 동일한 질문을 들어야 했다. 변호사들이 정교하게 치밀한 주장을 법리화하여 주장하면 워렌은 이러한 주장을 경청하였다. 그리고 그는 이렇게 말했다고 한다. “그런데 그런 주장은 공정한 것입니까?”

워렌, 그는 아이젠하워처럼 대통령이 되지는 못했지만 16년간 대법원장으로 미국의 역사를 새로 쓴 사법부의 수장이 되었던 것이다. 흑인은 사람이 아니라는 ‘드레드 스콧 판결’을 파기하였기 때문에 엄청난 진보를 이룬 것으로 평가되던 1896년 ‘플레시 판결’을 뒤집고, 1953년부터 1969년까지를 아울렀던 워렌 대법원장, 그는 미국의 어떤 대통령보다 더 오랜 기간 동안 미국의 역사를 좌우한 일인자였다.

01
대법원장 워렌
Earl Warren

1953.10.5.~1969.6.23.

한밤에 울린 벨소리 : 워렌, 대법원장이 되다

1953년 9월 8일 워렌은 한 통의 전화를 받게 된다. 워렌을 아는 사람들은 모두 그가 잠을 설치는 전화를 받고 싶어 하지 않는다는 것도 잘 알고 있었기 때문에 그의 잠을 깨우는 전화는 매우 이례적인 전화라고 할 수 있었다. 이 전화를 받은 워렌의 아내, 니나 워렌은 이 전화가 매우 급한 전화임에 분명하다고 생각하고 워렌을 깨운다. 전화를 한 사람은 워렌을 이미 삼십 년 이상 알고 있었던 버틀리 커버너(Bartley Cavanaugh)였다. 그는 워렌이 가깝게 여기는 몇 안 되는 사람 중의 하나였다. 다른 많은 정치인들처럼, 정치인 워렌도 많은 사람들과 친하게 지내는 것처럼 보였지만 실제로 흉금을 터놓을 수 있는 사람은 몇 명 되지 않았다. 커버너는 워렌에게 대법원장 빈슨의 죽음을 알리고 대법원장직이 공석이 되었으니 대법원장직을 위해 움직여 보자는 전화를 한 것이었다.

사망한 대법원장 빈슨은 대법원 내에서 구심점 역할을 하지 못하고 있었다. 대법관 프랑크퍼터 같은 이는 아예 노골적으로 빈슨을 무시하였다. 새로운 대법원장은 대법원을 장악하고 구심점 역할을 할 수 있는 인물이어야 했다.

당시 후보로 거론되었던 인물로는 캘리포니아 주지사였던 워렌 외에도 뉴욕 주지사로서 대통령이 될 뻔했지만 트루먼에게 밀려 대통령이 되지 못한 듀이(Thomas

Dewey)가 있었다. 그는 일리노이주 농촌지역의 기상이 나빠 듀이의 지지층인 농촌 주민들이 투표를 할 수 없어서 대통령 선거에 패배하였다는 기사가 나올 정도로 매우 유력한 대통령 후보였다. 그는 미국 역사상 투표 후 승리하였다는 기사가 나고 패배한 거의 유일한 대통령 후보였다. 듀이 외에 다른 후보로는 뉴저지주 대법원장 아서 밴더빌트(Arthur Vanderbilt)가 있었고, 총명하지만 다소 거만하다는 평을 받고 있던 아이젠하워의 기린아 국무장관 존 포스터 듈러스(John Forster Dulles)도 있었다.

한편으로는 기존의 대법관을 대법원장으로 내부 승진시키자는 주장도 제기되었다. 하지만 이 주장은 설득력이 없었다. 당시 대법원은 8명의 민주당원과 1명의 공화당원으로 구성되어 있었다. 문제는 그 1명의 공화당원인 해롤드 버턴(Harold Burton)을 대법원장이 될 자질이 있다고 평가하는 사람이 없었다는 것이다. 따라서 아이젠하워는 내부 승진시키는 것을 고려할 수 없었다.

흥미롭게도 아이젠하워는 민주당 대통령 후보로 출마하여 자신과 경쟁하였던 존 데이비스(John Davis)를 대법원장 후보로 생각하였다. 당시 아이젠하워는 인종 평등을 부르짖는 민권운동가들이 점점 부상하고 있는 것을 못마땅하게 생각하고 있었다. 따라서 아이젠하워로서는 남부의 주들에 대한 대표성을 가지고 있고, 당시 법원에서 다투어지고 있던 브라운 사건(Brown v. Board of Education)에 대해서 흑인과 백인이 같은 학교에 다닐 것을 정부가 강제하여서는 안 된다고 주장하는 데이비스에게 매력을 느꼈다. 하지만 그는 나이가 많았다. 결국 데이비스의 많은 나이가 대법원장으로 알링턴 국립묘지에 묻힐 수 있는 기회를 막았다.

1953년 10월 워렌은 여러 경쟁자들 가운데에서 아이젠하워 대통령의 지명을 받게 된다. 아이젠하워는 워렌이 정치·경제·사회적인 측면에서 자신과 같이 보수적인 지향성을 가지고 있다고 믿었다. 그러나 워렌에 대한 그의 믿음이 틀린 것으로 드러나는 데는 그리 오랜 시간이 필요하지 않았다.

오, 캘리포니아 : 분노의 포도(The Grapes of Wrath)

필자는 출장을 위해 탑승한, 시애틀로 가는 비행기 안에서 〈분노의 포도〉라는 영화를 처음으로 보았다. 1940년에 만들어진 영화이니 지금으로부터 60년도 더 이전의 작품이다. 영화의 시대적 배경은 대공황기의 미국이다. 존 스타인벡[15)]의 소설을 영화화한 작품으로, 누구나 한 번쯤 들어본 제목일 테지만 실제로 본 사람은 많지 않을 것이다. 가난을 벗어나려고 정든 고향 오클라호마를 떠나 그들이 가려고 하는 젖과 꿀이 흐르는 땅, 캘리포니아로 향하지만 그들이 전단지를 통하여 들었던 그 젖과 꿀이 흐르는 땅의 진실은 온갖 착취와 기만이 넘치는 곳이었다. IMF 시대에 우리네가 경험한 것처럼 경제의 붕괴는 결국 가족의 붕괴로 이어져 어머니는 해체되는 가족의 가운데에서 조용히 흐느낀다.

이 영화에서 헨리 폰다(Henry Fonda)의 열연을 지켜보는 것도 좋은 볼거리다. 그가 연기한 톰 조드(Tom Joad)는 캘리포니아로의 여정 속에서 노동조합이 필요하고, 노동자들이 서로 단결하지 않고 서로 경쟁하기 때문에 임금은 끊임없이 내려가고 결국 아무리 노력하여도 질곡에서 벗어날 수 없다는 생각을 하게 된다. 그러면서 "자본가들은 왜 공산주의와 노동조합주의를 동일시하는가?"라는 질문을 한다. 인간의 이상과 왜곡된 현실이 공존하는 땅, 캘리포니아는 바로 그런 땅이었다. 골드 러시[16)]를 따라서 이주한 초기 캘리포니아 이주민들과 대공황기에 굶어 죽지 않기 위해 이주한 사람들이 모여든 땅 캘리포니아에는 수많은 이들의 희생과 질곡이 숨어 있다.

할리우드와 번영을 안은 가능성의 땅, 주의 별칭이 '골든 스테이트(Golden State)'인 황금성(黃金城)이 있는 캘리포니아에서 대법원장 워렌은 태어났다. 그는 1891년 캘리포니아주에서 태어나 1943년 1월 4일부터 1953년 10월 5일까지 10년간 캘리포니아

---

15) 1902년 2월 27일~1968년 12월 20일. 미국의 소설가로서 『불만의 겨울』, 『달은 지다』, 『에덴의 동쪽』 등의 여러 명작을 썼다. 1962년 『불만의 겨울』로 노벨문학상을 받았다.

16) 1848년에서 1849년 사이 캘리포니아에서 많은 금이 발견되면서 많은 사람들이 캘리포니아로 이주한 것을 말한다. 미식축구팀의 '샌프란시스코 포티나이너스'의 명칭에서 보는 '포티나이너스'가 이 골드러시 시기의 이주민을 말한다. 이 골드러시로 인한 급격한 인구증가로 캘리포니아는 주로 승격된다.

주지사(30대)로 봉직하였다. 대법원장 빈슨의 사망과 가능성의 땅 캘리포니아에서 태어난 워렌의 대법원장 취임. 아이젠하워의 대법원장 임명은 그의 의사와 전혀 상관없는 사법혁명의 시발점이 되었다. 역사란 바로 이러한 우연의 집합체인지도 모르겠다.

우연으로 뭉쳐 있는 역사 속에서 워렌이 대법원장으로 재직한 워렌 코트는 역사상 가장 혁명적인 기간으로, 우리는 이 시기를 '절차혁명기(procedural revolution era)'라고 부른다. 그의 재임기는 20세기 미국 역사에서 가장 혼란스러운 시기 중의 하나였다. 인종차별에 대한 항거와 민권운동, 정교의 분리, 베트남전쟁과 반전시위. 여러 사건들이 폭죽처럼 터져 나오는 이 시기의 한가운데에 대법원장 워렌과 그가 만든 나라가 있다.

노르웨이 이민자의 아들, 캘리포니아주 검찰 총장이 되다

이민자의 나라인 미국에서 어느 나라 이민자 출신이라는 것이 문제가 되지 않는다고는 하지만 보스턴의 이탈리아 이민자 구역을 떠올리면 영화 속의 장면들이 떠오르게 되는 것처럼 그 사람의 출생과 성장을 살펴보는 것에서 상당한 의미를 가진다. 필자가 마이크로소프트사에 근무할 때 도쿄에 있었던 필자의 보스는 이탈리아계 미국인이었다. 그녀는 자신의 고향인 보스톤과 보스톤에 있는 이탈리아인들의 타운을 이야기하면서도, 늘 자신은 미국인이라는 점에 방점을 찍었다.

워렌은 노르웨이계 미국인이다. 그는 캘리포니아주의 천사의 도시 로스앤젤레스(Los Angeles)에서 태어났다. 그의 아버지인 마티아스 워렌(Mathias Warren)은 남부 태평양 철도회사의 근로자였다. 그는 버클리 주립대학(U.C. Berkeley)을 졸업하고, 1914년 'Boalt Hall'이라고 불리는 버클리 로스쿨을 졸업한다. 1914년 캘리포니아주 변호사 자격을 취득하여 1년 정도 잠깐 석유회사에서 일하다가 로펌으로 자리를 옮긴다. 1917년 군입대 후 1918년 군복무를 마치고 난 뒤에 1919년 그는 캘리포니아 의회 법사위의 클럭(Clerk)으로 잠시 일한다. 1920년 그는 검사가 된다. 재미있는 사실은 애초에 그가 바란 것은 검사가 아니라 송무 변호사가 되는 것이었다. 그런데 그는 검사가 되었고, 이를 통하여 정치인이 되었으며, 다시 연방대법원장이 되었다.

미국에서 판사는 매우 영예로운 직업이고 법률가들이 선망하는 직업이다. 미국에서의 판사는 선출직 판사와 임명직 판사, 임기제 판사와 종신제 판사 등으로 나뉠 수 있는데 어느 경우이든지 정당과 밀접한 연관을 가지고 있고, 정치적인 색깔에서 완전히 자유로울 수 없다. 이런 점에서 우리 한인들이 미국에서 하나둘 판사를 배출하고 있다는 것은 매우 중요한 의미를 가진다고 할 것이다. 워렌의 경우에는 검사 생활을 하면서 당시 매우 영향력 있는 공화당원이었던 조셉 놀랜드(Joseph R. Knowland)에게 주목을 받기 시작하면서, 1925년 알라메다 군(Alameda County)의 지방 검사가 된다. 검사로 재직하는 동안 그는 범죄에 대한 단호한 대처로 검사로서의 명성을 쌓아가게 된다. 사실 경력직 법관을 변호사나 검사 중에서 임용하는 미국의 경우 변호사보다 검사가 판사로 선출될 가능성이 상대적으로 높다. 왜냐하면 지역민들에게 자신을 노출시킬 수 있는 가능성이 높고, 매우 많은 주목을 받고 있는 사안을 처리하는 경우에 검사들은 순식간에 유명 스타가 되기 때문이다. 뉴욕 맨하탄에서 범죄와의 전쟁을 통해 루돌프 줄리아니가 영웅이 되고, 공화당 대통령 후보로 거론되는 것처럼……. 워렌은 자신이 검사로서 담당한 사건을 통하여 명성을 쌓아 갔다. 그리고 1939년 마침내 캘리포니아주 검찰총장이 된다.

미국에서 왜 '유죄협상(Plea Bargain)'[17]이 잘 이루어지는가에 대한 재미있는 분석은 바로 이러한 검사의 정치적인 욕망을 달성하기 위하여는 패소율을 줄여야 하고, 검사로서는 확실히 이길 수 있는 사건이 아닌 한 유죄 협상을 통하여 모호한 사건의 경우 자신의 경력을 관리하기 때문이라는 분석을 본 적이 있는데, 매우 시사적인 분석이라고 생각한다.

---

17) 검사와 피의자 간에 죄를 인정하거나 다른 공범의 소재를 알려주거나, 증거를 제공하는 대가로 형량을 줄이거나, 교도소 복역조건을 편하게 하거나 하는 등의 협상을 하는 것을 말한다. 우리나라에서도 이러한 유죄협상을 도입할 것인가에 대해서 현재 논란이 있다.

검사 워렌

검사로서 그가 처리하게 된 사건의 시작은 노동조합관련 사건이었다. 앞서 〈분노의 포도〉를 통하여 시대적인 상황을 언급했던 것처럼, 이 시기 최대 쟁점 중의 하나는 바로 노동조합이었다. 1917년 샌프란시스코 지방검사 찰스 피커트(Charles Fickert)는 톰 문리(Tom Mooney)라는 사람을 샌프란시스코에서의 폭발사건의 용의자로 지목하였고, 재판을 통하여 그에게는 교수형이 선고되었다. 그런데 그가 교수형을 당한 직후 그 사건에서 '문리'에게 불리한 증언을 한 증인과 공동피고인들이 검사로부터 뇌물을 받았고, 증인은 폭발 현장으로부터 사실은 수 마일 떨어진 곳에 있어서 그가 사건을 목격했다는 것은 '천체와 같은 눈(astral eyes)'을 가지지 않고서는 도무지 있을 수 없는 일이었음이 드러나, 결국 '문리'는 노동운동의 순교자가 되었다. 검사는 공익의 대표자라고 하지만, 공명심에 가득찬 검사가 경우에 따라서는 사건을 처리하면서 자신이 원하는 방향 내지 생각하는 방향, 범인이라고 지목하고 기소한 피고인이 유죄가 되어야 한다는 자신의 당위에 의하여 무리를 하게 되는 것이 그때나 지금이나 별반 다르지 않다는 것을 알 수 있는 사건이 아닌가 싶다.

워렌이 검사가 된 1920년은 이러한 시대적인 상황이 지속되는 시점이었다. 젊은 신임 검사 워렌은 검사가 되고 한 달 정도 시간이 지난 후 첫 번째 사건을 배당받게 된다. 그는 선임검사(Senior prosecutor)인 A.A. 로저스(Rogers)와 함께 팀을 이루어 공산당 후보로 오클랜드(Oakland) 시장에 출마한 적도 있고, 노동조합의 지도자였던 존 테일러의 공소를 유지하는 일을 맡게 된다. 이 일로 인하여 워렌은 당시 캘리포니아 지역의 매우 과격하고 급진적인 노동운동과 마주하게 된다. 테일러는 소송에서 자신이 저지른 일을 자백하면서도 그는 공산당의 신념을 지지한다는 주장을 하면서, 자신을 기소하기 위하여 경찰과 경찰 정보원들이 뇌물을 사용하여 증거를 조작하고 증인을 매수한다는 주장을 하였다. 워렌은 이 사건을 진행하면서 사실 경찰 정보원들이 매우 부정한 방법으로 증거를 거래하고 매우 구역질 나는 행동을 하고 있다는 사실을 알게 되었지만 그는 검사로서 이러한 사실을 법원에 말하지 못했고, 다만 자신이

지방 검사가 되었을 때 노동조합 관련 기소를 자제하게 된다. 결국 테일러는 14년 형을 받는다. 검사 워렌의 첫 사건은 그의 개인사를 놓고 보면 분명 세상에 대한 그의 인식에 큰 영향을 주었을 것이라고 생각된다. 그가 뒤에 이루어 낸 형사사법에서 절차적인 중요성을 강조하였던 점을 보면. 이 사건에서 그의 선임검사는 그를 탁월한 검사라고 칭찬하였지만, 테일러는 만일 미래 세대가 이 사건의 판결을 읽게 된다면, 그들은 이 사건이 얼마나 저질스러운 사건인지를 알게 될 것이라고 주장했다. 검사 워렌의 시작은 이렇게 첫 페이지를 장식한다.

주지사 워렌

1942년 워렌은 검사로서의 자신의 경력을 백분 활용하여 주지사 선거에 나서기로 한다. 제2차 세계대전이 한창이던 당시 캘리포니아의 현직 주지사는 민주당 소속의 쿨버트 올슨(Culbert Olson)이었다. 워렌은 올슨이 유타 출신인 반면, 자신은 진정한 캘리포니아의 아들이며, 이 땅에서 계속 성장하였다는 점을 부각시켰는데 그는 연방대법원장이 되고도 비록 적극적으로 활동하지는 않았지만 '원주민들(Native Sons)'이라는 단체의 구성원으로 계속 활동할 정도로 캘리포니아라는 지역적인 기반을 유지하였다. 그는 주지사로 당선되었고 연속 3번의 선거에서 계속 연임한다.

캘리포니아는 2011년 1월 최근까지 공화당의 아놀드 슈워제네거가 주지사를 역임했었는데(그는 7년간 연임한 후 임기만료로 2011년 1월 3일 공식적으로 퇴임했다.) 그의 발언이나 태도를 보면 전형적인 공화당원의 모습이 아니다. 이는 캘리포니아라는 지역적 속성에 기인한다고 할 것이다. 캘리포니아의 공화당원은 공화당이면서도 상당히 진보적인 성향을 가져야 정치적으로 성공할 수 있지, 그렇지 않으면 정치적인 성공을 거두기 힘든 지역이어서 공화당 소속 주지사까지는 몰라도 정치적인 색깔을 전국적으로 고려하여 밝혀야 하는 대통령 선거의 경우에는 공화당원으로서의 캘리포니아주의 대의원을 가지고 가는 것이 매우 어렵다. 이런 캘리포니아주에서 워렌은 주지사 선거에서 민주당 후보를 물리치고 세 번 연임하였으니 그의 정치적인 역량은 입증된 것이고, 이러한 사실만으로도 이미 그는 공화당으로서는 무시할 수 없는 거물이 된 셈이다. 그는 이런 정치력을 바탕으로 1948년에는 공화당에서 토마스 듀이(Thomas Dewey)와 짝을 이루어 해리 트루먼(Harry Truman), 알벤 바클리(Alben Barkley)조와 경합하였으나 패배하였다.

1925년 그가 알라메다 군(County)이라는, 캘리포니아에서 세 번째로 큰 군의 검사가 되면서, 그는 이미 사실상 정치인이었다. 검사가 정치인이라는 것은 우리 관념으로는 어떨지 모르지만, 지방검사(District Attorney)는 그 지역의 최고 법집행자로서 선출직 공무원이다. 이런 의미에서 그는 이미 정치인이 되었다고 할 수 있다. 『무죄 추정(presumed innocent)』이라는 스콧 터로의 소설에서는 이 선출직 지방 검사의 직위에 오르는 과정에서 벌어지는 검사들 간의 암투를 볼 수 있는데, 이들의 심리 상태와 검찰청 내의 위계에 대한 것을 살펴보고 싶은 독자에게는 일독을 권하고 싶다. 그는 공화당원으로 정치를 시작하였고, 당시 공화당은 공산주의에 적대적이면서, 캘리포니아의 경우 우익 농민단체의 지원을 받고 있었다. 그는 극단적인 주장들과는 거리를 두었고, 극단적인 공화당원이라기보다는 열성이 떨어지는, 느슨하게 공화당과 연결된 상태였다고 할 수 있다. 그는 기본적으로 지방에서 검사로 성장하는 과정에서 지방권력에 대한 부정적인 인식을 가지게 되고, 오히려 중앙권력을 통한 자유의 신장에 우호적인 입장을 형성한다.

대법원장 워렌 : 절차혁명이 시작되다

대법원장 워렌은 정치인으로서 오랜 시간 검사생활과 주지사 재임기 등을 지내면서 보여 주었던 면모와는 사뭇 다른 면모를 보여 주게 된다. 앞에서 언급한 것과 같이 미국에서 검사는 정치인이어서, 당내 경선과 본선에서의 승리가 필요하고, 유권자들의 지지를 얻어야 하는 관계로 자신의 색깔을 드러내는 것에 매우 신중하여야 한다. 하지만 연방대법원의 대법원장이라는 직책은 종신직으로 사퇴를 하지 않고는 다른 방법으로 국가나 개인을 위해서 또는 다른 직책에서 봉사할 수 있는 기회가 없는 직책이라고 할 수 있으므로, 본인의 색깔을 분명히 드러내게 되는 것 같다. 하지만 긴 세월 동안 한 사람이 쌓아온 평판은 실제와 부합되는 경우가 많고, 판사들의 경우에는 자신들의 판결에 투영된 세계관이 쉽게 변경되지 않는 것 같다. 만일 아이젠하워가 잘못 판단한 부분이 있다면 워렌은 많은 기간 법조인이 아닌 정치인으로 지내온 사람이라는 점을 간과하였다는 점이라고 생각된다. 워렌은 실제 많은 이들이 인식하였던 것보다 훨씬 더 진보적인 성향의 판사였고, 아이젠하워는 스스로의 지명에 대하여 '자신이 내린 가장 멍청한 결정(the biggest dammed-fool mistake I ever made)'이라고 자평하였다. 워렌은 실제 자신의 법원에서 '절차혁명'을 지휘한 사령관이었다. 그 유명한 브라운 사건 외에도 투표에 있어서의 평등과 관련된 '일인 일 투표제'와 관련된 1962년에서 1964년까지의 사건으로서의 '베이커 사건(Baker v. Carr)' 등과 멕시코계 미국인들도 배심원이 될 수 있도록 한 '헤르난데스 사건(Hernandez v. Texas)', 그리고 우리가 한 번쯤은 들어본 적이 있는 미란다 고지와 관련된 '미란다 사건(Miranda v. Arizona)' 등 절차혁명기의 일련의 사건들은 미국을 넘어서 세계 각국에 수출되는 주요한 정신적인 흐름을 만들어 내었다. 그가 미국사와 인류의 문명진보에 미친 영향은 심대하지만 우리가 기억하여야 할 또 하나는 그의 대법원장 재임시기에 그가 이끄는 대법원에 대하여 상당한 저항이 있었다는 것이다. 그의 혁명기가 수많은 지지자들의 박수를 받으며 진행되었던 축제의 시기가 아니라 정신적인, 경우에 따라서는 물리적인 충돌이 진행되었던 시기라는 점이다.

존 버치 소사이어티(John Birch Society)와 대법원장 탄핵운동

워렌의 절차혁명기에 상당수의 사람들은 워렌이 자신들이 중요하게 여기는 사회적인 가치를 붕괴시키고 있다고 생각하였다. 1961년 '존 버치 소사이어티'라는 단체에서 대법원장 워렌을 탄핵하자는 운동을 시작하였다. 그리고 미국 각지에서 대법원장을 탄핵하자는 대자보가 붙기 시작하였고, 이러한 대자보의 일부는 워렌이 대법원장을 사임한 1969년까지도 계속 붙어 있었다. 이 단체는 1958년 웰치(Robert Welch)라는 사람이 인디애나폴리스에서 만든 단체로서, 이 단체의 눈으로 볼 때 워렌은 대법원장이 미국을 공산주의자들에게 팔아넘기려고 한다고 생각하였다. 이들은 2년여의 공산주의에 대한 공격을 특정한 대상 없이 계속하다가 마침내 공격 대상으로 찾아낸 것이 바로 대법원장 워렌이었다. 그들의 눈으로 볼 때 워렌은 대법원장이라는 직책을 이용하여 대법원을 공산주의자들의 소굴로 만든 원흉이었던 것이다. 그들은 브라운 사건 판결과, 대법원이 반공산주의자법(Anti-communist Act)을 무력화시킨 넬슨(Pennsylvania v. Nelson) 판결을 공격대상으로 삼았다.

넬슨은 공산주의자로 자처하던 인물로서 펜실베니아주의 반란선동방지법(Pennsylvanian Anti-sedition Law) 위반을 이유로 기소되어 징역 20년 형을 1심에서 선고 받고, 항소심(superior court)에서 이러한 원심 판결이 유지되었다. 하지만 주 대법원은 넬슨이 연방법 위반(federal anti-sedition act)을 하였는지는 따로 말하지 않더라도 주법 위반이라는 사실에 대해서는 인정할 수 있는 증거가 없다는 이유로 이 부분을 파기하고, 연방법 관련 부분에 대하여는 1940년 스미스 법(Smith Act)이라고 불리는 연방법에 따른 판단을 요청하였고, 연방대법원은 이러한 주 대법원의 요청을 받아들여 심사를 하게 된다. 이 사건에서 워렌 법원(Warren Court)은 연방이 관할해야 할 법역에서는 연방법이 우월하게 되고, 이러한 우월성(preemption)에 배치되는 주법은 무효화되어야 한다는 판시를 함으로써 넬슨은 주법에 의한 처벌을 받지 않게 된 사건이다. 이러한 선동방지법들은 이 사건으로 인하여 펜실베니아주의 경우에는 폐지되었지만, 다른 주의 경우에는 여전히 법전에 살아남아 후일 민권운동이 폭발하던 시기 민권운동가들을 처벌하는 근거로 인용되게 된다. 브라운 사건과 넬슨 사건으로 인하여 워렌 법원은 당시 시대 상황에서 가장 민감한 촉발 점이었던 흑백문제와 맥카시(McCarthy) 열풍[18]이 휘몰아치던 미국에서의 공산주의자 문제를 다루게 되어 탄핵 운동을 촉발시키게 된 것이다.

---

18) 맥카시즘이라고 불리는 반공주의열풍으로, 조셉 맥카시 상원의원의 주도로 제2차 세계대전 종전 후 미국에서 발생한 사회적인 현상이다. 영화배우이기도 한 조지 클루니가 감독한 영화 〈굿나잇 앤 굿럭〉을 보면 당시의 시대적인 분위기를 알 수 있다.

케네디와 워렌

워렌 대법원장은 케네디보다 26년 위이다. 케네디는 20세기에 태어난 첫 번째 대통령이고, 워렌은 19세기에 태어난 마지막 대법원장이다. 하지만 이들은 자신들이 만들어야 할 국가에 대하여 공감대를 이루고 있었고, 자신들이 협력하여야 할 충분한 이유를 발견할 수 있었다. 케네디가 닉슨을 이겼다는 것도 하나의 원인이 되었을지 모르지만……. 이 둘은 서로를 존경하고 아꼈다. 케네디가 대통령 선거에 이기고 나서 대법원장에게 보낸 편지에서, "나는 대법원장께서 이끄는 대법원과 함께 일을 하게 되었다는 것을 진심으로 행복하게 생각합니다"라고 썼고, 대법원장은 젊은 대통령에게 "귀하의 행정부가 대통령께서 취임식에서 밝힐 놀라운 구상과 같이 행복한 항해를 하기 바랍니다"라고 쓴다. 케네디 재임기의 기억할 만한 최초의 사건은 '맙(Mapp)' 사건이다. 이 사건은 연방법과 주법과의 관계에 대한 문제를 관할과 관련하여 가지고 있었는데 연방법에 의하여 보장되는 압수 수색에 관한 보호를 주법의 경우에도 확장할 수 있는가와 관련된 논점이 있었다. 위법한 압수 수색에 의한 결과물인 음란물에 기초한 음란물 소지죄로 '맙'에게 7년 형을 선고하는 것에 대하여 대법원 내에서는 격론이 벌어졌고, 수차례 내부 회람이 돌았다. 결국 프랑크퍼터, 할란, 휘태커 대법관의 반대에도 불구하고, 이 사건은 6 대 3으로, 위법하게 수집된 증거는 유죄의 증거로 사용될 수 없다는 원칙을 제시하게 된다. 이 사건을 통하여 향후 형사절차에 있어서 워렌 법원이 보일 일련의 사건들의 단초가 제공되었다는 점에서도 이 사건은 매우 의미 있는 사건이라고 할 수 있다.

케네디의 죽음, 그리고 워렌의 사퇴

흥미로운 사실 중의 하나는 워렌이 대법원장으로 존 F. 케네디 대통령의 암살과 관련하여 소위 워렌 위원회(Warren Commission)를 이끌었다는 점이다. 60대 후반에 이른 워렌은 린든 존슨 대통령의 요청에 의하여 워렌 위원회를 구성하고 사건을 조사하였으나, 하비 오스왈드(Harvey Oswald)의 단독범행으로 사건을 마무리하게 된다. 그리고 연이은 그의 동생 로버트 케네디의 죽음. 워렌은 대법원장직을 사퇴하겠다는 의사를 표명한다. 그의 사퇴에는 여러 가지 요인이 영향을 미쳤겠지만 그 주요한 원인 중의 하나가 바로 닉슨일 것이다. 닉슨은 이미 젊은 시절부터 공화당 내에서 차세대로 인정받은 촉망 받는 정치인이었다. 비록 그가 닉슨 게이트라고 불리는 불명예스러운 사건으로 인하여 대통령직을 마무리하지 못한 불명예스러운 대통령이 되었지만, 공화당원들 간의 지지도는 상당했다. 워렌은 이러한 닉슨을 인정하지 않는 행동을 하면서 둘 간의 골은 깊어졌다. 닉슨은 1946년 하원의원 선거에서 당시 현역 의원이었던 민주당의 제리 부리스(Jerry Voohris)를 물리치고 하원의원이 된다. 그는 선거유세기간 중에 상대 후보가 공산당과 연계되어 있는 노동조합의 지지를 받고 있다는 식의 네거티브 유세를 하였던바, 당시 주지사였던 워렌은 이러한 닉슨의 행동을 못마땅하게 생각하고 그를 지지하지 않는다. 이후 닉슨은 지속적으로 공산당에 대한 공격을 하면서 1953년에는 아이젠하워 대통령의 러닝메이트로서 선거에 승리하여 부통령직에 오르게 되는데, 그의 나이는 불과 39세였다. 그런데 바로 이 닉슨이 공화당 부통령이 되었던 그 경선에 워렌도 후보였다. 이 둘의 관계는 그리 순탄하지 않았던 것이다. 닉슨이 대통령이 될 것임은 케네디 죽음 뒤의 정국에서 분명하다고 보였고, 실제 닉슨은 케네디를 뒤이어 대통령이 되었다는 점에서 역시 오랜 세월을 정치인으로 지낸 워렌의 판단은 옳았다. 이런 점에서 워렌은 만일 닉슨이 대통령이 되고 자신이 대법원장직을 그만두게 될 경우에는 닉슨이 자신이 이루어 놓은 업적들을 뒤집을 것이라고 판단하였고, 그는 존슨이 자신의 후임을 지명하였으면 하는 생각을 하게 되었다. 존슨은 그의 후임으로 '에이브 포타스(Abe Fortas)'를 지명한다. 테네시주 멤피스 출신으로 예일대 로스쿨 출신인 포타스는 린든 존슨에 의하여 1965년 10월 대법관으로 지명되어 대법관으로 재직 중이었다. 포타스는 자신이 미국 정부를 위하여 일을 할 당시에 젊은 의원이었던 린든 존슨을 알게 된 이후 지속적으로 린든 존슨과 관계를 유지하여 온 사이로, 워렌에게 놀랜드(Knowland)가 있었다면 그에게는 존슨이 있었다고 할 수 있는 사이였다. 하지만 포타스의 대법원장 지명은 성공하지 못했고, 그는 뇌물을 받았다는 의혹을 제기받고 1969년 대법관직을 사임하게 된다. 같은 해에 워렌은 대법원장을 사임한다. 결국 그는 정치인으로 그가 평생 긴장관계로 지냈던 닉슨의 대통령 선서를 수행하여야 했고, 닉슨이 지명한 대법원장인 워렌 버거 – 블랙먼 대법관과 함께 '미네소타 트윈스'라고 불렸던 – 에게 대법원장직을 물려주게 되었다. 1974년 그는 대법원장 퇴임 후 워싱턴에서 사망한다. 그는 사망하였지만 그가 남긴 혁명기의 기념비들은 여전히 많은 이들의 가슴 속에 살아 있다.

대법원장 워렌과 그의 동료들

대법원장 워렌의 시기는 위대한 반대자 펠릭스 프랑크퍼터가 있었던 시기이다. 프랑크퍼터는 워렌을 진정한 대법원장으로 인정하지 않았고, 그를 정치인으로 보았다. 반면 워렌은 프랑크퍼터가 동료들에게 강의를 한다면서 그를 좋아하지 않았고, 공개적으로 프랑크퍼터를 비난하기도 하였다. 워렌의 생각은 휴고 블랙 대법관을 통하여 판결이 되었고 그들은 짝이었다. 이 시기 동안 우리가 기억하는 많은 사건들이 있었고, 소위 적법절차혁명(due process revolution)이 있었다. 브라운 사건 외에도 1964년 레이놀즈 사건(Reynolds v. Sims), 1965년 그리스월드 사건(Griswold v. Connecticut), 1966년 미란다 사건(Miranda v. Arizona) 등 기억할 만한 사건들이 지속적으로 신문지상을 장식하였다.

이러한 워렌 코트가 미국 역사에 미친 영향은 심대하였다. 1965년 월남전 시기를 지나며 여성해방, 시민민권운동의 격화 등 격동의 시기를 함께 했던 워렌 코트. 그는 기록으로 볼 때 법률가로서 정교한 법률적인 날카로움을 가진 대법원장이 아니었다는 점에 대하여는 크게 반론이 없을 것 같다.

그는 자신의 형평관념 내지 정치적인 입장을 사법권을 통하여 현실화하려고 하였던 것 같다. 미국 대법원의 판결을 연구함에 있어서 이 시기는 독특한 시기이다. 이 시기의 시대적인 상황과 그 상황을 반영하였던 워렌 코트는 시대정신을 법정에 투영한 혁명가들의 법정이었다. 그의 법정은 시민운동과 가장 가까운 시기였고 법리적인 정교함의 관점에서는 그리 완벽하지 못한 시기가 아니었나 하는 생각을 문헌들을 보면서 하게 된다. 하지만 분명한 것은 그의 망치질이 역사를 바꾸었다는 사실이다. 그 새로운 역사에 반대하든, 찬성하든 간에.

브라운 사건 뒤집어지다

최근 미국 연방대법원은 브라운 사건의 결론을 뒤집는 취지의 판결을 하였다. 워렌을 빛나게 하였던 사건 가운데 미국사를 뒤흔든 사건으로 평가받았던 브라운 사건이 로버츠 대법원장이 이끄는 대법원에 의하여 뒤집어졌다. 결국 같은 논리가 적용되었지만 실제로는 뒤집어진 것으로 보는 것이 옳을 것이다.

일련의 로버츠 코트의 판결들 중에서 이 사건은 '로 대 웨이드(Roe v. Wade)' 사건과 함께 보수진영이 시도하여 온 변경되어야 할 판결 중의 하나가 변경되었음을 의미한다. 이제 여러 번의 공격이 있었고, 블랙먼이 지켜온 '로 대 웨이드'도 변경 가능성이 있을 것이라는 예측을 할 수 있게 한다. 아이러니는 바로 브라운 사건에서의 차별금지의 논리가 이 사건의 5 대 4 판결의 다수의견의 논리였다는 것이다. '백인이기 때문에 불이익을 받는 것은 허용되어서는 안 된다'는 것과 '흑인이기 때문에 백인학교에 입학하는 것이 불허되어서는 안 된다'는 두 명제, 이는 미국이 합중국으로 가지고 있는 숙명적인 과제다. 데이 오코너의 스윙 보트(Swing vote) 역할이 이제 케네디 대법관에서 주어졌다. 관람객들에게는 흥미로운 구경거리가 생겼다는 것을 의미한다. 워렌이 만들었던 나라, 내지 그가 추구하려고 했던 모든 이에게 정의로운 나라에 대한 생각을 다시 해보게 하는 시점이다.

용어

County를 보통 군(郡)이라고 번역하지만 사실 그렇게 번역하는 것이 맞는지 모르겠다. 예를 들어 필자가 미국 뉴저지주 버겐 카운티 에지워트시(city of edgewater)에 살았는데 이런 경우 우리 행정구역과 일치하지 않는다. 향후 그냥 '카운티'라고 번역하는 것이 옳다는 생각이다.

02

대법관 프랑크퍼터

Felix Frankfurter

1939.1.30.~1962.8.28.

대법관이 되는 길

미국의 사법시스템은 우리와 달리 직업법관제를 근간으로 하지 않고 변호사나 검사 등의 직업을 거친 후에 법조계에서 검증된 인사를 여러 배경에 기초하여 대법관으로 대통령이 지명하고, 의회가 이를 인준하는 제도이므로 다양한 배경을 가진 대법관이 나올 수 있다. 이는 로스쿨의 경우에도 하버드 등 주요한 법대가 학부의 법대를 없애고 로스쿨 체제의 JD 학위를 부여하는 시스템으로 이행하면서 다양한 학부 전공을 가진 학생들이 법학을 공부할 수 있도록 하는 시스템과 유사한 맥락이라고 이해된다.

결국 이러한 제도들은 미국 시스템의 요체라고 할 수 있는 다양성(diversity)의 보장을 확보하는 수단으로 기능하고 있다고 할 것이다. 하지만 로스쿨의 경우에도 정치학이나 경제학을 전공한 학생들이 로스쿨로 많이 진학하는 것과 같이 대법관의 경우에도 몇 가지 전형적인 경로를 통하여 대법관으로 지명되는 경우가 많은 것 같다. 현대 미국에서 대법관이 되는 대부분의 경우는 Ginsburg나 Marshall 대법관과 같이 시민운동을 하여 명성을 높인 경우이거나, Warren 대법원장이나 O'Connor 대법관과 같이 정치가 출신인 경우와 같은 경로에 의하여 대법관이 된 경우도 있지만 교수직을 경험한 경우가 많다. 지금 소개할 프랑크퍼터(Felix Frankfurter) 대법관은 교수로서도 뛰어났고, 그에게 배웠던 브레넌(William J. Brennan, Jr.)과 같은 후학들과 함께 대법관 생활을 하면서 대법원 내의 탁월한 이론가로서 활동하였던 경우로 교수출신 대법관으로 대법원의 하급심에 대한 선도적 기능을 함에 있어 교수로서의 학문적인 역량을 현실에서 투영해내는 역할을 잘 해낸 대법관이라는 점에서 그를 만나보는 것은 대법원 내의 다양성 강화라는 면에서 충분한 가치가 있다.

대법관 카도조와 대법관 프랑크퍼터 : 시온주의(Zionism)[19]

교수 프랑크퍼터는 1939년 카도조 대법관의 후임으로 대법관이 된다. 그는 카도조와 같은 유대계로 브랜다이스에서 시작된 유대계 대법관으로서 세 번째 유대계 대법관이 된다. 프랭클린 루스벨트 대통령에 의하여 대법관으로 지명된 그는 1962년까지 대법관으로서 제2차 세계대전을 거치면서 많은 중요한 미국 사법사의 역사적인 판결들에 관여하였다. 대법관 카도조를 관통하는 단어가 대공황이었다면, 대법관 프랑크퍼터를 관통하는 단어는 '시온주의'와 제2차 세계대전이었다. 카도조가 온건주의 유대계였던 것에 반하여, 프랑크퍼터는 시온주의자로서 열혈 유대계였다. 시온주의는 1897년 제1차 시온주의자 대회가 열리면서 체계화되기 시작하였고, 1917년 11월 2일 벨푸어 선언을 통하여 영국의 지지를 얻고 제2차 세계대전을 거치면서, 마침내 이스라엘이라는 국가가 탄생하는 기초가 된다. 프랑크퍼터는 개인적으로 홀로코스트로 많은 유대인들이 제2차 세계대전 중 독가스실에서 살해되었던 그 시대적인 배경의 영향을 받았을 것이다. 또 1882년 비엔나에서 태어나서 그의 친척들이 여전히 유럽에 남아 있는 상황이었다는 가족사적인 점도 영향을 미쳤을 것이라고 생각된다. 그는 제2차 세계대전 전에도 1918년 전미 유대인 대회에 참석하였고, 1919년에는 유대계를 대표하여 '파리 만국 평화회담'에 참석하는 등 시오니스트로서의 성향을 분명하게 하고 있었다. 그는 '우드로우 윌슨' 대통령을 설득하여 이스라엘 건국을 인정하기로

19) 19세기 후반 동유럽에서 시작된 운동으로서 유대인들의 국가를 건설하는 것을 목표로 하였다. 1897년 제1차 시오니스트회의가 개최되었고, 1917년 영국이 '벨푸어 선언'을 통해서 유대인들의 국가건설을 지지하였다. 그리고 1947년 마침내 국제연합에 의해서 이스라엘이 건국됨으로써 시오니즘은 그 결실을 맺는다.

하는 영국의 '벨푸어 선언'을 끌어내도록 하였고, 1943년에는 전쟁 기간 중 폴란드에서의 유대인들의 비참한 상황을 개선하기 위하여 '잰 카스키(Jan Karski)'와 함께 프랭클린 루스벨트 대통령을 설득하기 위한 노력을 하기도 하였다. 그는 시온주의적 성향을 일생 동안 유지하였다.

교수로서의 프랑크퍼터

그는 어린 시절을 뉴욕에서 보냈고, 남부 맨하탄에 있는 뉴욕 로스쿨에 입학하였다. 하지만 1902년 하버드 로스쿨로 옮겨서 브랜다이스 이래 최고의 성적으로 하버드 대학을 졸업한다. 그는 재학 중 『하버드 로 리뷰(Harvard Law Review)』 편집장을 맡는 등 로스쿨에서 최고 중의 최고였다. 그가 변호사로서 개업한 시기는 매우 짧다. 그는 탁월한 연구자였고, 변호사로서의 활동은 그에게 그리 매력적인 일이 아니었나 보다.

연구에 대한 그의 열정은 대단하였고, 헌법과 노동법 분야에서 그는 당대 최고의 명교수였다. 1914년부터 그가 대법관으로 지명된 1939년까지 하버드 로스쿨 교수로서 그는 많은 제자들에게 헌법 등을 강의하였다. 그는 『주간통상조항의 법률 사례연구(Cases Under the Interstate Commerce Act; The Business of the Supreme Court)』(1927)나 하버드 로스쿨 선배인 대법관 홈즈에 대해 쓴 『대법관 홈즈와 연방 대법원(Justice Holmes and the Supreme Court)』(1938) 등의 저서를 내었다. 그는 판결문에서 홈즈 대법관을 자주 언급하곤 할 정도로 홈즈에게 많은 영향을 받은 대법관이었다. 같은 유대인이고, 하버드 로스쿨의 선배였던 브랜다이스 대법관도 그의 삶에 큰 영향을 미친 인물이었다.

절차적 법학론(Process Jurisprudence)

프랑크퍼터의 법학방법론은 절차적 법학론이라고 불린다. 그는 헌법의 해석에 있어서 혁명적인 해석을 싫어했다. 그는 진화(evolution)를 좋아했고, 혁명(revolution)을 싫어했다. 법학의 방법론적으로 그는 문제를 찾아내서 관련 조문을 해석하면서 입법의 연혁과 그 진보를 보고, 가능하면 그 진보의 방향을 유지하는 쪽으로 해석을 하려고 하였다. 현상의 유지에 대한 그의 선호는 사법 소극주의라는 방향으로 나타나게 되는데, 그의 방법론은 그의 제자였던 브레넌의 사법 적극주의와 대비된다. 스승과 제자는 서로 다른 방향으로 대법관의 직무에 임했다.

영어 한마디 못 했던 오스트리아 이민자 출신의 천재 소년이 자신의 피나는 노력과 천재성으로 하버드 법대를 놀라운 성적으로 졸업하고, 개업 변호사로서의 실무를 거의 경험하지 않고 하버드 법대 교수로서, 정부의 영향력 있는 자문교수로서 활동하였던 그의 삶과 그의 시각이 어떤 지점에서 만나고 있는지……. 오히려 그의 배경과 그의 시오니즘 활동, 그리고 그의 적극적인 사회 참여들을 보면 혁신적인 변화를 더 선호할 것 같은데, 그에게 혁명은 그리 선호하는, 아니 선호될 수 있는 성격의 개념은 아니었나 보다.

그의 아버지도 랍비 교육을 받은 유대인이었고, 그 역시도 이러한 엄격주의의 영향을 많이 받았다는 점이 이러한 절차적 법학론의 배경이 되었는지도 모른다.

Sacco와 Vanzetti 사건(1920)

프랑크퍼터 대법관은 이 사건에서 두 명의 무정부주의자였던 Sacco와 Vanzetti를 옹호하는 입장을 취하였다. '아나키즘'으로 불리는 이들의 무정부주의적 경향은 당시 미국 사회에서 쉽게 받아들여지기 어려운 것이었는데, 이러한 상황에서 이들이 살인 혐의로 재판을 받게 되었다. 시민들의 시각에 의한 재판이라는 배심재판의 관점이 그들에게는 불리하게 작용할 여지가 많았다. 당시의 반(反)이탈리아계 감정, 반(反)외국인 정서 등이 겹치면서 이들에 대한 배심원들의 평결은 부정적이었다. 둘은 모두 이탈리아에서 태어나서 1908년 미국으로 이민을 온 이민자들로서 1917년 이들은 징집을 피하기 위하여 멕시코로 도망갔다가 같은 해 다시 돌아와 미국 내의 '아나키즘'을 옹호하는 신문에 기고를 하고, 재정적인 기부를 하였다. 1919년 4월 28일 당시 법무장관(U.S. Attorney General) 팔머(Palmer), 금융계의 제왕이었던 모건(J. P. Morgan),

석유왕 록펠러(John D. Rockefeller), 대법관 홈즈(Justice Oliver Wendell Holmes), 그리고 판사로 후에 초대 메이저리그(MLB) 커미셔너가 된 랜디스(Judge Kenesaw Mountain Landis) 등에 대한 암살음모가 발각되었다. 1919년 6월 2일 법무장관 공관에서 폭약이 터지자, Sacco와 Vanzetti는 이 사건에 연루되었다는 의심을 받았다. 이에 미국 법무부는 무정부주의자에 대한 수사에 착수한다. 그런데 이 시기에 무장강도 사건이 발생하였고, 급여차량이 털리면서 운반하던 직원이 살해당하는 사건이 발생한다. 이 살인사건을 저지른 것으로 기소되었던 Sacco와 Vanzetti는 배심원 선정과정에서의 문제와 엇갈리는 목격자 진술 등에도 불구하고 계속되는 무정부주의자들의 폭탄 테러가 발생하는 사회적인 상황에서 일급살인(murder in the first degree)으로 사형을 선고받고, 1927년 8월 23일 사형이 집행되었다. 이 사건에서 하버드 법대 교수였던 프랑크퍼터는 이러한 시대적인 배경에서 이 사건의 증거관계 등이 적절하게 판단되지 않았다고 주장하면서 재심 신청(motion for new trial)을 도왔다.

교수 프랑크퍼터, 대법관이 되다

1939년 대법관이 된 프랑크퍼터는 스스로가 소수계라는 점을 인식하였기 때문에 1946년 미국 사법사에서 최초로 흑인을 자신의 '로클럭(law clerk)'으로 채용한다. 이미 1920년대 ACLU(American Civil Liberty Union)의 창설에 기여하는 등 그는 민권 신장을 위하여 노력하였다. 대법원 내에서의 그의 입장은 소수의견인 경우가 다수 있었다. 그가 교수 출신이었다는 점과, 천성적으로 일단 입을 열면 많은 말을 쏟아내는 달변가였다는 점을 감안하면, 그는 다른 대법관들의 부족한 점을 여전히 교수처럼 지적하곤 하였던 것 같다. 또 그는 판결문 외에도 많은 글을 썼다. 그는 플랭클린 루스벨트 대통령에 의하여 지명되면서 '뉴딜(New Deal)' 대법관으로 불렸다. 하지만 그의 성향을 일률적으로 진보적이라거나 보수적이라고 하는 것은 어렵다. 그는 아래의 Shelley 사건에서도 그렇고, 뒤의 브라운 사건에서도 대체적으로 민권운동에 긍정적인 시각을 보여 주었다. 그의 유명한 말, "대법원장 빈슨이 사망하였다는 것에서 나는 하느님이 존재한다는 것을 알 수 있었다"라는 발언은 빈슨이 주도하는 대법원에서 기존의 '분리하되 평등의 원칙(principle of separation but equal)'이라는 '플레시 사건'에서의 원칙을 유지하려는 대법원의 태도를 그의 사망으로 바꿀 수 있었다는 점을 지적하면서 한 말이었다.

Shelley v. Kraemer, 334 U.S. 1(1948)

이 사건은 민권운동사에서 상당히 중요한 이정표(milestone)가 되는 사건이다. 사건은 1945년 미주리주 세인트루이스에, 백인 구역에서 백인 이외의 인종을 이웃으로 받지 않기로 약정(covenant)을 한 지역에 Shelley가 주택을 구입하여 이주해 오면서 시작된다. 이러한 약정은 1911년 이래로 존재하였던 것으로 Shelley는 이 주택을 구입할 당시에는 이러한 약정의 존재를 알지 못했다. 이웃들은 이 약정에 기초하여 계약을 무효화할 것을 법원에 청구하였다. 미주리주 대법원(Supreme Court of Missouri)은 이러한 약정이 유효한 것인가 하는 점과 이러한 약정에 기초하여 법원이 판결을 할 수 있는가 하는 두 가지를 법적인 쟁점으로 이해하였고, 이 두 가지 쟁점에 대하여 모두 긍정적으로 판단하였다(Kraemer v. Shelley, 1946, 355 Mo. 814, 198 S.W.2d 679). 그러자 셀리 측의 소송 대리인이었던 Thurgood Marshall 변호사는 사건을 연방대법원에 상고허가 신청하였고, 연방대법원은 이 사건에 대한 상고를 허가하였다. 당시 유사한 사건으로 미시간주에서 발생하여 대법원으로 상고 허가를 구하고 있던 맥기(Maghee) 사건(Sipes v. McGhee, 1947, 316 Mich 614, 25 N.W.2d 638)과 병합을 한 대법원은 이 사건에 대한 심리에 착수한다. 1948년 5월 3일 미국 연방대법원은 대법원장 빈슨이 선고한 다수의견에서 이러한 약정은 유효하며 사인 간에 이와 같은 약정을 하는 것이 금지된 것은 아니나, 이러한 약정을 집행하기 위하여 법원에 소송을 제기할 수는 없다고 판시하였다. 이 사건에서 리드(Reed) 대법관 등 3명의 대법관은 의견을 표명하지 않는 방식으로 반대의견을 표시하였다. 프랑크퍼터 대법관도 다수의견으로 약정의 집행에 반대하여 만일 법원이 이러한 약정의 집행에 조력한다면 이는 수정헌법 제14조의 적법절차 조항을 위반하는 것이라고 하면서 미주리주 대법원의 판단을 뒤집는 데 동조하였다. 이 사건은 후에 최초의 흑인 대법관이 된 Thurgood Marshall 변호사와 흑인민권운동 모두에 중대한 승리를 의미하는 사건이었다.

스승과 제자

대법관 프랑크퍼터와 대법관 브레넌은 스승과 제자 관계이다. 하버드 법대 교수 출신의 프랑크퍼터 대법관은 천재적인 교수였고, 26년간 하버드 법대에서 교수로 재직하는 동안 길러낸 제자 중의 한 사람이 브레넌 대법관이다. 사람들은 프랑크퍼터가 그의 제자와 같이 대법관 생활을 하게 되었을 때 그들의 관계에 대하여 궁금해 하였지만 브레넌 대법관이 같이 일한 사람은 자신을 가르쳤던 프랑크퍼터 대법관이 아닌 정치인 출신의 대법원장 워렌이었다. 워렌의 오른팔 브레넌은 워렌과 그들이 만들어 갈 세상에 대하여 함께 고민하였다. 워렌은 법률교육을 받은 사람이었지만 변호사라기보다는 태생적 정치인이었고, 반면 브레넌은 이러한 워렌의 부족한 법률적 능력을 보완하는 능력을 가지고 있었다. 이 둘은 천생연분이었다. 어찌 보면 하버드 법대에서 학생들에게 괴로운 질문을 던지던 천재 교수보다는 성격 좋은 워렌을 브레넌이 더 좋아하였던 것은 별로 놀라운 일이 아닐지 모른다. 스승은 사법적극주의(Judicial Activism)적 성향의 제자에 대하여 자신이 로스쿨에서 학생들에게 가르친 것은 사법자제(Judicial Restraint)였는데, 브레넌은 너무 멀리 간다며 불평을 하곤 했다. 대법관 브레넌이 너무 적극적이었다면, 대법관 프랑크퍼터는 대법원에서 너무 외로웠는지 모른다. 그의 의견은 동조자가 없는 경우가 자주 있었다. 그것도 상당히 자주.

가장 많은 별개의견을 낸 대법관

대법관 프랑크퍼터는 가장 많은 별개의견(Concurring opinion)을 쓴 대법관이다. 별개의견이란 다수의견과 의견을 같이하기는 하지만 그 이유에 대하여는 견해를 달리하는 의견을 말한다. 영어의 의미대로 번역하면 동조의견 정도로 번역하는 것이 옳겠지만 우리 대법원에서 사용하는 용어에 대입하면 별개의견이라고 하면 될 것이다. 대법관 프랑크퍼터는 교수였다. 그는 대법관이 되었지만 여전히 교수였다. 바로 이러한 점이 프랑크퍼터가 대법관이 되었을 때 많은 이들이 대법원이 그로 인하여 지적인 능력에 향상이 있을 것으로 기대한 점이었다. 하지만 문제는 그가 엄청난 공을 들여서 별개의견을 작성하였지만 그의 별개의견은 말 그대로 별개로 제시한 의견에 그치고 말았다는 점이다. 그는 종종 자신의 별개의견을 작성하면서 30번도 넘는 초안을 작성하고 고치고, 또 고치는 과정을 거쳤다고 한다. 그리고 그의 별개의견은 그 길이에 있어서도 다른 대법관들의 별개의견을 압도하였다. 하지만 문제는 대법원의 어느 누구도 그의 강의를 듣고 싶어 하지 않았던 것처럼 그의 별개의견을 읽고 싶어 하지 않았고, 그의 별개의견은 후속의 다른 판결들에 의하여 가장 덜 인용된 의견이 된 경우가 대부분이었다.

대법관으로서의 영향력은 결국 후행하는 다른 사건에서 하급심 법원에 의하여 인용되어 판례가 되거나, 다른 대법원 판결에서 인용됨으로써 커지게 된다고 할 것인데, 이런 면에서 대법관 프랑크퍼터의 의견은 영향력을 가지지 못한 것이 많다는 뜻이다. 그래서 그의 별개의견들을 모아서 연구한 학자는, '프랑크퍼터 대법관은 별개의견을 작성하는 노력을 하는 것보다 의견서를 작성하기 위하여 사용한 종이로 종이비행기를 접어서 대법원으로 날리는 편이 나았다'는 결론을 내렸다고 한다.

루스벨트 대통령의 조언자

하버드 법대 교수로서 프랑크퍼터는 루스벨트 대통령의 뉴딜정책 조언자로 실질적인 뉴딜정책의 틀을 짜는 데 많은 기여를 하였다. 스스로의 기여 외에도 자신의 하버드 법대 졸업생들이 곳곳에서 뉴딜정책을 집행하는 역할을 하도록 함으로써 뉴딜의 인력 공급자로서의 역할도 하였다. 뉴딜정책이 집행되는 미국에서 그는 이미 정부 정책의 깊은 곳까지 관여하는 가장 영향력 있는 인물 중의 하나였다. 루스벨트 대통령이 프랑크퍼터 교수를 대법관으로 지명한 것은 전혀 놀라운 일이 아니었고, 어찌 보면 교수로서의 프랑크퍼터의 영향력이 대법관으로서의 영향력을 능가하였다고 보는 것이 타당할 정도이다.

루스벨트의 대법관 지명은 대부분은 뉴딜 이전 극도의 보수적인 성향을 가지고 있던 미국 연방대법원을 진보의 방향으로 선회시키려는 성향을 가진 대법관으로 충원하는 것으로 귀결되었지만 뜻하지 않게 대법관 프랑크퍼터의 지명은 우익성향을 강화시키는 방향으로 작동하였다.

우리가 미국 대법관들의 역사를 보면서, 임명권자의 뜻과 임명된 자의 행동이 일치하지 않는 많은 예들을 보는 것처럼 프랑크퍼터도 그러한 대법관 중의 하나다. 대통령의 조언자로서 그의 영향력을 통하여 그는 자신의 시오니즘적인 성향을 현실에서 발휘하는 것도 주저하지 않았다. 뉴딜정책과 시오니즘, 어찌 보면 서로 어울리지 않는 것처럼 보이지만 같은 방향에 서 있는 것처럼 보이는 이 둘과 대법관으로 프랑크퍼터의 보수주의적인 성향은 매우 재미있는 관찰점이다.

프랑크퍼터 vs. 블랙

대법관 프랑크퍼터를 이야기하면서 빼놓지 말아야 할 인물이 휴고 블랙(Hugo L. Black) 대법관이다. 상점 점원의 아들이었고, 한때는 KKK단의 단원이기도 했던 블랙 대법관은 루스벨트 대통령이 지명한 첫 번째 대법관이었다. 그는 학문적인 역량이나 이론가로서의 정치성이라는 점에서 프랑크퍼터의 적수가 되지 못했다. 그런데 아이러니한 것은 그가 대법원 내의 다수의견을 주도하였다는 점이다. 천재 프랑크퍼터와 달리 휴고 블랙 대법관은 세세하고 구체적인 법리에 대하여는 그리 많은 시간을 들이지 않았다. 어찌 보면 들이지 않은 것이 아니라 들일 능력이 없었는지도 모른다. 그는 대신 큰 틀에서 사건을 바라보는 것을 좋아했다. 그는 입법 연혁을 탐구하지도 않았지만 법문에 충실하고자 하였다.

그의 많은 업적은 주로 수정헌법 제1조의 해석과 관련된 것으로, 그는 수정헌법

제1조를 충실하게 해석하여 이를 인권으로 현재화하려고 하였다. 그런 그의 눈에 비친 대법관 프랑크퍼터의 사법자제는 썩 믿을 만한 것이 아니었다. 그는 대법관으로서 자신의 소신대로 수정헌법 제1조를 적극적으로 해석하였고, 이를 판결을 통해 현재화하였다. 프랑크퍼터는 대법원에서 왜 블랙이 틀렸는지를 줄기차게 지적하였다. 하지만 프랑크퍼터 대법관에게는 지지자가 많지 않았다.

종교의 자유와 프랑크퍼터

제2차 세계대전기의 미국 연방대법원은 종교의 자유와 관련된 몇몇 중요한 사건들을 다루게 된다. 여호와의 증인 사건이나 국기에 대한 경례와 관련된 사건 등이 그것이다. 마이너스 빌 학교 교육위원회사건(Minersville School District v. Gobitis)은 이 시기의 사건이다. 1940년에 선고된 이 사건은 10살과 12살인 2명의 학생이 우상 숭배를 금하는 자신들의 종교 계율에 따라 국기에 대한 경례를 할 수 없다면서 경례를 거부한 사건이다. 학교는 학생들이 국기에 대한 경례를 거부하자 퇴학 조치하였다. 이들이 퇴학되자 고비티스(Gobitis)는 이 사건을 법원에서 다투었고, 사건이 사회적인 관심을 끌게 되자 연방대법원이 상고를 허가하여 이 사건은 연방대법원에까지 가게 된다. 이 사건에서 프랑크퍼터 대법관은 이 학생들을 퇴학 조치한 학교의 조치는 정당하였다고 판단한 8인의 다수의견에 찬성한 대법관들을 대표하여 다수의견을 집필하였다. 그는 만일 미국민이 자신의 종교적인 신념과 사회에서 요구하는 바가 서로 충돌할 경우 시민은 자신의 종교적인 신념만을 이유로 하여 사회적으로 요구되는 책무를 방기하여서는 안 된다고 판시하였다. 그런데 이 사건에서의 연방대법원의 판결은 법조계를 비롯한 사회 전반으로부터 많은 비판을 받게 된다.

그리고 2년 뒤 '여호와의 증인'의 국기에 대한 경례 거부 사건에서 3인의 대법관이 반대의견에 가담하였고, 1943년이 되자 마이너스 빌 학교 교육위원회 사건에서 유일한 반대의견을 낸 대법관이었던 스톤(Harlan F. Stone)이 자신의 의견이 다수의견이 되는 것을 보게 된다. 로버트 잭슨(Robert H. Jackson) 대법관이 쓴 다수의견에서 연방대법원은 미국에서 정치적인 이유로 시민들로 하여금 자신의 종교적인 신념에 반하여 말을 하게 하거나 행동을 하게 할 어떤 공적인 의무를 부담하도록 하는 것도 허용되지 않는다고 판단하여 1940년 판결을 뒤집었던 것이다. 이러한 종교의 자유와 관련된 문제는 여호와의 증인과 관련하여 2002년에도 다시 문제가 되었다. 하지만 2002년도의 연방 대법원도 8 대 1이었다. 유일한 반대자는 렌퀴스트 대법원장이었다. 법원은 또 다시 여호와의 증인의 행동을 종교의 자유에 기초하여 반사회적인 행동으로 판단하지 않았다. 2002년에 프랑크퍼터 대법관의 견해에 동조한 유일한 대법관은 렌퀴스트였던 셈이다.

명교수 프랑크퍼터와 대법관 프랑크퍼터

지금까지 본 것처럼 프랑크퍼터 대법관은 명대법관으로 명성을 얻지는 못했다고 보는 것이 옳을 것 같다. 물론 이견은 있을 것이다. 무엇이 명대법관인지를 묻는다면 우리는 많은 시간, 이 판단을 하기 위해 애써야 할지 모른다. 그렇다면 최소한 이렇게는 말할 수 있다. 그는 교수로서의 명성을 대법관으로서는 유지하지 못했다고…….

03
대법관 윌리엄 더글라스
William Douglas
1939.4.17.~1975.11.15.

위대한 반대자

대법관 윌리엄 더글라스(William Douglas) 하면 바로 떠오르는 별명이 있다. 위대한 반대자(Great Dissenter). 더글라스 대법관은 미국 연방대법원에서 무려 36년 이상을 봉직한 최장수 대법관이면서, 동시에 300여 건의 반대의견을 집필한, 즉 가장 많은 반대의견을 작성한 대법관이다.

더글라스 대법관은 1939년 루이스 브랜다이스 대법관이 사임하자, 브랜다이스 대법관의 후임으로 지명되어 대법관이 되었다. 그는 상원인준청문회를 62 대 4로 통과하여 1939년 4월 17일부터 미국 연방대법관으로서의 직무를 시작하였다.

더글라스 대법관은 프랑크퍼터 대법관과 함께 루스벨트 대통령의 뉴딜정책을 지지하는 법조인의 대표격이다. 하지만 사법부의 태도에 대한 그의 생각은 사법소극주의의 신봉자인 프랑크퍼터와는 달랐다. 또 그는 수정헌법 제1조를 중요하게 생각하였다. 그래서 프랑크퍼터 대법관이 실력 없는 대법관이라고 폄하하였던 휴고 블랙 대법관과 같은 입장을 취하였다.

더글라스 대법관은 1898년 미네소타주에서 자랐다. 1904년 아버지가 사망하면서 그의 어린 시절은 가난으로 점철되었다. 그는 고학으로 대학을 다니면서 장학금으로 학교를 마쳤고, 학부에서의 전공을 살려 2년 정도 고등학교 영어교사 생활을 하였다.

그는 뉴욕여행을 한 뒤 교사 생활을 그만두겠다고 결심한다. 아무리 교사 생활을 해도 가난에서 벗어날 수는 없다고 판단한 그는 뉴욕여행에서 방문하였던 컬럼비아 로스쿨에 입학하여 변호사가 되겠다고 결심한다. 그는 컬럼비아에서 입학허가를 받고, 생활비와 학비 조달을 위해서 로펌에서 일을 하면서 학교를 마친다. 그는 1925년 전체 5등으로 컬럼비아 로스쿨을 졸업하고, 로펌 크라바스(Cravath, DeGersdorff, Swaine and Wood)에 변호사로 입사한다. 크라바스는 지금도 최고의 기업인수합병 전문 로펌으로 명성이 높다. 필자가 컬럼비아 로스쿨에서 공부할 때 증권법(Securities Law and Regulation) 연구조교(Research Assistant)가 크라바스에 가게 되었다고 행복해하던 표정을 지금도 기억한다. 대표적인 유대계 로펌의 하나로서 유색인종의 입성이 어려운 곳인데, 흑인인 그가 입사하게 되었다는 자체가 그의 성적을 나타내는 것이라고 할 정도로 좋은 로펌이다. 하지만 더글라스의 크라바스에서의 변호사 생활은 4개월 만에 끝났다. 누구나 가고 싶어 하는 로펌인데도 더글라스에게는 적성에 맞지 않았나 보다.

잠깐의 자발적 백수생활을 마치고, 1927년 그는 컬럼비아 로스쿨에서 강의를 시작한다. 하지만 컬럼비아에서의 생활 역시도 길게 가지 않았고, 1928년 예일대(Yale Law School)에 교수 자리가 나자 그는 예일대로 옮긴다.

예일대 교수 더글라스, 증권거래위원회(Securities Exchange Commission)의 위원장이 되다

(1) 법현실주의

컬럼비아대학과 예일대학에서의 교수생활은 법률가로서의 그의 삶에 엄청난 영향을 준다. 1920년대와 1930년대 컬럼비아대학과 예일대학은 법현실주의(legal realism)운동이 강력하게 전개되었다. 루이스 브랜다이스, 올리버 웬델 홈즈 등에 의해서 시작된 이 운동은 예일대에 강한 뿌리를 내리고 있었다. 이들은 전통적인 형식적 법이론을 비판하면서, 법은 사회적 현실에 부합하는 사회적 수요를 해결할 수 있어야 한다고 강조하였다. 1929년 그들이 부딪히게 된 대공황에서 보통법(common law)은 너무 무력하였고, 이러한 법의 무기력함을 그대로 방치해서는 안 된다는 것이 그들의 시각이었다.

당시 예일대에는 제롬 프랑크(Jerome Frank) 교수[20], 더만 아놀드(Thurman Arnold) 교수[21] 등이 있었고, 더글라스는 이들에게서 많은 영향을 받았다. 동시에 그는 컬럼비아 대학 로스쿨의 아돌프 벌(Adolph Berle)[22]에게서도 영향을 받았다. 이들은 법관이란 결코 사회에서 격리되어 따로 존재할 수 있는 것이 아니며, 그들의 판결이 사회경제적인 영향을 미친다는 점을 인정하여야 한다고 주장하였다. 그들은 법이 사회적인 도구로서 대공황상태에 빠져 있는 미국 경제를 회생시킬 수 있는 수단이 되어야 하며, 이를 위해서 정부기관들은 사경제주체들을 규제하여야 한다고 보았다. 그래서 제롬 프랑크는, 법관은 법복 뒤에 숨어서는 안 된다고 주장하였다. 법을 사회개혁의 도구로 이해하는 이러한 견해는 법현실주의 중에서도 법 도구주의(legal instrumentalism)라고 불린다. 이들이 보는 법은 사회에 존재하는 여러 이해관계자들의 이해관계를 조정하고 절충한 결과물이며, 법도 인간의 불완전성을 반영하는 것이므로 결코 완벽한 것일 수 없었다. 법현실주의는 1940년대 초반까지 계속되었으나, 제2차 세계대전 종전 이후 점차 쇠퇴하였다.

(2) 1933년 증권법 비판

더글라스는 예일대에서 증권법, 도산법 등을 강의하였다. 그는 1933년 증권법이 제정되자, 『예일대 법학저널(Yale Law Journal)』(Vol. 43 pp.171-217)에 1933년 '연방증권법(The Federal Securities Act of 1933)'이라는 제목의 논문을 기고한다. 이 논문에서 그는 증권법을 강하게 비판한다. 그의 눈에 비친 1933년 증권법은 지나치게 유화적인 법이었다. 더글라스는 자신의 논문 '미국 증권법'에서 정부는 좀 더 강하게 사경제주체

---

20) 1889~1957. 미국의 법률가이자 법철학자이며, 제2 항소법원 판사로 미국 법현실주의의 주요 논자 중의 한 사람.

21) 1891~1969. 미국의 법률가이자 법철학자이며, 워싱턴 D.C. 항소법원 판사로 미국 법현실주의의 주요 논자 중의 한 사람. 그는 워싱턴 D.C. 항소법원 판사로 2년간 근무한 후 사직을 하고 후일 대법관인 된 포타스(Fortas)와 함께 로펌 '아놀드 & 포타스'를 설립하여 변호사로 활동한다.

22) 1895~1971. 컬럼비아대학 법대 회사법 교수이자 외교관으로, 1932년 역작 『현대 회사와 사유재산(The Modern Corporation and Private Property)』의 공동저자임.

들을 규제했어야 하는데 타협적인 태도를 취하면서 정부의 개입에 머뭇거리고 있다고 1933년 연방증권법을 비판하였다. 그는 증권거래를 감독하는 별개의 기관을 만들어서 그 기관을 통해서 강력한 증권거래에 대한 규제가 이루어져야 한다고 주장하였으며 프랑크퍼터처럼 사법소극주의에 기초하여 보통법 전통에 따른 사적주체에 의한 시장경제에서의 문제해결을 시도하는 것은 어리석은 행동이라고 보았다.

1934년 증권거래법(Stock Exchange Act of 1934)의 제정으로 더글라스의 주장은 현실화되었다. 1934년 연방증권거래위원회(Stock Exchange Commission)가 설립되어 연방차원에서 증권거래에 대한 규제가 이루어지게 되었다. 그는 여러 권의 사례집과 다수의 논문을 작성하여 재무관리(Corporate Finance), 도산법과 증권법에 대한 연구업적을 쌓았다. 1936년 그는 연방증권거래위원회 위원(Commissioner of Stock Exchange Commission)으로 임명되었다가 1937년 9월 위원장으로 임명되었다. 1939년 더글라스는 위원장직을 그의 친구 제롬 프랑크에게 넘길 때까지 연방증권거래위원회 위원장으로 재직한다.

대법관 더글라스와 로젠버그사건(Rosenberg)

1939년 브랜다이스 대법관이 사임하자, 루스벨트 대통령은 더글라스를 후임으로 지명하였다. 더글라스는 상원인준을 받고 41세에 대법관이 됨으로써 조셉 스토리 대법관 이후 최연소 대법관이 되었다. 가난과 질병을 이겨내고 대법관에까지 오른 그는 아메리칸 드림을 실현하였다. 그는 휴즈 코트(Hughes Court)에서 대법관으로 지명되었다. 그는 대법원 내에서 휴고 블랙 대법관과 함께, 뒤에는 프랑크 머피(Frank Murphy) 대법관, 와일리 러트리지(Wiley Rutledge) 대법관과 함께 뉴딜 정책을 지지하면서 진보적인 진영을 형성하였다. 1940년 프랑크 머피(Frank Murphy) 대법관이 버틀러(Butler) 대법관의 후임으로 휴즈 코트의 마지막 대법관으로 지명되었다. 1941년에는 스톤이 대법원장이 되면서, 스톤 코트(Stone Court)가 시작되었다.

위대한 반대자 더글라스는 탄핵위협이 있었다. 로젠버그 사건이 그것이다. 이 사건은 미국 역사상 가장 논쟁이 많았던 간첩사건이다. 1950년 미국 연방수사국(FBI)[23]은

율리우스 로젠버그[24)]를 간첩으로 체포한다. 그는 1940년부터 1945년까지 미군에서 전기기술자로 일했다. 그의 아내인 이델 로젠버그(Ethel Rosenberg)도 같이 소련에 미국의 중요한 군사정보를 제공하려고 공모한 혐의로 체포되었다. 그들은 관련 기술자들을 포섭하여 미국의 중요한 군사기밀인 핵무기 개발에 대한 로스 알라모스 원자폭탄 프로젝트에 관한 정보를 소련에 넘겨주려고 했다는 혐의를 받았다. 1951년 로젠버그 부부는 유죄를 인정받고 사형을 선고받았다. 그리고 1953년 6월 19일 그들에 대한 사형이 집행되었다. 그들은 미국 역사상 최초의 간첩죄로 사형이 집행된 인물이 되었다.

더글라스 대법관은 로젠버그 부부에 대한 사형집행을 중지하여 달라는 청원을 받아들여서 이들의 사형집행을 중지하였다. 그러자 법무부는 대법원이 휴정기임에도 바로 빈슨 대법원장에게 더글라스 대법관의 집행중지 결정을 취소하여 달라는 신청을 하였고, 빈슨 대법원장은 더글라스 대법관의 사형집행중지결정을 취소하였다. 그리고 의회는 더글라스 대법관에 대한 탄핵을 시도하였다. 실패한 탄핵시도이기는 했지만 더글라스 대법관으로서는 여러 번의 이혼 및 결혼 경력과 더불어 대법관으로서의 그의 삶에 대해 공격하는 사람들에게 논쟁거리를 제공하게 된다.

미국 연방대법원의 대법관 중에서 미국 연방수사국 정보원 역할을 하였다는 주장을 담고 있는 미국 연방수사국과 미국 연방대법원의 상호 관계를 다룬 책 『법복과 의사봉(Cloak and Gavel)』에 의하면 더글라스 대법관은 1935년 연방수사국이 창설될 때 초대국장으로 취임하여 1972년 사망할 때까지 48년 동안 연방수사국장으로서 어둠의 세계의 미국 대통령으로 군림하였던 에드가 후버(Edgar Hoover)와 친해서 대법원 내의 정보원 역할을 하였고, 수시로 연방수사국과 회동을 가지면서 정보교환을 하였다고 한다. 1937년에서 1940년대 말까지 더글라스는 후버 및 연방수사국과 긴밀한 관계를 유지하였고, 1944년에는 연방수사국 전국회의에서 개회사를 하기도 했다고 한다. 후버는 더글라스를 매우 신뢰하여서 기밀정보를 더글라스 대법관에게 제공

23) 미국 연방수사국은 'Federal Bureau of Investigation'의 약자로 흔히 에프비아이라고 부른다. 1935년 연방사건을 수사하기 위하여 창설된 기관이다. 주의 경찰이 수사하지 못하는 주간 형사사건인 연방사건을 수사하는 미국 법무부 산하 수사기관이다.

24) 1918년생으로 1953년 사망.

하기도 하고, 더글라스 대법관이 승마사고를 당하자 후버가 친서를 보내서 쾌유를 빌어주고 연방수사국이 편의를 봐주기도 하였다고 한다. 그런데 로젠버그 사건에서 간첩죄로 사형을 선고받은 자에 대해 사형집행을 중지하도록 결정하자 연방수사국은 그에게 의심어린 시선을 보내게 된다. 그는 이미 1951년 데니스 사건(Dennis v. U.S.)에서도 간첩죄를 받은 연방공무원의 유죄결정에 대하여 반대의견을 내어 공산주의에 대한 그의 신념이 연방수사국에 의하여 의심을 받게 되었고, 이러한 일련의 사건이 닉슨 정부가 들어선 이후 워렌 대법원장의 사임, 포타스 대법관의 사임 등 진보주의 진영 대법관들의 일련의 사임을 배후조종한 연방수사국의 다음 표적으로 더글라스 대법관이 지적되도록 하는 계기가 되었다고 한다.

나무도 소송을 할 수 있어야 한다

민사소송을 하려면 법적으로 당사자적격(standing)이 있어야 한다. 우리나라에서도 천성산 도롱뇽 사건에서 도롱뇽에게 위해가 가니 고속철도용 터널공사를 중단하여 달라는 공사금지가처분신청이 있었다. 이 경우 도롱뇽은 당사자적격이 없기 때문에 소송을 제기할 수 없다. 소송제도는 인간을 위해서 인간들끼리 분쟁을 하려고 만든 제도이기 때문이다. 산이나 들에 피어 있는 꽃 한 송이, 나무 한 그루도 귀하지 않은 것이 없지만 소송을 할 수 없다. 지체 높은 정이품 소나무라고 하더라도.

윌리엄 더글라스는 천성적으로 여행을 좋아했다. 그는 시간이 나는 대로 여행을 다니면서 자연과 친구하였다. 그래서인지 그는 자연환경의 보호에 대한 많은 관심을 가지고 있었다. 그리고 대법원에 1972년 환경법사에 기념비적인 시에라 클럽(Sierra Club v. Morton, 405 U.S. 727) 사건이 들어왔다. 미국 산림관리위원회(United States Forest Service)는 시퀘아 국립공원 인근에 광산개발을 허용하였다. 그러자 시에라 클럽이 이 개발허가를 중지시켜 달라는 소송을 제기하였다. 쟁점은 시에라 클럽이 소송을 제기할 수 있는가 하는 것이었다. 미국 연방대법원은 시에라 클럽은 환경소송에서 자연공원의 보호를 위하여 소송을 제기할 수 있는 당사자적격이 없다고 판단하였다.

대법원은 만일 누군가가 행정부의 이와 같은 광산개발허가에 대하여 그 중단을 구하기 위해서는 자신이 스스로 경제적이거나 비경제적인 손해를 입어야 한다는 손해요건(injury requirement)이 필요하다고 했는데, 시에라 클럽은 이러한 손해요건에 만족하지 못하는 것으로 보았다. 만일 이러한 소송을 한다면 시에라 클럽을 구성하고 있는 개별 회원들이 자신들이 하이킹을 다니는 것을 제한당하였고, 그 때문에 레크리에이션으로써 자연을 향유할 수 있는 권리가 침해당하였다는 식의 개인적인 권리의 침해를 주장하여야 한다고 판결하였다. 파월 대법관과 랭퀴스트 대법관이 평의와 선고에 참여하지 않음으로써 4대 3으로 끝난 이 사건의 다수의견은 스튜워트 대법관이 작성하였고, 이에 버거와 화이트 등이 동조하였다. 반대의견은 더글라스, 브레넌, 블랙먼 3명의 대법관이 제시하였고, 시에라 클럽 사건에서의 더글라스의 반대의견은 그를 유명하게 만들었다.

더글라스는 정부기관의 개발에 의하여 도로를 만들고 광산을 개발하기 위해서 자연을 훼손하는 경우에 이러한 개발을 막고 자연을 보호하고 생태계를 유지하기 위하여 환경단체가 정부기관을 상대로 소송을 하려고 하는 경우 이러한 소송에서는 풀 한 포기나 나무 한 그루와 같은 생명들에게도 소송을 제기할 수 있는 당사자 적격을 인정하여야 한다고 주장한다. 그는 이런 환경소송 목적으로 풀과 나무에게 당사자 적격을 인정하지 못할 이유도 없다고 주장한다. 선박도 해상(海商)소송(maritime litigation)을 처리할 목적으로 당사자 적격을 가지기도 하고, 법인도 당사자 적격을 가지고 수행할 수 있다. 그러나 선박이나 회사와 같은 법인은 모두 인간이 아니고 소송을 위해서 인정된 허구(fiction)일 뿐이다. 그렇다면 왜 나무나 산이나 돌은 자신의 권리를 지키기 위한 당사자적격을 인정받을 수 없어야 하는가. 배나 법인에게 특정한 소송 목적을 위해서 당사자 적격을 인정하였다면 나무도 환경소송에서 자신을 지키기 위해 소송의 주체가 되어야 한다는 것이 더글라스의 주장이었다.

더글라스의 정치적 야망

41세에 대법관이 된 더글라스는 정치적인 야망을 가지고 있었다. 그는 대법관직을 기반으로 해서 미국 대통령이 되려고 하였다. 미국 역사상 대법관이 대통령이 된 사례는 없다. 대법관이 된 대통령은 태프트가 있었다. 한편, 변호사자격을 가지고 있는 대통령은 많다. 링컨 대통령은 변호사 외에 판사를 한 사실이 없는 변호사출신으로 정치에 입문하여 대통령이 된 사례이고, 클린턴 대통령도 변호사 출신이고, 오바마 대통령도 변호사 출신이다. 다만 최근의 변호사 출신 대통령은 변호사자격이 있다는 것 외에는 적극적으로 변호사 활동을 한 경우라기보다는 정치인으로 성장한 경우이다. 현대정치에서는 정치적 기반이 없이 명망가로 대중적인 인기를 형성하고 대통령이 되기는 점점 어려워지고 있다는 것을 보여 준다. 우리나라에서도 이회창 대법관이 대통령 후보까지 되어 출마하였으나 대통령으로 당선이 되지는 못하여 대법관 출신 대통령이 없는 것은 마찬가지이다.

더글라스 대법관은 미국 대법원의 역사에서 가장 대통령에 근접하였던 대법관이다. 1944년 대통령으로 4선을 노리던 대통령 프랭클린 루즈벨트는 부통령 후보를 인선하면서 더글라스를 부통령 후보 둘 중의 하나로 포함시켰다. 결국 더글라스 대법관이 부통령이 되지는 못했지만 만일 그가 부통령이 되었다면 루즈벨트 사후에 대통령직을 승계한 것이 해리 트루먼이 아니라, 더글라스 대법관이었을 것이다. 하지만 33대 대통령은 더글라스가 아닌 해리 트루먼의 몫이었다.

더글라스의 경력을 보면, 그는 로펌 변호사로서는 거의 일을 하지 않았고, 주로 대학교수로서의 경력과 더불어 연방증권거래위원회 위원장, 대통령의 경제정책자문역 등 항상 워싱턴 D.C.의 경제정책과 관련된 자리에 있었다. 41세(1939년)에 대법관이 된 적극적 규제주의자였던 더글라스를 루즈벨트 대통령은 깊이 신뢰하였다. 만일 루즈벨트 대통령이 더 살았으면 더글라스 대법관의 경로는 대통령에 가까워졌을지도 모른다. 가난한 집안 출신의 더글라스를 귀한 집안 출신의 루즈벨트 대통령은 높게 평가하였다. 1945년 루즈벨트 대통령의 사망으로 더글라스 대법관은 중요한 후원자

한 사람을 잃게 된다.

더글라스는 1948년 대통령 선거에 출마하려고 한다. 그의 눈에 해리 트루만은 충분히 겨루어 볼 만한 상대로 보였다. 하지만 정치는 법률실력의 당부에 의하여 당락을 겨루는 시합이 아니었다. 그는 1960년 다시 부통령으로 기회를 노린다. 그가 하버드 대학 교수시절 학생이었던 에이브 포타스가 존슨 대통령 후보의 법률자문을 하고 있었다. 포타스는 존슨이 민주당 대통령 후보로 지명되면 자신의 스승이었던 더글라스 대법관을 부통령 후보로 지명하기로 하였다. 하지만 더글라스의 기대와 달리 1960년 민주당 대통령 후보는 존슨이 아니라 케네디였다. 대법관의 대통령되기는 부통령도 못해 보고 이렇게 막을 내렸다.

네 번의 결혼식과 세 번의 이혼, 그리고 한 번의 장례식

대법관 더글라스 여러 가지 역사적인 기록을 보유하고 있는 대법관이다. 두 번째로 어린 나이에 대법관이 되었고, 대법관직에 있으면서 네 번의 이혼을 하여 가장 많은 이혼을 한 대법관이다. 그리고 3번의 탄핵발의가 있었다는 점에서 의회의 탄핵발의를 가장 많이 받은 대법관이기도 하다.

그는 많은 판결문(특히 반대의견)과 저술을 남겼다. 그는 '젊은이여, 동부로 가라.(Go East, Young Man; The Early Years)', '법정기(The Court Years, 1939 to 1975)' 등의 자서전도 남겼다. 그의 판결문은 짧고 명쾌하게 작성되었다. 그는 자신의 논리를 지지하는 논거를 고고학적으로 찾아가는 과정을 거치거나 타인의 문헌을 인용하는 문헌학적 작업을 하는 대신 직관적인 판단을 작성하였다. 그는 단독 의견도 많이 썼기 때문에 동조자가 많지는 않았다. 그는 일관되게 진보주의자 진영에 속해 있었다. 그는 초기 블랙(H. Black) 대법관과 같이 연대하였고, 뒤에는 프랭크 머피(Frank Murphy) 대법관과 와일리 러트리지(Wiley Rutledge) 대법관과 연대하였다.

그의 많은 저술들은 그가 많은 관심분야를 가지고 있었기 때문이기도 하였지만 그의 경제적인 문제도 저술의 수를 늘리는 데 한 몫 하였다. 그는 글을 쓰는 능력이 탁월하였다. 그는 많은 연설문을 작성하였고, 많은 논설들을 기고하였다. 그는 사무실에 앉아 있기보다는 여기저기 돌아다니면서 강연을 하는 것을 즐겨했다. 그러면서 이러한 일들을 통해서 돈을 벌었다. 그가 애초에 변호사가 되려고 한 것도, 경제적인 가난을 벗어나려고 하였던 것이었다. 하지만 연방대법관의 월급이 많지는 않아도 더글라스 대법관처럼 열심히 저술을 통해서 돈을 벌어야 할 정도는 아니었다. 그가 경제적인 곤란을 겪었던 이유 중의 주요한 부분은 그의 이혼에 있었다.

그는 1923년 밀드레드 리들(Mildred Riddle)과 결혼하여 30년간을 살았고, 슬하에 두 명의 자녀도 두었다. 그런데 1954년 첫 부인인 리들과 이혼하고는 메르세데스 데이비슨(Mercedes H. Davison)과 재혼하였다. 이 결혼은 1963년 막을 내리고, 그의 로스쿨 교수 시절 제자였던 조안 마틴(Joan Martin)과 결혼한다. 하지만 이 결혼도 2년 정도 만에 막을 내리고, 1965년 그의 마지막 여인 캐슬린 헤프넌(Cathleen Heffernan)과 결혼한다. 마지막 아내였던 캐슬린도 그의 로스쿨 제자였는데, 이러한 세 번에 걸친 이혼과정에서 그가 부담하여야 했던 위자료 문제로 인하여 더글라스의 경제적인 부담은 커져만 갔다. 그리고 1980년 누구나 그렇듯 단 한 번의 장례식을 통해 알링턴 국립묘지의 올리버 웬델 홈즈 대법관 옆 자리에 안장되었다. 그의 이러한 이혼경력은 그의 경제적인 부담을 가중시켰을 뿐만 아니라 도덕적 엄숙주의자들의 공격을 받기도 하였다.

프랑크퍼터과 더글라스

프랑크퍼터와 더글라스는 둘 다 하버드 로스쿨 교수출신 대법관이다. 프랑크퍼터 대법관은 규범론자이어서 엄정한 법적 논리를 개발하여 그 법 논리에 따른 결론을 내리는 것을 지상의 과제로 삼았다. 반면 더글라스 대법관은 논증의 과정보다는 직관적인 결론에 중점을 두었다. 또 프랑크퍼터는 사법소극주의자로서 사법부가 정치적인 문제에 적극적으로 개입을 하는 것을 부정적으로 보았다. 하지만 더글라스의 생각은 달랐다. 그는 사법부가 정치적인 성격을 가지고 있는 논의에 개입되는 것을 피할 이유가 없다고 보았다. 그는 사법부의 선례구속을 신경 쓰지 않았고, 법문보다는 현재의 쟁점과 그 문제를 현실적으로 해결하는 것에 더 관심을 가지고 판결을 내리려고 하였다. 연방증권거래위원회(SEC) 위원장을 역임하였고, 루즈벨트 대통령과의 교감하에 지속적으로 현실정치에 관심을 두었던 그의 성향은 그대로 그의 판결문에 드러났다.

프랑크퍼터 대법관과 더글라스 대법관의 사이에 공통적인 점이 있다면 두 대법관이 모두 소수의견을 많이 쓴 대법관이었다는 것이다. 프랑크퍼터 대법관의 강의를 듣고 싶어 하지 않는 다른 대법관들이 프랑크퍼터 대법관에 동조하지 않은 것은 그렇다고 하더라도 더글라스의 경우에도 다른 대법관과의 의견 조율이 쉽지 않았다. 그의 위대한 반대자(Great Dissenter)라는 별명은 이러한 의미에서 매우 아이러니한 별명이다. 더글라스가 많은 소수의견을 작성하면서 어떤 방향으로 결론을 내릴지 모르는 대법원 내의 소수자로 남은 것은 연방대법원 내의 그의 영향력이 제한적이었다는 증표로 볼 수도 있지 않을까 싶다.

더글라스와 포드

1972년 6월 대통령 리차드 닉슨 대통령의 재선을 위한 비밀공작반이 워싱턴의 워터게이트빌딩에 있는 민주당 전국위원회 본부에 침입하여 도청장치를 설치하려다 발각되어 체포되었다. 미국 정가를 뒤흔든 이 사건으로 인해 닉슨 대통령은 조사를 받게 되었고, 그 과정에서 선거 방해뿐만 아니라, 정치자금 부정 및 뇌물, 탈세 문제 등이 드러났다. 사건 초기 닉슨은 도청사건과 백악관과의 관계를 부인하였으나 대통령보좌관들이 관련되어 있었음이 밝혀졌고, 대통령 자신도 무마공작에 나섰던 사실이 폭로되어 국민 사이에 불신의 여론이 높아져 갔다. 1974년 8월 하원 법제사법위원회에서 대통령탄핵결의가 가결됨에 따라 닉슨은 대통령직을 사임할 수밖에 없었다. 임기 도중 대통령이 사임한 것은 이것이 역사상 최초의 일이었다. 포드는 닉슨 대통령이 워터게이트 사건으로 사임을 하면서 부통령에서 대통령직을 승계하여 미국 제38대 대통령(1974-1977)이 되었다. 닉슨 사임 후에도 그의 형사책임을 추궁할 것인가 여부가 논란이 되었다. 그러나 대통령이 된 포드가 1974년 9월 8일 닉슨의 재임기간 중의 모든 죄에 대한 특별사면을 발표함으로써 논란은 일단락되었다.

포드는 25년에 걸쳐서 공화당 소속으로 미시간주 하원의원을 하였다. 그는 '오마하의 현인(賢人)(Oracle of Omaha)'으로 불리는 투자의 귀재 워렌 버핏(Warren Buffett)의 고장 네브라스카주 오마하(Omaha)에서 태어났으나 주된 성장지는 미시간주로서 미시간대학교와 예일대학교 로스쿨을 졸업하였다. 이러한 배경을 가지고 있는 포드와 더글라스 대법관이 부딪힐 일은 그리 많아 보이지는 않는다. 하지만 둘은 더글라스 대법관 탄핵발의 건으로 서로 앙숙이 된다. 포드 대통령은 1965년에서 1973년까지 하원에서 소수당이었던 공화당의 원내대표로 일을 하였기 때문에 공화당의 더글라스 대법관 탄핵발의를 주도하게 되는 위치에 있었다. 포드도 공화당원으로서 연방대법원의 워렌을 포함한 진보적인 대법관들의 존재에 대하여 부정적인 시각을 가지고 있었다. 워렌의 사임을 유도하고, 포타스 대법관의 대법원장 지명을 저지한 공화당으로서는 마침내 외부강연을 문제삼아 포타스 대법관을 대법관에서 낙마시킴으로써 포타스와 긴밀한 관계를 가지고 진보진영을 주도하고 있던 더글라스까지 대법원에서 제거하고자 하였다. 공화당은 이미 대법원장 워렌의 후임으로 대법원장 버거를, 그리고 대법관으로 버거와 같은 미네소타주 출신으로 어린 시절부터 친구인 블랙먼을 대법관으로 교체하였다. 대법원을 공화당의 관점에서 쇄신하고자 하였던 계획은 더글라스의 후임을 공화당계가 지명하여 기존의 진보적인 색채의 대법원 내의 지형을 바꾸는 것이었다.

1970년 포드는 더글라스가 파빈재단(Parvin Foundation)의 이사장이 된 것을 문제삼아 그를 탄핵하려고 하였다. 1969년 6월 6일자 『타임(Time)』의 기사를 보면, 당시의 상황을 알 수 있다. 1969년 더글라스가 연방대법원이 음란성을 인정한 잡지에 포크송에 대한 글을 기고하고 350달러를 받았다는 사실이 알려지자, 보수적인 공화당 상원의원인 폴 패닌(Paul Fannin)과 스트롬 서먼드(Strom Thrumond)는 분개한다. 서먼드는 공공연히 대법원에서 내보내야 할 다음 대법관은 더글라스라고 공언하였다. 더글라스는 음란성을 인정하는 것에 반대하고 소수의견을 쓴 대법관이었다. 이런 상황에서 더글라스 대법관이 파빈재단의 연간 12,000불을 받는 재단이사장이 되었다는 심각한

윤리문제로 당시 논란거리가 되었다. 왜냐하면 재단 창립자인 알버트 파빈은 카지노 사업을 하는 로스엔젤레스의 백만장자로서 그의 재단은 국세청의 세무조사를 받은 바 있는, 자금의 원천이 의심스러운 재단으로서 자금세탁을 목적으로 만들어진 것인지에 대한 의심을 받고 있었기 때문이었다. 포타스의 경우에도 포타스가 낙마하게 된 원인 중의 하나가 올프슨 가족 재단(Wolfson Family Foundation)과의 연계였는데, 재단의 창립자인 울프슨은 형사처벌을 받았다. 올프슨은 이미 증권법 위반으로 형사처벌을 받았지만 파빈 역시도 증권법 위반의 의심을 받고 있었다. 포드는 이 파빈재단 건을 들어 더글라스 대법관을 탄핵하려고 하였다. 하지만 더글라스 대법관의 행위는 윤리적인 관점에서 논란이 되었고 과연 대법관의 행위로 적절한가는 많은 세인의 의구심을 사기에 충분하지만 위법이라고 볼 수 없다는 결론에 이르게 된다. 따라서 포드는 탄핵을 성사시키지는 못했다.

그러나 이 일로 해서 더글라스 대법관은 심한 곤경에 처하게 되고, 스스로 사임할지 여부를 고민하게 된다. 탄핵을 이겨낸 더글라스였지만 세월을 이기지는 못했다. 더글라스의 건강이 그의 발목을 잡았다. 1974년 76세의 더글라스는 휴양지 바하마에서 왼쪽 팔과 다리에 마비가 오는 중풍 증세를 겪게 된다. 그는 1974년과 1975년 개정기 동안 그는 병원 치료를 받으면서도 대법관으로 계속 봉직했다. 버거 대법원장은 더글라스 대법관에게 사임하는 것을 권했지만 더글라스는 이를 거절했다. 하지만 그의 건강은 더욱 악화되어 갔고, 마비증세는 심화되었다. 1975년 11월 12일 더글라스 대법관은 사임하겠다는 의사를 밝혔다. 그리고 그는 1975년 12월 대법관직을 사임하고 대법원을 떠난다.

포드는 더글라스를 탄핵으로 대법원에서 좇아내지는 못했지만 서로 악연을 맺었고, 1974년 닉슨이 워터게이트 사건으로 사상 초유의 대통령 탄핵문제에 봉착하여 대통령직에서 사임함으로써 포드가 대통령직을 승계하게 됨에 따라 1975년 더글라스 대법관이 사임계를 제출한 받아 마침내 포드는 더글라스의 사표를 받았다. 포드 대통령은 소원대로 더글라스 대법관이 자신의 임기 중에 대법관직에서 내려오는 것을 보았다. 상원의원으로서 탄핵을 해서 더글라스를 대법관직에서 끌어내리지는 못했지만 포드는 더글라스의 대법관 사임을 보고, 그의 후임자를 정할 수 있는 권한을 가질 수 있었다.

대통령과 대법관

미국에서는 대법원과 대통령의 관계에 대한 많은 연구가 있다. 이러한 자료를 보려면 Jeffrey A. Segal 등이 지은 'The Supreme Court in the American Legal System'을 참고하면 된다. 이 책을 보면 여러 가지 자료들을 통계로 만들어서 제시하고 있다. 사법부와 대통령의 관계는 서로 분명히 상호 영향을 주고받는다. 그리고 이는 여러 가지 통계 자료를 통하여 객관화되기도 한다.

더글라스 대법관은 오랜 재직기간 동안 대통령들과 좋은 관계를 유지하지는 못했다. 그래서 여러 차례 탄핵을 당할 위기에 처했다. 닉슨 행정부때 닉슨 대통령과 존 미첼(John Mitchell), 에드가 후버(J Edgar Hoover) 등은 지속적으로 더글라스 대법관의 통신내용을 도청하고 더글라스 대법관의 거동을 감시하였다는 의혹을 받았다. 같은 진보진영의 대법관이라도 윌리암 브레넌이나 더굿 마샬 대법관의 경우에는 더글라스 대법관처럼 닉슨 행정부를 노골적으로 비난하지는 않았기 때문에 행정부의 관점에서 더글라스 대법관은 단순히 진보진영에 속해 있다는 것 이상의 눈엣가시였다. 닉슨은 1971년 9월 23일 사망한 휴고 블랙 대법관과 같은 해 12월 29일 사망한 존 할란 대법관의 후임을 선택할 기회를 가졌다. 에드가 후버는 블랙의 후임으로 정해진 파월에 대해 긍정적인 인상을 가지고 있었다. 왜냐하면 파월은 FBI의 영장 없는 감청행위도 대통령의 감독하에 둔다면 합헌이라고 보았기 때문이다. 파월은 전미변호사협회 회장을 역임한, 명망 있고 돈 잘 버는 변호사였다. 파월로서는 대법관이 되지 않더라도 대법관이 되기보다는 계속 돈 잘 버는 변호사로 남으면 되었기 때문에 그리 대법관직에 매달리지는 않았다. 그럼에도 파월은 대법관 인준 청문회를 전미유색인종협회의 지지까지 받았기 때문에 연방 상원의 인준을 단 한 표의 반대표만을 받고 통과하였다. 또 역사상 가장 많은 대법관 선임권을 행사하였던 레이건 대통령만큼은 아니더라도 닉슨 대통령도 대법관의 구성은 큰 영향을 줄 인선을 하였다. 닉슨은 할란 대법관의 후임으로 랭퀴스트를 선출했기 때문이다. 하지만 닉슨은 더글라스 대법관의 후임 지명권만은 포드 대통령에게 넘겨야 했다. 더글라스는 대법관 내의 반대자 역할을 마치고, 역사가 되었다.

포드 대통령의 더글라스 후임 대법관 인선

더글라스 대법관의 후임을 선정하는 작업은 당시 법무부 장관 에드워드 레비(Edward Levi)가 맡았다. 시카고 출신인 레비는 시카고 로스쿨 출신으로 시카고 법대 교수로 일했다. 그는 시카고 대학 교수로서 여러 공직을 겸했다. 1968년 레비는 시카고 대학 총장으로 선임되어 1975년까지 근무하였다. 1975년 그는 포드 대통령에 의해서 71대 미국 법무부 장관으로 임명되었다. 레비는 최초의 유대계 법무부 장관이다. 대법관은 브랜다이스 대법관의 임명으로 이미 유대계가 진출했었고, 그 이후에도 카도조, 프랑크퍼터, 골드버그 등이 계속 대법관 직을 수행하였지만 법무부 장관으로는 레비가 최초였다.

레비가 작성한 후보군에는 18명의 법조인의 이름이 포함되었다. 그는 이 18명의 후보를 4개의 그룹으로 분류하고, 각 후보에 대한 자신의 코멘트를 포함하여 포드 대통령의 판단을 도왔다. 이 후보군에는 뒤에 대법관후보로 지명되었으나 상원인준을 받지 못한 저명 독점금지법실무가이며 동시에 학자였던 당시 법무차관 로버트 보크(Robert Bork), 당시 연방 제7항소법원 판사 존 폴 스티븐스, 연방 제6항소법원 판사 코넬리아 케네디(Cornelia Kennedy), 연방 제3항소법원 판사 얼린 아담스(Arlin M. Adams) 등이 포함되어 있었다. 그리고 하버드 대학교 법과대학 교수로 독점금지법의 대가였던 필립 아리다(Philip Areeda)도 리스트에 포함되어 있었다.

이중 보크는 유능하지만 닉슨과 밀접한 관계를 가지고 있었기 때문에 제외되었다. 아담스 판사의 경우에는 보수성은 충분히 입증되었지만 아담스를 지명할 경우에는 민주당의 공세를 감수하여야 했다. 레비는 같은 시카고 동향의 스티븐스를 추천했다.

반면 공화당으로서는 벼르던 더글라스의 후임은 분명한 보수성을 띠어야 한다고 생각했기 때문에 아담스 판사를 쉽게 포기할 수 없었다. 대법관 선출에서 중요한 역할을 하는 전미변호사협회의 평가에서도 스티븐스와 아담스는 우열을 가릴 수 없었고, 훌륭한 경력을 가지고 있었다. 포드는 아담스를 지명하여 민주당과 다투는 대신 안전한 카드를 뽑았다. 더글라스 사임하고 보름이 지난 후 포드 대통령은 더글라스 대법관의 후임으로 성실한 공화당원 존 폴 스티븐스를 지명하였다. 1975년 12월 17일 상원의 인준을 거쳐 존 폴 스티븐스가 미국 연방대법원의 새로운 형제가 되었다. 결국 스티븐스가 포드의 지명을 받게 되었고, 스티븐스 판사는 표결에 참가한 98명의 상원의원 만장일치의 지지로 대법관이 되었다.

더글라스와 스티븐스

더글라스 대법관과 후임인 스티븐스 대법관을 비교하여 보면, 여러 면에서 차이가 난다. 더글라스 대법관은 가난한 가정에서 태어나서 스스로의 재능을 바탕으로 대법관이 된 인물이다. 반면 스티븐스 대법관은 시카고의 호텔 재벌가에서 태어나 부유한 가정에서 성장하였다.

더글라스 대법관은 경제적인 가난을 피하기 위해서 법률가가 되기로 마음을 먹었고, 정치적인 욕망을 가지고 있었다. 전공영역은 증권법, 금융법 영역으로 대공황기의 여러 금융사건들을 보면서 적극적인 사회참여를 했다. 그는 연방증권거래위원회 위원장을 역임하는 등 현실 경제문제에 대한 실질적인 해법을 제시하고자 하였다. 그는 정부의 적극적인 규제 및 시장개입이 시장실패를 시정하기 위해서 필요하다고 보았기 때문에 1933년 미국 증권법의 태도를 미온적이라고 비판하였다. 그 역시도 하버드 대학 교수를 역임했지만 학자적인 추구보다는 실무적인 문제해결이 그의 성향과 부합하였다.

반면 스티븐스 대법관은 원래 영문학도였고, 법률가가 되려고 생각하였던 것은 아니다. 그러나 2차 세계대전 참전 후 법학으로 방향을 바꾸어 독점금지법 분야의 전문 변호사로 활동하였다. 2차 세계대전 이후 워렌 코트 시기에는 독점금지법 분야가 많은 발전을 하게 된다. 시카고 학파(Chicago School)로 불리는 신고전파경제학을 배경으로 한 일련의 독점금지법 분야의 실무가와 학자들은 정부의 개입을 최소화하는 것이 타당하다는 점을 경제학적으로 설명하고자 했다. 스티븐스와 함께 대법관 후보로 거론된 보크나 아리다 같은 이들이 모두 독점금지법 전문가였다는 점은 당시의 이런 독점금지법 영역에 대한 대법원에 대한 시대적 요구를 반영한 점이 있다는 것을 보여 준다. 만일 보크가 이때 대법관이 되었다면 미국 대법원은 현재보다 훨씬 시카고 학파적인 판결들을 선례로 남겼을 것이다. 그러나 포드 대통령의 선택은 보크(Bork)도 아리다(Areeda)도 아니었고, 연방항소법원 판사였던 스티븐스였다. 시카고를 기반으로 성장한 스티븐스의 기본적인 성향은 시카고 대학의 학문적인 영향과 부유한 출신 환경이 결합되어 더글라스 대법관과는 구별된다. 다만 스티븐스는 보크와는 달리 노스웨스턴 대학 출신으로 시카고 학파의 일원은 아니다.

하지만 두 사람이 일치하는 것은 더글라스 대법관이나 스티븐스 대법관이나 모두 진보적인 성향을 가진 대법관이라는 점이다. 출신환경에서나 학문적인 선호에서나 서로 구별됨에도 진보적인 성향을 보인다. 포드 대통령이 선택한 스티븐스 대법관은 연방항소법원 판사 시절에는 상당히 보수적인 판결을 하였지만 대법관이 되고 난 이후에는 자신은 공화당을 위해서가 아니라 미합중국을 위해서 판결하겠다고 하면서 공화당과 이념적으로 배치되는 판결을 했다. 이러한 이후의 행적을 보면 포드 대통령이 아담스 대법관과의 사이에서 고민하였던 이유는 충분히 설명된다.

04
대법관 브레넌
William J. Brennan Jr.

1956.10.16.~1990.7.20.

자리를 이어받는다는 것

출장지에서, 고든 브라운 영국 총리의 취임에 즈음하여 블레어 영국 총리 시대를 정리하는 다큐멘터리를 보았다. 호텔에서 다큐멘터리류를 보는 것은 시차를 극복하는 개인적인 방법 중의 하나인데, 이 날은 매우 인상적인 작품을 보았다. 결국 마무리는 블레어 영국 총리가 이루어 놓은 영국의 경제성장과 그 성장의 그늘에 가려진 빈부 격차의 문제, 그리고 범죄율 증가 등과 같은 문제를 우리가 어떻게 해결할 수 있을까 하는 것에 대하여 고든 브라운 총리를 비교하면서, 정치인이 되기 위하여 준비된 그의 탁월성과 그가 겪었던 역경을 보여 주고 그가 가진 정치인으로서의 개인적인 아우라를 블레어와 비교하는 순서로 진행되었다. 소위 블레어의 '제3의 길'에 대하여 그 길을 이어받은 고든 브라운의 행보. 이 두 사람을 보면서, 나는 대법관 브레넌과 대법관 수터라는 대법관직을 승계하여 준 자와 이어받는 자에 대하여 정리하여 보는 것을 생각했었다.

새로운 사람이 자리를 이어받게 되면 그 앞사람의 생각이나 행동 방식과 동일할 수는 없을 것이다. 그리고 판이하게 다른 많은 경우도 우리는 알고 있다. 하지만 그 자리 자체가 의미가 있다고 생각한다. 예를 들어 대법관이나 대학교수와 같은 경우, 그 자리를 누가 이어받는가 하는 것은 소위 학풍이나 성향을 가지고 있는 이러한 유형의 직책에서는 의미가 상당하다고 생각한다.

여기서 언급할 브레넌은 스스로가 진보주의자라고 말할 정도로 진보적인 대법관으로 사형제도에 반대하고, 낙태권을 옹호하는 등 동시대의 대법관들의 성향을 판단하는 주요한 잣대들에서 모두 강한 진보성을 드러낸 사람이다. 한편 수터의 경우에도 브레넌의 승계자로서 진보적인 판시를 많이 하는 대법관이다. 하지만 그는 그의 선임자보다는 다소 완화된 진보주의자이다. 재미있는 것은 두 사람 모두 공화당 대통령에 의하여 지명되었다는 점이다. 브레넌은 아이젠하워 대통령에 의하여 지명되었고, 수터는 아버지 부시 대통령에 의하여 대법관으로 지명되었다. 공화당에 의하여 지명되었지만 진보적인 대법관. 아이러니하지만 이것이 종신직 대법관 제도의 장점일 수 있다. 대법관은 통상 대통령보다 임기가 길다. 그래서 태프트가 대통령이 아닌, 대법관을 그렇게 선망하였는지도 모르겠다.

대법관 브레넌, 진보주의자를 자처하다

브레넌은 뉴저지 출신의 아이리시(Irish) 이민자 계통이다. 개인적으로 가톨릭 성당을 다니면서, 뉴저지에 아이리시 계통 사람들을 신부님을 통하여 몇 사람 알았는데, 브레넌이 태어난 느와(Newark) 지역에 이전에는 훨씬 더 많은 아이리시가 살았다고 들었다. 그는 흔히 '유펜(Upenn)'이라고 불리는 펜실베니아 대학(University of Pennsylvania)을 졸업하였는데, 그는 학부에서 경제학을 전공하였다. 그는 하버드 법대를 졸업하였지만 변호사 개업은 뉴저지에서 하였고, 1949년에는 주 지방법원(Superior Court) 판사로 주지사 드리스콜(Alfred E. Driscoll)에 의하여 지명되었다. 드리스콜은 1951년에는 다시 브레넌을 뉴저지 대법원(New Jersey Supreme Court)에 갈 수 있도록 하였다. 참 흥미로운 것은 뉴욕주의 대법원은 대법원(Supreme Court)이 아니라는 것이다. 무슨 말인가 하면, 뉴욕주에서 슈프림 코트(Supreme Court)는 주의 지방법원이다. 혼란스럽지만 이런 것이 연방국가로서의 미국이라는 생각이 든다.

아이젠하워와 브레넌

브레넌이 연방대법관이 된 1956년은 대통령 선거가 있던 해이다. 사실 단순히 대통령 선거가 있다는 것에 더해서, 브레넌이 대법관으로 지명된 시점은 대통령 선거를 얼마 앞두지 않은 시점이었다. 당시 현직 대통령이었던 아이젠하워가 대통령 선거가 끝나고 난 뒤에 새로운 대통령이 대법관을 지명하도록 할 수 있을 것인데 왜 그렇게 서둘러 지명하였을까? 공화당원의 관점에서 보면 아이젠하워의 대법관 지명 실력은 그리 인정할 만하지 않다. 그는 워렌을 지명하여, 민권운동의 한가운데 미국 연방대법원이 엔진 역할을 하도록 하였고, 브레넌을 지명하여 워렌의 한 팔이 되도록 하였다. 전쟁 영웅으로 한국전쟁을 끝내고, 경제 부흥기의 미국을 이끌었던 아이젠하워는 자신이 의도한 것은 아니라고 생각되지만, 민권운동의 실질적인 지원자로서 역할을 하였던 것이다.

1956년 당시 아이젠하워는 1기 임기를 끝내고 연임을 위하여 공화당 후보로 출마하였고, 민주당에서는 직전 선거에서 아이젠하워에 패배하였던 스티븐슨(Stevenson)이 다시 아이젠하워와의 리턴매치를 준비하고 있었다. 하지만 전반적으로 스티븐슨은 개인적인 매력을 그렇게 인정받지 못하고 있는 인물이었고, 아이젠하워는 여러 면에서 우위가 점쳐지고 있던 상황이었다. 다만 아이젠하워는 1955년 심장마비가 왔고, 그러한 건강상의 문제로 아이젠하워의 출마가 불투명한 상황이었다. 하지만 상대인 스티븐슨은 당시 움트고 있던 민권운동이라는 키워드를 읽지 못하고 있었다. 결국 닉슨을 다시 부통령으로 지명한 아이젠하워는 연임에 성공하였다. 이 선거에서 존 F. 케네디는 민주당 내에서 두각을 나타내기 시작하였고, 새로운 시대를 여는 인물이 등장하는 계기가 된다. 이런 불투명성 하에서 브레넌은 아이젠하워의 임기 종료 직전 대법관으로 지명되었던 것이다.

대법관 브레넌 : 워렌의 입이 되다

워렌은 정치인이었기 때문에 중요한 판결의 경우 워렌 자신이 판결문을 작성하는 것이 아니라, 브레넌에게 작성하도록 하였다. 바로 이러한 점에서 그는 부대법원장(Deputy Chief)이라는 별명으로 불렸다. 브레넌은 유명한 베이커 사건(Baker v. Carr)에서 인위적으로 유리하게 선거구를 조정하는 소위 게리맨더링을 위헌으로 판단하였고, 뉴욕타임즈와 관련하여 소위 실질적 악의(Actual Malice) 원칙을 통하여 공적인 인물이론을 확립하였다(New York Times v. Sullivan). 이 외에도 민권법 관련 사건들의 많은 부분은 실질적인 배후의 이론가인 브레넌의 작품이었다. 이 중 베이커 사건(Baker v. Carr)을 보자.

이 사건은 테네시주 사건으로 이 사건이 연방대법원에 온 것은 1960년이다. 이 당시 법원에서 가장 영향력이 있었던 인물은 프랑크퍼터 대법관이었다. 그는 이론가였고, 다른 대법관들은 한번 입을 열면 끝도 없이 토해내는 그의 강의를 들어야 했다. 그는 탁월한 법률가였다. 그는 이 사건을 선례에 의하여 이미 정리된 사건으로 보았다. 1946년 연방대법원은 콜그로브 사건(Colegrove v. Green, 328 U.S. 549 (1946))을 통하여 주민수에 대비한 투표권의 불균형은 실제로 존재하는 것이고, 동의할 수 없는 사안이지만, 이것이 연방대법원이 풀어야 할 문제는 아니라고 이미 판시하였고, 이 사건의 다수의견이 바로 프랑크퍼터에 의하여 작성되었다. 이때 블랙(Black), 더글러스(Douglas), 머피(Murphy) 대법관이 반대의견을 작성하였고, 잭슨(Jackson) 대법관은 당시 뉘른베르크 전범재판사건으로 인하여 표결에 참석하지 않았다. 이런 상황이었기 때문에 베이커(Baker) 사건에서의 결론은 초기 예상하기 어려운 것이었다. 프랑크퍼터는 "사법부가 정치에 개입하는 것은 민주주의에 해악이 된다. 사법부가 정치적인 문제에 개입하는 것은 법의 이름을 빌린 정치이다"라는 견해를 가지고 있었다.

1960년 당시의 베이커 사건에서 프랑크퍼터 대법관은 할란 대법관, 클락 대법관 등과 같은 의견을 가지고 있었고, 워렌과 블랙, 더글라스가 브레넌과 같은 진영에 있었다. 결국 스튜어트(Stewart) 대법관과 휘태커(Whittaker) 대법관이 대법원의 균형추에 있었다. 대법원장 워렌은 제2의 브라운 사건 이후의 대법원에서 다시 한번 자신의 업적으로 남기고 싶어 했다. 마침내 그는 스튜어트를 설득하는 데 성공했지만, 스튜어트의 동의는 매우 제한적이었다. 워렌은 이 사건의 다수의견을 스스로 작성하거나, 아니면 스튜어트에게 맡기려고 생각하였다. 그러나 그는 만일 스튜어트에게 맡기게 되면, 스튜어트가 작성한 판결문으로 인하여 오히려 더글러스나 블랙을 잃게 되고, 프랑크퍼터가 원하는 대로 다수의견이 분열되는 결과에 이르게 될 것을 염려하였다. 결국 워렌이 선택한 것은 다시 브레넌이었다. 브레넌은 그의 로스쿨 시절의 교수였던 프랑크퍼터를 반대하는 의견을 써서 다수의견의 결집을 유지하는 일을 하게 된 것이다. 결국 워렌의 바람대로 베이커 사건은 투표권과 관련된 민권운동사의 한 획을 긋게 되었다. 1962년 1월 31일 회람된 프랑크퍼터의 의견으로 인하여, 스튜어트와 더글라스까지 흔들리게 하였지만, 브레넌의 메모는 다른 동료들의 연대를 유지하기에 충분하였다. 1962년 3월 26일 마침내 발표된 다수의견은 프랑크퍼터와 할란 대법관을 제외한 모든 대법관을 끌어들이기에 충분하였다. 개인적으로 이 사건은 워렌 코트 내에서 프랑크퍼터에게는 분명한 패배였고, 이 사건 이후 프랑크퍼터는 다시는 다수의견을 쓰지 못했다.

버거 코트 이후

버거 코트에서 브레넌의 진보성은 더욱 드러난다. 1972년 퍼먼 사건(Furman v. Georgia)에서 사형제도가 위헌이라는 주장을 하였고, 1973년 그 유명한 로 사건(Roe v. Wade)에서 낙태 금지가 위헌이라고 판시하였다. 그는 퍼먼 사건에서 사형제도야말로 수정헌법 제8조에서 금지하는 야만적인 형벌이라고 하였고, 보수화되어 가는 미국 연방대법원 내에서 브레넌과 더 굿 마샬 대법관은 '브레넌-마샬' 대법관이라 불리며 진보진영의 의견을 지속적으로 내었다. 그는 1994년 대법관직에서 은퇴한다.

문언이 아닌 인간의 존엄성(human dignity)을 보라

브레넌은 사형제와 관련하여, 다른 동료 대법관들이 선례에 따라 상고허가를 하지 않는 것에 대하여 일관적이면서도 기계적으로 반대하였다. 그는 퍼먼 사건에서 사형은 어떤 경우에도 인간의 존엄성을 해치는 것으로 위헌이라고 판시하면서, 문언주의자들에게 대법관은 문언주의자들이 말하는 문언의 원래의 의미라는 것에 매몰될 것이 아니라, 인간의 존엄성을 법률 판단의 근거로 하여야 한다고 말한다. 바로 미국 헌법의 정신은 인간의 존엄성을 지키려고 하는 것이고 이러한 기초에 의하여 법률이 해석되어야 한다고. 그는 전기의자를 이용한 사형제도에 대하여 합헌이라고 판시하는 동료 대법관들에 대하여 반대하면서 이렇게 쓴다.

"전기의자를 이용하여 사형에 처하게 되면 사형수는 극심한 고통을 겪게 된다. 그리고 그것은 사람의 목숨을 앗아가는 것 이상의 것이다. 결국 그것은 사람을 불태워 죽이는 것의 현대기술을 사용한 다른 방법이라고밖에는 볼 수 없다."(Glass v. Louisiana 판결)

그는 향년 91세로 1997년 세상을 떠난다. 이 인간을 가장 숭고한 가치로 보고자 하였던 아일랜드인은 그가 외롭게 지켰던 그의 자리를 데이빗 수터(David Souter) 대법관에게 넘긴다. 대법관은 종신직이었지만, 그의 생명은 영원하지 않았기 때문에.

05
대법관 화이트
Byron R. White

1962.4.16.~1993.7.1

콜로라도 버팔로스의 쿼터백, 휘쩌

콜로라도 버팔로스(Colorado Buffaloes)의 웹 사이트에 들어가면 '위대한 콜로라도의 정신'이라는 제목하에 한 청년의 사진이 나온다. 그의 이름은 바이런 휘쩌 화이트(Byron Whizzer White)이다. 그의 로클럭이었던 데니스 허치슨 시카고대 교수는 그를 이렇게 불렀다. 한때 '휘쩌'라고 불린 사나이. 휘쩌는 1940년대 미국 만화책에 등장한 초영웅(superhero)의 한 사람으로, 말하자면 슈퍼맨과 같은 존재라고 할 수 있다.

우리가 보통 생각하는, 그리고 지금까지 보아왔던 대법관은 천재적인 머리를 가졌거나 엄청난 성실성을 가지고 있거나 하는 유형의 사람들이었지, 육체적인 능력이 탁월했던 사람은 아니었다. 최소한 우리들의 선입견 속에서는……. 그런데 미국 대법관의 역사에서 이러한 우리의 선입견에 가장 배치되는 인물 중의 한 사람이 바로 바이런 화이트이다. 그는 콜로라도 대학을 졸업하고, 콜로라도 버펄로스팀에서 활약한 유명한 미식축구 선수였고, 그가 미식축구 선수로서의 탁월한 경력을 통하여 얻게 된 별명이 바로 '휘쩌'이다. 그는 1938년 시즌에 현재는 '피츠버그 스틸러스'로 명칭이 변경된 당시의 '피츠버그 파이러츠'에 입단하였다. 이 팀은 1933년에 창단된 팀으로 현재 미국에서 다섯 번째로 가장 오래된 팀이다. 1940년 강철도시로서의 피츠버그의 상징성을 감안하여 피츠버그 스틸러스로 개명을 하였고, 우리에게는 한국계 선수인

하인즈 워드로 인하여 잘 알려진 팀이다. 2006년과 2009년 하인즈 워드의 피츠버그 스틸러스가 NFL(National Football League)에서 우승하여 슈퍼볼을 거머쥐면서 우리에게 낯익은 이름이 된 것이다. 하지만 화이트는 이 팀에서 오래 있지 않았고, 1939년에는 영국의 로즈 장학금을 받고 옥스포드 대학교에 공부를 하기 위하여 떠나면서, 잠시 풋볼을 쉬었다. 그의 미식축구 선수로서의 경력은 1940년에 그가 NFL 디트로이트 라이온즈에 입단하면서 다시 계속되었다. 제2차 세계대전으로 그가 미 해군에 입대하게 되면서 그의 미식축구 선수 생활은 끝난다. 왜냐하면, 제대 후 그는 로스쿨에 입학하였고, 더 이상 미식축구 선수 생활을 하지 않았기 때문이다. 1954년 그는 대학 미식축구 명예의 전당의 회원이 된다.

쿼터백, 변호사 되다

미식축구와 변호사의 공통점이 무엇일까? 변호사도 의뢰인을 위하여 전진하고, 일단 의뢰인을 위하여 주장한 사항을 뒤로 물리는 것은 패배를 의미하기 쉽다는 점이 미식축구와 변호사 간의 유사한 점이라고 할 수 있지 않을까? 아니면 쿼터백으로 중원을 지휘하는 것과 변호사로서 법정에 서는 것이 주는 긴장감이라는 점에서 유사하다고 할 수 있을까? 미식축구는 팀당 11명의 선수로 구성되고 공격팀과 수비팀이 구별된다. 공격팀이 수비팀의 골을 공략하는 방식으로 진행된다. 공격팀은 오펜시브 라인맨 5명, 쿼터백 1명과 러닝백, 풀백 각 1명, 와이드 리시버 3명으로 구성된다. 반면, 수비팀은 디펜시브 라인맨 4명과 라인배커 3명, 세컨더리 4명으로 구성된다. 가장 미국적인 경기라고 불리는 이 경기는 우리에게는 다소 생소하기도 하지만 한번 그 재미에 빠지면 어떤 운동보다도 재미있다고 한다.

이 중 쿼터백은 공격팀의 전체작전을 지휘하는 사령관의 역할을 한다. 그런 쿼터백 휘쩌는 제2차 세계대전에서 돌아온 후인 1946년 예일대학교에 입학한다. 그가 예일대학에 재학하던 시절 그는 정치적인 보수성향을 표출하였는데, 최근 힐러리 클린턴이 대학 초년생 시절 '골드워터 걸'이라고 불리는 보수적인 성향의 공화당 지지자였다는 기사를 보면, 대학시절의 성향이라는 것이 사람에 따라서는 많이 바뀌기도 하는가 보다.

대학 졸업 후 그는 당시 대법원장이었던 '프레드 빈슨'의 로클럭으로 일하게 된다. 대법원장의 로클럭이라! 프레드 빈슨 대법원장이 대법원장으로서는 그리 존경 받는 인물이 아닐는지 몰라도 이 사실만으로도 화이트는 쿼터백으로서뿐만 아니라 법조인으로서의 첫 걸음도 매우 성공적으로 시작하였음을 알 수 있다. 그는 '데이비스 그래엄 & 스터브(Davis Graham & Stubbs)'라는 로펌에서 15년간 변호사로서 실무를 한다. 이 사무실은 덴버에 소재하고 있었는데 콜로라도주 덴버는 시장 뉴턴(Quigg Newton)(1947~1955)에 의하여 수립되고 집행된 소위 덴버 현대화 계획으로 매우 왕성한 변혁기를 맞게 되는 시점이었고, 이러한 시기적인 이점을 백분 활용한 화이트는 변호사로서의 경력을 착실히 쌓아갔다. 쿼터백 화이트는 법정에서도 '휘쩌'였던 것이다.

대법관이 된 쿼터백 : 최초의 로클럭 출신 대법관의 탄생

앞서 여러 번 언급한 것과 같이 미국에서 법관이 되는 것은 정치와 상당히 밀접한 관계를 가지고 있다. 선출직이건 임명직이건 간에 정치적인 영향과 무관하다고 보는 것은 현실을 고려하지 않은 것이다. 물론 1900년대 초기의 유명한 굴드(Gould)의 판사들과 같은 정도는 아니라고 하더라도 정치와 무관한 판사는 생각하기 어렵다. 화이트의 삶에서 가장 중요한 자산 중의 하나는 그가 미식축구의 쿼터백을 하였다는 것이다. 1960년은 우리가 아는 가장 유명한 미국 대통령 중의 한 사람인 존 F. 케네디가 대통령이 된 해이다. 앞에서 대법원장 워렌과 케네디의 관계에 대하여 말한 적이 있는데, 화이트도 케네디와 밀접한 연관이 있다. 화이트를 대법관으로 임명한 대통령이 바로 케네디였던 것이다. 1960년은 미국 역사상 미국과 구소련 간의 냉전이 심화되고, 달 탐험을 포함한 우주개발 경쟁이 심화되던 시점이었다. 이 시기 미국이 원한 젊은 대통령 케네디를 당선시키는 일에 화이트는 자신의 미식축구 선수로서의 경력을 십분 활용한다. 그는 자신의 경력을 이용하여 콜로라도주에서 케네디 후보의 선거

캠페인을 지원하였고, 케네디가 대통령으로 당선되자, 미국 법무차관(Deputy Attorney General)으로 임명된다. 당시 법무장관을 하였던 이가 케네디의 동생 로버트 케네디였다. 1962년 마침내 기회가 왔다. 1962년 아이젠하워 대통령에 의하여 지명되었던 휘태커(Charles Evans Whittaker)가 과도한 업무를 이유로 사임을 표명한 것이다. 케네디는 자신이 평소 지켜보았던 화이트를 휘태커의 후임 대법관으로 임명하였다. 휘태커는 빈슨 대법원장의 로클럭으로 일하였던 연방대법원에 대법관으로 돌아온 첫 번째 로클럭 출신의 대법관이 된 것이다.

그는 1993년 6월 28일 두 번째 여성 대법관인 루스 배더 긴즈버그를 후임자로 하여 대법관직을 사임하고, 2002년 영면하였다. 그가 대법관 시절 20년 이상의 기간 동안 작성하였던 900건 이상의 의견들은 그의 변호사로서의 경력을 반영하듯이 매우 사실관계에 치중하여 판단을 하였고, 전반적으로는 정부의 활동에 대하여 제약을 가하는 판결에 반대하였다. 또한 이러한 연장선상에서 그를 일도양단적으로 보수니 진보니 하는 선상에서 놓고 판단하기 어려운 것도 변호사로서의 사실 관계 중심의 그의 성향과 연결되어 있다고 할 것이다. 예를 들어 그는 흔히 미국 연방대법원에서 보수와 진보를 가르는 시약으로서 기능하는 판결 중의 하나인 여성의 낙태 허용 여부에 대한 리딩 케이스인 '로(Roe)' 사건에 대하여 렌퀴스트와 함께 반대의견에 가담하였다. 그는 대법원이 다수의견과 같이 판결할 경우에는 인간의 생명을 보호하려고 하는 주의 노력을 수포로 돌아가게 하는 것이라고 하면서 다수의견을 비판하였다. 그는 또한 워렌 절차혁명기의 대표적인 리딩 케이스 중의 하나인 '미란다(Miranda)' 사건에서도 반대의견을 내었다. 그가 반대의견을 낸 것은 경찰의 적극적인 범죄 예방을 위한 노력이 오히려 법을 준수하는 선량한 시민들의 인권을 보호한다는 이유에서였다.

화이트, 미란다 사건의 다수의견에 반대하다

미란다 사건은 5 대 4로 결정된 사건으로 4명의 반대 대법관은 클락(Clark), 할란(Harlan), 스튜어트(Stewart), 화이트(White)였다. 이 중 의견을 쓴 사람은 클락과 할란으로 화이트는 할란의 반대의견에 동조하였다. 우리가 미국 로스쿨에서 공부할 때, 놀라게 되는 것 중의 하나는 우선 클래스에서 공부하는 사안들 중 상당수가 상당히 오래된 사건들이라는 것과, 또 하나는 그 사건들이 여전히 매우 중요한 시사점을 가지고 있다는 것이다.

이 사건도 그런 중요한 사건 중의 하나로 소수의 반대의견인 이들의 의견을 씹어서 읽어보면, 여전히 빛나는 아이디어를 발견할 수 있다.

"헌법의 문장 어느 곳에서도, 헌법 정신에도 그리고 어떤 선결례에서도 법원에 의하여 헌법적 책무를 다한다는 미명하에 이처럼 무모할 정도로 무겁고, 일방적인 것은 없다." … "오늘날 법원이 하려고 하는 일은 대법관 잭슨이 '더글라스 대 재닛 사건'에서 밝힌 현명하고, 선견지명을 가진 판시를 떠올리게 한다." … "우리 대법원은 항상 헌법이라는 사원에 새로운 층을 더하려고 한다. 그리고 그 사원은 한 층에 너무 많은 것을 올릴 때 붕괴하게 된다." (할란의 반대의견의 결론 부분).

이 견해의 옳고 그름에 대하여 이야기하려는 것이 아니라, 이러한 견해를 통하여 우리가 균형 잡힌 시각을 가질 수 있다는 것을 말하고 싶다.

미국에서의 배심재판의 의미

우리나라에서도 배심재판에 대한 논의가 한창 이루어졌는데, 그 결과로 국민의 형사재판 참여에 관한 법률이 제정되었고, 2008년 1월 1일부터 이 법률이 시행되고 있다. 우리나라에서의 배심재판의 의미와 미국에서의 배심재판의 의미는 상이하고, 우리 법제와 미국의 법제가 상이하여 귤이 회수를 건너오는 것과 같은 점이 분명히 있을 수 있겠지만, 일단 법이 제정되고 운영된다면 긍정적인 방향으로 이루어져야 할 것이다.

이러한 배심재판의 의의와 관련하여 화이트가 던컨 대 루이지애나 사건[391 U.S. 145(1968)]에서 판시한 내용은 매우 시사적이다. 7 대 2로 갈린 이 사건에서 다수의견을 작성한 화이트는 다음과 같이 판시하면서, 할란 대법관 등 주의 권한을 강조한 반대의견에 대하여 전체적인 다른 주들의 통계와 입법사 등을 들어 배심재판권을 받을 권리에 대하여 그 적용 범위를 확대할 수 있는 판시를 한다.

"배심원에 의한 재판이 우리의 모든 민간 기관이나 정치 조직의 기반을 구성하고 있는 자유와 정의라는 기본적인 원칙에 합당한지에 대한 논쟁이 있었습니다. … 우리는 배심원에 의한 재판이 미국의 정의 구현 제도에 기초가 되는 사항이라고 믿습니다. … 연방 헌법과 주 헌법에 있는 배심원 재판 규정은 공적인 권력행사에 대한 기본적인 결정을 반영하고 있습니다. 즉 판사 1인이나 일단의 판사에게 시민의 생명과 자유에 대한 전적인 권한을 위임할 수는 없다는 결정 말입니다."

사실 미국에서 배심제도라는 것은 미국 역사와 함께 성장하여 온 제도이며, 흑인의 경우에는 1940년대의 흑인 민권운동가들의 배심원으로서의 자격을 취득하기 위한 일련의 노력을 통하여 1950년대와 1960년에 이르러 비로소 배심원으로서의 직무를 수행할 수 있게 된 것이다. 미국에서의 배심은 자유권에 대한 동료들의 보호수단이면서, 판사의 독단에 대한 시민사회의 견제수단으로 이념적으로 기능하고 있는 것이다. 여성의 경우도 흑인들과 마찬가지다. 미국에서 여권의 역사를 보면, 1920년에야 비로소 여성들은 투표권을 가지게 된다. 여권운동이라는 것이 미국에서조차도 얼마나 쉽지 않은 여정을 거쳐 온 것임을 우리는 알 수 있다. 배심원이 될 자격은, 그러나 투표권과 함께 허용된 것이 아니다.

이러한 여성의 배심원 자격의 배제에 대하여, 더글러스 대법관은 밸러드 대 미합중국 사건(1946)에서 "… 입장을 바꾸어 모든 남성이 배심원단에서 의도적으로 체계적으로 제외된다면 배심원이 사회적으로 진정한 대표자들로 구성되어 있다고 할 수 있겠습니까? 사실 남녀는 대체 가능한 존재가 아니라는 것입니다. 남녀 한쪽으로만 구성된 사회는 남녀 모두로 구성된 사회와 다릅니다. 한쪽이 다른 쪽에 미치는 영향력은 가치를 따질 수 없다는 것입니다. … 둘 중 한쪽이라고 제외된다면 어떤 분명한 특성이 사라지게 됩니다. 한쪽을 제외한다면 배심원이 사회의 대표자가 되지 못할 것입니다. …"라고 말하였다. 이런 더글러스 대법관의 지적은 배심제도가 가지는 의미를 우리에게 보여 주고 있다. 앞의 던컨 사건에서 화이트 대법관이 말했던 것처럼 배심제는 판사 1인에 의하여 우리 동료 시민의 자유가 박탈되는 것에 대하여 제공되는 견제장치로서 민주주의의 실현을 위한 한 형태이고, 다양성의 확보 내지 사회적 대표성의 확보가 그 성공에 있어서 매우 중요한 요소임을 적절히 보여 주고 있는 사안들이라고 할 것이다.

대법관 화이트를 기억하며

우리에게 대법관 화이트가 보여 주는 것은 무엇일까? '로' 사건과 '미란다' 사건 같은 역사적인 사건들에서 모두 반대의견을 낸 이상한 법조인인가? 그는 워렌 코트에서 다른 소리를 내었던 대법관이어서 기억되어야 할까? 아니면 유명운동선수 출신 대법관이어서? 쿼터백 '휘쩌'로서도 성공하였지만, 대법관 화이트로서도 그의 의견들은 충분히 경청할 만한 것이라는 생각을 이야기하는 것으로, 지난 2007년 6월 출마를 선언한 2008년 민주당의 대선주자 중의 한 사람인 빌 리처드슨(Bill Richardson)이 지명하고 싶은 대법관 유형이라고 말했다는 점을 전하면서 화이트 대법관에 대한 기억을 마무리하고자 한다.

06
대법관 골드버그
Arthur J. Goldberg

1962.10.1.~1965.7.25.

노동변호사 골드버그, 노동부 장관이 되다.

미국에서 변호사들의 소득 순위를 보면 노동변호사는 그리 높은 순위를 차지하고 있지 못하다. 하지만 노동변호사는 변호사 수입이라는 면에서 최상위권은 아니라고 하더라도 유능한 노동변호사가 필요한 곳은 많다. 조직은 사람으로 이루어져 있고 사람과 관련된 일은 예술이다. 재무관리가 과학이라면 인사관리는 예술과 같다고 생각한다. 예를 들어 단체협약은 가장 어려운 협상 중의 하나이다. 우리나라에서는 변호사가 단체협약에 참여하는 것과 같은 일은 종종 변호사가 해야 할 일의 일부로 이해되지 않지만, 미국의 경우 단체협약에서의 협상과 관련된 책 중에서 실전의 경험을 쓴 책의 상당수는 변호사들의 책이다. 노동변호사의 역할은 향후 세상의 요구와 변호사에 대한 역할과 기대가 변화함에 따라 변할 것이다.

미국에서의 노동조합의 지형에 대하여 조금이라도 알고 있는 사람이라면 AFL-CIO라는 노동단체를 알고 있을 것이다. AFL-CIO는 미국에서 가장 큰 노동조합이다. AFL-CIO는 지난 대통령 선거에서 민주당의 오바마 후보를 지지하고, 의회가 우리나라와의 FTA(Free Trade Area)협상을 비준하는 것에 반대했다. 오바마가 보호무역주의를 지지하고 있었고, 한미 FTA에 반대하고 있다는 점에서 AFL-CIO의 오바마 지지는 예상되었던 수순이었다. 2005년 12% 정도의 노조조직률을 가지고 있던 미국에서

AFL-CIO는 1,300만 명 정도의 조합원이 속해 있었지만 300만 정도의 조합원이 분열되어 나간 바 있고, 지속적인 민주당 후보의 지지로 인하여 부시 대통령 임기 동안 매우 어려운 입지로 몰렸다는 점에서 AFL-CIO는 지난 미국 대통령 선거에서 오바마 후보를 지지함으로써 상황을 역전시켜보려고 하였다. 하지만 2008년 이후 소위 서브프라임 모기지 사태(subprime mortgage loan crisis)라고 불리는 경제위기 상황 속에서 지속적으로 증가하는 실업률과 GM, FORD, Crysler 등 3대 자동차메이커가 모두 파산위기에 몰려 있어 AFL-CIO가 오바마 대통령으로부터 얻어낼 수 있는 것이 무엇일지는 의문이다.

AFL-CIO는 이전에도 1935년 AFL(American Federation of Labor : 미국노동총연맹)에서 CIO(Congress of Industrial Organization : 산별회의)가 떨어져 나가는 방식으로 분열된 적이 있었다. 그러나 결과적으로 자동차, 철강 등이 산업의 새로운 주축으로 떠오른 시대에 노동운동을 확산시키는 노동운동권의 관점에서 바람직한 경쟁을 불러왔다. 1935년 CIO가 AFL에서 분리되어 나갔을 때, CIO는 AFL이 하지 못했던 자동차, 철강 등 신산업분야의 노동자들을 조직화시켜 노동조합의 발전을 유인하였다. 2005년의 분열은 산업지형에서 IT 산업을 중심으로 한 지식근로자의 증가도 하나의 원인이라고 할 수 있다고 본다.

골드버그는 노동변호사로서 1938년 CIO를 위하여 일하였고, 제2차 세계대전이 끝난 1948년 CIO의 최고법무책임자(General Counsel)가 되었다. 1955년에는 법무팀장으로서 AFL과의 합병을 주도하였다. 그리고 그는 미국 최대 노동기구 법무조직의 최고 수장이 되었다. 전미 철강노조가 그의 바탕이었다. 그는 노동조합 내에서 법무팀장 역할을 하였기 때문에 정치권과 긴밀하게 연결될 수 있는 기회를 가질 수 있었고, 현재와 같이 AFL-CIO는 민주당과 밀접한 연관을 가지고 있었기 때문에 AFL-CIO를 바탕으로 정치력을 키울 수 있었다.

케네디 대통령이 당선되면서, 민주당 정권의 집권으로 골드버그는 정부의 요직에 접근할 수 있었기 때문에 최고의 노동변호사에서 노동부장관이 되었다.

노동변호사 골드버그

우크라이나의 키에프 출신인 그의 아버지는 1800년대 후반 제정러시아 시대의 반유대인 정서를 피하여 신대륙으로 건너온 이민자였다. 골드버그는 이민자의 아들로 시카고의 게토(ghettoe)에서 태어나 블루칼라 노동자들 사이에서 자랐고, 아메리칸 드림(American Dream)을 이룬 그는 1908년에 태어나 1990년 사망할 때까지 노동자들과 함께하였다. 골드버그의 아버지는 그가 8세 되던 해에 돌아가셨기 때문에 그는 생존을 위하여 생선가게와 구두가게 등 온갖 저임금의 직업을 전전해야 했다. 그는 자라면서 노동자들의 파업과 인종차별, 이민자 간의 분쟁과 관리들의 부패 등 세상의 온갖 어두운 구석들을 보았다. 그는 당시 우수한 유대인 청년들의 우상이었던 브랜다이스 대법관, 카도조 대법관과 같이 법조인이 되기로 마음먹고 노스웨스턴(Northwestern) 대학 로스쿨에 장학금을 받고 입학한다.

그는 대학을 다니는 동안 건설노동자로 일했고, 이 일이 인연이 되어 건설노조와 관계를 맺게 된다. 그는 대학을 졸업하고 시카고의 회사 측 대리를 주로 하는 회사에서 변호사로 생활하게 된다. 하지만 그의 성향과 일치하지 않아 그는 대공황기였던 1933년 개인 변호사로 개업한다. 이 시기 그는 행동가적 성향을 가진 인사들과 교류하면서 친분을 쌓게 되는데, 그들은 뒤에 연방의원이 되어 골드버그의 인맥이 된다. 한편으로 노동계 인사들과도 친분을 쌓아 간다. 그는 당시 CIO의 주요 멤버 중의 하나였던 의류노동자 조합의 의장인 시드니 힐먼(Sidney Hillman)과 막역한 사이가 되었다. 힐먼은 나중에 골드버그가 노동부 명예의 전당에 헌액되는 데 적극적인 후원자가 된다. 골드버그는 개인 개업을 하고 난 뒤 회사대리를 했던 경험을 살려서 주로 중소기업들의 노동자들을 대리한다. 그는 힐먼의 사회적 계약(social contract)이라는 개념에 동조하여 이를 통하여 노동자들의 삶의 질을 개선하고자 했다. 그는 노동현장에서 노동조합의 주요한 파업사건들을 대리하면서 30대 초반에 미국 내에서 저명한 노동전문변호사가 된다.

제2차 세계대전 후 미국에서는 파업이 전염병처럼 번져 나갔다. 이어진 50년대는 노동계의 관점에서는 격동의 시기였는데, 1952년 아이젠하워가 대통령이 되던 그해 당시 AFL 의장이었던 윌리엄 그린(William Green)과 필립 머레이(Philip Murray)가 거의 동시에 사망하였다. 이 상황에서 골드버그는 노동변호사로서의 그의 일생에서 매우 중요한 하나의 업적을 이루게 된다. 바로 1955년 AFL과 CIO의 합병이다. 1955년 골드버그는 당시 노동계의 주요 인사들과 지속적으로 회동하면서 그들을 설득하여 마침내 합병을 이끌어낸다. 그의 이러한 작업은 제2차 세계대전 종전 직전인 1944년부터 지속적으로 시도된 것으로, AFL-CIO의 합병은 커다란 역풍을 불러와 이를 와해하기 위한 입법적인 시도를 마주하게 된다. 1959년 골드버그가 부딪힌 문제는 랜드럼-그리핀 법안(Landrum-Griffin Bill of 1959)으로서 이 법안은 기존의 태프트-하틀리 법(Taft-Hartley Act)을 개정하는 법이었다. 그는 이 법안의 통과를 저지하기 위하여 노력하는 과정에서 민주당의 린드 존슨과 존 F. 케네디 상원의원 등에게 조력을 구했다. 1959년 미국의 철강 노동자들은 무려 116일간의 파업을 하였고, 거의 대부분의 철강회사들이 조업을 하지 못하는 상황에 직면하게 된다. 이 기간 동안 격렬한 파업을 경험한 미국은 1960년 새로운 대통령을 뽑는 선거를 맞이하게 된다. 골드버그는 대통령 선거를 통하여 미국에서의 노동현안들을 타개하고자 하였다. 그는 공화당 후보로 닉슨이 나올 것을 예상하고, 케네디 상원의원을 지지하였고 결국 케네디는 대통령이 되었다.

노동부장관 골드버그

대통령이 된 케네디는 1961년 1월 13일 골드버그를 노동부장관에 임명한다. 극심한 노동계와 사용자 측의 대립을 해소할 수 있는 유일한 대안이 골드버그라고 이해되었던 것이다. 골드버그는 사실 법무부장관이 되기를 원하였지만 케네디는 그의 동생 로버트 케네디를 법무부장관에 임명하였다. 대신 그는 노동부 내의 주요 보직 임명권을 대통령으로부터 약속받았다. 골드버그는 그의 의지대로 노동정책을 펼칠 수 있게 된 것이다. 그는 철강 산업에서의 대립을 해소하기 위하여 카이저 위원회(Kaiser

Committee)를 만들어 공익위원들을 임명하고, 이들이 사실을 발견하고 대립을 중재하도록 하였다. 이러한 3자 참여 위원회(tripartite committee) 방식은 이후 여러 다른 노사협상에서 사용되었다. 골드버그는 경제적 침체기에 있었던 당시 노동부 장관으로서 최저임금의 인상과 실업수당 지급 확대, 청년 실업자에 대한 일자리 창출 등 근로자들을 위한 대책을 내어 놓는다. 동시에 평등고용위원회(Committee on Equal Employment Opportunity)의 부의장으로서 노동계와 협력하여 근로현장에서 인종차별과 고용차별 문제를 해소하기 위하여 노력하였다. 이러한 골드버그의 노력은 1962년 평등고용법(Equal Employment Opportunity Act)의 제정과 여성고용평등위원회의 창설로 귀결된다. 또 골드버그는 노동문제에 대한 상시적인 채널을 확보하기 위하여 사용자 측과 근로자 측, 그리고 공익위원들로 구성된 3자 협의체를 설립한다. 노동부 장관으로서 골드버그는 지금도 원용되는 여러 가지 기여를 하였다.

미국 노동부의 웹사이트 '명예의 전당'에서 그의 이름을 볼 수 있다. 미국 노동부 웹사이트를 한번 방문해 보았으면 한다. '사람들에게 미래의 희망을 주는 것이 우리의 일이다'라는 노동부의 그들 자신에 대한 미션 스테이트먼트(Mission Statement)가 인상 깊다. 노동부 사이트에서 골드버그를 찾아보면, 그는 아메리칸 드림을 이룬 인물로 노동부 사이트에서 기억되고 있다. 우리는 노동부장관 중에 누구를 기억하고 있을까?

곱슬머리의 우크라이나 출신 이민자의 아들로 시카고에서 태어난 그는 미국의 노동계층을 대변하는 역할을 하였고, 노동부장관을 거쳐 대법관이라는 최고 영예를 가진 직책에 올랐지만 대법관직에서 3년 만에 사퇴한다. 존 F. 케네디 대통령에 의하여 노동부 장관에 임명되었고, 존 F. 케네디 대통령에 의하여 대법관이 된 그는 케네디가 암살되고 2년 뒤에 대법관직을 사임하고, 1965년 미국의 6대 유엔대사(United States Ambassador to the United Nations)로 지명되면서 대법관직을 사임한다. 노동단체에서 성장한 그는 대법관직보다는 정치적인 무대에서의 활동을 택한 것이다.

"빈곤이 인류 대부분의 삶의 공통적인 조건이 되는 세상에서 변화에 의하여 부정적인 영향을 받게 되는 사람을 위하여, 모든 자원을 사용하려고 하는 우리의 의지는 인간 모두의 삶을 개선하려고 하는 우리의 도덕적 약속을 구체적으로 보여 주는 것이다."

미국 노동부 사이트의 노동부 명예의 전당(Labour Hall of Fame)에 있는 그에 대한 찬사는 노동자의 삶의 질을 개선하기 위한 그의 노력들을 요약적으로 보여 준다. 그는 노동부 명예의 전당에 19번째로 헌액되었다.

양형판단과 법관의 세계관

2008년 여름은 유난히 더웠다. 대법원에서 있어서 '양형기준제' 토론회에 대한변호사협회 법제위원회의 위원 자격으로 참석한 그날도 무척 더웠던 것으로 기억된다. 법관으로서 가장 어려운 판단 중의 하나가 바로 양형판단일 것이다. 왜냐하면 양형판단에는 법관의 세계관이 어떤 방식으로든 양형재량의 일부로 투영될 수밖에 없기 때문이다. 특히 이러한 양형판단에 관한 미국의 예에서 보더라도 강간과 관련된 논의는 아주 넓은 스펙트럼을 가지고 있는 것 같고, 사형과 결합되면 논의와 관련된 고민은 쉽게 하나의 결론에 이르기가 더욱 어렵게 된다.

개인적으로 양형재량이야말로 형사재판을 통해 판사라는 불완전한 한 인간에게 제사장의 자리를 부여하고, 그로 하여금 인간적인 고뇌를 감내하면서도 죄지은 한 인간에게 벌을 주도록 하는 우리 문명의 형사사법제도가 가지는 본질적인 요소라고 생각된다. 하지만 사형제도의 야만성을 들고 와 공격을 하게 되면 연약한 인간의 불확실한 확신은 흔들리게 된다.

1995년 미국 루이지애나주 법원은 자신의 8세 된 의붓딸을 상습적으로 강간하였다는 혐의로 패트릭 케네디(Patrick Kennedy)라는 자를 주법에 기초하여 사형을 선고하였다. 아동강간은 아직 완전한 인격이 형성되지 않았고 자기방어력이 떨어지는 아동을 상대로 한 범죄라는 점에서 도저히 용서할 수 없는 범죄다. 자식 가진 부모라면 이렇게 생각할 것이라고 믿는다. 그런데 더구나 의붓딸이라고 하더라도 자신의 보호하에 있는 아동을 상습적으로 강간하였다는 것은 도덕적으로 용서할 수 없는 범죄일 것이다. 그런데 그 다음 질문은 "그렇다면 케네디에게 사형이 적합한 형이었는가?" 하는 것이라고 하겠다. 아동성폭행이 더욱 문제되는 것은 사회에서 가정이 점차 붕괴되고,

사회적 약자로서의 아동은 더욱더 열악한 환경에 처하게 되는 것과 밀접한 관계가 있다. 특히 의붓아이의 경우 딸이 강간당하고 있다는 사실을 그 어머니가 알게 된다 할지라도 이를 적절히 방어하지 못하는 것을 우리 주변에서 보게 된다. 또 가정이 전통적인 모습을 유지하고 있다고 하더라도 부모들의 경제활동으로 인하여 아이들이 양육기관에 맡겨지는 비율이 높아지면서 경제적 대가를 받고 양육하는 기관의 보육하에 들어가는 경우가 증가하게 되었고, 아이들은 분명 추가적인 위험에 노출되고 있다. 이러한 요인들은 양형에 있어서 사회방위적 요소의 추가적인 고려를 요구하게 되고, 아동성폭행에 대한 추가적인 양형상 고려를 필요로 하게 된다. 판사의 세계관에 따라 이러한 양형요소는 좀 더 크게 또는 좀 더 작게 반영되는 것이다.

골드버그 대법관과 사형제도

골드버그 대법관의 대법관 재임기간은 3년여에 그친다. 1962년부터 1965년까지의 짧은 대법관 임기로 인하여 그가 사법부에 남긴 영향은 제한적이다. 하지만 사형제와 관련하여 연방수정헌법 제8조에 기초한 그의 위헌 주장은 주목할 만하다. 미국 수정헌법 제8조는 “과다한 보석금을 요구하거나, 과다한 벌금을 과하거나, 잔혹하고 비정상적인 형벌을 과하지 못한다”라고 규정한다. 더글러스는 바로 잔혹하고 비정상적인 형벌이 바로 사형제도라고 이해하였다. 그는 Rudolph v. Alabama 사건(375 U.S. 889 (1963))에서 ‘더글러스 대법관’과 ‘브레넌 대법관’과 같이 강간범에 대하여 사형을 선고하는 것에 대한 반대의견에서 다수의견의 상고불허가결정을 비판하였다. 그는 Rudolph v. Alabama 사건과 함께 Snider v. Cunnigham 사건도 상고허가가 이루어져야 한다고 주장하였다. 그는 살인이 이루어지지 않은 단순 강간의 경우와 같이 타인의 목숨을 빼앗지 않은 자에게 생명을 박탈하는 형을 선고하는 것이 타당한가 하는 의문을 제기한다. 그러면서 만일 사형이 정당화되기 위해서는 억지(deterrence), 격리(isolation), 갱생(rehabilitation)의 어느 하나의 목적에 부합하여야 할 것인데 강간범을 사형에 처할 경우보다 더 경한 형인 종신형을 처하는 경우에는 이러한 목적을 달성할 수 없는지 반문한다.

1910년 판례로 수정헌법 제8조에 대한 가장 유명한 사건 중의 하나인 Weems v. U.S. 사건(217 U.S. 459, 469 (1910))의 판결문에는 이런 구절이 나온다.

"입법은 법률이건 헌법이건 간에 과거의 나쁜 경험에서 제정되는 것이 사실이다. 그러나 그 언어의 일반적인 의미는 과거의 나쁜 경험에 국한되어야 하는 것은 아니다. 시간이 지나면 변화하게 되고, 새로운 환경과 목적들을 발생시킨다. 그러므로 애초의 비행에 기초한 원칙도 좀 더 넓게 적용될 수 있어야 한다. 이러한 점은 헌법에 있어서도 마찬가지이다."

이러한 해석을 통하여 Marshall 대법관이 언급하였던 것처럼 법은 영원을 기약할 수 있다. Weems 사건은 공문서 위조 사안에 대하여 징역 15년을 처한 것이 지나치게 무거운 형이라고 판시하였다. 양형에 대한 판단이 시대에 따라서 변화하여야 한다는 점을 지적하면서 사안의 경우 15년 형은 지나치게 무거운 형으로, 수정헌법 제8조에 의한 잔혹하고 비정상적인 형벌이라고 보았다. 이러한 다수의견에 대하여 홈즈 대법관은 헌법의 문언은 시대에 따라 달리 읽히면서 문언의 의미 이상으로 파악되어서는 안 된다고 반대의견을 제시하였다.

골드버그 대법관은 1910년 사건 이래 잘 적용되지 않던 수정헌법 제8조의 먼지를 털어내고 사형제도의 위헌성을 주장하기 위한 근거로 사용하였다.

골드버그 이후 사형제도의 전개

그의 짧은 대법관 임기에도 적극적 자유(Active Liberty)의 스티븐 브라이어 대법관이 그의 로클럭이었던 것을 보면 그의 인복은 대단하였던 것 같다. 케네디 대통령을 만남으로써 노동부장관, 대법관으로 그의 역량을 발휘할 수 있었던 것처럼 사형제도에 대한 그의 적극적인 태도는 결국 시간이 지나면서 점차 지지세를 얻게 된다. 2008년 6월 25일 미국 연방대법원(Kennedy v. Louisiana 554 U.S. (2008))은 12세 이하 아동에 대한 강간의 경우에 사형을 선고할 수 있도록 규정한 루이지애나 주법을 위헌으로 판단함으로써 결국 골드버그의 소수의견은 다수의견이 되었다. 물론 이 판결은 5 대 4의 근소한 차이로 위헌이 되었으며 여전히 미국 사회에서도 논란이 될 가능성이 있다고 본다. 이 판결은 성인 여성에 대한 강간의 경우에 사형을 선고하는 것을 위헌으로 판단하였던 Coker v. Georgia 사건(433 U.S. 584 (1977))을 확장하여 아동 강간범에게 사형선고를 하는 것을 위헌으로 판단한 것으로, 살인이 아닌 범죄에 대하여 사형을 선고하는 것이 수정헌법 제8조를 위반한 것인지의 문제가 있을 수 있다는 점에 대한 종전의 논란에 대하여 연방대법원이 위헌이라고 판시하여 논쟁의 한 획을 그었다. 이 사건에서 주대법원은 아동에 대하여 강간을 하는 것은 특별한 사회적인 보호를 요하는 아동을 살해하는 것과 마찬가지이고 1급 살인죄(1st degree murder)와 같이 취급하여야 한다고 판시하면서, 추세적으로 루이지애나는 8개밖에 되지 않는 아동 강간에 대하여 사형을 선고할 수 있도록 규정하고 있는 주이지만, 법률의 관점에서는 이러한 추세적인 점이 중요한 것이 아니며 아동성범죄에 대한 주의 강력한 처벌 의사는 합헌적이라고 판단하였다. 연방대법원은 근소한 차이로 이러한 주대법원의 태도를 뒤집고, 아동 강간의 경우에도 Coker v. Georgia 사건의 판결내용이 그대로 적용될 수 있다고 보았다. 아동 강간에 대한 법률가의 관점도 미국의 경우 많이 다를 수 있다는 것을 보여 주고 있다. 루이지애나 주 대법원은 1급 살인에 해당할 정도로 강간당한 아동의 경우에는 살아있어도 산 것이라고 할 수 없을 만큼의 충격을 입게 된다는 피해자의 관점으로 세상을 바라보았고, 연방대법원은 그럼에도 사람을 죽이지 않은 자에게 사형이라는 생명형을 선고하는 것이 옳은가 하는 점에 대하여 종신형(life sentence)이 타당하다고 판시하였다.

양형은 이러한 세계관에 필연적으로 기초할 수밖에 없다. 판사의 양형재량을 줄이기 위하여 입법을 한다면 결국 입법자의 세계관에 의하여 양형은 달라진다. 법관의 구체적 사안과 관련하여 양형에 대한 판단과 입법자에 의한 대체, 어느 쪽이 좀 더 정의에 가까울지는 역시 그들의 삶이 투영된 세계관에 따라서 달라질 것이다.

노동변호사에서 대법관으로, 그리고 유엔대사로

골드버그 대법관은 AFL-CIO의 General Counsel로, 노동변호사로서 명성을 얻었고, 제2차 세계대전 후 터져 나온 미국 노동계의 요구를 적절히 반영해내는 통로역할을 하면서 케네디 대통령의 취임과 함께 노동부장관을 거쳐, 대법관이 된다. 노동의 문제는 인류가 사회를 구성하고 노동을 제공하는 대가로 보수를 받고, 그 보수로 생계를 유지하는 한 항상 지속되는 문제이다. 노동의 문제는 인류의 역사와 연결된 문제라고 할 수 있다. '제레미 리프킨[25]'의 저서인 『노동의 종말(End of Work)』(1995)에서 인간의 노동이 종말을 고하고, 인간이 좀 더 생산적인 창작에 자신의 시간을 사용할 수 있게 될 것이라고 예언한 지금도 태국의 새우농장에서는 어린이 노동이 이루어지고 있고, 필리핀에서는 시골 어린이들이 상품처럼 팔려 도시로 오고 그들의 노동이 착취되는 상황이 지속된다. 사회의 양극화는 소외계층을 양산하고 있다. '노동의 종말'은 또 다른 노동의 문제와 사람의 문제를 야기하고 있는 것이다. 노동변호사가 된다는 것은 사람을 바라보는 눈에서, 그것도 법과 함께 따뜻한 사람의 시각을 가지는 것에서 시작되는 것이 아닐까 한다. 골드버그는 대법관으로서 자신의 역할에 한계를 느낀 것일까? 그는 자신의 사회적 성공을 위해 끊임없이 달려 대법관 사임 후 유엔 대사를 역임한다.

알링턴 국립묘지에 있는 그의 묘비명에는 수많은 경력이 적혀 있고, 그의 묘비명 옆에 여성운동가였던 아내의 묘비명이 나란히 있다. 그를 키운 것은 어려웠던 어린 시절이었고, 그 시절의 경험이 노동조합의 변호사로, 노동부장관으로 그를 일으켜 세웠다. 골드버그는 노동의 시대를 가장 훌륭하게 항해한 법조인이었다.

---

25) Jeremy Rifkin, 1943년생으로 자연과학, 인문사회과학을 넘나드는 폭넓은 저작물을 통해서 세계의 변혁의 흐름에 중요한 시각을 제공하였다. 『엔트로피』, 『수소경제(The Hydrogen Economy)』, 『소유의 종말(End of Access)』 등의 저작이 있다.

용어

최고법무책임자(General Counsel) : 우리나라에서는 이 용어를 법무팀장 정도로 사용하는 것 같다. 엄연히 법인격이 다르므로 재벌 계열사들의 경우에 각 회사의 법무팀장이 제너럴 카운슬(General Counsel)이 될 수 있겠다. 마이크로소프트사의 경우 전 세계에 많은 자회사(현지법인)가 있지만 2011년 현재 오직 브래드 스미스(Brad smith)만이 제너럴 카운슬(General Counsel)이다. 삼성그룹이나 LG그룹의 제너럴 카운슬(General Counsel)도 이런 관점이라면 그룹의 최고책임자 한 사람만 제너럴 카운슬이라고 해야 될 것 같다. 우리나라에서는 최고법무책임자(CLO : Chief Legal Officer)라고 부르기도 한다.

인물

클래런스 대로우(Clarence Darrow) : 클래런스 대로우는 미국에서 가장 유명한 변호사 중의 한 사람으로 레오폴드(Leopold)와 뢰브(Loeb)가 16세의 소년을 살해한 사건에서 이 두 피고인을 사형 대신 종신형을 받도록 하여 유명해진다. 클래런스 대로우도 노동변호사로 출발해서 뒤에 회사법 변호사가 된 인물이다.

07
대법관 포타스
Abe Fortas

1965.10.4.~1969.5.14.

더램 룰(Durham Rule)과 변호사 에이브 포타스

정신질환으로 인한 행위라는 항변(insanity defense)은 미국에서는 형사상 항변(criminal defense)의 하나로, 우리의 경우에도 책임조각사유의 하나로 인정되는 대표적인 형사피고인 측의 변호인이 사용할 수 있는 항변 가운데 하나이다. 우리는 영화 〈조디악(Zodiac)〉의 조디악 킬러와 같은 정신병자로 추정되는 자들의 행위를 보면서 소위 '사이코패스(Psycopath)'들의 행위에 대하여 참을 수 없는 분노를 느끼면서도 법조인들은 정신병에 기한 행위라는 주장을 널리 사용한다. 1920년 독일의 학자인 슈나이더가 제안한 '사이코패스'라는 개념은 그 자체로 매우 명확한 것은 아니지만 반사회적이고 공격적인 성향을 가지고 있는 사람들로 자신의 행위에 대하여 어떤 죄책감도 느끼지 않는 자들을 지칭하는 용어로 사용되고 있고 오늘날 형사법학에서도 통용되는 용어이다. 어떤 명칭으로 칭하든 정신병자의 범죄행위는 형사처벌이라는 방식이 아니라, 치료감호라든가 다른 방식에 의하여 사회로부터 격리시킴으로써 정상적인 사람들을 범죄의 위험으로부터 벗어날 수 있도록 하는 것이 필요할 것이다.

리처드 기어와 에드워드 노튼이라는 두 명의 뛰어난 배우가 출연하였던 〈프라이멀 피어(Primal fear)〉는 개인적으로 가장 뛰어난 범죄 스릴러 영화 중의 하나라고 생각하는데, 범죄 용의자 아론 스템플러(Aaron Stempler)로 분한 에드워드 노튼은 정신병자인 것처럼 교묘하게 행동하여 러쉬맨 주교 살인혐의를 벗는다. 변호인은 용의주도한 범죄자에게 이용당하게 된다. 마지막 부분에서 에드워드 노튼의 대사를 듣고 있노라면 변호사로서 섬뜩한 그 무엇을 느끼게 된다. 그 외에도 미국에서 형사사건을 영화화한 경우들을 보면 대부분 정신이상의 항변이 이루어지고 있음을 보게 된다. 그리고 신경정신과의사들이 전문가증인으로 등장한다. 범죄와 정신이상이 연관된 영화를 하나 더 들라고 하면, 〈나인 하프 위크〉의 킴 베이싱어(Kim Basinger)가 출연한 〈최종분석(Final Analysis)〉도 볼만한 영화라고 생각한다.

미국의 경우 전통적인 정신이상 여부에 대한 판단기준은 '선악 심사(Right-Wrong test)'이다. 이 심사는 '맥 노튼 룰(McNaghten rule)'이라고도 불린다. 이 심사는 피고인이 합리적인 이성을 가지고 선과 악을 분변할 수 있는 능력이 있는지를 심사한다. 이 심사는 1843년 맥 노튼이 당시 영국 수상이던 로버트 필(Robert Peel) 경이 자신을 죽이려 한다고 생각하고 그를 저격하였으나 필(Peel) 경의 비서였던 에드워드 드러몬드(Edward Drummond)가 사망하게 된 사건에서 1심 법원의 배심원들이 그가 정신이상 상태에 있음을 이유로 그에게 무죄를 선고하였고, 항소심(House of Lord)에서 2단계 심사로 상세하게 정리함으로써 이후 상당기간 정신이상 여부를 판단하는 중요한 기준이 되었다.

이러한 맥 노튼 룰은 이후 미국에서 정신이상의 판단기준으로 널리 받아들여졌다. 2003년 미국 조지아주 연방항소법원은 이 기준에 의하여 정신이상 여부를 판단하였다(Seritt v. State, WL 21882608 (Ga.App. 2003)).

그러던 것이 1950년대에 이르면 프로이트 심리학의 영향으로 정신이상자의 경우에도 프로이트 심리학을 응용한 치료를 통하여 치유가 가능하다는 견해가 강력한 대안으로 등장하게 되었다. 바로 이 시기에 심리학에 심취하였던 변호사 에이브 포타스(Abe Fortas)는 새로운 정신이상의 판단기준 등장에 중요한 기여를 하게 된다. 소위 '더램 룰'이 등장하게 되는 것이다.

미국 연방대법원은 1954년 Durham v. U.S. 사건에서 정신병을 프로이트 심리학에 의하여 치료가 가능한 사회적인 질병으로 정의한다. 신경정신과학이라는 것이 의학의

한 분야로 확고하게 자리 잡고 있지 못하던 시대에 미국 연방대법원은 신경정신과학의 성과를 법학의 영역으로 끌어들인다. 미국 연방대법원은 '심리학은 사람이 전인격적인 주체로서 감성과 이성을 가지고 있으며 감성이라는 것은 사람의 행동을 설명하는 하나의 요인일 뿐이라는 것을 보여 준다. 그런 의미에서 맥 노튼 룰은 지식이나 이성만을 판단기준으로 하므로 범죄행위의 도덕적 책임이라는 점에 대하여 적절한 기준이 되지 못한다'라고 판시함으로써 종래의 맥 노튼 룰에 갈음하는 새로운 룰인 더램 룰을 제시한다. 이 기준은 종전의 맥 노튼 룰이 선악심사(right-wrong test)라고 불리던 것에 대비하여 '정신병의 결과물 심사(The Product-of-Mental-Illness Test)'라고 불린다. 하지만 이 심사는 뉴햄프셔주와 메인주 및 워싱턴 D.C. 연방항소법원만이 이 기준을 채택하였다가 현재는 뉴햄프셔주만 채택한 소수 기준이 되었다.

이후 정신이상에 대한 미국 연방법원의 기준은 참을 수 없는 충동 기준(The Irresistable Impulse Test)과 같은 맥 노튼 룰의 보완기준(Parsons v., States (1877))이나 실질적 능력 기준(Substantial Capacity Test)(State v. Quinet, 752 A.2d 490 (Conn. 2000)) 등 여러 기준이 등장하였고, 그중 참을 수 없는 충동 기준은 2000년 연방법에 의하여 폐기되었다.

변호사 포타스는 정신이상 판단의 기준에 대하여 자신의 족적을 남겼다.

유대계 대법관의 계보를 잇다

에이브 포타스는 브랜다이스로부터 이어져 온 유대계 대법관의 계보를 잇는 대법관이다. 첫 번째 가톨릭 대법관인 로저 태니(Roger Taney) 대법관이 1836년 임명되고 난 뒤 1894년에야 두 번째 가톨릭계 대법관인 에드워드 화이트(Edward White) 대법관이 임명된 것을 보면 가톨릭계의 경우에는 지속적으로 상당기간 대법관이 임명되지 않았고, 화이트 이후에도 지금은 예외적으로 브레넌, 스칼리아, 케네디 등 많은 가톨릭계 대법관이 있지만 상당기간 가톨릭계 대법관은 임명되지 않았다.

반면 유대계의 경우에는 브랜다이스, 카도조, 프랑크퍼터, 골드버그 대법관 등 일련의 유대계 대법관들이 지속적으로 임명되어 왔고, 에이브 포타스 대법관까지 지속적으로 대법원의 한 자리를 유대계가 차지하고 있었다. 하지만 에이브 포타스 대법관이 1969년 사임한 이후에는 상당기간 유대계 대법관의 계보가 끊어지게 된다. 레이건 행정부 때인 1987년 더글라스 긴즈버그 판사가 대법관 후보로 지명되었으나 하버드 법과대학 재학시절 마리화나를 흡입한 사실이 드러나 후보직을 사임하여 유대계 대법관이 임명되지 못하였고, 클린턴 행정부에서 루스 베이더 긴즈버그 대법관과 스티븐 브라이어 대법관이 임명됨으로써 비로소 유대계 대법관이 등장하게 된다.

에이브 포타스는 브랜다이스로부터 이어 온 유대계 대법관 좌석의 계승자이면서 상당기간 이어 온 유대계 대법관 좌석이 끊어진 위치에 서 있다.

에이브 포타스는 테네시주 멤피스 출신이다. 그는 정통 유대계 집안의 5남매 가운데 막내로 태어나서 멤피스에서 자랐다. 그는 예일 로스쿨 출신으로 1933년 졸업생 중에서 차석으로 졸업하였고, 학교를 다니는 동안에는 로저널의 편집장이었고, 후에 대법관이 된 윌리엄 더글라스 교수의 눈에 띄어 애제자로서 예일대학교 교수로 남게 된다. 더글라스가 연방증권거래위원회(Federal Stock Exchange Commission) 위원장이 되자 그를 도왔다.

기드온의 나팔을 불다

기드온 사건(Gideon v. Wainwright, 372 U.S. 335 (1963))은 변호사로서 에이브 포타스를 대표하는 사건이다. 후일 스탠퍼드 대학교의 교수로서 저명한 학자로 성장하는 엘리 변호사와 함께 수행한 이 사건에서 에이브 포타스는 미국 형사사법의 이정표를 남기게 된다. 기드온은 이미 여러 차례 교도소를 들락날락한, 사회적으로 평가받을 인물은 아니었다. 그가 이 사건에서 문제가 된 것은 주거침입 절도죄로 플로리다주에서 기소되었다는 사실 때문이다. 1961년 플로리다주에 소재한 한 가게의 창문을 깨고 들어가 담배판매기와 주크박스에 있던 동전을 훔쳐 나왔다는 것이 그의 죄목이었다. 플로리다주에서는 이런 주거침입 절도죄를 중범죄(felony)로 취급하고 있었다. 이처럼 중범죄인지 경범죄(misdemeanor)인지의 여부가 이 사건에서 문제가 되는 이유는 변호인 선임권과 관련되어 있기 때문이다. 당시 플로리다주 법으로는 사형에 처할 수 있는 범죄의 경우에만 필요적 국선을 규정하고 있었고, 그 외에는 반드시 국선변호인을 선임하여야 하는 것이 아니라고 규정하고 있었다. 그러므로 플로리다주의 기준으로는 기드온이 중범죄를 범하였는지 경범죄를 범하였는지가 문제되지 않는다. 하지만 이 사건에서 연방대법원은 중범죄의 경우에는 국선변호인을 필수적으로 선임하여야 하며, 이러한 국선변호인의 조력을 받을 권리는 미국 헌법이 보장하는 국민의 기본권이라고 선언하였다. 이를 위하여 미국 연방대법원은 기존의 Powell v. Alabama 사건(1932)과 Betts v. Breddy 사건(1942)에서 취하였던, 연방 헌법에서 의도하고 있는 형사사건에서 변호인의 조력을 받을 권리는 개별적인 사안에서 적법절차원칙을 위반한 것인지의 여부에 따라 판단하여야 한다는 태도를 바꾸었다. 이들 기존의 사안에서 적법절차 위반을 입증하는 것이 쉽지 않았기 때문에, 주 법원에서 국선변호인을 선임하지 않고 소송을 진행한 것에 절차 하자가 있다는 주장은 잘 받아들여지지 않았던 실무관행을 기드온 사건을 통하여 획기적으로 바꿀 수 있었다. 이 기드온 사건은 뒤에 영화화되기도 하였다. 잡범에 불과하였지만 자신이 헌법에 의하여 보장받는 변호인의 조력을 받을 권리가 있다고 믿은 기드온의 외침은 변호사 포타스의 능력과 합하여 응답을 얻었다. 기드온의 나팔은 뒤에 연이은 Massiah v. United States 사건(1964)과 Miranda v. Arizona 사건(1964)으로 이어지는 일련의 형사사건에서 변호인의 조력권을 보장하는 일련의 사건의 시발점이 된 것으로, 워렌 코트하에서 미국 연방대법원의 주요한 성과로서 기념비적인 의미를 가진다. 이 사건에서 포타스는 변호사로서 기념비적인 사건의 가능성을 읽어내고 기드온을 역사적인 이름으로 만들었으며, 그 역시도 명성을 높이게 되었다.

린든 존슨 대통령과 포타스

앞서 여러 명의 대법관에서 볼 수 있는 것과 같이 연방대법관이 된다는 것은 상당한 정치적인 후원을 받지 않고는 쉽지 않은 일이다. 포타스 대법관는 잠깐 공직을 거치기는 하였으나 법조인으로서 생활은 주로 로펌 변호사로서였다. 그는 워싱턴 D.C.의 저명 로펌 중의 하나였던 아놀드, 포타스 & 포터(Arnold, Fortas & Porter)의 창립 멤버로서 여러 저명인사들과 관계를 맺고 있었는데, 그중의 한 명이 후에 대통령이 된 린든 존슨(Lyndon Johnson)이었다.

그가 결정적으로 린든 존슨과 밀접한 관계를 맺게 된 것은 린든 존슨이 텍사스주 상원의원 선거에 나가게 되었을 때였다. 린든 존슨은 1948년 텍사스주 민주당 상원의원 예비선거에서 선거부정 혐의로 전임 주지사였던 상대후보로부터 공격을 받았다. 린든 존슨의 정치 인생에 매우 위험한 순간이었지만 포타스는 성공적으로 린든 존슨을 지켜내었고, 변호사와 의뢰인의 관계는 매우 돈독하게 유지되었다. 바로 이러한 린든 존슨과의 관계가 1965년 마침내 포타스를 대법관으로 만들었다. 1968년 7월 8일자 『뉴스위크』는 대통령의 중요한 업무 대부분이 포타스 대법관의 조언하에 이루어진다고 썼다.

예일대 인맥의 도움

포타스가 대법관이 된 것에는 예일 로스쿨(Yale Law School)에서 만난 인연들이 결정적이었다. 포타스가 예일 로스쿨 재학 당시 원장(dean)이었던 클락(Charles Clark)은 당시 미국 사법개혁의 이론적인 근거를 제공하는 요람으로 예일 로스쿨이 그 역할을 하도록 하였다. 예일은 당시 연방법원 차원에서 형평법과 보통법의 통합, 이혼에서의 유책주의에서 파탄주의(no-fault divorce)로의 이동 등 주요한 사법개혁에 대한 이론적인 근거를 제공하는 싱크 탱크로서 기능하였다. 이러한 예일의 배경하에서 포타스는 로스쿨을 다녔고 졸업하였다.

이 시기에 그는 뉴딜정책의 진행을 이론적으로 뒷받침하였던 더글라스, 당시 예일대 교수의 지도를 통하여 법조인으로서의 삶에 눈을 뜨게 되었다. 더글라스는 포타스를 높게 평가하였고, 더글라스의 도움으로 포타스는 예일대 교수로 남을 수 있었다. 그는 교수직을 수행하면서도 사회적인 관심을 잃지 않고 사회적인 활동을 하면서 동시에 변호사 활동을 하였다. 뒤에 대법관이 된 더글라스 교수의 지도는 포타스가 변호사 활동을 하면서도 공직활동이나 사회활동을 계속할 수 있도록 하였다. 더글라스와 포타스는 대법관으로 함께 봉직하기도 하였다. 사제가 같이 대법관으로 재직한 것이다. 프랑크퍼터와 브레넌이 그랬던 것처럼.

린든 존슨은 대통령이 되기 전부터 시작된 포타스와의 인연을 대통령이 되고 난 뒤까지 일관하여 유지하였고, 포타스를 신뢰하였다. 그의 포타스에 대한 신뢰는 포타스가 대법관이 되도록 하였지만, 대법원장직은 그가 포타스에게 줄 수 있는 선물이 아니었다. 오히려 포타스는 대법관직만 수행하였더라면 더 오랜 기간 동안 대법관으로 봉직할 수 있었을지 모른다. 역으로 그의 활발한 사회활동과 대형로펌을 일으킨 역량을 보면 그에게 대법관직만 수행하도록 기대하는 것은 불가능한 일이었는지도 모른다.

대법관 포타스

린든 존슨 대통령은 사임하는 골드버그 대법관의 후임으로 유대계인 포타스를 지명한다. 통상의 경우라면 사전에 대법관 지명 예정자에게 대법관으로 지명할 것이라는 점을 알리고 승낙을 받고 난 뒤에 지명을 하여야 하겠지만 포타스의 경우에는 린든 존슨 대통령이 포타스에게 사전 승낙을 받지 않고 그를 대법관으로 지명하였다. 포타스로서는 대법관이 되는 경우 경제적으로 엄청난 손실이 발생하게 되므로 대법관으로 봉직하는 것에 대하여 그렇게 원하지는 않았지만 린든 존슨 대통령과의 관계에서 대법관 지명에 동의하여 관련 절차를 진행하였고, 마침내 대법관으로 연방의회의 인준을 거쳐 임명된다. 그런데 그가 대법관이 되고도 린든 존슨 대통령에 대한 조언자의 지위는 바뀌지 않았다. 그는 대법관으로서 대법관 이상의 지위에 있었지만 이 점은 뒤에 그가 대법원장으로 지명되었을 때 문제가 되었다. 이것이 법적인 문제는 아니었지만 대법원장으로 지명되고 대법원장이 되어서도 여전히 대통령과의 관계를 유지하는 것이 사법부의 독립과 관련하여 의회지도자들에게 부정적인 공격을 할 수 있는 빌미가 되었다.

(1) In re Gault 사건(387 U.S. 1(1969))

이 사건 피고인인 Gault는 범행 당시 15세로 음란한 전화를 이웃 주민에게 걸었다는 죄목이었다. 이러한 행위는 애리조나(Arizona) 주법을 위반한 행위로 Gault는 당시 다른 죄목으로 이미 집행유예 상태였고 당시 직장에 있었던 Gault의 부모에게 통지를 하지 않고 체포하였다. 소년법원은 21세가 될 때까지 산업체학교에서 재학하도록 판결하였다. Gault 측은 소년범 사건에 있어서 부모에게 통지하지 않고 소년범을 체포, 변호인의 조력을 받을 기회를 부여하지 않는 것은 수정헌법 제14조 위반이라고 주장하였다. 적절한 변호인의 조력을 받을 기회를 제공하지 않음으로써 소송에서 적절한 반대신문을 받을 기회를 박탈하였고, 나아가 자기부죄(self-incrimination)를 주장할 수 있는 기회까지 박탈당하게 된 것이라는 취지로 주 법원의 결정에 대하여 연방대법원에 상고허가를 신청하였고 연방대법원은 이 사건에 대한 상고를 허가하였다.

이 사건에서 스튜어트 대법관을 제외한 모든 대법관들이 소년범의 경우에도 적법절차를 위하여 변호인의 조력을 받을 권리와 이를 통한 적절한 소송상 절차적인 보호를 받을 권리가 보호되어야 한다는 결론에 이르게 되었다. 이 사건은 포타스 대법관이 판결문을 작성하였다.

그는 사실관계를 정리하고, 이어서 이러한 사실관계에 적용될 6개의 헌법위반사항을 열거한다. 그리고 개별적인 장을 나누어 위반사항을 적시하는 방식으로 판결문을 작성한다. 1. 통지를 받을 권리(Notice of the charges), 2. 변호인의 조력을 받을 권리(Right to counsel), 3. 반대신문권(Right to confrontation and cross-examination), 4. 자기부죄금지특권(Privilege against self-incrimination), 5. 소송서류열람권(Right to a transcript of the proceedings), 6. 상소권(Right to appellate review)의 각 6개 사항에 대하여 애리조나주 법원의 판단이 왜 잘못되었는지를 지적하는 방식의 그의 판시는, 법률문장론 관점에서 초보자를 위하여 읽어보도록 할 실익이 있다.

(2) Tinker v. Des Moines(1969)

이 사건은 베트남전과 관련된 사건이다. 아이오와주 드 모인(Des Moines)에 거주하는 공립학교 학생 3명이 베트남 전쟁에 반대하는 의미로 팔에 검은색 완장을 찼다. 당시 13, 15, 16세였던 이 세 명의 학생은 교육위원회의 결정에 따라 모두 정학을 당하였다. 그러자 세 명의 학생들은 지방법원에 금전적인 손해배상과 정학처분의 중지를 구하는 가처분 소송을 제기하였다. 실제 소송은 연방법이 허용하는 바에 따라 이 학생들의 아버지들이 제기하였다.

지방법원은 정학결정이 교육위원회의 재량범위에 있는 사항이라는 이유로 교육위원회의 결정을 유지하였다. 연방지방법원은 이미 제5 항소법원이 유사한 사안에서 완장을 착용하는 행위가 학교운영의 적절성을 현저하게 침해하지 않는 한 금지되어서는 안 된다는 취지의 판시를 하였지만 이러한 제5 항소법원의 판시(Burnside v. Byars, 363 F.2d 744, 749 (1966))를 따르지는 않았다. 항소심에서 이 사건을 담당한 제8 항소법원은 전원합의체를 열었으나 의견이 가부동수로 갈리게 되어 연방소송법에 따라 지방법원의 판결이 유지되었다. 그러자 이 세 명의 학생은 연방대법원에 상고하였다.

이 사건에서 다수의견은 포타스에 의하여 작성되었고, 연방대법원은 이 학생들이 완장을 착용한 행위가 상징적인 언론의 자유(symbolic speech right)를 행사한 것으로 수정헌법 제1조의 표현의 자유와 제14조의 적법절차조항에 의하여 보호된다고 판시하여 하급심 판결을 파기 환송하였다. 그는 단순히 완장을 착용하는 행위는 어떤 현실적인 소란을 학교에 일으키는 것이 아니므로 이러한 행위는 순수한 표현(pure speech)과 유사한 행위로서 연방대법원이 보호하고 있는 행위라고 보았다(Cox v. Louisiana, 379 U.S. 536, 555 (1965); Adderley v. Florida, 385 U.S. 39 (1966)).

1968년 워렌 대법원장이 사임하자 린든 존슨은 기꺼이 포타스를 대법원장 후보로 지명한다. 당시 존슨과 포타스는 워렌의 자리에 포타스가 가고, 포타스의 대법관직에 린든 존슨과 긴밀한 관계에 있던 호머 돈베리(Homer Thornberry)가 가는 것으로 생각하고 있었다. 하지만 1968년 대통령 선거를 한 달 앞둔 여름 존슨의 인기는 폭락하였고, 공화당원들은 닉슨이 존슨을 이기고 대통령직을 찾아올 수 있을 것이라는 믿음을 가지고 있었다. 상황이 이렇게 되자 공화당으로서는 포타스의 대법원장 임명을 저지해야 할 필요성이 생기게 되었다. 이런 상황은 린든 존슨이 대통령이었고, 민주당이

상하 양원을 장악하고 있는 상황이긴 했지만 그의 지명을 어렵게 하였다. 왜냐하면 상대적으로 보수적인 성향을 가지고 있던 남부의 민주당원들은 포타스가 워렌 대법원장, 더글라스 대법관, 마샬 대법관, 브레넌 대법관과 함께 진보적 성향을 띠어서 그를 선호하지 않았기 때문이다.

바로 이처럼 상원 법사위원회 통과가 쉽지 않은 기류하에서 포타스의 뇌물수수 사건이 터진다. 상원으로서는 단순히 진보적인 성향을 가지고 있다는 것 이상의 거부할 명분이 필요하였는데 뇌물 사건은 좋은 빌미를 제공한다. 사건의 전말을 보면 뇌물사건으로 보기 어려운 것이었다. 사건인즉 포타스 대법관이 아메리칸 대학교(American University)에서 9주 동안 강의를 하고, 15,000불을 받았다. 그런데 이 돈은 포타스가 운영하던 로펌의 고객이 제공한 돈이었다. 상원에서는 의사진행방해 행위인 필리버스터(filibuster)가 계속되었고, 결국 존슨은 포타스를 보호하기 위하여 후보 지명을 철회하기에 이른다. 포타스는 대법원장이 되지 못하고, 대법관으로 계속 봉직하게 된다.

포타스의 추락

1969년 『라이프(Life)』지는 놀라운 사실을 폭로한다. 『라이프』는 1936년 창간된 잡지로 포토저널리즘의 진수를 보여 준 대표적인 잡지이다. 1930년대는 에드워드 웨스턴(Edward Weston), 앤셀 아담스(Ansel Adams) 등 뛰어난 사진예술가들이 등장하면서 단순히 사물의 영상을 재현하는 것을 넘어서 사진 그 자체를 예술로 승화시키는 인물들이 등장하는 시기였다. 한편 다큐멘터리 사진도 활발하게 성장하였는데 『라이프』지 창간호에 사진을 게재한 마거릿 버크 화이트(Margaret Burke-White)도 다큐멘터리 작가 중 한 사람이었다. 2007년 폐간될 때까지 포토저널리즘으로서의 역할을 충실히 한 『라이프』지는 마릴린 먼로와의 마지막 인터뷰를 실은 잡지이기도 하였다.

『라이프』지의 폭로 내용은 포타스가 1966년 연간 20,000달러를 루이스 울프슨(Louis Wolfson)으로부터 자문료로 받았다는 것이었다. 울프슨은 백만장자로서 주가조

08
대법관 더굿 마샬
Thurgood Marshall
1967.10.2.~1991.10.1.

오바마, 최초의 흑인 대통령의 탄생

2008년 11월 4일, 버락 오바마라는 매우 이국적인 이름을 가진 초선 상원의원이 미국 대통령 선거에서 공화당의 매케인 후보를 이기고 제44대 미국 대통령이 되었다. 이에 대하여 『뉴욕 타임즈』의 칼럼니스트인 '토마스 프리드먼(Thomas Friedman)'은 마침내 남북전쟁이 끝났다고 하였다.

미국 연방대법원이 '드레드 스콧' 사건에서 흑인 노예를 재물(property)이라고 판결하여 사법부가 사회적인 분쟁을 해결하지 못해 남북전쟁이라는 전쟁으로 노예해방이 이루어졌다. 그러나 링컨 대통령에 의하여 노예해방이 이루어진 이후에도 미국 연방대법원은 '프레시 v. 퍼거슨' 사건에서 흑인과 백인간의 '분리하되 평등한 대우(separate but equal)' 원칙을 통하여 실질적 분리를 유지하였다. 마틴 루터 킹 목사(1929~1968)의 '내게는 꿈이 있습니다(I have a dream)'라는 명연설과 1960년대를 휩쓴 미국 민권법 시대 워렌 코트의 일련의 연방대법원의 진보적인 판결을 통하여 흑인들의 지위는 연방대법원에 의하여 지지되어 흑인들이 실질적인 법적 지위가 확보되기까지 노예해방에서 100여 년의 시간이 걸렸다. 케네디 대통령이라는 아이콘과 마틴 루터 킹 목사로 대표되는 1960년대 미국 연방대법원은 1967년 최초의 흑인대법관을 형제(brother)로 맞이하게 된다. 그가 바로 더굿 마샬(Thurgood Marshall) 대법관이다. 남북전쟁 직전

드레드 스콧 사건에서 흑인은 재물이라고 판단하였던 그 연방대법원에 흑인이 대법관으로, 동료 대법관들의 형제로 불리게 된 것은 2008년 '오바마의 기적'만큼이나 놀라운 사건이었다.

흑인 대통령의 등장은 단순히 흑인 대통령의 등장으로 끝나는 것이 아니라, 한국계를 비롯한 소수민족 출신 젊은이들에게도 새로운 가능성을 제시하는 것이라고 할 것이다.

포타스의 사임과 변호사 더굿 마샬, 대법관 되다

『라이프』지의 폭로로 대법관 포타스는 탄핵을 당할 상황에 이르게 되었다. 존슨 대통령은 포타스와 사임에 대하여 논의한다. 결국 1969년 5월 14일 포타스 대법관은 사임한다. 최고의 변호사 중 한 사람이었던 포타스는 불명예스럽게 대법관직을 사임하게 된 것이다. 이제 존슨 대통령은 포타스 대법관의 사임이라는 상황에서 골드버그(Goldberg) 대법관이나 포타스(Fortas) 대법관보다 워렌 코트의 정신을 더욱 이을 수 있는 대법관을 지명하여야 하는 압력을 받게 되었다. 이러한 상황에서 존슨이 선택한 카드가 더굿 마샬 대법관이었다. 더굿 마샬 대법관은 1967년 8월 30일 클락 대법관의 후임으로 흑인으로서는 최초로 대법관으로 선출되었다.

더굿 마샬 대법관은 볼티모어에서 노예의 손자로 태어났다. 그의 아버지는 식당차의 웨이터였고, 그의 어머니는 흑인학교의 교사로 일했다. 더굿 마샬 자신도 펜실베니아 링컨대학교를 다닐 때에도 하워드 대학교 로스쿨을 다닐 때에도 학비를 벌기 위하여 아르바이트를 하여야 했다. 그가 학교를 다녔던 때는 인종분리정책이 인정된 시기였고 그가 다녔던 학교들은 모든 학생들이 흑인이었다. 당시 볼티모어가 속하였던 메릴랜드주의 유수의 학교들은 흑인들의 입학을 허용하지 않고 있었다. 하워드 로스쿨 재학 당시 학장이었던 찰스 해밀턴 휴스턴(Charles Hamilton Houston)의 영향으로 그는 졸업 후 전미 유색인종진보동맹(NCCAP)의 송무팀에 합류한다.

그가 NCCAP에서 활동을 하면서 중점을 두었던 것은 학교에서의 인종차별이었다.

오바마의 일대기를 정리한 다큐멘터리에서도 그가 하와이의 명문중학교를 입학할 때 그가 유일한 흑인이었다고 할 정도로 미국에서 특히 학교에서의 실질적인 인종간의 장벽은 법적인 제한이 소멸하고도 상당기간 이어지지만 변호사 더굿 마샬이 부딪힌 미국은 훨씬 강력한 인종분리정책이 연방대법원의 판례에 의하여 지지되고 있던 시기였다. 그는 NCCAP에서의 활동으로 인하여 인권변호사로 명성을 얻게 된다.

1960년 미국은 케네디 대통령을 받아들인다. 닉슨이라는 노회한 정치인을 상대로 하여 백인사회 내부에서도 아일랜드 이민자로 통하는 가톨릭계의 케네디가 대통령에 당선되는 것은 예상하기 어려운 결론이었다. 그런데 미국민은 케네디를 선택하였고, 40대에 소수계 출신의 민주당 후보가 대통령으로 당선된 이 상황은 변화에 대한 미국민들의 강렬한 열망의 결과였다. 서브프라임 모기지 사태로 인한 경제적인 고통 상황이 2008년 미국으로 하여금 최초의 흑인 대통령 오바마를 받아들이게 한 것처럼 1960년대는 새로운 변화의 바람이 불어오던 시기였다. 그 바람은 민권운동의 바람이었다. 이후 1960년대 미국민들이 부딪히게 된 베트남전의 수렁이 이러한 민권운동에 더욱 가속도를 붙게 한다. 이라크 전쟁과 아프카니스탄에서의 전쟁이 미국민들에게 베트남전쟁을 연상시키는 그 베트남전쟁의 시기가 1960년대 중후반이다. 1961년 케네디 대통령은 더굿 마샬 변호사를 제2 항소법원 판사로 지명한다. 케네디 대통령이 더굿 마샬 변호사를 항소법원 판사로 지명한 것은 커다란 반발을 불러일으켰다. 그의 항소법원 판사인준은 무려 11개월이나 걸린 심각한 토론이었다. 하지만 그는 마침내 상원의 인준을 받아서 미국 역사상 최초의 흑인 연방법원 판사가 된다.

더굿 마샬은 최초의 연방항소법원 판사였고, 1967년 최초의 미국 연방대법관이 되었다. 민권변호사에서 법조계의 별이 된 것이다. 그는 노예의 자손으로서 흑인이 가지게 될 숙명론을 깨고 유리천장 너머의 세상을 보여 주었고, 역사가 되었다. 그로부터 40년 후 오바마가 흑인도 대통령이 될 수 있다는 것을 보여 줌으로써 그 자체로 이미 역사가 된 것처럼.

변호사 더굿 마샬과 미국 민권운동의 전개

대법관 더굿 마샬은 미국 흑인 인권운동의 상징이다. 만일 더굿 마샬이 없었다면 오늘날 오바마도 없었을 것이다. 많은 흑인 인권운동이 제도권 밖에서 이루어졌다. 반면 제도권 안에서 대법원에 대법관 더굿 마샬이 있다는 것은 흑인이 결코 인종적으로 무능한 것이 아니며, 소수인종을 끌어안고 그들의 재능을 인정하여 활용하는 것이야말로 미국 발전의 원동력이 될 것임을 이해시킬 수 있는 생생한 증거이다. 행동과 구체적 존재는 말과 추상적 주장을 능가한다.

더굿 마샬이 있었기에 대법원에 흑인 대법관의 존재가 비록 성향은 다르지만 클래런스 토마스에 의하여 유지될 수 있었다. 이에서 더 나아가 더굿 마샬이 있었기에 콜린 파월도 콘돌리자 라이스도 있을 수 있었다고 말한다면 지나친 억측일까? 연방대법원이 가지는 상징성을 감안하면 마틴 루터 킹, 말콤 엑스, 제시 잭슨 등 여러 흑인 인권 운동가의 존재로는 부족한 부분을 더굿 마샬이 해낸 것이라고 생각한다.

(1) Murray v. Pearson, 169 Md. 478(1936)

이 사건은 더굿 마샬이 NCCAP 송무팀 변호사로 일하면서 맡은 첫 번째 사건이다. 더굿 마샬은 하워드 로스쿨을 졸업하였지만 사실 그도 메릴랜드 로스쿨에 입학하고 싶어 했다. 그러나 당시 연방대법원이 유지하고 있던 분리하되 평등한 대우의 원칙(Plessy v. Ferguson)에 따라 그가 선택할 수 있는 안에 메릴랜드대학 로스쿨은 없었다. 또 다른 더굿 마샬인 Murray도 메릴랜드 로스쿨에 입학 신청을 하였으나 역시 입학을 거절당했다. NCCAP의 선임이었던 Charles Hamilton Marshall은 더굿 마샬에게 Plessy v. Ferguson을 깨 보자고 의기투합했다. 그들은 주법원에서 패소할 것으로 예상하고, 이 경우 연방법원에 상소함으로써 사건을 전국적으로 주목받도록 하고, 새로운 판례를 만들어보기로 계획하였다. 그런데 그들의 예상과 달리 메릴랜드 주법원에서 승소하여 뒷날 승리의 바탕이 되는 첫발을 내딛었다. 그의 변호사생활은 이렇게 흑인민권운동과 함께 시작되었다.

(2) NCCAP 송무팀장이 되다(1940)

그는 1940년 NCCAP 송무팀장이 되었는데, Chambers v. Florida 사건(1940)에서 송무팀장으로서의 첫 번째 승소를 하였다. Smith v. Allwright, 321 U.S. 649(1944), Shelley v. Kraemer, 334 U.S. 1(1948), McLaurin v. Oklahoma State Regents, 339 U.S. 637(1950) 등 일련의 역사적인 사건에서 그는 승리를 계속했다. 그가 송무팀장으로 맡았던 32건 중 29건을 승소로 이끌었다.

1954년 그날이 왔다. Brown v. Board of Education of Topeka, 347 U.S. 483 (1954) 사건은 변호사 더굿 마샬을 전국적인 스타로 만들었다. 변호사는 사건을 통해서 배우고, 사건을 통해서 성장한다. Shelley v. Kraemer 사건과 같이 토지관련 약정(covenant)을 통하여 백인들이 사는 지역에 흑인들이 들어오지 못하게 하는 방식의 인종차별을 깬 사건도 있었지만 교육과 관련된 사건들이 많다. 그는 교육이야말로 인종 간의 차별을 바꿀 수 있는 가장 중요한 출발이라고 이해했던 것으로 보인다.

Brown v. Board of Education of Topeka 사건을 통하여 교육에서의 인종 간의 차별을 부수고, 오바마와 같은 흑인들도 명문고등학교에 입학할 수 있는 법률적인 의미에서라도 기회를 제공한 더굿 마샬은 1956년에는 버스 승차 시 인종 간의 차별문제를 바꾼 Browder v. Gayle 사건(1956)에서의 승소를 이끌어 냈다. 그는 1961년 미국 연방대법원에서 흑인인권운동을 주도하였던 시위자들에 대한 처벌을 막아낸 Garner v. Louisiana 사건(1961)을 마무리하고, 1961년 제2 항소법원에 흑인 최초로 연방항소법원 판사로 지명되면서, 그의 NCCAP 송무팀장으로서의 커리어는 끝난다.

NCCAP는 변호사 더굿 마샬의 시작이고, 마지막이었다. 그리고 그는 법조인으로서 흑인들에게 희망과 기회를 주었다. 흑인들에게 백인학교에 입학할 수 있는 기회를 주었고, 백인들과 같은 버스를 탈 수 있고 같은 지역에 살 수 있게 하였다. 실제로 학교에 입학하고, 버스를 타고, 같은 지역에 살게 되지는 못했지만 더굿 마샬 변호사를 통하여 미국의 소수인종들은 희망을 가지게 되었다. 희망을 가지게 된 것, 그것이 중요하다.

(3) 미국 흑인민권운동의 역사

링컨이 미국에서 흑인노예들을 해방한 것이 1863년이다. 그리고 마틴 루터 킹 목사의 '내게는 꿈이 있습니다(I have a dream)'라는 명연설은 1963년 노예해방 100주년 기념연설이었다. 그리고 다시 45년이 지난 후 미국에 흑인대통령이 등장하였다. 청교도들이 종교의 자유를 위해 고향을 떠나 건설하였던 미국은 영국에서의 독립을 통하여 자유를 이상으로 하는 국가를 만들었다. 더굿 마샬과 같은 메릴랜드주 출신의 흑인 인권운동가 프레드릭 더글라스(1817~1895)를 포함한 흑인해방운동자들과 백인 노예해방론자(Abolitionist)들의 노력이 남북전쟁 시기 미국에서의 상황과 합쳐 미국에서의 흑인노예들의 신분을 자유롭게 하였지만 그들은 정치적으로 이용되었고, 여전히 하류층을 구성하고 있다. 노예해방에서 150년 가까운 세월이 지나고 미국인의 구성도 백인이 아닌 인종 중에서 최대 계층이 흑인에서 히스패닉으로 바뀌었지만 흑인 민권운동의 역사는 소수인종의 권리신장의 역사라는 점은 여전한다. 노예해방 이후에도 흑인이 연방 상원의원이 된 경우는 5명에 그치고, 흑인으로 연방대법관이 된 경우는 더굿 마샬과 클레런스 토마스라는 극단적으로 서로 다른 성향을 가진 두 명의 대법관이 전부이다.

대통령 오바마의 등장은 1993년 향년 84세로 세상을 떠난 더굿 마샬 대법관이 꿈꾸었던 세상을 향해 한 걸음 더 나아가도록 하는 계기가 될 것이라고 믿는다. 오바마가 미국 대통령에 당선되었을 때, 역경을 딛고 최고의 쇼프로 진행자가 되었고, 미국에서 가장 부유한 사람 중의 한 사람이 된 오프라 윈프리, 대통령 선거에 여러 번 도전했던 제시 잭슨을 포함하여 눈물 흘리던 많은 흑인 유권자들의 모습을 보면서 그들의 감격의 크기를 추측하여 본다.

누군가가 만들어 놓은 길은 너무나 당연하게 보이지만 그가 그 길을 내기 전까지 많은 이들은 그 길이 만들어지리라 믿지 않았을 것이다. 오바마의 경우에도 그의 성공한 흑인동료들이 오바마의 대통령 출마에 가장 부정적이었다는 기사를 보면서 여러 가지 생각을 하게 된다. 더굿 마샬 대법관의 동향이었던 흑인 인권운동의 선배 프레드릭 더글라스의 말을 떠올려 본다.

"자유를 지지한다고 말하면서도
여론을 변화시키기 위해 노력하지 않는 사람들은
밭을 일구지도 않고 수확물을 바라는 농부와 같다."

세 번째 이야기

버거 코트의 대법관들

01
대법원장 버거
Warren E. Burger

1969.6.23.~1986.9.26.

서류 뭉치의 홍수에 휩쓸린 대법원

통상적으로 미국 연방대법원이 상고[26]를 허가하여 사건을 연방대법원이 다루기로 결정한 뒤 실제로 쌍방의 대리인인 변호사들이 법정에서 변론을 하기까지는 수 개월의 시간이 걸린다. 그 기간 동안 쌍방의 변호사들은 연방대법원에 많은 서면들을 제출한다. 양 당사자들의 공방이 진행되면 제출된 서류도 산더미처럼 쌓인다. 연방대법원에 제출되는 서류는 연방대법원의 정해진 규정에 따라야 한다. 소송 대리인들은 분량과 양식에 대한 제약하에서 서면을 제출한다. 이 때문에 실제 미국 로스쿨에서도 교수들이 과제를 낼 때 A4 500자 이내로 제출하라고 하는 것과 같이 분량을 제한하곤 한다.

우리 법원의 경우에도 구술심리주의[27]와 공판중심주의[28]를 법정에서 구현하는 방법과 관련하여 여러 가지 고민이 있었고, 필자도 서울지방변호사회의 일원으로 서울중앙지방법과의 간담회에서 의견을 나누기도 하였다. 구술심리의 활성화와 서면의

26) 하급심의 원고나 피고와 같은 당사자들이 하급법원의 판결이나 결정을 다투어 대법원이 사건을 처리하여 달라고 청하는 것.

27) 법관은 서류에 의하지 않고, 법정에서 소송 대리인들이 말로 변론한 사항에 기초하여 판단을 한다는 원칙.

28) 형사소송에서 원칙적으로 주장과 증거는 법정에 현출되고, 다투어져야 한다는 원칙.

홍수 속에서 우리 법원의 판사들은 과연 어떤 대안을 찾아야 할지…….

구술심리주의와 공판중심주의를 강조하는 대법원의 취지에 판사들도 공감하지만, 서면 중심의 기존의 법원의 관행이 신속하고 효율적으로 분쟁을 해결하여 왔기 때문에 서면이 경시되어서는 안 된다는 주장도 여전히 유효하다.

태프트 대법원장은 대법원에 상고허가제도(Writ of certiorari)를 도입함으로써 연간 100여 건의 사건만이 최고법원인 연방대법원의 판단을 받을 수 있도록 하였다. 이에 비하여 우리 대법원은 연간 1만 건이 넘는 사건들을 처리하여야 한다. 우리 대법원은 이미 심리불속행제도를 통하여 사건을 심리하지 않고 간단하고 쉽게 정리할 수 있도록 하는 제도를 운영하고 있다. 대법원의 사건부담을 줄이기 위해서 상고를 제한하거나, 역으로 사건을 그대로 두고 대법관의 수를 늘리는 방법, 상고를 담당하는 고등법원을 두는 고등상고부제안과 같이 실질적으로 대법관의 수를 늘리는 방법 등이 대안으로 제시되었지만 어느 것도 채택되지 못했다.

버거 대법원장은 사건의 수를 줄이는 것 외에 제출되는 서류를 줄여서 압축적으로 대법관들과 대법원 로클럭[29](law clerk)들이 사건을 검토할 수 있도록 함으로써 대법원을 서류의 홍수에 휩쓸리지 않도록 하는 개혁을 시도하였다. 성실하고 유능한 개개인의 능력에 의존하는 것은 매우 연약한 체제이므로 시스템적으로 문제를 해결하려고 한 것이다.

미국 대법원의 서면에 대한 규정의 변화

초기에는 미국 연방대법원에 제출되는 서면의 분량에 제약이 없었다. 소송 대리인(변호사)들은 자신의 판단에 따라서 서면(Brief)을 제출하기도 하고, 하지 않기도 하였다. 1821년 대법원은 대법원 규칙을 제정하여 양 당사자에게 반드시 서면을 제출하도

29) 법원서기라고도 번역되곤 하는데 법원의 행정직원이 아니므로 법원서기라 부르는 것은 정확하지 않다. 그냥 '로클럭'이라고 하는 것이 문화를 반영한 가장 올바른 어휘로 보여 이 책에서는 원문을 소리나는 대로 쓴다.

록 요구하였다. 1821년 규정은 변호사들에게 서면의 제출과 관련하여 두 가지 기본적인 요구를 한다.

첫째, 변호사가 제출하는 서면은 사실관계와 법리를 간략히 요약하여 기술하여야 한다. 법원에 제출되는 브리프(brief)는 반드시 간략하게(briefly) 기술되어야 한다는 원칙이다.

둘째, 브리프(brief)는 당사자의 법적인 분석(analysis)과 주장(argument)을 기재하여야 하며, 이러한 분석 내지 주장을 뒷받침하기 위한 적절한 명문의 법 내지 선례를 기술하여야 한다.

존 그리샴[30]의 소설『펠리칸 브리프』[31]를 통해 우리가 알고 있는 브리프는 법정용어로만 사용되는 것은 아니다. 법정용어로서의 브리프는 소송규칙의 제한하에 요점을 정리하여 기재하여야 하며, 두터운 서류뭉치를 법원에 던져 주고는 그 가운데 필요한 것을 알아서 찾으라는 식으로 기술되어서는 안 된다. 소송의 기술 가운데 '서류의 홍수(flood of document)'라는 전략이 있다. 변호사가 엄청난 소송기록을 법원에 제출함으로써 불리한 소송 당사자가 소송을 지연하는 전략이다. 하지만 이러한 변호사들의 태도를 방치하였다가는 연방대법원은 도저히 서류의 홍수를 감당할 수 없을 것이므로 버거 대법원장은 서류의 분량을 제한하여야 한다고 보았다. 버거 대법원장은 서류의 양이 제한된다면 적절성(relevancy)에서 떨어지거나 전혀 무관한 법률이나 사례를 마치 관련이 있는 것처럼 쓰는 전략도 사용할 수 없게 되리라고 보았다.

양 당사자의 소송 대리인은 반드시 이러한 사정을 숙지하고 소송을 진행하여야 한다. 버거 대법원장은 서류분량에 대한 제한으로 연방대법원이 자원을 낭비하지 않으면서 효율적인 재판진행을 할 수 있다고 믿었다. 이러한 효율적인 재판진행의 전제가 변호사강제주의이다. 변호사의 소송기술(trial technique)은 제한적인 서면과 시간의 제약하에서 판사와의 의사소통을 통하여 판사를 설득할 수 있는 능력을 의미한

---

30) 미국의 소설가(1955~). 미시시피주립대 로스쿨을 졸업하고 잠시 변호사 생활을 하다가 전업소설가 및 정치가로 활동하고 있다.『타임투킬(Time to Kill)』(1989),『레인메이커(Rainmaker)』(1995),『어필(Appeal)』 등 우리말로도 번역된 여러 베스트셀러 법정 스릴러물의 저자이다.

31) 존 그리샴의 소설로, 미국 연방대법원 판결을 조작해서 이익을 얻으려고 하는 대기업의 음모를 기본적인 축으로 한다. 1993년 덴젤 워싱턴과 줄리아 로버츠 주연의 영화로도 제작되었다.

다. 변호사는 전문적인 소송에 대한 식견을 가지고 변호사의 변론권을 적절히 행사하여야 한다. 변론능력이 없거나 변론기술이 부족한 일반인들이 법원의 제한적인 자원을 낭비하는 것은 미국 연방대법원의 시각에서는 받아들여질 수 없는 것이다. 만일 당사자로부터의 의견청취가 필요하다면 법원은 당사자 본인을 심문하는 방식('당사자 본인심문'이라고 함)으로 얼마든지 들을 수 있을 것이며, 전문가인 법조인들의 재판 진행을 통하여 의견의 신뢰성에 대한 전문적인 판단이 이루어질 수 있다.

하지만 이러한 연방대법원의 1821년 규정에도 불구하고 변호사들은 여전히 수천 장에 달하는 서면을 대법원에 제출하였고, 1916년에서 1922년까지 대법관으로 재직하였던 존 클락(John H. Clark)은 이러한 변호사들의 문서제출관행을 매우 못마땅하게 생각했다. 그러나 변호사의 관점에서 보면, 단 한 장의 서면이라도 더 써내는 것이 의뢰인과의 관계에서 더 성실해 보이고 조금이라도 시간을 더 청구할 수 있었기 때문에 실제로 연방대법원의 1821년 규정은 실효성이 없었다. 그래서 변호사들은 규정을 무시하고, 법원에 장문의 준비서면을 계속 제출하였다. 영국의 경우 '내가 사과를 가지고 있다'라는 문장을 얼마나 길게 쓸 수 있는가로 변호사의 능력을 판단하였다는 말이 있을 정도여서, 변호사들의 준비서면이 길어지는 문제는 쉽게 해결될 성질의 것이 아니었다.

워렌 버거 대법원장의 제안

대법원장 워렌 버거(Warren E. Berger)는 브리프가 50장을 넘어서는 안 된다고 제안하였다. 대법원은 이러한 버거 대법원장의 제안을 1980년에 규정화(No 24.6 Rules of the U.S Supreme Court)하기에 이른다. 이 규정에는 "브리프는 간략하여야 하며, 적절한 제목(headings)에 따라 논리적으로 체계화되어 있어야 한다. 부적절하거나 중요하지 않은 사변적인 기술을 하여서는 안 된다. 만일 규정에 부합하지 않는 문장이 포함된 브리프가 제출될 경우 법원은 이러한 브리프를 무시할 수 있다."라고 명기하고 있다.

이러한 미국 연방대법원의 규정이 지나치다는 생각을 가지고 있는 독자들도 있을 것이다. 경우에 따라서는 준비서면을 50장 이상 작성하여야 할 복잡한 사건도 있을

텐데 이런 규정을 두다니 하는 비판을 할 수 있다. 하지만 미국 연방대법원의 경우 대법관들은 통상 100여 건의 사건을 처리하여야 하고, 신청인(petitioner)들의 신청건수는 1,000건에 이른다. 이와 같은 많은 사건들을 충실하게 처리하려면 이런 규정에 의한 제한이 필수적이라는 것이 미국 연방대법원의 생각이라고 할 수 있다.

도대체 연방대법원의 판사들은 어느 정도 규모의 서면을 보아야 할까? 우선 신청인(appellant)이 브리프를 내고, 다시 피신청인(respondent)이 브리프를 내면 신청인은 그에 대해 답변(reply)을 할 수 있다. 아울러 양 당사자는 최초의 브리프가 접수되고 난 뒤 새로운 법령의 제정 내지 개정이나 기타 중요한 사정의 변경이 생기는 경우에는 다시 추가준비서면(supplemental brief)을 제출할 수 있다. 이것이 전부가 아니다. 당해 사건의 당사자가 아니면서도 정치적이거나 이념적인 성향으로 인하여 대법원에 자신들의 의견을 제시하는 일련의 집단들이 서면을 제출할 수 있는데, 이를 '법정 의견서(amicus brief)'[32]라 한다. 예를 들어 과학기술과 법, 특히 저작권과 법에 관련하여 소위 '과학기술의 마그나 카르타'라고 불리었던 '소니 베타맥스 판결'[33]을 뒤집을 것인가를 두고 격렬한 대립이 있었던 '글락스터 사건'의 경우에는 60건 이상의 '법정 의견서'가 제출되기도 하였다. 전미지적재산권협회, 전미음반저작권자협회가 지적재산권자의 편에서 지지하는 의견서를 제출하였고, 미국정부는 소니판례를 뒤집어서는 안 되며, 소니판결을 유지함으로써 제조업자 등의 보호를 도모하여야 한다는 의견을 내놓았다. 이처럼 '법정 의견서'를 통해 연방대법원에 다양한 의견이 제출될 수 있는데, 이는 대법관들이 사회의 다양한 시각을 알게 하는 데 도움을 준다. 통상 대법관들은 자신의 '로클럭(law clerk)'들을 활용하여 사건에 대한 메모형식의 요약보고를 받지만, 사건에 붙어 올 수천 페이지에 달하는 기록을 꼼꼼이 검토하려고 한다면 이러한 양적인 제한을 두지 않을 수 없었을 것이다.

---

32) Amicus는 라틴어로서 친구라는 의미임. 우리말로 번역하면 '법정 의견서' 또는 '제3자 의견서'가 좋다고 생각한다.

33) 1984년 연방대법원이 판결한 사건이다. VCR이 영화를 복제하는 기계이므로 이러한 기계 제조업자인 소니도 복제에 대한 책임을 져야 한다고 저작권자들이 소송을 제기하였으나, 연방대법원은 이들의 주장을 배척하고 소니의 저작권 침해를 인정하지 않았다.

서면을 잘 쓰는 능력을 가진 변호사

송무변호사(litigation attorney)는 구술변론을 잘해야 한다. 미국 영화 속의 변호사들의 화려한 언변은 우리 법정을 매우 재미없는 곳으로 만든다. 물론 형사법정의 이야기가 훨씬 스릴 있어 보이지만, 〈과학범죄수사대: CSI(Crime Scene Investigation)〉 등의 범죄스릴러물들이 우리나라에서 인기를 끌면서 미국 형사법정은 우리나라 형사법정보다 더 많이 우리나라에 소개된 것 같다. 배심원제도를 가지고 있는 미국에서는 더구나 일반인들을 설득하여야 하므로 법률전문가인 판사를 설득하는 것과 또 다른 점이 있다. 쉽고 간명한 용어를 사용하면서 일반인들의 심리를 움직이는 변론술이 요구되는 것이다. 당사자들이 변론한 사항만으로 법관이 판단한다는 변론주의라는 원칙은, 법정에서의 화려한 웅변술과 같은 고대 로마 시대의 변론을 떠올리면 법정에서 말로 하는 논리싸움과 증거싸움과 어울리는 것 같다.

그러나 대법원과 같이 원칙적으로 법률적인 판단만 하는 법률심으로 갈수록 전문가인 법관들을 설득하는 수단으로 서면이 중요해진다. 판사들은 판결을 쓰면서 생각이 정리되고, 경우에 따라서는 재판을 진행하면서 형성된 심증과 다른 판결문을 쓰기도 한다. 글을 쓰는 것은 자신의 생각을 정리하는 매우 좋은 수단이 된다. 변호사도 잘 조직화된 서면을 작성하면서 법관에게 자신의 생각을 잘 전달하여 그를 설득하도록 하는 방법을 찾기도 한다.

대법관 브레넌(William J. Brennan)의 말은 법률가들에게 시사하는 바가 크다. 그는 "우리 미국 연방대법관들은 구술변론 전에 관련된 서면을 읽는 관행을 충실히 따르고 있다. 그리고 우리 연방대법관 중의 일부는 나를 포함하여 법정에 들어가기 전에 메모를 준비한다. 법정에 들어가기 전에 우리가 준비한 메모에는 양 당사자가 주장한 사실과 법적 쟁점들, 그리고 양 당사자들의 변호사들에게 질문할 내용이 적혀 있다."라고 하여 잘 정리된 서면과 이렇게 제출된 서면을 잘 요약하여 법관이 준비한 메모의 중요성을 자신의 예를 들어 강조하고 있다. 한편, 우리나라의 법과대학에서 헌법강의를 들어본 경험이 있거나 각종 시험에서 헌법과목을 준비한 일이 있는 사람들이라면

한 번쯤은 들어보았을 '명확하고 현존하는 위험의 위험'[34]을 폭넓게 사용한 것으로 유명한 올리버 웬델 홈즈(Oliver Wendell Homes) 대법관도 자신이 심증을 형성하는 것에 있어 구술변론이 미치는 영향을 크지 않다고 말했다. 그는 구술변론은 마치 잠시 반짝이는 별과 같지만 서면은 영원하다며, 서면이야말로 구체적인 해당 사안에서 양 당사자의 주장을 정리한 공식적인 문건임과 아울러 대외적으로 공개될 수 있는 역사적인 자료라면서 서면의 중요성을 강조하였다.

변호사라고 하면, 우리나라에서는 '말 잘하는 사람'이라 생각되곤 한다. 물론 변호사는 말 잘하는 사람이어야 한다. 해야 할 말을 정확하게 전달하여 법관을 설득할 수 있는 능력, 사건을 장악하고 장악한 사건에 대해 말을 할 수 있는 능력을 갖춘 사람이어야 한다. 하지만 더 중요한 것은 변호사는 글 잘 쓰는 사람이어야 한다는 것이다. 변호사의 능력의 바탕을 이루는 것이 서면을 잘 작성하는 능력이다. 여기서 '잘' 작성한다는 것은 설득력의 관점에서 법관을 비롯한 독자들에게 전하고자 하는 바를 정확하게 전달하고 자신이 주장하는 바(argument), 사실(fact)과 뒷받침하는 논증(reasoning)을 간결하게 힘 있게 작성할 수 있는 능력을 말할 것이다. 변호사에게 주어진 이러한 능력을 부단히 연마하여야 한다는 과제는 구술심리주의를 아무리 강조하여도 달라질 수 있는 것이 아니라고 생각된다. 방침이 달라진다고 하여 본질이 바뀌는 것은 아니다. 그것이 우리 법률이 실질우선주의(substance over form)을 강조하고, 법률가들이 실용주의자가 될 수밖에 없는 이유가 아닌가 한다.

닉슨 대통령과 버거

닉슨이 대통령에 당선되면서 워렌 대법원장을 버거로 교체하는 순간 신임 버거 대법원장의 임무는 명확하였다. 진보라는 이름으로 이루어진 모든 개혁적인 판결들을

---

34) 사람들의 언론과 출판이 자유를 포함하는 미국 헌법 제1조가 보장하는 표현의 자유에 대한 제한은 매우 제한적이어야 한다는 사람들의 생각이다. 따라서 이러한 표현의 자유를 제한하려면 제한하지 않았을 때 발생하는 위험이 누구나 알 수 있을 정도로 명백하고 실제로 존재하는 것이어야 한다고 홈즈 대법관은 보았다.

뒤집어 원상복귀시키는 것, 그것이 버거 대법원장의 임무였다. 워렌과 포타스 대법관의 사임으로 닉슨은 보수진영의 힘을 대법원 내에서 강화할 수 있는 절호의 기회를 가질 수 있었다. 하지만 그가 지명한 해리 블랙먼은 초기 대법관 시절 그의 동향 친구 버거와 같은 보수적인 성향을 보였음에도 진보진영의 가장 강력한 후원자로서 '로(Roe) 판결'의 수호자가 되었다. 이후 공화당의 지명을 보면, 윌리엄 렌퀴스트나 루이스 파월(Lewis Powell)은 보수진영의 일원이 되었지만, 포드 대통령이 지명한 존 폴 스티븐스(John Paul Stevens) 대법관은 진보진영에 섰고, 레이건 대통령이 최초 지명한 대법관 샌드라 데이 오코너도 스윙 보트 역할을 하였지만 역시 진보적인 성향을 보였다.

정치인이었지만, 계속적으로 변호사업무를 하였던 닉슨 대통령은 대법원을 어떻게 구성하는가 하는 것이 얼마나 중요한 일인지 알고 있었다. 하지만 미국 연방대법원의 종신제라는 속성으로 인하여 대통령이 바뀐다고 하여 바로 대법원의 성향을 바꿀 수 없었기 때문에 버거 코트는 과도기적인 성향을 띠게 되었다. 이러한 버거 코트의 성향으로 인하여 입법내용과 정책목표 사이의 엄격심사(strict scrutiny)[35]와 합리적 관련성 심사(Rational-relation test)[36]라는 두 가지 심사기준 사이의 절충적인 심사(intermediate scrutiny)가 발달하였다. 대통령 닉슨은 행정부 중심의 정부운영을 하고자 하였다. 그는 환경청(Environment Protection Agency)을 만들고, 멸종위기종보호법(Endangered Species Act of 1973)을 입법하는 등 가능한 사법부의 권한을 행정부로 이전시키고 싶어 했다. 이러한 닉슨의 관점에서 볼 때 버거는 적임자였다. 버거 대법원장은 전임 워렌 대법원장과는 달리 관리형의 원장이었고, 스스로 적극적으로 무언가를 선도하여 나가려고 노력하지는 않았다. 대법원 내에서도 스스로 적극적으로 먼저 사안의 쟁점을 찾고, 자신의 의견을 개진하여 의견을 형성하지 않았다.

35) 법률이 사용하려는 그 수단이 아니면 다른 수단으로 목적을 달성할 수 없을 정도여야 기본권의 제한이 가능하고 헌법에 합치된다고 보는 기준.

36) 법률이 사용하려는 그 수단이 달성하려는 목적과 합리적으로 연관이 된다고만 판단되면 헌법에 합치된다고 보는 기준.

대법원장이 되기 전의 버거

버거는 1907년 9월 17일 미네소타주 세인트 폴에서 태어났다. 그는 대법관 블랙먼과 동향으로 서로 알고 지냈다. 버거 대법원장은 체육특기생으로 프린스턴 대학 장학생으로 갈 수 있었지만, 별다른 수입도 없는 학생으로서 가족을 떠나는 대신 가족과 함께하기로 마음먹었다. 그는 낮에는 보험회사에서 회계사로 일하고, 밤에는 미네소타 대학교(세인트 폴)에서 법학과목(pre law class)들을 수강하면서 로스쿨을 준비하여 미네소타 로스쿨에 입학한다. 1931년 로스쿨을 우등으로 졸업한 24살의 버거는 계약법 강의 시간강사로 강의를 시작하여 1946년까지 강의를 계속한다. 그는 졸업 후 로펌에 취직하여 회사법과 부동산 분야에서 업무를 수행한다. 그는 로펌에서 변호사로 일하면서, 세인트 폴 대학에서 12년간 겸임교수로 강의를 계속한다.

그는 정치적으로 1948년 당시 공화당 대통령 후보지명전에서 미네소타주 상원의원이었던 '해롤드 스타센(Harold E. Stassen)'을 도왔으나, 스타센은 대통령 후보가 되지 못했다. 1952년 다시 아이젠하워를 도와 미네소타주 지역의 대의원 확보에 기여한다. 아이젠하워가 대통령에 당선되자 1953년 버거는 선거 때의 공로를 인정받아 법무부 차관보(Assistant Attorney General)에 임명되었다. 그는 법무부 차관보로 재직하면서 중앙 정계와의 관계를 가질 수 있는 기반을 마련하였다. 그는 법무부에서 근무하면서 국가를 대리하여 여러 건의 소송을 수행하였는데, 이 기간 동안 그가 처리한 대표적인 사건이 Peters v. Hobby(1955) 사건이다. 법무부 차관보로서 그의 업무수행능력은 긍정적인 평가를 받았고, 그 결과 1956년 아이젠하워 대통령은 버거를 워싱턴 D.C. 연방항소법원 판사로 임명하였다. 그는 민권운동에 동조적인 워렌 코트의 판결들에 대해 비판적인 시각을 견지하였고, 이러한 그의 태도는 보수진영의 주목을 받기에 충분하였다. 1968년 존슨 대통령은 포타스 대법관을 대법원장으로 지명하였으나 포타스의 대법원장 인준이 실패하였고, 워렌 대법원장은 그 직을 유지하였다. 1969년 닉슨 대통령은 버거를 대법원장으로 지명하였고, 버거는 포타스가 실패하였던 인준청문회를 이겨냈다. 워렌 코트의 태도에 대하여 매우 비판적이었던 닉슨과 남부의 닉슨

지지자들은 영화 〈닉슨〉에서 보는 것처럼 워렌 코트를 뒤집어야 한다는 확고한 합의를 하였다. 올리버 스톤 감독의 1995년 작품인 〈닉슨〉은 워터게이트 사건을 준비하고, 닉슨이 고용한 사람들이 워터게이트 호텔로 떠나는 것으로 시작하는데 당시의 시대상황을 잘 보여 주고 있어 이 시대를 알고 싶은 독자들에게 권하고 싶은 영화이다. 버거는 1967년 립폰대학(Ripon College) 연설에서 법원은 워렌 코트와 달리 엄격한 문언해석에 바탕을 두어야 한다는 연설을 하였고, 이 연설은 닉슨 진영에 눈길을 끈다. 그리고 그는 미국 연방대법원장이 되었다.

대법원장 버거

대법원장으로서 버거의 존재는 워렌 코트 시절의 판결을 뒤집어 미국을 다시 원상회복시키자는 보수진영의 염원을 현실화한 것이었다. 그러나 개인적으로 그가 대법원장으로 시도한 것은 법원의 효율화였다. 그는 법원개혁을 통하여 효율적인 법원으로 변모시키고자 하였다. 그는 사건처리의 신속화를 통하여 적체되어 있는 사건들을 정리하여야 한다고 생각하였다. 그는 법원의 행정직원들을 교육하고, 주와 연방의 사건들을 통합적으로 관찰할 수 있도록 하려고 하였다.

동시에 그는 재판의 진행에 있어서도 개혁을 단행하였다. 그는 법원에 제출하는 서면의 분량을 제한하는 것과 아울러 구두변론시간 또한 1시간을 넘지 않도록 제한하고, 법원도 선고할 때 판결문 전체를 읽지 않도록 하는 것을 원칙으로 하였다. 그는 판결의 효율적인 진행을 위하여 법정의 모습도 종전의 일자형에서 법관과 양 당사자가 서로 바라볼 수 있는 육각형 구조로 변경하였다. 그의 17년간의 대법원장 재직기간 동안 법원의 행정은 여러 가지 면에서 효율성이 높아졌다.

02
대법관 블랙먼
Harry A. Blackmun

1970.6.9.~1994.6.30.

'해롤드 홍주 고' 한국인 예일대학교 법과대학장과 블랙먼

최근 하와이에서도 다시 한국인 판사가 지명되는 등 미국의 법률가 중 한국인들이 점차 늘어나고 있다. 한국인들이 100년 이상의 이민역사에서 차지하는 위상은 공직에서는 다른 직역에 비하여 상대적으로 미미하였다. 한국인들이 사법부에서도 점차 두각을 나타내고 있다는 것은 미국 사회의 구조상 한국인의 위상이 높아지고 있다는 중요한 반증이다. 최근의 미드[37] 열풍의 대상 중 하나인 드라마 〈그레이 아나토미(Gray Anatomy)〉[38]에서도 한국인(그레이스 역의 '산드라 오')을 볼 수 있는 등 미국 사회의 주변인이었던 한국인들이 미국 사회의 중심부로 입성하는 사례들이 점차 증대하고 있다는 소식은 같은 한국인임을 행복하게 해 준다.

이처럼 한국인들의 약진이 이루어지고 있지만, 우리 법조인들에게는 '해롤드 홍주 고(한국명 '고홍주')'만큼 자신의 명성과 함께 가족들의 교육에 대한 이야기로 우리들에게 많이 알려져 있는 인물도 드물다. 고홍주만큼의 지위에 이른 한국계 법조인도 없는 것 같다. 갑자기 고홍주 이야기로 시작하는 이유는 고홍주가 대법관 블랙먼의 로클럭(law clerk)을 하였던 인연 때문이다. 한 인간이 그의 삶을 크게 전반기와 후반기로

---

37) '미국 드라마'를 약칭하는 부르는 말.

38) 우리나라 드라마 〈종합병원〉과 같이 시애틀에 있는 종합병원에서 벌어지는 인턴들의 삶과 사랑을 그린 미국 드라마로 우리나라에도 많은 팬층을 확보하고 있다.

나누려 할 때 삶의 궤적이 전체적인 방향성을 바꾸는 것은 결코 쉽지 않다. 그러나 블랙먼 대법관의 경우에는 보수적인 성향으로 인하여 공화당의 추천으로 대법관이 되었지만 대법관이 되고 난 뒤에 Roe v. Wade 사건에서의 낙태 지지 이후 일관되게 낙태를 지지하는 진보주의 진영과 견해를 같이 함으로써 삶의 궤도를 바꾼 대법관이다. 그가 보여준 대법원 내에서의 노력 또한 한 대법관의 삶을 통해 개인적인 신념과 그 신념이 재판에 어떻게 투영될 수 있는가를 보여 주는 좋은 사례가 될 수 있을 것이다.

미네소타 트윈스

블랙먼은 1908년 일리노이주 내슈빌에서 태어났고 데이튼이라는 곳에서 자랐는데 그곳은 세인트 폴 인근의 노동자 계층들이 주로 거주하던 곳이었다. 그는 가난한 이주자 집안 출신이었다. 우리가 블랙먼 대법관을 이야기할 때 빼놓을 수 없는 것이 대법원장 버거(Warren E. Burger)와의 긴 인연이다. 블랙먼이 버거 대법원장과 인연을 맺은 곳이 '세인트 폴'이다. 그들은 밴 뷰렌(Van Buren) 초등학교에서 서로를 알게 되었다. 1933년 버거가 '엘베라 스트롬버그'와 결혼할 때 블랙먼이 신랑 들러리였을 정도로 둘은 친밀한 사이였다. 그들이 일생을 통하여 교환하였던 많은 편지들을 통하여 보면, 그들의 인연은 정말 두 사람의 인생을 관통하는 것이었다. 서로가 서로에게 경쟁이 되고, 서로 조언을 하면서 협력하였다. 인생의 끝자락에서는 성향의 차이가 드러났고, 이로 인해 견해의 대립이 있었지만 그렇다고 그들이 인간적으로 서로에게 반목하지는 않았다. 그들은 진정 친구였다.

미네소타 트윈스는 잘 알고 있는 것과 같이 프로야구팀의 이름이고, 그들이 성장하였던 미네소타의 세인트 폴은 비슷한 규모의 '미니애폴리스'와 함께 트윈시티(twin city)라고 불린다. 이러한 출신 지역의 명칭과 더불어 블랙먼과 버거는 애초부터 보수적인 성격을 가지고 있는 것으로 알려진 비슷한 성격의 두 대법관이라는 점에서 대법관 임명 초기 미네소타 트윈스(Minnesota Twins)라고 불렸다.

어려운 경제 사정은 항상 블랙먼을 괴롭히는 문제였다. 한편 경제적인 고난은 그가 남들보다 더 많이 노력하여야 하는 이유이기도 하였다. 공부를 하면서 동시에 생계도 늘 걱정해야 했던 블랙먼의 하버드 법과대학 생활은 매우 힘들었다. 노력하였지만 뛰어난 동료들과의 경쟁에서 생계를 위한 아르바이트를 하여야 했던 그의 성적은 그가 스스로 생각하였던 것만큼 잘 나오지는 않았다. 고난을 겪는다는 것, 특히 경제적인 곤궁함은 당해 보지 않은 사람은 그 마음을 이해하기 어렵다. 스스로의 능력에 대하여 가지고 있는 기대에 비하여 입학 시 전체 24등 안에 들어 하버드 수학부를 입학한 블랙먼에게 졸업성적의 추락은 큰 충격이었다.

변호사가 된 뒤 블랙먼은 공직에 나갈 수 있는 기회가 여러 번 있었지만 경제적인 곤궁함을 피하기 위해서 공직에 나가지 않았다. 그의 친구였던 버거는 여러 차례에 걸쳐 그에게 공직에의 진출을 권했다. 버거는 정치적이었고, 법무부 차관직을 시작으로 연방정부로 나가서 공직에 진출하는 것에 적극적이었지만 블랙먼은 공직진출에 소극적이었다. 어린 시절 버거는 결코 블랙먼보다 부유하지는 않았지만 공직에 대한 그들의 선택은 상당히 달랐다.

하지만 블랙먼은 나폴레옹이 그랬듯이 자신의 가난을 끊임없이 자신을 추동하는 원동력으로 삼았다. 그가 하버드를 다닐 때 교수 중의 한 사람이자 그의 우상이었던 '펠릭스 프랑크퍼터' 대법관과 같은 대법관이 되리라고 생각한 사람은 많지 않았다. 하지만 그는 대법관이 되었고, 로(Roe) 판결의 수호자로 이름을 얻었다. 그는 졸업 이후 변호사 생활을 하면서 겸임교수(adjunct professor)로 세인트 폴 법대강의를 병행하였다. 그는 1950년부터 1959년까지 메이요 클리닉의 고문변호사(resident counsel)로 활동하였는데 초기 형태의 사내변호사와 같은 역할을 한 것으로 보인다. 그는 사내변호사 생활이 그의 생에서 가장 행복했던 시간 중의 하나라고 회고하였다. 이 시기는 동시에 그의 낙태에 대한 인식을 형성함에 있어 중요한 영향을 미쳤던 시기였다. 지금도 메이요 클리닉은 미네소타주 로체스터에 소재하는 병원으로 우리나라 언론매체에도 가끔 등장하는 세계 초일류 병원 중 하나이다. 1950년대에 이미 병원이 사내변호사를 고용하였다는 것은 매우 인상적이다.

블랙먼과 그의 친구 워렌 버거와의 우정과 애증관계는 버거 대법원장이 1995년

6월 25일 심장마비로 향년 87세의 나이에 사망함으로써 이 세상에서는 끝났다. 80년 동안의 미네소타 트윈스의 한 쪽이었던 버거를 먼저 보낸 블랙먼 대법관도 친구가 세상을 떠난 4년 후인 1999년 3월 4일 세상을 떠났다. 그가 사망하였다는 소식은 25년 동안 그의 비서였던 '완다 마티슨'의 사망 이메일을 통해 미국민들에게 알려졌다. 그가 은퇴하면서, 물려준 대법관 자리는 스티븐 브라이어(Stephen Breyer) 대법관에 의하여 승계되었다. 스티븐 브라이어는 유명한 '액티브 리버티(active liberty)'라는 개념을 주장한 대법관이다. 블랙먼의 관점에서 보면 승계 당시 그의 우려와는 달리 그리 나쁘지 않은 후계자에게 물려준 셈이다. '액티브 리버티'를 '실천적 자유'라고 번역하면 어떨까 하지만, 원문이 주는 의미를 그대로 전달하지는 못할 것 같다.

블랙먼 대법관은 알링턴 국립묘지에 묻혔다. 다른 미국의 영웅들과 함께 렌퀴스트 대법원장이 블랙먼이 미국 연방 대법원을 떠날 때 송별사에서 언급했던 '로(Roe) 판결의 수호자'로서.

로(Roe) 판결의 수호자

우리가 이미 알고 있듯이, 로(Roe)는 도(Doe)와 마찬가지로 우리 식의 '홍길동'을 의미하며 당사자의 성명을 숨겨서 그 프라이버시를 보호해주기 위하여 법정에서 사용하는 명칭이다. 로 판결이 선고될 당시는 낙태와 관련한 여러 가지 사안들에 대해 문제가 제기되면서 논쟁이 성숙되던 시기였다. 중요한 이익단체 중의 하나인 전미의사협회(American Medical Association)가 이에 대한 기존의 보수적인 의견을 변경하여 제한적인 가이드라인 하에서 낙태를 허용하는 견해를 내었다.

블랙먼은 우연히도 대법관이 되기 전에 메이요 클리닉의 고문변호사를 한 일이 있었기 때문에 의학적인 사전 지식이 있었다. 블랙먼이 로(Roe) 사건을 미래에 담당하기 위해서 병원의 사내변호사로 일한 것은 아닐 것인데, 정말 인생이라는 것은 알 수 없는 것 같다. 만일 종교를 가지고 있다면 블랙먼의 병원에서의 생활은 절대자가 블랙먼과 로(Roe) 사건을 위하여 예비한 것이라고 믿어야 할지도 모를 일이다.

미국에서 낙태와 관련하여 기억하여야 할 첫 번째 사건은 1971년 4월 21일 선고된 미합중국 대 뷔치(United States v. Vuitch) 사건이다. 이 사건은 두 개의 쟁점을 가지고 있었는데 하나는 대법원의 재판관할권(Jurisdiction) 문제였고, 하나는 건강에 대한 예외 내지 건강에 대한 정의의 문제였다. 특히 건강에 대해 판단함에 있어 낙태와 다른 수술을 구별하지 않았다는 점이 낙태주의자들의 주의를 끌었다. 이 사건은 세르비아 태생의 산부인과 의사인 밀란 M 뷔치(Milan M. Vuitch) 박사가 워싱턴 D.C.에 있는 자신의 병원에서 수천 건의 불법 낙태를 한 데서 발행하였다. 1969년 뷔치 박사는 워싱턴 D.C. '낙태방지법'을 위반했다는 이유로 형사기소되었다. 이에 뷔치는 산모의 생명이나 건강을 유지하기 위하여 필요한 경우를 제외하고 낙태시술을 범죄로 규정하고 있었던, 1901년에 제정된 워싱턴 D.C.의 법에서 '건강'에 대한 정의가 모호하기 때문에 위헌이라고 주장하였다. 이 사건에서 다수의견(5인 의견)은 '건강'이란 용어가 신체적인 복지뿐만 아니라 심리적인 복지까지도 포함하는 일반적인 용법과 현대적인 이해에도 확실히 부합하여야 한다는 견해를 취했다. 하지만 결론적으로는 문제가 된 워싱턴 D.C.의 '낙태방지법'이 합헌이라고 판단함으로써 뷔치 자신은 형사처벌을 면하지 못했다. 이 사건은 로(Roe) 판결의 단초를 제공한 것으로 평가 받을 수 있다.

뷔치 판결이 내려진 다음 날 심리하기로 한 사건이 바로 '도 對 볼튼(Doe v. Bolton)', '로 對 웨이드(Roe v. Wade)' 사건이었다. 버거는 로(Roe) 사건을 블랙먼에게 배정하여, 그가 주심이 되었다. 이후 그는 여러 번의 로(Roe) 사건 전복 기도 때마다 로(Roe) 사건의 수호자가 되었다.

판사의 신념과 판결 : 골수 공화당원이 진보주의자가 되다.

판사의 개인적인 신념과 세계관은 실제의 소송에서 매우 중요하다. 아무리 우리가 문언을 중시하여 해석하려고 하여도 주관적인 가치판단이 개입될 여지는 많다. 법에서 공평(equity)과 같은 개념을 사용할 때도 그렇고, 사형제도처럼 종교적인 문제 내지 개인적인 신념의 문제와 연결되어 있을 때는 더욱이 그렇다.

(1) 경제범죄

법관의 철학적 인식 또는 세계관은 공정거래사건(antitrust)과 같은 정책적인 성격이 농후한 법에 대한 판결에서도 드러난다. 워렌 코트에서의 독점금지법 집행은 기업의 입장에서는 매우 엄격한 것이었던 반면에, 최근의 로버츠 코트는 '필립모리스 사건[39)]' 등에서 보는 것과 같이 기업들에게 관대하다. 독점금지법의 집행은 어느 학자가 말한 것처럼 역사적으로 시계추와 같이 기업들에게 혹독한 집행을 하는 시기와 관대한 집행을 하는 시기가 왔다 갔다 하였다. 미국에서 독점금지법을 집행하는 기관으로는 미국 연방거래위위원회(US Federal Trade Commission)와 법무부(US Department of Justice)가 있다. 미국 연방거래위위원회의 주요한 두 개 부서가 경쟁국(bureau of competition)과 소비자국(bureau of comsumer protection)인데, 법원이 독점금지법 집행을 엄격하게 할 때에는 경쟁국이, 법원이 독점금지법 집행을 완화할 때에는 소비자국이 주로 업무를 수행한다고 한다. 법원이 취하는 기업에 대한 태도가 규제당국의 행태에도 영향을 미치는 것이다.

(2) 사형제도

미국의 경우 1976년 그레그 대 조지아(Gregg v. Georgia) 사건에서 사형을 다시 허가한 이후 사형선고의 수가 지속적으로 증가하고 있다. 우리나라의 경우에도 2009년 우리 국회의 대법관 인사청문회에서 국회의원들이 신영철 대법관 후보에게 던질 주요 질문 중의 하나가, 연쇄살인범 사건이 사회적으로 큰 쟁점이 되고 있다는 시기적인 요인과 결합되어 사형제도에 대한 대법관 후보자의 견해가 중요한 질문이 될 것이라고 언론에서 보도되고 있다. 블랙먼의 경우 사형에 대하여 지속적으로 부정적인 시각을 보였다.

영화는 사회에 많은 영향력을 미치기도 한다. 〈데드 맨 워킹(dead man walking)〉[40)]이

39) 2006년 12월 미국 연방대법원이 담배회사인 필립모리스에 대한 징벌적 손해배상을 부정한 사안. 미국에서는 손해배상은 손해를 입은 만큼만 배상하는 전보적 손해배상(compensatory damage)과 민사적인 배상을 통해서 실제로 피해자가 입은 피해액보다 많은 손해배상을 명함으로써 향후 같은 불법행위를 방지하기 위하여 부과하는 징벌적 손해배상(punitive damage)의 두 가지 형태로 나뉜다.

라는 영화를 보면 사형제도에 대한 인식에 상당한 영향을 미칠 것이다. 한편으로 2009년 한국에서 개봉한 영화 〈트랩(영어 원제는 〈Flock〉이다.)〉[41]을 보면 연쇄살인범에게 관용이 필요한가에 대하여 오히려 피해자의 관점에서 사형제도를 보게 된다. 응보형과 교화형이라는 형사정책의 두 가지 대립점에 대한 이해가 없더라도, 사형제도는 누구나 조금씩은 말할 수 있는 우리 인간의 보편적인 주제이다. 카인과 아벨의 이야기[42] 이래 살인이 아주 오래된 주제인 것처럼.

(3) 낙태

낙태문제에 대한 시각 내지 신념이라는 관점에서 보면 블랙먼은 매우 흥미로운 대법관이다. 그가 버거 대법원장과 함께 미네소타 트윈스로 불렸던 초기시절, 그는 분명한 보수파 공화당원이었다. 공화당원이라는 것이 주는 이미지는 헌법에 대한 보수적인 해석이고 이 점에서 블랙먼이 공화당원이라는 점은 별로 이상한 것이 아니었다. 버거 대법원장은 친구 블랙먼의 보수성을 잘 알고 있었기 때문에 블랙먼을 대법관으로 닉슨 대통령에게 추천하였다. 그리고 로 사건의 주심대법관으로 블랙먼 대법관을 지명하였다. 하지만 블랙먼은 로(Roe) 사건에서 버거 대법원장의 생각을 지지하지 않았다.

1973년 '로 對 웨이드(Roe v. Wade)' 사건은 대부분의 낙태를 불법으로 규정한 텍사스 주법을, '도 對 볼튼(Doe v. Bolton)' 사건은 더 많은 낙태가 가능한 예외 사유를 규정하고 있던 조지아 주법을 연방대법원이 위헌으로 판단한 사건이다. 연방대법원은 그리스월드 사건(Griswold v. Connecticut)에서 부활한 프라이버시권을 기본적인 골간으로 하여 낙태를 금지한 텍사스 주법과 조지아 주법이 위헌이라고 판단하였다. 이

40) 수전 서랜던과 숀 펜의 호연이 돋보였던 1995년 작품이다. 강간살인범으로 사형을 선고받은 사형수 이야기를 통해 사형제도에 대한 비판적 시각을 보여 주는 영화이다.

41) 납치범을 추적하는 보호관찰관을 그린 영화로 리차드 기어가 성범죄자들을 담당하는 '에롤'이라는 보호관찰관으로 나온다. 잔혹한 연쇄살인사건을 다룬 영화로 실화에 바탕을 둔 영화라고 한다.

42) 성경의 창세기에 등장하는 형제로 아담과 이브의 아들들이다. 형인 카인이 동생 아벨을 죽인다는 살인의 모티브로 인하여 많은 문학작품의 소재로 사용되었다.

사건 이후 친구 블랙먼 대법관은 버거 대법원장보다, 진보진영의 윌리엄 브레넌(William Brennan)이나 더굿 마샬(Thurgood Marshall) 대법관과 견해가 일치되는 경우가 점차 많아졌다.

(4) 법학교수들에게

블랙먼이 1978년 『무죄 추정(presumed innocent)』의 저자로 유명해진 법정 소설 작가 스콧 터로우(Scott Turow)에게 보낸 편지의 내용으로 글을 마무리 짓는 것이 그의 신념에 대하여 우리가 조금이라도 이해하는 데 도움이 될 것 같다.

"법학을 가르치는 것은 엄격하고 많은 노력을 요구하는 일이기는 하지만 완벽을 요구하면서도 인간성이 가미된 교수방법은 확실히 존재합니다. 당신은 교수방법에 융통성이 있고, 대답이 모두 흑백으로 갈라지는 것이 아니라 다른 대답도 있을 수 있다는 점을 적절하게 지적했습니다. 내가 재판석에서 배운 것이 있다면 바로 그 점입니다."[43)]

용어

one L은 '로스쿨의 1년차'를 일컫는 말이다. 필자의 유학 시절 들었던 이야기 중의 하나는 강의를 선택하면서 one L 과목을 듣지 말라는 것이었는데 왜냐하면 이 시기의 성적이 졸업 후의 진로에 지대한 영향을 주기 때문이다. 이 시기에는 기본 필수 과목들을 배운다.

---

43) 블랙먼이 스콧 터로우에게 터로우의 저작 『열정 속으로, 하버드 로스쿨 1년차』를 저자 서명으로 보내준 것에 대한 감사편지 중에서: 이 부분은 Linda Greenhouse 저(著) 『BECOMING JUSTICE BLICKMUN』에서 인용하였으며, 아마존에서 19달러에 살 수 있다. 우리나라에서도 『블랙먼 판사가 되다』라는 제목으로 번역되어 있다.

03
대법관 스티븐스
John Paul Stevens

1975.12.19.~2010.6.29

연방대법원의 최고령 대법관

미국 연방대법원에서는 대법원장이 사망하게 되면, 차기 대법원장이 선임될 때까지 최고령 대법관이 일시적으로 대법원장의 직무를 대행하게 된다. 렌퀴스트 대법원장이 사망함에 따라 후임으로 존 로버츠 대법관 지명자가 대법원장 후보로 지명되었다. 이에 따라 대법원장의 공백이 발생하였다. 그래서 존 로버츠 대법원장이 연방 상원 인준청문회를 거쳐서, 대법원장이 되기까지의 일시적인 기간 동안 연방대법원장으로 직무대행을 하였던 최고령 선임대법관이 존 폴 스티븐스(John Paul Stevens) 대법관이다. 스티븐스 대법관은 1920년생으로 한국 나이로 하면 90세가 넘었다.

미국 연방대법원의 역사에서 스티븐스 대법관을 제외하면 최고령자 역대 1위는 올리버 웬델 홈즈(Oliver Wendell Homes, Jr.) 대법관이고, 2위는 로저 토니(Roger B. Taney)[44] 대법관이다. 스티븐스 대법관이 홈즈 대법관을 넘어서 역대 최고령 대법관의 기록을 경신하기 위해서는 2012년 6월 18일까지 대법관으로 재직해야 했지만 그는 2010년 6월 사임하였고, 홈즈 대법관의 기록을 경신하지는 못했다.

---

44) 앤드류 잭슨 대통령이 지명한 대법관이다. 존 마샬 대법원장을 승계하여 대법원장이 되었다. 1836년에서 1862년까지 재직하였다. 그는 1777년생으로 85세까지 대법원장으로 재직하였다. 그는 대법관으로 흑인은 백인에 비하여 열등한 인종으로 백인과 섞여서는 안 된다면서 흑인을 미국 시민이 될 수 없다고 판시한 드레드 스콧 사건의 다수의견에 동조하였다.

육체적인 나이로 사람을 볼 것은 아니다. 30세의 노인도, 80세의 젊은이도 있을 수 있다. 고령임에도 불구하고 그는 은퇴 시까지 한 번도 사퇴할 뜻을 비추지 않았었다. 그리고 부시 대통령이 지명한 로버츠와 알리토 대법관 등 보수주의적인 성향이 강한 대법관들이 대법원에 등장하여, 기존의 스칼리아와 토마스 대법관과 함께 강력한 연대를 형성하여 케네디 대법관만 끌어들이면 언제든지 다수를 형성할 수 있는 상황에서 오바마 대통령의 당선으로 오바마 대통령의 재직 기간 중인 2010년 여름 대법관직을 사임함으로써 그는 대법원의 전설이 되었다.

그는 지난 30년 이상의 대법관 임기 동안 버거, 렌퀴스트에 이어 로버츠 대법원장까지 세 명의 대법원장들의 체제를 지내오면서도 연방 대법원 내의 진보적인 성향을 대변하는 역할을 지속적으루 수행하여 왔고, 앞으로도 이와 같은 태도가 바뀌지는 않을 것이다. 다만 재미있는 것은 자신은 스스로 매우 보수적인 사람이라고 생각한다는 점이다.

포드 대통령, 스티븐스를 대법관으로 임명하다

공화당 출신의 대통령이 임명한 대법관들 중에는 유난히도 나중에 공화당원으로서의 태도를 항상 견지하여 왔는가에 대해 논란을 일으킨 대법관이 여럿 된다. 아이젠하워 대통령이 지명한 브레넌(Brennan) 대법관과 워렌(Warren) 대법원장, 닉슨 대통령이 지명한 블랙먼(Balckmun) 대법관, 그리고 아버지 부시 대통령이 지명한 수터(Souter) 대법관 등이 그러한 대법관으로 생각되는 리스트의 일부이다.

스티븐스도 이러한 리스트에 포함되어야 할 대법관인데, 그를 지명한 대통령은 포드 대통령이다. 스티븐스 대법관은 공화당 소속의 포드 대통령에 의하여 지명되었다. 1975년 포드 대통령은 스티븐스를 어떻게 생각하느냐는 당시 상원의원 제임스 맥클루어(James A. McClure)의 질문에 대하여 스티븐스가 건전한 공화당원으로서 대법원 내의 표결에 참석할 것(vote like a good republican)으로 생각한다고 하였는데, 포드가 말한 건전한 공화당원이란 후일 말한 것처럼 공화당이 아니라 국가의 이익에 부합한다고 판단되는 의견에 동조하겠다는 뜻(he is serving his nation well, with dignity, intellect and without partisan political concerns)이었던 것 같다.

그는 윌리엄 더글라스(William O. Douglas) 대법관의 자리를 이어받았고, 그의 상원 인준 청문회 결과는 98 대 0이었다. 단 한 명의 반대도 없는 완벽한 찬성, 민주당과 공화당 모두의 지지를 통하여 그는 1975년 12월 19일 제럴드 포드(Gerald Ford) 대통령의 뜻대로 대법관직을 이어 받았다. 더글라스는 포드를 좋아하지 않았기 때문에 포드가 대통령으로 재임하는 기간 동안 은퇴하고 싶어 하지 않았다. 하지만 건강이 대법관 재임의 걸림돌이 되어 결국 포타스와 상의하여 대법관직을 사임한다. 미국 역사상 가장 위대한 대법관의 한 사람으로 손꼽히는 더글라스 대법관을 이어받은 대법관 스티븐스, 그의 행보는 공화당원들로서는 그리 만족스러운 것이 아니었을지는 모르지만 미국 대법원의 역사 내지 미국 인권의 역사라는 관점에서는 매우 만족스러운 것이었는지도 모른다.

젊은 영문학도가 유능한 공정거래법 변호사로 변신하다

스티븐스는 매우 유복한 가정 출신으로 시카고에서 태어났다. 그의 조부모와 부모는 사업가였고, 특히 그의 아버지가 시카고에 만들었던 호텔은 이름이 스티븐스 호텔이었는데, 대공황기를 넘기지 못하고, 힐튼(Hilton) 체인에 넘어가서 지금은 시카고 힐튼 호텔이 되었다. 그의 형제들은 법조인들이 되었지만, 그는 처음에 법조인이 되려고 하지 않았다. 그는 영문학을 선택하였고, 시카고 대학교에서 영문학 학사와 석사 학위를 받았다. 만일 그가 제2차 세계대전과 함께 해군에 복무하지 않았다고 하더라도 마찬가지로 법조인이 되었을지는 알 수 없지만, 영문학도로서의 감성이 그의 대법관으로서의 성향에도 영향을 미쳤을 것이라고 생각된다.

그는 해군 복무 후에 퇴역 장병 지원 프로그램으로 노스웨스턴 로스쿨을 1947년 졸업한다. 그의 동시대에 많은 인물들이 이러한 장병 지원 프로그램의 혜택을 입었는데, 매번 이 프로그램을 생각할 때마다 미국에서의 '베테랑의 날(Veteran's Day)'를 생각하게 된다. 제2차 세계대전과 같은 전쟁 상황이 아니더라도 국가의 방위를 위하여 자신의 삶의 중요한 일부를 헌신한 퇴역 장병들에게 국가와 사회는 보답하여야 하고, 이러한 보답은 단순한 감사 이상의 것으로 그 장병들에게 사회 복귀와 자긍심을 가지게 하여야 한다. 또한 이런 프로그램은 사회에 대하여 그리고 국가에 대하여 그 구성원들의 봉사에 대한 유인책으로도 기능한다. 젊은 영문학도의 변호사 변신으로 영문학계는 한 사람의 잠재적인 영문학도를 잃었지만 미국 법조계는 한 사람의 유능한 법조인을 얻게 된다.

독점금지법 변호사로서의 스티븐스

그가 노스웨스턴 대학에서 보여 준 탁월한 능력은 여러 교수들에게 매우 깊은 인상을 심어 주었다. 스티븐스는 졸업과 동시에 러트릿지(Wiley Blount Rutledge) 대법관[45]의 로클럭(law clerk)이 된다. 그는 개인적으로 이 시기의 경험이 그가 사실인정을 하고 사안에 대하여 의견을 작성하는 것에 매우 도움이 되었다고 이야기한 일이 있다. 우리나라에서도 로클럭 제도를 도입하여 로스쿨 졸업생들이 경험하게 하면 법조인양성의 중요한 목표 중의 하나인 유능한 법관양성이라는 관점에서 큰 도움이 될 것이라고 본다. 로스쿨 제도를 미국에서 수입하면서 어느 하나의 부분만을 잘라서 들여와서는 안 된다. 전체적인 문화 내지 사회적인 시스템의 일부로서 우리에게 받아들여져야 비로소 우리 사회에 뿌리를 내리고 제대로 성장할 수 있을 것이다. 이러한 이유로 로클럭을 도입하는 것은 우리 법원의 연구 역량을 보완하고 동시에 미래 법관 양성이라는 관점에서도 기여할 수 있을 것이다.

스티븐스 대법관은 로클럭을 마치고 변호사가 된다. 시카고에서 태어나 시카고에

45) 러트릿지 대법관은 1894년생으로 1943년 연방대법관이 되었다. 그는 콜로라도주 볼더 출신으로 로스쿨 졸업 후 잠깐 변호사로 일하다가 교수직으로 전환하여 아이오와 대학교 로스쿨 학장을 하였다. 그는 루스벨트 대통령의 뉴딜정책의 적극적인 후원자로 일하다 1943년 루스벨트 대통령의 지명을 받아 연방대법관이 되었고, 진보적인 성향을 유지하였다. 1949년 사망으로 대법관직을 더 이상 수행할 수 없을 때까지 재임하였다.

서 학부와 석사를 하고, 다시 시카고의 노스웨스턴 대학에서 JD(Juris Doctor) 과정[46]을 마치고 변호사가 된 전형적인 시카고 토박이 스티븐스는 잠시의 로클럭 생활을 위해 워싱턴 D.C.에서 살다가 다시 시카고로 돌아온다. 그는 잠시의 로펌 생활을 통하여 변호사 실무를 익히고, 뒤에 친구들과 개인 변호사 사무실을 만들어서 변호사 생활을 하였다. 그는 1951년까지 변호사로 일하는데, 그가 1947년에서 1948년 사이에 연방대법원 로클럭을 하였다는 점을 감안하면 매우 짧은 것이다.

그는 1951년 의회 조사국[CSR(Congressional Research Service)] 소속 변호사로서 활동무대를 다시 워싱턴 D.C로 옮긴다. 로클럭 시대 이후 다시 복귀한 워싱턴 D.C.에서 그가 담당하였던 업무는 의회 조사국 내의 반독점과 관련된 업무였다. 그는 이 시기 하원 법사위원회에 근무하면서 미국 메이저리그(MLB)에 대한 조사를 포함한 다양한 산업에서의 독점 관련 사안에 대하여 조사를 수행한다. 미국의 경우 의회 조사국의 업무는 매우 다양하고, 광범위한 입법 지원 작업을 수행하고 있다. 의회 조사국에서의 다양한 업무 지원을 통하여 미국 의회 의원들은 다양하고, 심층적인 보고서를 기초로 하여 입법을 할 수 있게 된다. 그리고 입법부에서 요구되는 인력의 대부분은 법률전문가이다. 이러한 법률전문가의 관점에서도 의회에서의 입법 활동에 대한 관여는 바로 자신들에게도 큰 경험이 될 수 있기 때문에 의회는 유능한 법조인들의 활동 무대가 될 수 있는 것이다. 우리 국회에도 입법조사처가 만들어졌으니 많은 법조인들이 이곳을 통하여 경력을 쌓을 수 있으면 한다.

그는 연방의회에서의 경험을 바탕으로 본격적으로 독점금지법 분야 전문변호사로서의 명성을 쌓아간다. 스티븐스는 1953년에서 55년까지 시카고 법대에서 독점금지법 강의를 하고, 저명한 책의 공동 저자로 참여한다. 이러한 과정에서 스티븐스는 변호사로서도 유명한 독점금지법 사건에 소송 대리인으로 참여하여 변호사로서의

46) JD(Juris Doctor)는 우리나라에서 법학박사라고 번역하는 경우도 많은데, 엄밀히 말하자면 MD (Medical Doctor)과 같은 개념이라고 보면 되겠다. 의대와 법대와 같은 전문대학원의 경우에는 Ph.D와 같은 학문적인 의미에서의 박사 대신 이와 같은 학위를 수여하게 된다. MD가 의학박사라고 불리지 않는 것과 같은 맥락에서라면 박사라고 불리기에는 다소 부족함이 있는 학위이다. SJD와 같은 학문적인 의미의 박사학위도 미국 로스쿨에서 수여되지만 이를 수여하는 학교는 많지 않다.

명성을 쌓아갔다.

스티븐스는 1969년 시카고 지역에서의 수뢰사건과 관련된 그린버그(Greenberg) 특별위원회의 특별검사로 임용된다. 그는 이 사건을 능숙하게 처리하여 주(州) 차원이 아닌 연방 차원에서의 주목을 받게 된다. 결국 닉슨 대통령은 그를 1970년 11월 20일 제7 항소법원의 판사로 임명하였다. 미국에서 주법원의 판사가 되는 것과 연방법원의 판사가 되는 것은 그 격이 다른 것으로 연방법원의 판사가 되는 것은 법조인으로서 가질 수 있는 가장 큰 영예 중의 하나이다. 탁월한 독점금지법 변호사 스티븐스는 이제 연방법원의 판사가 된 것이다.

대법관 스티븐스와 법조인의 유연성

(1) 법조인의 덕목

스티븐스가 법조인이 보여야 할 중요한 덕목으로 이야기하는 것이 바로 경험을 통한 배움(learning on the job)과 유연성(flexibility)이다. 그의 대법관 임기는 계속되고 있고, 이를 초기, 중기, 후기로 나누는 것이 가능할지 모르겠다. 한 건전한 공화당원인 대법관으로서의 세계관 변화를 보여 주는 몇 가지 쟁점에 대해 그가 관여한 판결들을 중심으로 대법관 스티븐스에 대한 짧은 여행을 하려고 한다.

(2) 소수인종 우대정책

판사로서의 스티븐스 대법관의 판결은 그가 연방 항소법원 판사이던 시절이나 대법관 초기에는 비교적 보수적인 판결 성향을 보였다. 그는 보수 여부를 가리는 중요한 지표 중의 하나인 소수인종 우대정책(affirmative action)에 대하여 반대하는 의견을 내었다(Regents of the University of California v. Bakke, 438 U.S. 265 (1978)).

이 사건은 소수인종 우대정책과 관련된 랜드마크 사건으로 2010년을 달군 마이클 샌델 교수의 저서 『정의란 무엇인가(Justice)』에도 언급되는 사건이다. 캘리포니아 주립대학교의 하나인 UC Daivs 의대에 앨런 배커(Allan Bakke)라는 학생이 응시하였고,

그는 벤치마크 점수 기준으로 500점 만점에 468점을 받은 상태였다. 470점이 커트라인이었기 때문에 합격할 수 없었지만, 그보다 훨씬 낮은 점수로도 입학이 가능한 특별전형이 없었다면 입학이 가능하다고 그는 생각하였다. 그래서 그는 1973년도에 학장에게 항의 서한을 작성하여 보냈다. 그리고 다음 해인 1974년 의대에 다시 응시하였지만 그는 다시 탈락하였다. 그 해 특별전형응시생의 점수는 그의 점수보다 현저히 낮았다. 그는 캘리포니아 주법원에 연방 헌법 제14조, 캘리포니아 주헌법, 1964년 민권법을 기초로 인종차별이라는 이유로 가처분을 신청하였다. 주대법원은 8 대 1의 의견으로 배커의 손을 들어주었다. 대학교는 이러한 주대법원의 결정에 대하여 불복하여 연방대법원에 상고하였다.

파월(Powell) 대법관[47]이 선고한 이 사건의 다수의견은 학교는 추가적인 요소(plus factor)로 인종이라는 요소를 사용할 수 있다고 하였다. 반면 소수의견은 인종을 전혀 고려요소로 사용할 수 없다고 판시하였다. 이 사건의 다수의견과 소수의견은 5:4의 매우 근소한 차이로 나뉘었다. 소수의견을 낸 대법관들은 대학교의 입학전형에 있어서 인종이라는 요인을 고려하여서는 안 된다는 의견을 피력하였고, 스티븐스의 반대의견에 버거(Burger)와 스튜어트(Stewart)[48], 렌퀴스트(Rehnquist)가 합류하였다.

하지만 스티븐스 대법관의 소수인종우대정책에 대한 태도는 법원의 태도가 보수적으로 바뀐 렌퀴스트 코트(Rehnquist Court)에서 변경된다. 그는 앞에서 보았던 Bakke(1978) 사건에서는 소수인종 우대정책에 대하여 매우 부정적인 판단을 하였지만 점차 덜 비판적인 성향으로 바뀌어 나가게 된다. 마침내 2003년의 미시간 로스쿨의 소수인종 우대정책에 대한 Grutter v. Bollinger 사건[539 U.S. 306]에서는 오히려 소수인종 우대정책을 지지하는 견해를 피력한다. 25년의 시간은 그의 성향을 이처럼 바꾸어 놓았다.

---

47) 휴고 블랙 대법관의 후임으로 재직한 파월 대법관은 1907년생으로 1972년 65세에 대법관이 되었다. 그러나 그는 1987년까지 연방대법관으로 재직하면서 여러 중요한 판례형성에 참여하였다. 닉슨 대통령이 지명하였다. 그의 사임으로 공석이 된 대법관직은 앤소니 케네디 대법관이 승계하였다.

48) 예일대학교 출신의 스튜어트 대법관은 공화당 집안 출신으로 1958년 아이젠하워 대통령의 지명으로 대법관이 되었다. 하지만 이러한 배경에도 불구하고 그는 워렌 코트에서 진보적인 판결에 다수 가담하였다. 오코너 대법관이 스튜어트 대법관의 후임이다.

(3) 음란성

스티븐스 대법관의 수정헌법 제1조상의 표현의 자유에 대한 판단, 특히 음란성(Obscenity)에 대한 판단도 대법관 재직 기간 중에 변화한다. 그의 재직 초기 사건인 1976년의 Young v. American Mini Theatre 사건에서 그는 디트로이트 시가 특정한 지역에서는 음란물을 상영하는 영화관의 건립을 제한하는 조례를 제정한 것에 대하여 이를 위헌이라고 주장하는 청구인의 주장을 받아들이지 않았다.

하지만 2002년의 전미 민권운동연합(ACLU) v. 애쉬크로프트(Ashcroft) 사건[553 U.S. 564]에서는 오히려 수정헌법 제1조를 들어 음란물에 대하여 완화된 태도를 취한다. 이 사건은 1996년 통신윤리법(Communication Decency Act) 등에서 18세 미만자에게 인터넷을 통하여 의도적으로 음란물을 송부하는 것을 금지하는 연방법을 위헌이라고 판시한다. 흥미로운 것은 그가 이 사건의 유일한 반대의견을 낸 대법관이라는 것이다. 토마스 대법관이 쓴 다수의견에 당연히 스칼리아 대법관과 렌퀴스트 대법원장이 동조하였고, 다른 대법관들로 별개의견을 내었지만 주문에는 합치되었는데, 스티븐스 대법관만 반대의견을 내어 위헌이라고 주장하였다.

그는 이 사건의 반대의견에서 나는 아버지로서, 할아버지로서, 증조할아버지로서 이 법이 의도하는 바에 동의한다고 하면서도, "판사로서는 아이들이 음란물을 보는 것을 어른들이 감시하는 것에 대신하여 형사적인 방법으로 처벌을 하는 것에 대해 불편한 심기를 감출 수 없다."며 왜 자신이 반대의견을 내었는가에 대하여 설명하였다.

스티븐스 대법관은 수터 대법관이 사임한 후 정확히 1년이 지난 2010년 6월 29일 대법관직을 사임하였다. 그의 후임으로는 하버스 로스쿨 학장을 지낸 엘레나 케이건이 지명되어, 상원의 인준을 받고 현재 대법관으로 재임하고 있다.

04

대법관 샌드라 데이 오코너

Sandra Day O´Connor

1981.9.25.~2006.1.31.

최초의 여성 대법관

최초의 여성 대법관인 샌드라 데이 오코너는 미국 여성사에서 법조계에 새로운 역사를 쓴 사람이다. 그리고 치매에 걸려 자신을 알아보지도 못하는 남편의 간호를 위하여 연방대법관직을 사직한 여성이기도 하다.

"지난 24년간 대법관으로 봉직해 온 것은 나에게 있어서 커다란 영예였습니다. 나는 우리 법원의 충직성에 대해 말로 다할 수 없는 경의를 표하며 이제 대법관직을 떠나려고 합니다."

"그녀의 임기 동안 그녀는 사려 깊고, 양심적임 법관이었으며, 충직한 국민의 봉사자였습니다. 그녀는 대단한 지적능력의 소유자이자 지혜롭고 겸손한 사람으로서 동료들과 국민들의 존경을 받아 왔습니다."

첫 번째 편지는 미 역사상 최초의 여성 대법관인 오코너(Sandra Day O'Connor)가 부시(G. W. Bush) 미국 대통령에게 보낸 사임서한 내용의 일부이고, 두 번째는 대통령이 백악관의 로즈 가든에서 특별 아침 브리핑을 하면서 말한 내용이다. 2005년 7월 1일 은퇴한 오코너 대법관은 75세로 1981년 이제 고인이 된 로널드 레이건(Ronald Reagan) 대통령에 의해 지명된 이후 지난 24년간을 대법관으로 봉직해오면서, 중요한 균형자로서의 역할을 해왔었다.

그녀는 아리조나의 한 시골농장 출신으로 스탠포드 로스쿨(Stanford Law School)을 졸업하고, 검사보, 아리조나주 상원의원 등을 거쳐, 1975년 판사로 선출된 후 아리조나주 항소법원의 판사로 근무하던 중 대법관으로 지명되었다. 그녀에 대해서 미국변호사 협회(American Bar Association)의 회장 그레이(Robert J. Grey Jr.)[49]가 "우리 미국과 온 세계는 그녀의 헌신에 의하여 많은 진보를 이루었으며, 우리는 그녀로부터 많은 영감을 받고 있다"고 말하고 있는 것처럼, 그녀의 갑작스러운 사임에 대해 미국민들이 보내는 태도는 긍정적인 것으로 보인다.

미국의 경우 사법역사에서 여성 대법관은 1981년 그녀가 처음이었다. 대법관 지명 당시 그녀가 낙태에 찬성하지 않을까 하는 소수 보수진영의 반대가 있었지만, 무난히 인준청문회를 통과하여, 1981년 Porter Stewart 대법관의 후임으로 대법관이 된다. 그녀는 실제 대법관이 된 뒤 2년이 지난 후 지난 20년 동안 최대의 논란이 되었던 낙태문제에 대하여 판결을 하여 큰 족적을 남기게 된다.

미국 연방대법관들은 서로를 형제들(brethren)이라고 부른다. 오코너로 인하여 형제자매라고 불러야 할 사정이 생긴 것이다. 뉴욕 출신인 긴즈버그가 두 번째 여성 대법관이 되었다. 두 사람 모두 여성 대법관이기는 하지만 성향은 매우 달랐다.

렌퀴스트 코트에서의 역할

오코너는 대법관으로 일하면서 낙태, 소수인종 우대정책(Affirmative Action), 종교의 자유와 연방주의에 대해 자신의 입장을 정립하였다. 그녀는 비평가들로부터 새로운 중심(new center)이라고 불리며 대법원 내의 조정자로서 자신의 역할을 충실히 수행하였다. 이런 점에서 그녀는 루이스 파월(Lewis Powell Jr.) 대법관이나 존 할란(John Harlan Jr.) 대법관[50]에 비유되기도 한다.

---

49) 그레이는 흑인 최초의 전미변호사협회(American Bar Association) 회장이다. 워싱턴 & 리 로스쿨(Washington & Lee University Law School) 출신이다.

50) 미국 연방대법원사에는 두 명의 존 할란 대법관이 있다. 두 사람은 할아버지와 손자 관계이다. 여기서 말하는 대법관은 손자인 존 할란 대법관이다. 그는 1955년 아이젠하워 대통령에 의하여 대법관으

그녀 자신이 세 아이의 어머니로서 법대를 졸업하고도 미국에 있는 주요 로펌에서는 전혀 일자리를 구할 수 없었고, 자녀의 양육을 위하여 파트 타임으로서 변호사 일을 하기도 했다. 미국 법조계의 남성 중심의 보수성에 도전하여 마침내 여성 최초의 대법관으로 우뚝 선 그녀는 1991년 '포티아의 전진(Protia's Progress)'이라는 연설에서 자신의 여성법조인으로서의 견해를 피력하기도 했다(Protia's Progress, 66 N.Y.U.L Rev. 1546, 1551(1991)).

(1) 낙태권(Right to Abortion)에 대한 태도

그녀는 애크론 사건(Akron v. Akron Center for Reproductive Health, 462 U.S. 416(1983))에서 반대의견을 제시하면서, 로 판결(Roe v. Wade, 410 U.S. 113(1973))에서 연방대법원이 채택한 3분기 분석(trimester analysis)은 전혀 사리에 맞지 않는 것으로 국가는 모든 낙태를 임신 기간과 무관하게 규제할 이해관계를 가지고 있으며, 다만 이러한 규제가 지나치게 낙태권을 제한하는 것일 경우에는 허용되지 않아야 한다는 소위 '과도한 부담의 심사(undue burden standard)'를 주장하였다. 1992년 미국 연방대법원은 오코너의 견해를 받아들여 가족계획위원회 사건(Planned Parenthood v. Casey)에서 3분기 분석을 버리고, 국가는 규제가 지나치게 낙태를 간섭하는 것이 아닌 한, 태아가 자발적으로 생존할 수 있는 시점 이전의 모든 낙태를 규제할 수 있다고 판시하였다. 그리고 태아가 자발적으로 생존할 수 있게 되고 난 후에 국가는 낙태를 금지할 수 있는 바, 예외적으로 임신이 모태의 생명이나 건강에 위해를 가하게 되는 경우에는 낙태가 가능하다고 판시하였다.

과도한 부담 심사에 대해서는 이러한 기준이 명확성을 결한다는 비판이 있다. 이러한 비판에 대해, 오코너(O'Connor) 대법관은 과도한 부담 심사가 서로 다른 법관에 의하여 적용될 때 서로 다른 결론에 이를 수 있다는 점을 인정하면서도, 이러한 결론의 차이는 이 기준을 적용함에 있어서 당연히 예견되는 것으로서 이러한 차이는 바로 생명의 복잡성을 반영하여야 하는 것이기 때문이라고 설명한다.

로 지명되었고, 1971년 렌퀴스트 대법관에게 승계할 때까지 재임하였다.

오코너(O'Connor) 대법관의 이러한 법학방법론은 사회적 가치가 대립하는 상황에서의 분쟁해결방법론으로, 논란은 있지만 상당한 가치를 가졌다.

(2) 소수자우대정책(Affirmative Action)에 대한 태도

오코너(O'Connor)는 이 부분에 대하여는 인종이나 성에 기반한 조치들에 회의적인 시각을 보이곤 했다. 그녀의 성향을 알 수 있는 사건으로 미시시피대학교 사건(Mississipi University for Women v. Hogan, 458 U.S. 718(1982))에서 남성의 간호학교 입학을 금지한 학교의 교칙이 헌법상의 평등권조항을 침해한 것이라고 판시한 것을 들 수 있다. 하지만 그녀가 태도를 어느 한 쪽에 치우치게 보다는 중간자적인 입장을 취하려고 노력한 것을 알 수 있다. 그녀는 파월(Powell) 대법관과 더굿 마샬(Thurgood Marshall) 대법관이 대립한 위건(Wygant v. Jackson Board of Education) 사건에서 합의라는 공정한 수단(fair measure of consensus)을 제안하여 중재에 나서기도 했다.

그러나 오코너 대법관은 연방헌법 제14조의 관점에서 보면 소수계를 우대하기 위한 정책이라고 하더라도 위법성이 없어지는 것은 아니라고 보았다. 이런 그녀의 태도는 리치몬드시(City of Richmond v. J. A. Croson Co.) 사건[51)]에서 알 수 있다. 오코너 대법관은 이 사건의 다수의견에서 리치몬드 시가 소수인종 운영기업(MBE: Minority Business Enterprise)에 대해 공공계약시 우선권을 주는 소수자우대프로그램(Minority set-aside program)이 헌법상 평등대우조항에 위반하여 위헌이라고 판시하였다. 렌퀴스트, 화이트, 스티븐스, 케네디 대법관 등이 그녀의 견해에 동조하였다.

(3) 종교의 자유에 대한 태도

'십계명사건'에서도 알 수 있지만, 종교의 자유에 대한 일련의 역사는 미국이라는 국가에 있어서 매우 중요한 분쟁거리 중 하나였다. 십계명사건은 보수적인 기독교 진영에서는 쉽게 양보하기 어려운 쟁점이 소송으로 비화된 사건이다. 2001년 5월 29일 미국 연방대법원은 이 사건에 대한 상고를 불허하였다.

---

51) 488 U.S. 469(1989) 사건이다.

1958년부터 인디애나주 엘크하트시의 시청 앞에 설치된 화강암으로 된 십계명 비석의 제거여부를 둘러싸고 많은 논란이 있다. 그런데 미국시민자유연맹(ACLU)의 지지 아래 두 명의 시민이 이 비석을 제거하였다. 시에서는 이를 문제 삼았으나, 미국시민자유연맹은 십계명 비석을 공공장소에 전시한 것은 정부가 헌법을 위반하여 특정종교를 장려한 것으로 정교와 세속을 분리하는 수정헌법에 위반되는 것이라고 주장하였다. 그리고 연방항소법원은 미국시민자유연맹의 주장을 받아들였다. 이에 시는 연방대법원에 상고를 신청하였다. 연방대법원은 이 사건의 상고를 불허하였고, 윌리엄 렌퀴스트 대법원장과 앤터닌 스칼리아 및 클레어런스 토머스 대법관의 보수 3인방만 상고를 허가하여야 한다고 반대의견을 제시하였다.

이러한 분쟁의 이면에는 미국 내 종교 단체들의 엄청난 힘과 관련된 정치적인 고려가 숨어 있다. 오코너 대법관은 종교의 자유에 대하여 국가는 어떤 특정한 종교를 지원하여서는 아니 되며, 특정한 종교에 대한 선호를 표방하여서도 안 된다고 보았다. 오코너 대법관은 이를 판단하기 위한 기준으로 '승인 심사(endorsement test)'라는 것을 고안하였다. 그녀가 고안한 승인 심사는 연방대법원의 판결에 반영되어, 1989년 엘레가니 카운티(County of Allegheny v. American Civil Liberties Union) 사건[52]에서 정부가 크리스마스를 후원하는 것의 위헌성 판단기준으로 사용되었다. 또 오코너 대법관은 종교의 자유와 관련하여 스칼리아 대법관과도 이듬해 스미스 사건(Employment Division v. Smith, 494 U.S. 872(1990))에서 논쟁을 펼쳤다. 그녀는 법이 종교상의 양심을 침해하는 것은 설사 어느 종교도 지원하지 않는 법이라 하더라도 허용하여서는 안 된다고 반대의견을 피력하였다.

오코너 대법관의 후임

2005년 10월 3일 미국의 부시 대통령은 대부분의 사람들의 예상과는 달리 백악관 법률고문(White House Counsel) 해리엇 마이어스(Harriet Miers)를 오코너 대법관의 후임으로

52) 109 S.Ct. 3086.

지명하였다. 최초의 여성 대법관인 오코너 대법관의 후임이 여성이 지명되어야 한다는 것은 상징성을 가질 수 있지만 이 지명은 다소 의외였다. 심지어 오코너 자신도 여성이라는 이유로 대법관 지명이 이루어져서는 안 된다는 생각을 표명하기까지 하였다.

물론 이 지명은 지명권자가 부시 대통령이었으므로 어쩌면 놀랄 만한 인사가 아니었다고 할 수 있을지도 모른다. 왜냐하면 부시 대통령은 이미 주변인사들의 주요 공직 등용으로 논쟁의 대상이 되어 있었기 때문이다. 그 대표적인 것이 마이클 브라운(Michael Brown) 국가재난관리청장(director of the Federal Emergency Management Agency)이었다. 그는 부시의 측근이라는 점 외에는 방재와 관련된 전문성이 없었음에도 의장이 되었고, 허리케인 카트리나[53]에 대한 늑장대처 문제가 제기되면서, 카트리나에 휩쓸려 2005년 9월 13일 자리에서 물러나야만 했다.

그러나 부시 대통령의 이런 인사스타일에도 불구하고 연방대법관직이라는 직책의 중요성으로 인하여 해리엇 마이어스(Harriet Miers)라는 이름은 의외였다는 것이 다수의 반응이었다.

부시 대통령의 해리엇 마이어스 지명 철회

흥미로운 것은 공화당을 지지하는 많은 보수주의자들은 이번 기회가 미국 연방대법원에서의 보수적인 색채를 확실히 할 수 있는 기회라고 이해하고 있었는데, 왜 대통령이 자신의 지지층조차 놀라게 하는 지명을 하였을까 하는 것이다. 민주당에서는 이미 만일 보수적인 인사가 지명될 경우 청문회에서 공격을 하겠다는 의지를 벼르고 있었는데, 부시 대통령이 청문회 통과에 대한 우려 때문에 이러한 지명을 하였을까? 아니면 일각에서 제기되는 것처럼 부시 대통령이 부인인 로라 부시 여사의 요구를 거절하지 못하였기 때문일까?

지명 당시 많은 사람들의 대체적인 예상으로 여성, 소수자, 특히 히스패닉의 지명이

53) 2005년 미국 남부를 강타한 허리케인으로 재즈의 본고장인 뉴올리언즈 등에 많은 피해를 주었다.

논의되었던 상황에서 보수주의 진영에서는 지명자로 히스패닉계 법무장관(Attorney General)인 알베르토 곤잘레스(Alberto Gonzales), D.C. 항소법원(the U.S. Court of Appeals for the D.C. Circuit) 여성판사인 재니스 브라운(Janice Rogers Brown) 등이 유력한 후보지명자로 거론되었었다. 결국 이러한 인물들을 모두 배제한 부시 대통령의 해리엇 마이어스 지명은 공화당의 입장에서는 만족할 정도의 보수적인 인물이 아니라는 점에서, 민주당의 입장에서도 어떤 인물인지를 알 수 없다는 점에서 양측 모두 만족시킬 수 없는 지명자가 되었다. 연방상원이 백악관에 해리엇 마이어스 지명자에 대해 그녀의 철학을 포함한 정보를 알 수 있는 자료를 요구하는 한편, 주변의 철회압력은 점점 증가하게 되었고 마침내 2005년 10월 27일 해리엇 마이어스에 대한 지명은 철회되었다.

해리엇 마이어스의 대법관 지명과 관련된 논란

부시 대통령은 여성 대법관으로서 대법원 내에서의 균형자 내지 조정자로서의 역할을 하였던 오코너(Sandra Day O'Connor) 대법관의 후임으로 부시 대통령이 지명하였던 해리엇 마이어스 백악관 법무담당관은 여러 사람들에게 대법관 지명에 대한 논란을 불러일으켰다.

결국 해리엇 마이어스에 대한 일부의 지지의견에도 불구하고, 많은 사람들은 그녀가 판사로서의 경력이나, 변호사로서의 경력 등 법조인으로서의 경력이 연방대법원의 대법관이 되기에는 부족하였다고 보았고, 그 결과 상원 법사위원회의 통과마저도 어려웠던 상황이었다. 그녀에 대한 지명을 강행한 부시 대통령으로서는 매우 곤란한 입장이었다. 공화당원들은 그녀가 충분히 보수적이지 않다고 보아서, 민주당원들은 그녀의 구체적인 쟁점 사안에 대한 입장이 분명하지 않은 데다 대법관으로서의 자질이 부족하다고 비판을 한 것이다. 부시 대통령의 인사에 대하여 공화당은 보수주의에 철저한 인물을 대법관으로 인준되도록 하겠다는 의사가 관철되기를 바라고 있었고, 지지율이 떨어진 부시 대통령으로서는 인준이 용이한 대법관 지명을 하여야 한다는 부담을 가지게 되었다. 민주당으로서도 오코너(O'Connor) 대법관의 중간 조정자로서의 역할을 수행할 수 있는 지명과 인준이 이루어지는 것을 목표로 하는 등 서로 일치되지 않는 목표 간의 조율이 이루어져야 하는, 모두에게 쉽지 않은 선택지를 남긴 상황이었다.

오코너의 사임과 대법관 알리토

오코너 대법관은 자신이 원한 것과 같이 대법관직을 버리고, 그녀가 사랑하는 그녀의 남편에게 갔다. 이제 치매로 자신을 알아보지도 못하는 그녀의 남편과의 생의 마지막 시간을 보내겠다는 그녀의 순애보. 대법관이기 이전에 한 인간으로 가정을 소홀히 하면서 대법관으로서의 삶에 생의 에너지를 쓰고 있었다. 어느 순간 삶의 궤적에서 더 이상 같이 하고 있지 못하게 된 그녀의 남편. 필자가 마이크로소프트에 재직할 당시 송무팀장이 거액의 연봉을 뿌리치고, 암으로 고생하는 아들을 위해서 가정으로 돌아가겠다고 했을 때 다시 돌아보게 되었던 가정의 의미를 다시 생각하게 한다.

오코너는 대법원을 떠났고, 연방대법원에는 스칼리토라고 불린 사나이, 알리토가 대법관이 되었다. 스윙 보트 역할은 이제 케네디 대법관에게 맡겨 두고…….

네 번째 이야기
렌퀴스트 코트의
대 법 관 들

모두 9인으로 구성되어 있는 미국 연방대법원에서 렌퀴스트 코트는 렌퀴스트 대법원장을 포함하여, 레이건 대통령이 임명한 안토닌 스칼리아(Antonin Scalia) 대법관, 조지 부시 대통령이 임명한 클래런스 토마스(Clarence Thomas) 대법관 등 보수의 삼인과 중도보수로 불리는 오코너(O'Connor) 대법관, 안토닌 케네디(Anthonin M. Kennedy) 대법관을 포함한 5인의 보수진영에, 포드(Ford) 대통령이 임명한 존 폴 스티븐스(John Paul Stevens) 대법관, 아들 부시 대통령이 임명한 데이빗 수터(David H. Souter) 대법관, 그리고 클린턴 대통령이 임명한 루스 베이더 긴즈버그(Ruth Bader Ginsburg) 대법관, 스티븐 브라이어(Stephen G. Breyer) 대법관의 4인이 진보진영에 서 있었다. 전체적인 성향으로 보아 워렌 코트가 진보적 법원의 대표격이었다면, 렌퀴스트 코트는 보수적 법원의 대표격인 법원이다.

미국 연방대법원은 소위 플로리다(Florida)의 선택[54]에서 앨 고어 후보 진영의 개표 금지가처분 신청을 기각함으로써 실질적으로 조지 W. 부시를 미국의 대통령으로 선택했고, 연방대법원이 대통령의 결정에 대해서까지 영향을 미칠 수 있다는 것을 보여 주었다. 연방대법관은 미국의 국가질서를 형성하는 최종적인 결정권자로서 국가 가치구조를 변화시킬 수 있는 최고의 기관이기 때문에 종신직 대법관의 선임은 어찌 보면 4년 임기의 대통령의 선임보다 미국민들에게 미치는 영향력이라는 관점에서 더 중요하다고 할 수 있다.

54) NOVEMBER 21, 2000 BUSH V. PALM BEACH COUNTY CANVASSING BOARD, 48 (5) SUPREME COURT OF THE UNITED STATES.

01
대법원장 렌퀴스트
William Rehnquist
1986.9.26.~2005.9.3.

플로리다의 선택? 연방대법원의 선택!

2000년 11월 7일 실시된 대통령 선거에서 조지 부시 공화당 후보와 앨 고어 민주당 후보 간의 경쟁은 역사상 가장 치열한 선거 캠페인 중의 하나였다. 클린턴 대통령 시기의 경제적인 번영과 그 시대 부통령을 지냈다는 현직 프리미엄, 잘 생긴 얼굴에 부유한 정치명문가 출신으로 유복한 가정에서 성장한 개인적인 매력이 결합되어 앨 고어 대통령 후보의 가능성이 높았지만, 민주당에게 대통령 선거에서 지지 않기 위한 공화당의 노력과 아버지 부시 대통령을 포함한 정치명문가인 부시 가문의 후광을 받으며, 보수세력의 집결을 통해서 정권교체를 노렸던 부시 대통령 후보도 만만하지 않았다. 동생인 잽 부시[55]가 플로리다주의 주지사를 하고 있다는 사실에 주목한 사람도 있었지만 플로리다주에서의 투표가 대법원에 의하여 결말이 나고, 대법원의 판결이 두 대통령 후보의 당락을 결정할 것이라고 생각한 사람은 없었을 것이다.

운명의 개표 결과 고어는 총 투표수에서 부시를 명백히 앞선 것은 물론이고, 실제 대선을 결정짓는 선거인단 수에서도 267 대 246으로 앞서고 있었다. 이제 대선에 승리를 위한 필요득표 270명의 선거인단 확보를 위한 마지막 주인 플로리다주의 개표

55) Jeb Bush는 1954년생으로 43대 플로리다 주지사를 역임하였다. 미국의 정치 명문가인 부시 가문의 유력 정치인으로 G.W.부시 대통령의 동생이다.

만이 남아 있었다. 플로리다주는 모두 25명의 선거인단이 걸려있는 대표적인 스윙 스테이트[56] 중 하나이다. 이번 오바마 대통령의 선거의 경우 매케인 후보[57]가 전통적인 공화당 우세지역인 버지니아에서까지 패배하였지만 이전 선거의 경우 오하이오주, 플로리다주 등은 공화당과 민주당을 오가며 승자독식의 원칙에 따라 대선의 승패를 결정하는 역할을 하여 왔다. 플로리다주의 개표결과에 따라 승자가 결정되는 한 편의 피 말리는 드라마가 연출되고 있었다.

마침내 드러난 플로리다주의 최초 개표결과는 2,909,135표 대 2,907,351표로 부시가 고어를 1,784표 차로 앞선 것으로 나타났다. 그러나 격차가 0.5% 이내인 경우 기계로 재검표를 해야 한다는 주법에 따라 재검표를 실시한 결과 격차가 327표 차이로 줄어들었다. 이에 고어는 다시 수작업 재검표를 청구하였다. 문제는 주법상 재검표는 7일 이내에 마쳐야 하는데 실제로는 그것이 불가능한 상황이었다는 것이다. 결국 주법원이 한차례 연장해 준 시한이 끝나도 재검표가 마무리되지 않자 주 국무장관은 537표차로 부시의 승리를 선언하였다. 그러자 고어 진영은 주 대법원에 검표에 대한 사항을 가져 갔고, 플로리다주 대법원은 고어측 소송 대리인의 주장을 받아들여 주 전체에 걸쳐 전면적인 재검표를 실시할 것을 명령하였다. 부시 진영은 이에 반발하여 주법원이 개표시한을 임의로 연장할 수 없으며, 개표소마다 수작업 개표에 관한 공통된 판정기준이 없는 상태에서 수작업 개표를 전면 실시할 경우 개인의 투표결과가 불평등하게 처리되는 위헌적 상황이 발생하므로 수작업 개표는 중지되어야 한다는 취지로 즉시 연방대법원에 상고하였다. 이제 미국의 민주주의는 법관들에 의한 대통령 결정이라는 초유의 사태에 직면하게 되었다.

연방대법원은 2000년 11월 11일 구술변론을 마치고 16시간 후에 플로리다주법원의 개표시한 연장조치가 위법이며, 전면적 재검표는 평등의 원칙에 반한다는 판결을 선고하였다. 미국 역사상 최초로 연방대법원이 사실상 대통령을 확정하는 일이 발생

56) 공화당 또는 민주당 지지 성향이 확정적이지 않고 상황에 따라 변하는 주를 의미한다.

57) 1936년생으로 미국 연방상원의원(아리조나주)이다. 독자적인 의견을 많이 개진하여 매버릭으로 불리는 인물로 2008년 미국 대선에 공화당 후보로 나서서 민주당의 오바마 후보에게 패하였다.

하였다. 대통령에 당선된 부시 후보가 렌퀴스트 대법원장이 이끄는 연방대법원에 감사하여야 할 상황이 온 것이다.

브라운 메모

미국의 현대사법사에서 워렌(Warren) 대법원장의 영향력에 견줄 만한 대법원장이 있다면 그것은 바로 렌퀴스트(Rehnquist) 대법원장이라고 할 수 있다. 워렌이 미국 연방대법원을 진보의 진영으로 이끌고 간 주역이었다면 렌퀴스트는 워렌이 몰고 간 시계추의 균형자를 되돌려 놓은 인물이라고 할 것이다. 그는 죽음이 그로 하여금 더 이상 대법원장의 직무를 수행할 수 없도록 이끈 그 순간까지 대법원장으로서의 직무를 수행하였다. 주변에서는 그가 G. W. 부시 대통령 임기 중에 은퇴할 것이라는 추측이 많았다. 그리고 그가 은퇴할 경우 스탠포드 대학 시절에 로맨스의 상대방이었다고 하는 샌드라 데이 오코너 대법관이 그의 자리를 잇게 될 것이라는 관측들도 있었다. 그러나 그는 사임하지 않고 임기 중에 사망하였고, 오코너도 대법원장을 꿈꾸지 않고 대법관 사임 후 남편에게 돌아갔다.

법률가로서의 렌퀴스트를 기억함에 있어 첫 번째로 떠올리게 되는 것은 브라운 메모이다. 그는 로버츠 잭슨(Robert's H Jackson) 대법관[58]의 로클럭(law clerk)으로 일하는 동안에 여러 건의 보고서(memo)를 작성했다. 우리의 재판연구관 보고서와 같은 이 메모에서 그는 그 유명한 브라운 대 교육위원회(Brown v. Board of Education)에 대하여 '인종차별 사건에 대한 소고(Random Thought on the Segregation Cases)'라는 제목으로 다음과 같은 기술을 한다.

'나는 내가 진보적인 동료들에 의하여 극렬하게 비난 받으면서도 내가 선례로서 플레시(Plessy v. Ferguson)가 옳고 다시 이러한 점이 재확인되어야 한다는 생각을 가지

58) 1892년생으로 할란 피스케 스톤 대법관의 후임으로 1941년 연방대법관이 되었다. 그리고 1954년까지 재직하였으며, 1954년 재직 중 사망하였다. 존 할란 주니어 대법관이 잭슨 대법관의 후임 대법관이 되었다.

고 있다는 것이 인기 없고, 비인도적인 입장이라는 생각을 가지게 되었다. 다수가 소수의 기본권을 박탈하여서는 안 된다는 주장은 그 주장 자체로 그럴듯한 이론이지만 결국 소수의 헌법상의 기본권이 무엇인가를 결정하는 것은 다수이다.'

그의 이 메모는 1971년 그가 대법관으로 인준을 받으려고 하면서 인준청문회에서 문제가 되었다. 그는 이 메모에 대하여 질문하는 상원 법사위의 의원의 질문에 대하여 위의 메모는 자신의 의견이라기보다는 자신이 로클럭(law clerk)으로 일하던 잭슨 대법관[59]의 의견을 정리한 것에 불과하다고 답을 하였다고 한다. 1986년 그의 대법원장 인준청문회에서도 그의 브라운 메모는 또 다시 문제가 되었다. 그는 1952년 작성된 브라운 메모는 그의 생각이 아니라고 분명히 밝힘으로써 자신과 브라운 메모 간의 연결고리를 끊으려고 하였다.

하지만 위 메모의 내용에서 볼 수 있는 것과 같은 그의 생각은 그의 전 생애를 관통하여 보면 그리 많은 변화를 한 것 같지는 않다. 그는 지속적으로 보수주의 진영에 있었고, 그러한 보수주의 진영의 지지하에서 30년 이상을 대법관으로, 또 대법원장으로 재직하였다. 그를 공격하였던 그의 진보적인 동료들은 여전히 그의 생각과 같이하지 못하였고 그도 자신의 생각을 근본적으로 바꾸지 않았다. 또 그가 인종 문제와 관련되지 않은 경우, 평등대우조항(Equal Protection Clause)해석을 제한적으로 한 것은, 그가 생각을 바꾸었다기보다는 전략을 바꾼 것으로 보인다.

렌퀴스트의 성장 배경

렌퀴스트는 위스콘신주의 밀워키에서 태어났다. 그는 제2차 세계대전에 참전하여 군복무 후 GI 교육 지원 프로그램[60]의 혜택을 받아 스탠포드대학 및 스탠포드대학

59) 1892년생인 로버트 잭슨 대법관은 로스쿨은 거치지 않은 세대의 마지막 대법관이었다. 그는 1940년 미국 연방 법무부 장관을 거쳐, 1941년 할란 피스케 스톤 대법관의 후임으로 플랭클린 루스벨트 대통령에 의해서 지명되었다. 그는 휴고 블랙 대법관과 사이가 좋지 않았고, 의견대립이 있었다. 그의 후임으로 존 할란 2세 대법관, 그리고 그 후임이 바로 렌퀴스트 대법관이다.

60) 우리나라에서는 GI라는 단어를 주한미군으로 인하여 들어본 경험이 있고, 데미 무어가 주연한 영화 〈GI 제인〉으로도 알려져 있는 단어다. 이 단어는 'Government Issued'라는 단어를 두문자로 축약한

로스쿨을 졸업하였다. 그는 샌드라 데이 오코너와 같은 해에 대학을 졸업하였다. 미국의 경우 로스쿨의 입학 연도가 아닌 졸업 연도를 기준으로 하여 '클래스 2000(class 2000)'과 같은 식으로 구분하여 2000년 졸업자를 표시한다. 졸업을 기준으로 하는 것은 사회생활을 같은 시기에 하게 된다는 것을 의미하게 되는 것이므로 어떤 의미에서는 언제 입학하였는가 하는 것보다 개개인의 사회생활에서 주는 의미가 더 크고, 입학을 하더라도 졸업을 하지 못할 수도 있는 것이니 합리적인 기준이 아닌가 싶다. 이 두 사람은 같은 학교를 같은 해에 졸업하고, 후에 시기적으로는 먼저 렌퀴스트가 대법관이 되고 난 뒤 데이 오코너가 대법관이 되었으나 두 사람이 모두 최고의 자리에 올랐다는 점에서 참으로 기이한 인연이 아닌가 싶다. 다만 같은 중서부 출신이면서도 데이 오코너의 경우 기본적인 보수기조를 유지하면서도 스윙 보트(swing vote) 역할을 수행한 점에서 렌퀴스트와 다소 대비된다.

그의 전임자는 존 마샬 할란(John Marshall Harlan Jr.) 대법관으로 렌퀴스트는 공화당의 닉슨 대통령의 지명을 받아 대법관이 되었다. 존 마샬 할란은 렌퀴스트가 로클럭을 했던 로버트 잭슨 대법관의 후임 대법관으로 결국 렌퀴스트 대법관은 자신이 모셨던 대법관의 자리를 이어받게 된 것이다. 렌퀴스트가 물려준 대법관석을 승계한 사람이 또 다른 보수적 성향의 대법관인 '스칼리아(Scalia)'라는 점을 보아도 렌퀴스트는 보수주의 계보의 적자라고 할 수 있다.

대법원장으로서도 렌퀴스트는 자신의 대법원장석을 다시 보수의 적통을 이어 로버츠(Roberts)에게 승계함으로, 클린턴 정부를 넘기고 부시(G. W. Bush) 대통령의 임기 중에 그 보수의 계통을 유지 보존하는 과업을 성공적으로 수행하였다. 버거(Warren. E. Burger) 대법원장의 사임으로 공석이 된 미국 연방대법원장에 레이건 대통령이 그 후임으로 렌퀴스트 대법관을 대법원장으로 지명하였고, 의회의 인준을 통하여 대법원장이 되었다. 렌퀴스트는 변호사로 일하던 시절 공화당원으로 적극적인 활동을 한

단어로서 원래는 군수품이라는 의미이지만 흔히 미군이라는 의미로 사용된다. 미국 대법원의 역사를 보면 랭퀴스트 대법원장의 경우와 같이 미군 복무 후에 국가에 봉사한 것에 대한 보답으로 이루어진 학비지원프로그램을 통하여 공부를 한 경우를 볼 수 있다.

경력이 있고 이러한 경력과 관련하여 민주당의 청문회에서 관련되는 질문을 받기도 하였지만, 반면 그의 이러한 태도가 공화당의 확고한 지지의 바탕이 되었던 것 같다.

대법원장은 결코 정치적인 편향을 가지고 판단을 하는 자리가 아니어야 할 것이다. 입법적으로 의회라는 대의제 기구에 대한 견제장치로서의 사법부는 대의제가 가지는 결함으로서의 정치적인 이익을 위하여 전체 공동체의 이익 내지 정의에 저해가 되는 결론에 대하여 이를 통제하는 기능을 가지고 있다고 할 수 있다. 아쉽게도 이 부분에 대하여 어떤 단정적인 표현을 하기 어렵다. 사법부의 입법통제범위에 대하여 사법소극주의 또는 문언주의적 해석론(Originalism, Textualism)과 사법적극주의적 해석론(Liberalism) 간에 대립이 있다. 하지만 어느 견해이든지 분명한 것은 대법원이 의도하건 아니건 간에 대법원의 결정은 정치지형에 영향을 준다는 것이다. 이러한 의미에서 현대 민주주의는 다수의 지배에 의한 대의제에 사법부를 통한 현자의 지배를 혼합하려고 하려고 노력하는 모습이 아닌가 한다.

사법부에서의 보수의 의미

미국 사법에서의 입법 해석에 대한 견해의 변화를 시기적으로 분류하면 형식주의의 쇠퇴기(1890~1940), 적법절차의 혁명기(1940~1973), 적법절차 후기(1974년 이후)로 분류할 수 있다. 형식주의(Formalism)의 관점에서 법관의 역할은 법을 만드는 것이 아니다. 법관은 오로지 현존하는 법이 무엇인지를 선언하는 것으로 자신의 직분을 다하는 것이다. 이러한 결론은 법이 성문법이건 아니면 불문법이건 그 법원에 무관하다고 보는 것이다. 이러한 생각의 원류를 찾아가면 만나게 되는 사람이 블랙스톤(William Blackstone)[61]이다. 그는 법관의 역할에 대하여 이와 같이 이해하는 것과 연결하여, 법에 대해서도 법은 기존의 사회질서를 유지하고 현존하는 사회구조를 보존하는

---

61) 영국의 법학자(1723~1780). 미국 로스쿨에서 그의 이론이 여전히 언급되고 미국 대법원의 판례에 등장하는 인물. 『보통법(Common Law)』과 『영국법 주해(Commentaries on the Laws of England)』의 저자. 영국법의 이론적 기초를 형성한 법학자이다.

것을 목적으로 한다고 이해하면서, 이러한 객관적인 사회질서의 유지를 통하여 수범자들로 하여금 어떤 법이 적용될 것이라는 것을 사전에 알려줌으로써 사적인 행위자들에게 행위의 방향을 취할 수 있도록 하는 역할을 하는 것으로 이해한다. 그의 『영국법 주해(Commentaries on the Laws of England)』는 1765년에 출판된 고전이지만 여전히 미국의 로스쿨에서 언급되는 책이다. 학생들이 보지는 않지만 이름은 알려진, 말하자면 법학의 아담 스미스의 『국부론(Wealth of Nations)』과 같은 책이다. 1700년대의 책이지만 고전에 관심 있는 독자들은 쉽게 웹에서 찾아볼 수 있을 것이다.

블랙스톤에게서 배울 수 있는 매우 중요한 아이디어는 성문법은 형식적이고 기능적인 것에 불과하기 때문에 법관이 선언하는 판례법이 성문법에 대하여 우위에 있다고 보는 점이다. 판례법 내지 법관법(Judge-made Law)은 역사적으로 집적되어 오면서 선례에 의하여 서로 의존하여 형성되는 것이고 사회문제의 해결에 적합한 경험의 축적에 의하여 만들어지는 법이기 때문에 성문법은 판례법에 우월할 수 없다고 본다. 그러므로 양자가 배치되는 경우에 명문의 법은 매우 제한적으로 해석되어야 한다는 결론에 이르게 되는 것이다.

한편 홈즈 대법관은 그가 쓴 판결(소수의견)에서 법관법(Judge-made Law)을 일컬어 조소적으로 '천상의 어디에나 존재하는 침울한 존재'라고 언급하였다(Southern Pacific Co. v Jensen, 244 U.S. 205, 222(1917)). 홈즈는 정치적인 절차를 통하여 입법되는 법은 변동이 심하고 정치적인 영향력에서 결코 자유로울 수 없지만, 법관법은 객관적이고, 입법자들에 의하여 재단된 영향력에서 제한적으로만 영향을 받으며, 합리적이고 상대적으로 폐쇄적인 성격을 가지고 있다고 이해한다.

사법부에서의 보수의 의미는 블랙스톤이나 홈즈의 견해를 이해하고 그 의미를 반추하여 본다면 그 나름대로 개념정의를 할 수 있다. 도대체 사법부의 역할이 무엇인가? 사법부가 기본적으로 사회의 기존질서가 아닌 새로운 질서를 형성하여 가는 개혁적 그룹으로 분류될 수 있는가? 이러한 질문들에 대하여 사법부는 역사를 통하여

지속되는 사회의 기본적인 질서를 유지하는 것을 본분으로 한다고 이해하는 견해가 있다. 이 견해에 의하면 형성되고 확립된 선례(precedent cases)에 대하여 기본적인 존중을 표하고 이를 유지할 수 없는 확실한 변화가 없으면 이를 지키는 것이 옳다고 판단한다. 개별사건에 대한 브라운 메모에서의 렌퀴스트의 생각에는 동의할 수 없더라도 그러한 생각이 바로 사법부에서의 보수의 의미라고 생각되고, 사법부의 속성을 이렇게 이해한다면 기본적으로 사법부는, 다시 말해 법원은 사회 안정성 유지라는 관점에서 보수적인 그룹이어야 하는 것으로 이해할 수 있을 것이다.

다만 사법부에서의 법관의 성향이라는 것은 구체적인 사건에서의 타당성을 판단하는 것이어서 일도양단으로 재단하는 것은 매우 위험하거나 불가능한 일이다. 따라서 사법부가 얼마나 보수적인지 여부의 판단기준은 각 사회나 국가마다 다를 수밖에 없고, 이는 역사나 문화, 법원의 전통과도 연결되어 있다는 점을 항상 간과하여서는 안 된다.

대법관 렌퀴스트 : 버거 코트 시절

렌퀴스트는 1971년 12월 10일 상원의 대법관 인준청문회를 68 대 26으로 통과하였다. 그리고, 이듬해인 1972년 1월 7일 대법관으로 취임하였다. 당시 그와 함께 대법관으로 취임한 취임동기가 루이스 파월 대법관(Lewis Franklin Powell, Jr.)이다. 렌퀴스트는 버거 코트에서 대법관으로 자신의 입장이 보수임을 분명히 하였다. 미국에서 대법관의 성향을 판단하는 리트머스시험지 중의 하나로 알려진 수정헌법 14조의 소위 적법절차조항(due process of law clause)이라든지, 연방주의(federalism) 조항에 대하여 그는 여전히 남아 있던 워렌 코트의 잔영 하에서 소수반대의견을 내놓은 대법관이었다. 그는 유명한 로 대(對) 웨이드(Roe v. Wade) 사건에서 텍사스 주법을 위헌으로 판단한 다수의견에 반대하였다. 또 종교의 자유와 관련하여 보수주의의 징표가 될 수 있는 학교에서의 기도를 허용하는 것에 찬성하였다. 게다가 사형제에 대하여도 그는 찬성하는 태도를 취하였다. 아직 워렌 시대의 잔향이 남아 있던 버거 코트의 초기, 렌퀴스트는 그의 이러한 성향으로 인하여 대법원의 반대의견 단골 작성자가 되었다. 반대의견을 작성하는 경우의 번거로운 점은, 다수의견의 경우에는 다수의견을 낸 대법관 중에서 한 사람이 책임을 지고 판결문을 작성하고 다른 대법관들은 동조만 하면 되는데 소수의견을 쓰면 자기 자신이 반대의견을 작성하여야 한다는 점이다.

그가 쓴 로 대(對) 웨이드 사건의 반대의견을 보면, 주의 입법권에 대한 연방의 통제는 최소한으로 이루어져야 한다는 기본인식을 읽을 수 있다. 그는 자유라는 것은 절대적으로 제한 불가능한 것이 아니라, 다만 적법절차에 의하지 않고 제한이 허용되지 않는다는 것이며, 사회 경제적인 영역에서의 통제는 주가 입법목적과 합리적인 연관성을 가지면 된다는 것이고, 수정헌법 제14조와 관련하여서는 긴절한 주의 이익심사를 하도록 하고 있다. 웨이드 사건의 경우 주는 합리적인 이익형량을 통하여 임부의 생명이 위험한 경우에도 낙태를 허용하지 않는 것과, 명확하게 헌법 위반이 아닌 스스로의 입법목적을 달성하기 위한 입법을 할 수 있는 권한을 가지고 있다고 하여 주의 입법권을 넓게 인정하려는 태도를 보이고 있음을 알 수 있다.

대법원장 렌퀴스트

(1) 문언주의자

대법원장이 되기 위한 렌퀴스트의 연방 상원 법사위 인준청문회는 결코 간단하지 않았다. 렌퀴스트는 국가의 운영은 행정부에 의하여 이루어지는 것이며, 사법부의 존재는 전면에 부각되어서는 안 된다고 보았다. 그의 이러한 태도는 보수진영의 공감을 받았지만 진보진영에게는 그를 대법원장으로 지지할 수 없는 이유가 되었다. 그의 상원인준청문회 표결 결과는 찬성 66 대 반대 33으로 가결되었다. 렌퀴스트가 대법원장이 되어 렌퀴스트 코트가 시작되자, 당시 법무장관 에드윈 미즈(Edwin Meese)[62]는 렌퀴스트 대법원장에게 보낸 서신에서 렌퀴스트에게 법관법을 만들지 않고, 헌법이

62) 미국 75대 법무부 장관이다. 그는 1985년부터 1988년까지 법무부장관으로 있었다. 레이건 행정부에서 이란 콘트라 사건 등의 주요 사건의 중심에 있었다.

정한 바에 따라 대법원을 운영할 대법원장으로서 법치주의와 법관의 역할에 대해서 가장 잘 이해하고 있는 대법원장이라고 그에 대한 신뢰를 표시하였다.

실제 대법원장 렌퀴스트는 어떠하였는지를 보면, 그는 기본적으로 미즈가 지적한 것과 같이 문언주의적인 태도를 취했다. 소위 살아 있는 헌법(Living Constitution) 논쟁에서 그는 사법부가 문언의 범위를 넘어서 사회적인 필요에 헌법을 따라 해석하여서는 안 된다는 태도를 분명히 하였다. 하지만 렌퀴스트도 적극적인 사법부 개입이 필요하다고 본 맥락에서는 사법적극주의를 취했고, 사경제주체와 정부와의 관계에서는 정부의 개입에 대해 부정적인 태도를 보였다. 그는 이런 경우에는 비개입주의가 타당하다는 태도를 취했다.

(2) 강제수용조항과 렌퀴스트 코트

국가가 사인의 재산을 강제수용하는 것에 대해 렌퀴스트는 어떤 결론을 내렸을까를 보면 렌퀴스트 코트의 성격을 볼 수 있을 것 같다. 국가의 개입에 대한 렌퀴스트의 부정적인 태도를 생각하여 보면 국가의 공익상의 요구에 의한 강제수용에 대해 렌퀴스트가 부정적이었을 것이라고 추측할 수 있다.

렌퀴스트 대법원장과 스칼리아 대법관이 주도하는 연방대법원은 1987년 놀란 사건(Nollan v. California Coastal Commission)에서 주의 해안에 대한 접근을 제한한 법률, 1992년 루카스 사건(Lucas v. South Carolina Coastal Council)에서 주가 환경보호를 목적으로 해안에 주택을 건축하는 것을 금지한 법률, 1994년 돌란 사건(Dolan v. City of Tigard, Oregon)에서 자전거 및 하이킹 도로로 사용되는 사유지에 대한 주의 리노베이션 제한에 대하여 각 주정부의 규제가 헌법에 합치되기 위해서는 합리의 원칙에 의한 심사로는 부족하고 한 단계 높은 중간단계심사를 통과하여야 한다고 하면서, 모두 사유지 소유자의 편을 들었다. 소수의견을 쓴 수터, 블랙먼, 긴즈버그, 스티븐스 대법관은 이러한 다수의견을 통렬히 비판하였다. 특히 스티븐스 대법관은 모든 사유재산은 공익적 요구를 충족하기 위해 제한될 수 있다고 하면서, 렌퀴스트 대법원장을 포함한 다수의견을 쓴 대법관들이 주의 권한 행사에 대한 합법성의 추정이라는 오랜 선례를 지키지 않고, 부당하게 주정부에게 자신들의 제한이 합법적이라는 것에 대한 입증책임을 부담시키고 있다고 비난하였다. 이러한 스티븐스 대법관 등의 생각을 공적이용이론(public use doctrine)이라고 한다.

2005년 켈로 사건(Susettee Kelo v. City of New London)에서 렌퀴스트 코트의 위 판결들은 뒤집어진다. 코네티컷 주 뉴 런던의 해안은 오래된 가옥들이 무질서하게 늘어서 있어 환경을 개선하고, 상업건물들을 건설할 경우 추가적인 세수를 해안개발을 통해서 발굴할 수 있음에도 불구하고 그러지 못하고 있었다. 뉴 런던시가 기존의 오래된 가옥들을 헐고 상업지구로 변경하려고 하자, 켈로(Kelo) 등은 소송을 제기하여 뉴 런던시의 개발사업을 막으려고 하였다. 이에 대해 연방대법원의 다수의견을 작성한 스티븐스 대법관은 세수를 증대하고, 경제를 부활시키려고 하는 시 정부의 노력은 공익상 예외(public use exception)에 해당하는 것으로 합리성이 인정되는 한 헌법에 합치된다고 판단하였다. 이 사건에서는 오코너, 렌퀴스트, 스칼리아, 토마스 대법관이 반대의견을 썼다. 오코너 대법관은 소수의견에서 만일 다수의견과 같이 판시하게 되면 업그레이드라는 미명하에 재개발사업이 공익에 도움이 된다는 이유로 사유재산이 위협에 처하게 된다고 하면서 다수의견을 비판하였다. 이 사건에서 케네디 대법관은 보수진영을 벗어나 스윙 보트 역할을 하여 기존 판결의 파기에 큰 기여를 하였다.

(3) 1980년대의 미국

1960년대에서 1970년대 미국에서 민권운동이 지속적으로 세력을 키우면서 연방대법원도 이러한 영향을 받았다. 워렌 코트의 절차혁명이 가능하였던 것은 정치적으로 케네디 대통령의 당선에서 볼 수 있는 것과 같이 북부의 가톨릭 세력과 민주당이 서로 결합하였기 때문이다. 여기에 전통적인 남부 지지세력이 결합되면서, 민주당은 케네디, 존슨 대통령 등의 대통령을 배출할 수 있었다. 하지만 70년대 낙태문제로 인한 북부 가톨릭 세력과 민주당의 결별, 카터 행정부의 경제위기에 대한 부적절한 대처가 결합되면서 레이건 행정부 때는 보수주의가 국가적인 지지를 받을 수 있었다. 작은 정부와 공급위주경제학[63]이라는 공화당 정부의 주장은 새로운 연방주의 이념을 통하여 주(州)의 권한강화라는 결과로 귀결되었다. 공화당이 보수적 남부 기독교 세력의 지지를 얻어냄으로써 공화당은 개인의 도덕 재무장이라는 기치을 두고, 국가적인 경제위기 상황을 극복하여야 한다는 명제 아래 레이건 대통령의 연임과 레이건 행정부의 부통령이었던 부시 대통령의 임기까지 12년간의 집권을 할 수 있었다. 이 시기 공격적인 대외정책과 강력한 국가안전보장, 기업에 대한 정부지원과 감세정책을 주장하는 네오콘(neocon)으로 불리는 세력이 공화당의 이념적인 기반을 제공하였다. 이러한 네오콘들의 주장은 2001년에서 2009년 초까지 이어진 아들 부시 대통령의 임기 중에 딕 체니 부통령, 곤돌리자 라이스 국무장관, 도널드 럼스펠드 국방장관 등 일군의 세력에 의해 다시 권력의 중심으로 복귀하였다.

티나 베니스(Tina B. Benis) 사건과 렌퀴스트

티나 베니스(Tina B. Benis) 사건(Tina B. Benis v. Michigan)은 렌퀴스트 대법원장이 다수의견에 속했던 사건이다. 아내와 남편이 공동으로 소유하고 있던 차 안에서 남편이 창녀와 성관계를 가졌다. 디트로이트 경찰은 존 베니스 씨가 공원에서 차 안에서 창녀와 성관계를 가지는 것을 목격하고 베니스 씨를 중(重) 풍기문란죄(gross indecency)로 기소하였다. 또 미시간주 경찰은 간통현장으로 사용된 차를 몰수해 버렸다. 왜냐하면 아내인 이 사건 신청인이 비록 남편의 창녀와의 부적절한 성관계사실을 몰랐다고 하더라도 법령에 의하여 범죄행위에 사용된 물건인 차를 몰수하는 것이 타당하다고 보았기 때문이다. 아내는 이 사건 몰수가 적법절차를 위반한 위법한 몰수라고 다투었다. 신청인인 아내는 자신의 남편이 차를 주법을 위반하는 용도로 사용할 것이라는 것을 몰랐음에도 불구하고 차를 몰수하는 것은 재산권을 침해하는 것이라고 주장하였

---

63) 레이거노믹스로 불렸던 경제학의 한 부류. 이전에도 존재하였지만 1980년 미국의 소위 더블 딥 문제를 해결하기 위해서 소위 국물효과(trickle down effect)를 주장하면서 부유층에 대한 감세정책이 그들의 가처분소득을 늘리게 되어 전체적인 경제의 회복을 촉진할 수 있다는 등의 논의를 정책으로 현실화할 수 있었다. 하버드 대학 교수 출신의 펠트슈타인, 래퍼(Laffer) 곡선으로 유명한 래퍼 교수 등이 이 학파의 주된 이론가였다.

던 것이다.

그러나 웨인 카운티 법원(Wayne County Circuit Court)은 신청인인 아내의 주장을 배척하였다. 그리고 미시간 주 항소법원(Michigan Court of Appeals)은 이러한 하급법원의 결정에 대해 미시간 주 대법원의 선결례(precedent)를 근거로 하여, 주법의 법문에도 불구하고 이와 같이 판시하는 것은 배우자가 차의 최종적인 용도가 주법을 위반하는 용도로 사용될 것이라는 것을 알 수 없는 상황에서 배우자의 재산권을 침해하는 것이라는 이유로 파기하였다. 이에 미시간 주 대법원(Michigan Supreme Court)은 다시 항소법원의 결정을 뒤집었다. 주 대법원은 이 사건이 주법에 근거한 사건으로서 미시간 주에서는 소유자가 자신의 차가 어떤 용도로 사용될 것인지를 알았다는 것은 행정기관이 입증할 필요가 없다는 결론을 내렸다.

이 사건이 연방대법원으로 오게 된 것은 신청인이 연방헌법에 근거한 주장을 하였기 때문이다. 신청인이 주법의 해석에 따를 경우 몰수하는 것이 타당하다고 하더라도, 이러한 주의 몰수규정은 연방헌법을 위반하는 것으로서 적법절차규정에 위반한 몰수 내지는 공공의 이익을 위하여 정당한 보상 없이 개인의 재산권을 침해하는 것이라고 주장하면서 다투었던 것이다. 상고를 허가한 연방대법원은 신청인인 아내의 주장을 받아들이지 않고, 미시간 주 대법원의 판결을 지지하였다. 미시간 주법에 따른 몰수행위는 수정헌법 제14조의 적법절차조항(due process clause)이나 제5조의 수용조항(taking clause)을 위반한 것이 아니라는 판결을 하였다.

스토리(Story)에서 길을 찾다

티나 베니스 사건에서 그 결론의 타당성을 검토하는 것은 우리에게는 그다지 실익이 없다. 주법의 경우에는 각 주의 사법제도가 다른 것만큼 주법의 태도가 달라 예를 들어 특허사건이나, 공정거래사건 중에서도 셔먼법[64]이나 클레이턴법[65]에 근거한 사

64) 1890년에 록펠러, 카네기, 굴드 등의 트러스트를 통한 경제력 집중 및 담합행위를 금지하기 위하여 만들어진 세계 최초의 독점금지법(antitrust law)이다.

건과 같이 연방법 사건을 주로 하는 변호사의 경우에는 주법을 알기 힘들다. 그러므로 주 차원의 독점금지법은 당해 주에 기반하는 변호사의 도움을 받아야 한다.

다른 주의 법에 대한 이해도에 있어서 미국변호사들은 다른 나라 법처럼 서로 상당한 차이가 있는 경우가 많다. 미합중국을 구성하는 연방의 각 구성단위로서 주차원에서 선발된 변호사인 뉴욕주 변호사는 아주 세부적인 미시시피 주법을 알기 어렵다.

중요한 것은 렌퀴스트가 이 사건에서 전개한 논리적인 논증법을 보는 것이다. 렌퀴스트 대법원장은 이 사건에서 스토리대법관이 작성한 판결문을 언급하면서, 만일 물건에 불법이 밀접하게 연결되어 있는 경우에는 그 소유주가 무죄인가 유죄인가와 상관없이 물건의 몰취는 법에 구속된다는 판결(Harmony v. United States, 2 How, 210, 234(1844))을 언급하는 것에서 논의를 시작한다. 이어 연방주세를 회피하기 위한 탈세사건(Dobbins's Distillery v. United States, 96 U.S. 395,401(1878)), 또 불법으로 주류를 운반할 목적으로 차를 사용한 경우에 차를 빌려준 사람이 이러한 불법적인 사용을 몰랐다는 소유자의 항변에도 불구하고 몰수(forfeiture)가 타당하다고 판단한 사건(Van Oster v. Kansa, 272 U.S. 465(1926))을 언급하면서, 1974년 사건까지 일련의 사건을 통하여 법(rule)을 발견한다. 그리고는 일련의 이런 사건(Palmyra line of cases)들에 대하여 반박하는 선례들을 인용한 반대의견에 대하여, 소위 무지의 항변(innocent-owner defense)을 부정하는 것이 반대의견에서 지적하는 것과 달리 형성된 법이라는 것으로 정리한다. 신청인이 달리 주장한 헌법 제5조의 수용조항 위반주장에 대하여는 정부가 이미 적법하게 정부의 권한을 행사하여 취득한 재산에 대하여는 소유자에 대하여 정부가 별도로 배상을 할 필요가 없다는 것이 기존에 확립된 판례(United States v. Fuller, 409 U.S. 488, 492(1973) 등)에 위반된다고 판시하고, 공정성(fairness)에 근거한 주장에 대하여 주가 만일 불법적인 행위를 저지하고, 이웃들의 평온을 유지하고, 안정하게 하기 위한 행동을 하는 것은 적법하다고 결론을 내리고 있다.

이 사건의 논증체계가 매우 특이하다고 할 수는 없다. 미국법에서 사건에 적용할

---

65) 1914년에 셔먼법의 부족한 점을 보완하기 위해 만들어진 연방 독점금지법의 하나이다.

법을 발견하는 것은 미국 로스쿨 초년차에서부터 지속적으로 요구받는 것이기 때문이다. 하지만 이러한 법을 발견하는 과정은 개개인의 단순히 이미 확립된 법을 법정에 제출하는 것이 아닌 새로운 해석을 하는 과정으로 법관이 가지고 있는 기본적인 세계관에 많은 영향을 받는다. 이 사건을 통해서 우리는 주의 권한을 넓게 인정하고, 권리의 범위에 대하여 확장을 자제하고, 헌법상 권리의 목록을 중심으로 하여 그 문언의 의미를 역사적으로 거슬러가면서 찾아나가는 일련의 문언주의적 방향성을 읽을 수 있다. 그리고 이 판결을 읽으면서 렌퀴스트의 세계관을 이해할 수 있다.

렌퀴스트는 이미 고인이 되었지만 이러한 그의 아이디어를 이어받은 후계자들이 계속 미국 연방대법원에 자리 잡고 있는 한, 그는 이 땅에 없지만 그의 아이디어는 계속 살아 있다.

02
대법관 스칼리아
Antonin Scalia

1986.9.26.~현재

법조인과 종교

법조인에게 있어 종교가 가지는 의미는 무엇일까? 법조인은 자신이 믿고 있는 어느 한 종교의 교리에 근거하여 다른 종교를 제한하거나, 터부시하여서는 안 되며, 자신의 판단은 법률과 법조인으로서의 양심에 근거하여야 할 것이다. 하지만, 종교적 교리가 자신의 판결에 투영되어 나타나는 것은 전인격체로서의 법관의 판단에 있어서 정도의 문제이기는 하나 녹아날 수밖에 없는 것이라고 생각된다.

법조인도 기본권으로서의 종교의 자유를 가지고 있으므로 종교를 가질 수 있다. 그리고 종교는 법조인에게 법조인으로서의 덕성과 소명의식을 주기도 한다. 안토닌 스칼리아(Antonin G. Scalia)는 강한 가톨릭 색채를 가지고 있는 하버드 로스쿨 출신 9명의 자녀를 둔 대법관이다. 그리고 그의 자녀 중 폴(paul)은 가톨릭 사제이다. 그는 렌퀴스트 대법관 사후 보수진영의 실질적인 리더와 같은 역할을 하고 있는 대법관이다.

우리나라의 경우에도 줄기세포와 관련된 일련의 논의들을 통하여 배아복제의 허부가 첨예하게 대립되었고, 이러한 문제가 생명윤리법이라는 법적인 문제로 접근되면서, 윤리적이거나 종교적인 문제들이 법적인 영역에서 첨예하게 대립되는 상황을 맞이하였다. 성당의 미사에서 이러한 배아복제에 대해 언급이 되는 상황에서 생명윤리의 문제가 법정에 서게 되는 일도 있게 될 것으로 보인다.

연방대법관 스칼리아

스칼리아 대법관은 1936년 3월 11일 생으로 1986년 9월 26일 레이건 대통령에 의하여 연방대법관으로 지명된 이후 현재까지 대법관으로 20년 이상을 재임하고 있다. 일률적으로 보수와 진보로 구분한다면 스칼리아는 보수다. 스칼리아는 엄격한 문언주의자이며, 출산권(reproductive right)과 관련하여 지속적으로 로 판결(Roe v. Wade (1973))을 파기하려고 노력해 왔다. 그런 의미에서 그는 대법관보다 가톨릭 사제가 더 어울리는 대법관이다.

대법관이 되기 전의 스칼리아

미국에서의 법관이 하는 기능을 감안하면, 대법관이 되기 이전의 이력을 보는 것은 그의 판결을 이해하는 데 도움이 된다. 그는 1961년 하버드를 졸업하고, 유럽 유학을 마치고 난 뒤 귀국하여 오하이오의 한 로펌에서 1967년까지 일을 한다. 그리고 버지니아 로스쿨의 교수가 되었다가 닉슨 정부 시절인 1971년 정부에서 일을 한다. 그는 이 시기 케이블 텔레비전(Cable TV) 산업의 성장에 많은 기여를 한다. 그는 포드 행정부에서는 법무부에서 근무를 하게 되는데, 1977년 카터 행정부의 집권과 함께 민주당 정부에서 다시 학교로 돌아간다. 그의 시카고 로스쿨 교수 생활은 1982년 그가 항소법원판사로 임명됨으로써 마무리되고, 1986년 그는 연방대법관이 된다.

보수적인 성향이 분명한 그는 흥미롭게도 연방상원 인준에서 98 대 0이라는 전원일치로 통과를 하였는데, 그의 지지자 중에서는 자유주의자인 마리오 쿠오모[66] 같은 사람들도 있었다. 여러 요인이 있었겠지만, 그가 첫 번째 이탈리아계 연방대법관이라는 점도 고려되지 않았나 싶다.

---

66) 쿠오모는 뉴욕주 주지사로 83년부터 94년까지 11년이나 일하였다. 그는 이탈리아계 주지사로서 유력한 차기 대선주자로도 언급되었었다.

스칼리아와 엄격해석주의

스칼리아를 논하려면 보수적이라는 의미의 다른 표현으로 미국에서 쓰이는 엄격해석주의에 대한 점을 언급하지 않을 수 없다. 문언의 내용과 헌법의 아버지들의 입법의도에 충실하려고 하는 엄격해석주의자로서, 스칼리아는 헌법적 엄격해석주의자(Constitutional Originalist)로 불린다. 그는 연방헌법과 연방법의 문헌을 철저하게 지켜가야 한다는 주장을 한다. 그의 이러한 법률해석에 있어서의 보수적인 성향은 반드시 보수적인 정권의 뜻과 일치하지는 않았고, 경우에 따라서는 반대되기도 하였다.

블레이키(Blakely v. Washington) 사건

2004년 판례 중에서 블레이키(Blakely v. Washington) 사건을 보는 것은 보수적 법해석과 보수적 정권과의 관계를 이해하는 데 좋은 자료가 될 것이다. 이 사건에서 대법원에 상고허가를 신청한 신청인 블레이키는 1973년 아내인 올란다와 혼인을 하였다. 신청인은 명백하게 혼인생활을 유지하기 어려운 타입으로 정신질환을 앓고 있었고, 그의 아내는 이혼을 신청하였다. 그러자 1998년 신청인은 올란다를 납치하여 테이프로 묶고 트럭에 감금하여 칼과 총으로 위협하면서 이혼관련 소송들을 취하할 것으로 종용하였다. 그러던 중 친구의 신고를 받은 경찰은 블레이키(Blakely)를 체포하였다. 주 검찰은 플리바겐[67]을 통하여 1급 납치(First-degree Kidnapping)죄로 기소하는 대신 2급 납치죄와 총기사용으로 기소하기로 합의하고, 신청인은 이 부분에 대하여는 유죄를 시인하였다. 주 검찰은 플리바겐에 기초하여 주의 양형기준에 따른 통상적인 양형범위인 49개월에서 53개월의 징역형을 선고할 것을 제안하였지만, 판사는 이러한 검찰의 구형을 받아들이지 않고, 이례적으로 90개월을 선고하였다. 판사는 양형이유에서 이 사건에서 신청인은 고의적인 잔인함(Deliberate Cruelty)에 기초하여 범행을

67) 플리바겐(plea bargain)은 검찰이 피의자나 사건 관련자에게 유죄 인정 내지 증언을 하는 조건으로 감형이나 기소대상을 조정하여 주는 제도로서 미국에서 많이 행해지고 있다.

한 것으로 중형을 선고하는 것이 타당하다고 판시하였다.

대법원에 상고허가를 신청한 블레이키(Blakely) 측 소송 대리인은 판결을 선고함에 있어 법원은 배심이 합리적인 의심이 없을 정도의 입증이 된 것으로 판단한 사실에 근거하여 판결을 하여야 하는데, 주법원의 판결은 이러한 연방헌법에 위반된 것이라고 주장하였다. 이 사건의 심리를 허가한 연방대법원은 1769년 판 블랙스톤(Blackstone)의 『영국법 주해(Commentaries on the Laws of England)』의 '기소된 모든 사실이 진실인지 여부는 12명의 동료시민 내지 이웃들에 의하여 만장일치로 승인되어야 한다'는 것을 일련의 문헌과 판례로 들면서 이러한 법리는 오랜 기간 동안 정립되어 온 법리라는 점을 확인하였다. 이어서 연방대법원은 사안의 경우 신청인이 자백하지도 않았고, 배심원에 의하여 확인되지도 않은 사실에 근거하여 판사가 자신의 주관적인 가치관에 근거하여 통상적인 양형에 비하여 매우 높은 양형으로 판결을 하였다고 보았다. 따라서 이러한 주법원의 판단은 판사에게 부여된 적정한 권한을 넘어선 것으로, 이러한 양형을 가능하게 하는 주의 선고절차는 수정헌법 6조를 위반한 것이므로 위헌이라고 판시하였다.

이 판결문을 작성한 것이 스칼리아 대법관이었고, 이에 반대한 것이 오코너 대법관, 케네디 대법관, 브라이어 대법관이었다. 여기서 보는 것처럼 그의 보수성은 법학을 고고학으로 만드는 일관된 문언주의에 기초한 것이었다.

위의 판결에서 보는 것처럼, 문언에 기초한 엄격해석주의자인 그도 역시 다른 엄격해석주의자들과 마찬가지로 헌법의 조문에서 현재의 사안과 부합되는지가 불명확한 사건들이 발생하는 경우에는 입법사와 전통을 참조하기는 하지만, 그의 기본적인 태도는 입법사는 고려할 바가 아니라는 것이고 오로지 문언만이 유일한 신뢰의 원천이라고 본다. 그의 이런 극단적인 태도로 인하여 그는 문언주의(Textualism)라 불리는 것이 옳을지도 모른다.

가족계획협회(Planned Parenthood v. Casey) 사건

가톨릭에 대해서 조금이라도 안다면 쉽게 예상할 수 있는 것과 같이 스칼리아는 낙태에 대하여는 부정적이다. 그는 미국 연방헌법이 낙태권을 인정하지 않는다고 본다. 하지만, 그는 주의 경우에는 여전히 낙태와 관련된 입법을 할 수 있는 권한이 있다고 본다. 이와 관련하여 주목할 판결은 가족계획협회 판결(Planned Parenthood v. Casey, 505 U.S. 833(1992))이다. 대법관 알리토를 보수주의자로 각인지운 이 사건은 로(Roe) 판결을 뒤집을 수 있는 사건으로 알리토가 낙태권을 부인하는 편에서 다수의견을 내었던 사안으로 1992년 미연방대법원에 의하여 파기되었다. 이 사건 당시 오코너, 케네디, 수터, 스티븐스와 블랙먼 대법관이 다수의견을 썼고, 나머지 렌퀴스트와 스칼리아 대법관을 포함한 4인의 대법관이 반대의견을 작성하였다. 연방대법원에 의해서 5 대 4로 후일 대법관이 되는 알리토가 주문을 쓴 판결은 파기되었다. 스윙 보트인 오코너, 케네디 대법관이 모두 낙태허용진영과 뜻을 같이 함으로써 로(Roe) 판결은 선례로서의 지위를 유지할 수 있었다.

이 사건은 1982년 펜실베니아 낙태조절법(Pennsylvania Abortion Act of 1982)의 4개 조항이 로(Roe) 판결이 기초한 연방 수정헌법 제14조의 적법절차조항(Due Process Clause)에 위반하여 위헌이라고 주장된 사안이다. 핵심적인 부분은 세 가지 정도로 요약될 수 있는데, 정보가 제공된 뒤의 동의(Informed Consent), 배우자에 대한 통지(Spousal Notification), 미성년인 경우 부모에 대한 통지(Parental Consent)가 그것이다.

당시 대법관의 구성을 고려하여 볼 때, 사실 대법원의 이러한 원심파기는 우리에게 흥미로운 시사를 준다. 시대적으로 1992년은 1990년 자유주의자였던 브레넌(Brennan) 대법관이 퇴임하고, 부시가 지명한 수터 대법관이 임명되었으며, 최초의 흑인대법관으로 흑인민권운동의 대부였던 더굿 마샬(Thurgood Marshall) 대법관이 퇴임하고, 철저한 보수주의자인 클래런스 토마스(Clarence Thomas) 대법관이 지명된 때였다. 당시 9명의 대법관 중에서 8명의 대법관이 공화당에서 지명한 대법관이었고, 그나마 남은 민주당에서 지명한 대법관인 바이런 화이트(Byron White)마저도 로(Roe) 판결 당시 반대의견을 낸 두 명의 대법관 중의 한 사람이었다는 점에서 연방대법원이 기존의 선례를 변경할 것으로 기대되는 상황이었다.

결국 이 사건은 그 판결에 대하여 동의하는가 하는 점은 밀어 두고서라도 법관은 누가 지명하였느냐가 아니라, 무엇이 정당하고 공정한 법령 해석인가에 의하여 판결하여야 하는 것이라는 것을 보여 주었다. 한편 지명권자인 대통령과 공화당의 입장에서는 충격이라 할 만한 판결이었던 것이다.

사형제도와 가톨릭 신자인 대법관

스칼리아 대법관은 자신이 기고한 글에서 "가톨릭 신자인 나에게 사형제의 폐지가 도덕적으로 허용되는 것인지에 대한 것은 매우 중요한 일이다. 로마 가톨릭 신자인 내게 그리스도교의 전통과 교회의 율법을 전혀 참고하지 않고 사형제와 관련된 문제를 논하라고 하는 것은 불가능하다. 사형제는 만일 그 부도덕성을 능가하는 도덕적인 행동이 취해지지 않는 한 의심의 여지가 없이 잘못된 것이다. 나의 견해로는 사형제에 대한 현대적인 반감의 가장 주요한 이유는 정부의 도덕성과 개인적인 도덕성을 동치시킨다는 것에 있다. 이러한 일은 나는 매우 유감스럽게 생각하는 것이지만, 현재의 민주주의 사회에서는 예견가능한 것이라고 할 것이다"라고 하였다. 스칼리아 대법관은 사도 바울(paul)의 "모든 이들이 하느님의 권위에 복종하도록 하라. 하느님의 권한을 뛰어넘는 힘은 없다"라는 로마서의 구절을 인용하면서, 로마 가톨릭의 사형제에 대한 검토를 촉구하고 있다.

스칼리아 대법관이 보이는 이러한 태도는 사실 논쟁의 여지가 있다. 정교가 분리되어 있는 국가에서 종교가 국가권력 그 중에서도 사법부와의 관계에서 어떤 역할을 하여야 할 것인지, 종교가 단지 세속과 분리된 종교적인 세상에서만 존재하여야 하는 것인지, 그렇지 않으면 종교가 세속의 삶에 대하여 지속적인 영향을 주는 것을 그대로 둘 것인지 하는 점에 대한 논쟁이 그것이다. 특히 스칼리아 대법관처럼 분명히 자신의 생각과 신앙을 분리할 수 없다고 천명하는 대법관에게는 더욱 더 문제가 된다.

03
대법관 케네디
Anthony M. Kennedy

1988.9.26.~현재

대법원 안의 '위닝 팀(Winning Team)'

현재의 미국 연방대법원에서 다수결을 한다면 항상 이길 수 있는 조합은 무엇일까? 영화 〈데블스 에드버킷〉에서 화장실 환기구로 들리는 배심원들의 평의 내용을 통하여, 항상 승리를 만들어 내었다는 것만으로도 훌륭한 승산을 높일 수 있는 수단이 될 것인데, 만일 승리의 조합이 될 수 있는 사건만을 대리할 수 있다면 그 변호사는 밀려 들어오는 사건을 어떻게 처리하여야 할지 고민하여야 할 것이다.

가상적으로라도 만일 이런 조합이 있다면 그것은 가톨릭계 법관들이다. 현재 가톨릭을 종교로 가지고 있는 법관은 대법원장 존 로버츠, 대법관 안토닌 스칼리아, 앤소니 케네디, 클래런스 토마스, 그리고 최근 임명된 알리토의 5명이다. 이들이 만약 마음을 합치면 항상 다수가 되는 구도가 되는데, 2005년 11월 2일자 인디애나 스타지(The Indiana Star)의 보도에 따르면 연방대법원에서 이런 조합은 역사상 처음 있는 일이라고 한다. 그런 일이 생긴다면, 그들은 대법원 안의 '위닝 팀'이 되는 것이다.

그래서 밖에서 보기에는 가톨릭의 교리와 상치되는 낙태문제의 경우를 두고 보면, 결국 이 법정에서 줄기차게 도전 받아온 로(Roe) 판결이 드디어 뒤집어지고, 낙태가 금지되게 되는 것이 아닌가 하는 생각이 들 것이다. 그러나 외견상의 이러한 구성에도 불구하고, 일관성에서 의문이 제기될 가능성이 가장 높은 대법관이 케네디이다.

그는 실제로 1992년 로(Roe) 판결이 도전 받았을 때 5인의 다수의견에 찬성함으로써, 또 다시 낙태를 합법화한 로(Roe) 판결의 유지에 결정적인 기여를 하였다.

앤소니 케네디, '스윙 맨(Swing Man)'

필자가 본 사진 중에는 케네디 대법관이 카우보이 복장을 하고 있는 것이 있다. 우리는 이동 중인 소를 감시하는 사람을 '스윙 맨'이라고 부르는데, 일견 이런 복장을 케네디 대법관이 좋아해서 그를 '스윙 맨'이라고 부를 수 있다고 생각할 수 있지만, 실제로는 다른 의미를 복합적으로 표현한 것이 아닌가 한다. 왜냐하면, '스윙 맨'의 다른 의미는, 농구를 좋아하는 사람이라면 여러 포지션을 잘하는 선수 내지 공격과 수비에 모두 능한 선수를 말하는 용어이고, 케네디와 같은 법관이라면, 동일 내지 유사한 사안에서 서로 다른 결론을 내는 법관을 '스윙 맨'이라고 말할 수 있을 것이기 때문이다.

미국 연방대법원 내에서 이러한 '스윙 맨'의 역할을 한 대표적인 대법관이 2005년 퇴임한 샌드라 데이 오코너 대법관이다. 그녀는 사안에 따라서 다수의견과 소수의견을 오가면서, 대법관 내에 양 진영에 '스윙 맨' 역할을 하였다. 이제 그 역할에 케네디 대법관이 주목받고 있다.

대법관도 선출해야

'스윙 맨'인 케네디 대법관에 대해서는 여러 가지 인물평이 있다. 그중에 하나 재미있는 주장은 케네디 대법관과 같은 유형의 대법관은 헌법의 아버지들이 정치적인 행동을 통하여 정의를 뒤흔들 수 있는 정치인들을 견제하기 위하여 종신직의 법관을 두도록 한 헌법의 입법취지를 몰각하는 인물로서 재선출이라는 절차를 거쳐야 한다는 주장이다.

하지만, 미국 연방대법관은 선출직 판사가 아니므로, 선거에 의한 선출이라는 절차가 없다. 연방대법원 판사가 직에서 물러나는 두 가지 방법이 있는데, 하나는 사망하는 것이고, 다른 하나는 스스로 사임하는 것이다. 그러므로 케네디 대법관이 재선출되어야 한다는 주장은 미국에서도 대법관이 스스로 사임하는 것을 제한하고 있는 것은 아니므로 케네디 대법관이 스스로 사임을 하고, 다시 대통령이 케네디 대법관을 대법관 후보로 지명할지 여부의 방법으로 재신임을 하여야 한다고 주장하는 것이다.

케네디 대법관에 대한 이러한 비난은 케네디 대법관이 상위 입법자(Uber-Legislator)와 같이 행동하고 있다는 것으로 요약된다. 건국의 아버지들은 선출직인 입법자들이 인기에 영합하는 행동으로 일관할 위험을 피하도록 하기 위하여 이러한 권력에 굶주린 정치인(power-hungry politicians)이 최초의 헌법이나 적법하게 수정된 헌법을 침해할 우려를 견제하기 위하여 종신직의 법관을 제도화한 것이므로, 만일 대법관들이 인기에 영합하기 위하여 헌법의 해석을 자의적으로 할 경우에는 이러한 헌법의 아버지들이 종신직의 법관을 규정한 취지를 몰각시키는 것이므로, 마땅히 물러나서 신임을 받아야 한다는 주장을 펼치는 것이다.

로버츠 코트에서의 케네디

로버츠 코트 이후 케네디 대법관은 오코너 대법관 은퇴 이후 보수와 진보진영 간의 균형추 역할을 가장 잘 수행할 대법관으로 주목을 받았다. 2007년의 경우 역사에 남을 것으로 평가되는 두 건의 5 대 4 판결에서 실제 케네디 대법관은 스윙 맨 역할을 수행하였다. 미국에서 가장 논쟁거리 중의 하나이며, 공화당의 전통적인 지지기반이 총기협회에서 많은 로비를 하여 왔던 총기 소지와 관련하여 개인의 자기보호를 위한 총기 소지권은 수정헌법 제2조가 보장한 국민의 기본권으로서 법률로 제한할 수 없다는 헬러(District of Columbia v. Heller) 사건에서는 보수진영에 가담하였다. 반면 관타나모 해군기지에 구금 중인 알카에다 테러혐의자들도 미국 연방법원에 인신보호영장을 청구할 권리가 있음을 선언한 판결(Boume-diene v. Bush)에서는 진보진영에 가담하였다. 아울러 그는 아동에 대한 단순강간죄에 사형을 법정형으로 규정한 루이지애나

주법은 '잔인하고 비정상적인 형벌'을 금지한 수정헌법 제8조에 반한다는 판결(Kennedy v. Louisiana)에서도 진보파를 대표하여 다수의견을 집필함으로써 사회의 이목을 끌었던 대표적인 5 대 4 판결에서 모두 다수의견을 주도하였다. 그가 수정헌법 제8조와 관련하여 판단하였던 것은 케네디 대 루이지애나(Kennedy v. Louisiana) 판결을 포함하여 이전의 그의 판결을 보는 것은 케네디 대법관의 수정헌법 제8조에 대한 견해가 계속적으로 변화하여 왔다는 것을 보여 주는 좋은 예이다.

스탠포드 대 켄터키(Stanford v. Kentucky) 사건

케네디 대법관은 1989년 잔인하고, 비정상적인 형벌(Cruel and Unusual Punishment)을 금지하고 있는 수정헌법 제8조가 18세 이하의 살인자들에 대하여 주(州)가 사형을 선고하는 것을 금지하고 있는지에 대한 질문에 당시 케네디 대법관은 '아니다'라고 답을 했다. 하지만, 그로부터 16년이 지난 2005년 같은 질문에 대하여 케네디 대법관은 16년 전과 마찬가지로 스칼리아 대법관이 동일한 논거로 작성한 판결문 초안에 대하여 '그렇다'라고 답을 하여 견해를 변경하였다. 그 기간 동안 미국의 수정헌법은 변경된 사항이 전혀 없이 동일한 자구를 유지하였다. 그럼에도 케네디 대법관과 그 의견에 동조한 다른 대법관들의 개인적인 의견의 변경만으로 동일한 자구로도 최소한 17세의 살인자에 대한 사형선고에 대하여 수정헌법 제8조는 그 의미를 달리하게 된 것이다.

1989년 스탠포드 대 켄터키(Stanford v. Kentucky) 사건은 2명의 10대 살인범이 1958년 사건(Trop v. Dulles)을 지적하면서, 18세 미만자에 대하여 사형을 선고하는 것이 잔인하고 비정상적인 형벌이라고 주장한 사안이다. 이 사건에서 언급된 트롭 대 덜레스(Trop v. Dulles) 사건이란 남북전쟁 이후 문제되지 않았던 시민권 박탈형이 잔인하고 비정상적인 형벌이라고 주장하면서, 수정헌법 위반을 주장한 사안이었다. 이에 대하여 4명의 연방대법관들은 수정헌법 제8조는 사회가 성숙되어 감에 따라 진화하게 되는 사회공동체 내에서의 기준(America's Evolving Standard)이 고려되어야 한다고 판시하였다. 이러한 판시에 기초하여, 케네디 대법관은 Stanford 사건에서 신청인(Petitioner)들의 신청을 기각하는 스칼리아 대법관의 견해에 동조하였다. 통계적으로 볼 때 1989년 당시 사형을 허용하는 37개 주 중에서 22개 주가 16세나 17세자들에 대한 사형을 허용하고 있었던 사정을 생각하면, 미국에서의 진화하고 있던 기준은 이러한 미성년자들에 대한 사형을 허용하는 것이 기준이라고 보았던 것으로 보인다.

하지만, 여전히 22개의 주가 16세나 17세자들에 대한 사형을 허용하고 있다는 사정에 변경된 것이 없고, 연방 수정헌법 제8조의 문언이 변경된 것이 없음에도 케네디 대법관은 동일한 법률쟁점을 가진 롭퍼 대 사이몬스(Roper v. Simmons)(2005) 사건에서 미국 내에서 진화하는 기준은 이러한 연령의 미성년자들에 대하여 사형을 금지하는 것이라고 하면서, 결론을 달리하였다.

만일 외국의 입법례를 언급하면서, 미성년자에 대한 사형선고가 비례의 원칙(Rule of Proportionate)에 위배된다고 주장하는 이러한 케네디 대법관의 태도를 인정한다면, 미국의 연방대법관은 일방적으로 미국 수정헌법을 수정할 수 있는 권한을 가지게 되는 것이다. 그렇다면 미국 연방대법관은 이제 판사라기보다는 상위입법자가 되어 버리는 것이므로 만일 케네디 대법관이 입법을 하고 싶다고 대법관직을 그만두고, 선출직으로 나서야 한다고 비판론자들은 주장한다.

법원의 입법형성적 기능과 한계

미국이든 한국이든 대법관은 한 국가의 최고법관이자 국가원로로서 각자 지혜를 모아 국가질서를 수호하고, 형성하는 기능을 한다. 이런 대법관은 시대의 상황에 따라 견해를 변경할 수 있는 것이지, 항상 동일한 견해만을 내야 하는 것이 아니다. 종신직인 미국 연방대법관의 경우 개인적인 견해도 삶의 궤적에 따라 바뀔 수 있는 것이라고 보는 것이 옳겠다. 다만 개인적인 가치관과 사회 문제의 해결을 위한 사회적 요구의 조화, 그리고 사법부와 입법부의 관계에 대한 철학적인 인식 등은 여전히 과제이다.

독자 중에서 사법부가 실질적인 입법을 한다는 의미의 대법원의 입법형성적 기능에 대해 관심을 가지고 있는 독자라면 사법기능의 한계와 관련하여, 케네디 대법관과 입법부를 존중하여 가장 위헌판결을 적게 한 브라이어 대법관과 비교하여 고민하여 보는 것은 매우 흥미로운 일이 될 것이라고 믿는다.

04
대법관 수터
David H. Souter

1990.10.9.~2009.6.29

브레넌의 승계자

수터(David H. Souter) 대법관은 1990년 7월 20일 당시 84세의 브레넌 대법관이 은퇴하면서 그의 대법관직을 승계하였다. 1990년 여름휴가 동안 휴가를 보내면서, 브레넌 대법관은 경미한 뇌졸중 증상을 보였다. 당시 로 사건(Roe v. Wade)에 대한 대법원의 구성은 부침이 있었다. 호지슨 대 미네소타(Hudgson v. Minnesota) 사건에서 법원이 필요하다고 판단하는 경우에만 효력이 발생하도록 고안된 사법적 우회로 조항을 포함하고, 양쪽 부모에게 모두 통보를 하는 것을 조건으로 낙태를 허용하는 미네소타 주 법이 문제가 되었다. 당시 미네소타주에서는 양쪽 모두 친부모와 사는 아이는 절반에 불과하였지만, 법적으로 자식에 대한 친권이 없는 부모에게까지 통보하고 심지어는 전혀 아이와 함께 살아 본 적이 없는 부모에게까지 통보할 것을 요구하였다.

대법원은 이 사건에서 두 가지의 대안에 대하여 투표를 하였다. 첫 번째 대안은 양 부모에게 모두 통보하여야 한다는 조건은 위헌이라는 것이었고, 두 번째 대안은 해당 법은 사법적 우회로 조항이 있는 경우에만 유효하다는 것이었다. 브레넌 대법관과 오코너, 스티븐스, 마샬, 블랙먼 대법관이 첫 번째 대안에 표결하였고, 렌퀴스트 대법원장, 스칼리아, 화이트, 케네디 대법관이 두 번째 대안에 표결하였다. 이러한 표결이 있고, 브레넌이 대법원에서 은퇴하기로 결정하였을 때, 향후의 로 사건의 운명은 후임 대법관에 의하여 결정될 것으로 보였고, 당연히 브레넌 대법관의 직을 승계할 후임자에게 많은 관심이 쏠리게 되었다.

1990년 7월 23일 조지 H. W. 부시 대통령은 브레넌 대법관의 후임으로 뉴햄프셔 출신의 공화당원이자 워렌 루드만(Warren Rudman) 상원의원의 지지를 받고 있던 데이빗 수터 뉴햄프셔 주 대법관을 지명하였다. 당시 수터 지명자는 제1항소법원의 판사로 인준을 받은 상태였고, 아직 항소법원으로 집무실도 이전 못한 상태였다. 그만큼 급작스러운 브레넌의 은퇴로 수터는 항소법원의 판사 지명 직후 대법관으로 지명된 것이다.

하버드 출신의 대법관

우리나라에서 서울대학교 출신 대법관이라는 말이 가지는 의미만큼은 아니지만, 많은 수의 하버드 출신 대법관이 있는 미국 연방대법원에서 하버드 출신 대법관이라는 것은 그리 눈에 띄는 약력은 아니다. 수터 대법관도 하버드 출신의 대법관 중의 하나이다. 하버드 출신이었다는 것 외에 그가 법조인으로서 어떤 성향의 인물이었는지에 대하여는 매우 수수께끼와 같은 인물이었다. 진보진영의 입장에서는 부시 대통령의 지명에 대하여 그가 보수적인 인물이 아닐까 하는 의심을 가지고 있었고, 따라서 인준청문회에서 선례구속의 원칙(stare decisis)을 존중하면서 이러한 선례구속의 원칙이 반드시 존중하여야 할 사법체계의 기본적인 원리라고 하였고, '그리스월드(Griswold v. Connecticut)' 사건을 선결례로서 존중하여야 한다고 하였다. 결국 그는 극단적인 보수주의자가 아닌 것으로 판단되었고, 1990년 10월 2일 90 대 9로 대법관 인준에 성공하였다.

워렌 코트에서 워렌 대법원장이 내린 직관적 결론을 판결로 형상화하는 작업을 하였던 워렌 코트의 실질적인 기둥인 대법관 브레넌의 승계자로서 수터 대법관은, 1990년 개정기에 자신의 성향을 시험 받을 수 있는 사건을 바로 심리하게 된다. 바로 10월 30일 연방대법원이 구두변론을 들었던, '러스트 대 설리번(Rust v. Sullivan)'이 바로 낙태에 관련된 사건이었기 때문이다.

문제가 된 사안에서 연방정부의 기금을 받는 가족계획 클리닉의 직원들은 환자들에게 낙태에 관한 상담은 물론 환자가 질문을 하는 경우에 직접적인 낙태에 관한 답변을 하는 것조차도 금지되었다. 원고들은 이 사건에서 클리닉 직원들의 표현의 자유를 위반하였다고 주장하였다. 렌퀴스트 대법원장, 스칼리아, 화이트, 케네디 대법관의 일관된 진용은 변동이 없었고, 새로 대법관으로 지명된 수터의 판단이 주목받게 되었다. 수터는 토론과정에서 합헌진영에 가담하였다. 결국 다수의견이 된 수터의 판단으로 이제 조만간 로(Roe) 사건이 뒤집히게 될 것이 아닌가 하는 예견이 나오게 되었다. 게다가 브레넌 대법관이 대법원을 떠난 1년 후에 또 다른 로(Roe) 사건의 지지자인 더굿 마샬(Thurgood Marshall) 대법관까지 대법원을 떠남으로써 결국 이제는 블랙먼 대법관만이 로(Roe) 사건과 관련하여, 유일한 지지자로 남게 되었다. 이제 수터가 지속적인 렌퀴스터 진영의 일부가 된다면, 보수진영은 이제 더굿 마샬 대법관의 후임자를 잘 지명하면, 워렌 시대를 넘어서, 마침내 꿈꾸던 진용을 갖추게 될 수 있는 기회를 얻게 되었다. 왜냐하면 수터 대법관의 첫 1년은 렌퀴스트 대법관과 대부분의 주요 사건에서 의견을 같이 하였기 때문이다. 이 때 부시 대통령은 보수진영에서 보수파로 분명히 분류되어 있던 클래런스 토마스를 대법관으로 지명하였다. 토마스의 대법관 지명은 1990년 워싱턴 D.C. 항소법원의 판사로 부시 대통령이 그를 지명하였을 때 이미 가능성을 보이고 있었다. 그런데 그 시기가 생각보다 일찍 다가왔다. 수터 대법관에 토마스 대법관을 더하게 되면, 이제 대법원은 스티븐스, 블랙먼 대법관만이 확실한 진보진영으로 남게 되는 상황이 되었다. 왜냐하면 오코너 대법관도 호지슨 대 미네소타(Hudgson v. Minnesota) 사건에서 처음으로 낙태에 대한 규제를 반대하였기 때문에 언제든지 스윙 보트(swing vote)가 될 가능성이 있었던 것이다.

도거트 사건

하버드 출신의 브레넌의 승계자는 수터는 1년간 대법원에서의 대법관직을 수행한 뒤 태도를 점진적으로 바꾸어 가는 것처럼 보이는 태도를 보였고, 그의 선임자인 브레넌과 비슷한 입장이 되어 갔다. 도거트 사건(Doggett v. United States, 505 U.S. 647

(1992))에서 이러한 대법원 내의 역학관계의 변동이 감지되었다. 오코너 대법관은 토마스 대법관의 임명 후에 블랙먼을 비롯한 진보적 대법관들과 거리가 가까워진 것처럼 보이는 의견을 피력하였다. 그리고 수터 대법관도 진보적인 의견에 동조하였다.

이 사건은 버지니아 출신의 마크 도거트(Marc Doggett)라는 마약사범이 거의 9년만에 체포되어 기소된 것과 관련된 사건이다. 그는 이 사건에서 9년이나 경과한 뒤에 자신을 체포하여 기소하고 처벌하겠다는 것은 미국 헌법이 보호하고 있는 신속한 재판을 받을 권리를 침해한 것이라고 주장하였다. 수터는 이 사건에서 처음에는 도거트가 패소하여야 한다고 판단하였다. 하지만 변론을 통하여 자신의 견해를 변경하게 된다. 그는 사법적인 지체(delay)는 인권을 침해하는 것으로 방치되어서는 안 된다고 견해를 바꾸었다.

온건 블록(moderate bloc)을 구축하다

수터는 1939년 9월 13일 매사추세츠주의 멜로즈(Melrose)에서 태어났다. 하지만 외조부의 농장이 있었던 뉴햄프셔주의 위어(Weare)에서 유년기의 많은 시기를 보냈고, 그 자신도 이곳을 자신의 고향으로 생각하였다. 수터는 콩코드(Concord) 고등학교를 졸업하고, 하버드 대학교에 입학한 후 1961년에 우등으로 졸업한다. 그는 클린턴 대통령이 후에 갔던 로즈장학금을 받고 옥스퍼드대학교에 유학을 한다. 그리고 1963년 하버드 로스쿨에 입학한다. 그는 콩코드 소재의 로펌에서 변호사 생활을 하였고, 그는 회사법상 자문과 송무를 담당하였다. 하지만 당시 그는 로펌 생활에 그렇게 만족하지 못하였고, 공직으로 진출하고 싶어 했다.

마침내 1968년 수터는 뉴햄프셔주 형사부(criminal division) 검사보(assistant attorney general)가 된다. 1971년 워렌 루드먼(Warren Bruce Rudman)[68]이 주지사가 임명하는 임기 4년의 뉴햄프셔 주 검찰총장이 되었을 때, 수터는 그를 보좌하는 직책을 맡게 된다.

68) 1930년생으로 보스톤에서 태어나 뉴햄프셔를 기반으로 하여 정치인으로 지냈다. 법조인으로 1980년부터 1993년까지 뉴햄프셔주를 대표하여 연방상원의원으로 일하였다.

이 인연을 계기로 워렌 루드먼은 수터 대법관의 후원자가 된다. 그리고 루드먼이 사임하자 주지사의 지명을 받아 그의 직책을 이어받게 된다. 그는 검찰총장으로서 당시 지역의 핵발전소 건설에 대한 반대시위나 도박 합법화 운동 등에 대하여 반대한다. 2년의 검찰총장 생활을 마치고, 그는 법관이 된다.

그는 주의 지방법원 판사로서 근무하면서, 형사사건에서의 범죄에 대한 단호한 태도로 명성을 쌓게 된다. 1983년 마침내 당시 주지사인 존 스누누(John H. Sununu)[69]에 의하여 주 대법원의 판사로 지명된다. 그리고 1990년 부시 대통령이 그를 연방항소법원의 판사로 지명되기 전까지 주 대법원의 판사로 봉직한다. 이 기간 동안의 주 대법원에서의 판결과 아울러 존 스누누와 루드먼의 지지하에 그는 부시 대통령에 의하여 대법관 후보로 지명되었다. 존 스누누는 수터가 검찰총장을 하던 시절, 뉴햄프셔 주지사로 일하고 있었다. 그는 수터의 지명 당시 부시 대통령의 백악관 비서실장으로 각종 공직 인사에 큰 영향력을 미치고 있던 소위 실세였다. 오바마 대통령의 램 엠마누엘(Rahm Emanuel)[70] 비서실장이 가지고 있다는 정도의 힘이라고 말할 수 있을지는 모르겠지만. 그는 쿠바 출신으로 공학교수였다가 주지사를 하고 부시의 보좌를 하였는데, 그는 공화당 내에서도 적이 많았지만 부시 대통령의 최측근이었고, 이러한 스누누의 도움으로 수터는 연방대법관이 될 수 있었다.

지금도 그는 결혼을 하지 않고, 2009년 6월 은퇴 후 워싱턴 D.C.를 떠나 고향인 뉴햄프셔의 '위어'로 돌아갔다. 그는 대법원에서 중도적인 태도를 취하고 있고, 보수적인 성향의 스칼리아 대법관과도 종종 같은 의견을 내었다. 예를 들어 그는 앞서의 도거트 사건에서도 스티븐스의 의견에 스칼리아와 같이 동조하여 견해를 변경하였다. 누구의 적도 아닌 온건주의자의 자리를 나름대로 대법원 내에서 찾아낸 것이다. 하지만 첫해의 수터는 오로지 두 건의 반대의견을 내었을 뿐이었다. 당시 오코너 대법관은

---

69) 존 H. 스누누는 1939년생으로 쿠바의 수도 하바나에서 태어났다. 1983년 85대 뉴햄프셔 주지사를 거쳐, 1989년부터 1991년까지 부시 대통령의 초대 비서실장으로 일했다. 그의 아들인 존 스누누도 연방상원의원을 역임하는 등 정치적인 영향력을 지속하고 있다. 아랍계 출신 미국 정치가이다.

70) 램 엠마누엘은 1959년생으로 시카고 출신이다. 그는 일리노이 주 출신 민주당 연방하원의원으로 유대계 부모 사이에 태어났고, 오바마의 대통령의 첫 비서실장이다.

수터가 대부분의 사안들에서 자신의 의견은 잠정적인 것(tentative)이라고 한다고 비난하였다.

1992년에는 그는 U.S. v R,L.C, 503 U.S. 291(1992) 사건에서 스칼리아와도 대립하였다. 미네소타주에서 한 소년이 만취한 상태에서 차를 운전하다가 인디언 보호구역에서 2세 된 여아를 치어 사망하게 된 사안에서, 1심 판사는 소년보호시설에서 3년간 형기를 보내도록 판결하였다. 하지만 항소법원은 1심 법원이 연방 양형 기준을 오해한 판결을 하였다면서, 형량을 절반으로 줄였다. 이에 주 검찰총장은 항소법원의 양형이 지나치게 관대하다고 하면서, 이 사건을 연방대법원에 항소하였다. 이 사건의 표결은 7 대 2로 이루어졌고, 스칼리아와 수터는 모두 다수의견에 속하였다. 렌퀴스터 대법원장은 이 사건의 의견서 작성을 수터 대법관에게 맡겼고, 그는 다수의견을 작성하였다.

문제는 그의 다수의견이 회람되면서 발생하였다. 그의 의견에는 미국 의회가 양형 기준을 작성하면서, 어떤 고려를 하였는지에 대한 입법적인 연혁과 의회보고서 및 입법관련 기록들이 설시되어 있었다. 하지만 스칼리아는 이러한 수터의 판결문 초안에 대하여 형사 판결에 있어서 법이 명확한데 이러한 양형과 관련된 의회의 기록을 설시하는 것은 전혀 불필요한 일이라고 판단하였고, 만일 이러한 식으로 판단하면 입법과정이라는 것이 의회의 법안심사도 있지만 대통령의 승인이라는 과정도 분명히 존재하는 것인데 이러한 입법과정을 무시하게 되는 것이라고 보았다. 그는 형사처벌의 관점에서 입법의도는 행위자에게 어떤 경고도 이루어질 수 없고, 행위자는 이러한 입법자의 입법의도를 알 길이 없으며, 만일 입법 자체가 명확하게 되어 있지 않고 상충된다면, 이와 같은 경우에는 좀 더 가벼운 처벌을 하면 족한 것이지, 입법자의 입법연혁이나 의도를 궁구하는 것은 불필요하거나, 잘못된 것이라고 보았다.

수터 그리고 오코너, 케네디

시간이 지나면서, 수터는 케네디, 오코너 등의 대법관과 같은 중간지대에 서는 역할을 하게 된다. 결국 브레넌 대법관의 계승자는 어느 한 진영에 선 것으로 판단되는 대법관이라기보다는 자신이 합리적이라고 판단되는 진영에 서는, 소위 말하는 온건블록(moderate bloc)을 구축하였다.

케네디는 진보적인 판결을 하면서도 늘 보수진영을 기웃거렸고, 보수적인 판결을 할 때도 진보진영을 넘봤다. 그는 부시 대 고어(Bush v. Gore) 사건에서 보수진영의 손을 들어 주어 부시를 대통령으로 만들었다. 반면, 수터의 경우에는 공화당의 지명자들의 기대와는 달리 1년의 초기 대법관 생활을 지나서 공화당원들이 손쓸 틈도 없이 너무나도 빨리 진보진영에 몸을 담게 되어 공화당원들의 기대를 저버렸다.

수터는 부시 대 고어(Bush v. Gore) 사건에서 브라이어 대법관과 같이 케네디 대법관을 설득하여 플로리다주 대법원의 판단이 평등보호(equal-protection) 원칙을 위반하는 것으로 판결을 끌어낼 수 있을 것이라고 생각하였지만, 결국 실패하였다. 사실 케네디가 낙태(abortion), 소수우대정책(affirmative action), 학교예배(school prayer) 등에서 보수파에게 등을 돌림으로써 공화당이 원하였던 역사를 변경하는 것에 실패한 바 있었지만, 케네디는 다시 흔들렸다.

지명 당시 수터는 스칼리아가 간 길을 따라갈 것이라고 공화당원들은 보았고, 그의 전임자인 브레넌이 대법관직을 그만 두었을 때, 그리고 뒤를 이어 다음 해 더굿 마샬 대법원이 대법원을 떠났을 때 로(Roe) 사건의 운명은 이미 끝난 것처럼 보였다. 하지만 수터는 브레넌과 오히려 가까운 쪽이었고, 그는 브레넌의 자리를 승계하였다는 것을 공화당원들에게 보여 준 셈이 되었다. 누구의 자리를 이어받는다는 것, 그리고 그 전임자의 탁월함이 돋보이는 경우 후임자의 부담은 크기 마련이다. 수터는 결국 전임자 브레넌을 이어받았다.

수터 대법관은 2009년 6월 29일 대법관직을 사임하고 고향으로 돌아갔다. 그의 후임으로는 최초의 히스패닉계 대법관인 소토마요르가 지명되어 상원인준을 무난히 받고 현재 대법관으로 재임 중이다.

05
대법관 토마스
Clarence Thomas

1991.10.15.~현재

책으로 보는 클래런스 토마스

미국에 갈 때마다 나는 '반즈 & 노블'이라는 서점에 들러서 책을 보는데, 이는 유학시기 힘들었던 때를 회상하는 기회가 되면서, 동시에 편안함을 준다. 다행히 출장지였던 밸뷰[71]의 호텔 앞에도 '반즈 & 노블'이 있어서 일과가 끝나고 나면 그곳에 갔다. 입구에 있는 할인 코너에서 클래런스 토마스 대법관에 대한 책을 보았다. 바닥에 앉아서 한참을 보면서, 살까 말까 고민하였다. 자서전류의 책이라면 자서전이라는 책의 성격상 진실과 허구를 적당히 버무려 놓은 당의정과 같을 것이고, 제3의 시각에 서라면 그 시각의 위치에 따라 달라질 것이라 좀 더 저자들에 대하여 알아보고 사기로 하고 뒤로 미루었다. 우리는 한 사람의 삶은 바라보는 것은 여러 가지 긍정적인 점과 부정적인 점을 서로 섞어 놓은, 우리가 어린 시절 보았던 위인전기와 같은 것은 아니라는 것을 살면서 배워 나간다.

토마스 대법관은 부시 행정부에서 사망한 렌퀴스트 대법원장의 후임으로 클래런스 토마스 대법관을 지명하는 것에 대하여 검토하였다는 이야기가 있을 정도로 보수주의자이다. 최초의 흑인 대법관인 더굿 마샬이 진보적인 의견들을 지속적으로 내면서 흑인 인권운동을 사실상 대변하였다면, 역설적으로 두 번째 흑인대법관은 심지어 임

71) 시애틀 옆에 있는 신흥도시로 시애틀이 서울이라면, 분당 정도 되는 도시임.

명과정에서도 흑인단체에서 임명에 반대할 정도로 보수적인 인물이다. 그는 판결성향으로 볼 때 렌퀴스트 법원에서 스칼리아와 함께 보수의 삼두마차를 끌고 간 1인이었다. 그는 이런 점에서 문언주의자 그룹의 일원으로 분류된다.

'애니타 힐 사건'과 전미변호사협회의 반대의견

토마스 대법관은 상원의 대법관 인준표결에서 불과 두 표라는 가장 적은 차이로 대법관이 되었다. 그는 그의 보수적인 성향으로 인하여 지명되었고, 그의 보수적인 성향으로 인하여 많은 공격을 받았다. 그러나 일반적으로 보수적이라거나 진보적이라는 이유만으로 대법관이 되지 않지는 않는다. 왜냐하면 공화당이나 민주당 어느 한 진영에서 지지를 받고 있을 것이기 때문에 지명이 되었다는 것은 그 성향만으로는 낙마하지 않는다고 보면 될 것이다. 토마스 대법관을 인준과정에서 유명하게 한 것은 '애니타 힐' 사건이라는 성적 괴롭힘(sexual harassment) 사건이다. 이 사건의 문제를 제기하였던 애니타 힐은 토마스 대법관이 오클라호마 법대 교수를 하던 시절의 동료교수였다. 토마스 대법관은 고용평등위원회(EEOC: Equal Employment Opportunity Commission)에서 힐 교수와 같이 근무하면서 힐 교수를 성적으로 괴롭혔다는 혐의를 받았다. 이 사건에서는 서로 상반된 진술과 증인 채택 문제 등이 논란이 되었는데 결정적인 증인이라고 생각되었던 EEOC의 홍보담당자였던 안젤라 라이트(Angela Wright)가 청문회에 출석하여 발언할 수 있는가 하는 것이 중요하였다. 하지만 하늘이 토마스 대법관을 도왔는지 토마스 대법관의 변호사들이 훌륭하였는지, 그의 발언이 문제가 되어 증인으로 상원 청문회에 채택되지 않았다. 결국 토마스가 힐 사건으로 인하여 낙마하지 않게 된 원인이 되었다. 어찌 되었든 힐 사건은 토마스 대법관의 인준에 있어서 분수령이 되었던 가장 힘든 고비였다.

또 다른 고비는 전미변호사협회(American Bar Association)의 토마스 대법관에 대한 부적격(not qualified) 의견이었다고 할 수 있다. 변호사회의 역할과 대법관의 인준에 대하여 전미변호사협회는 자신들의 의견을 표명하는 바, 대법관에 대하여 적격 내지 부적격 등의 방식으로 의견을 낸다. 현재 우리 대한변호사협회도 필요에 따라서 이와 같은 의견표명을 하고 있는 것으로 알고 있는데 변호사협회의 위상이 달라질 향후에 있어서 모든 법관이 경력 법관으로 임용되게 된다면, 변호사에 대하여 가장 상대적으로 많은 정보를 축적하고 있는 변호사협회의 의견이 점차 중요하여질 것이다. 또 의견을 내어 놓는 것이 견제기관으로서 변호사협회에 당연히 요구되는 일이기도 하다고 생각된다. 지명이나 인준에 있어서 구속적인 의견일 수는 없더라도 매우 영향력 있는 의견일 것임은 분명하다.

민주당과 진보단체는 토마스를 낙마시키려고 하는 노력을 하였지만 실패하였다. 미국에서는 보크 대법관 지명자의 낙마를 빗대어 이를 동사로 만들어 'bork'하려고 하려고 한다는 말을 쓰기도 하는데, 민주당과 진보단체는 토마스를 bork하지 못했다. 결국 미국 연방대법원은 40대 초반의 젊은 흑인 보수주의자를 일원으로 맞이하게 된다. 불우한 가정환경을 딛고 일어서 1991년 10월 23일 토마스는 두 번째 흑인 대법관이 되었다. 그는 제106대 연방대법관이다. 다만 토마스 대법관이 최초의 흑인 대법관 더굿 마샬과 다른 점은 더굿 마샬은 인종차별로 입학자체가 불가능하였던 예일대 로스쿨 출신이라는 점이다. 선배들의 피와 분투는 후배에게 새로운 지평을 열어주었다. 하지만 후배는 선배들과 다른 길을 간다.

선례구속의 원칙과 토마스 대법관

(1) 선례구속성의 원칙

우리가 영미법을 배울 때 영미법은 불문법이고, 판결에 의하여 선례가 축적되고 이에 의하여 법이 형성된다고 배운다. 그리고 로스쿨에서도 가장 먼저 배우는 것 중의 하나가 판례를 요약하여 브리프(brief)를 만드는 것이었다. 실제로 미국법에서 선례구속성의 원칙(principle of stare decisis)은 가장 기본적인 법원칙으로 이해되고 있다.

미국 연방대법원은 선결례들을 통하여 판례를 형성하여 왔고, 특별히 이러한 판례를 뒤집어야 할 결정적인 정당화 사유가 있지 않은 한, 선례는 유지되었다. 이러한 현상은 대륙법 국가라고 하는 우리나라에서도 사실은 크게 다르지 않다. 서로 조화가 되어서라기보다는 개인적으로는 어떤 기관이든 이러한 관성은 작동한다고 생각하고 조직의 본성의 하나라고 생각한다. 다른 면에서 보면 우리나라와 같은 대륙법제에서의 선결례들은 법원으로 하여금 예견가능성을 높여주고, 법을 지켜야 하는 사람들로 하여금 법관의 판단에 대한 방향성을 이해할 수 있게 하는 면이 있기 때문에 우리 법제의 경우에도 선결례들의 의미가 결코 무시될 수 없는 것이라고 이해할 수도 있을 것이다.

(2) 미국 연방대법원의 태도

미국법의 특성이라고 이해되는 데 큰 이견이 없는 선례구속성의 원칙은 미국 연방대법원에서도 지속적으로 확인되어 왔다. 1932년 브랜다이스 대법관은 "선례구속의 원칙은 현명한 정책이다. 왜냐하면 적용 가능한 규칙(rule)이 무엇인지를 발견하는 것은 매우 중요하기 때문이다. 그러나 연방헌법과 관련된 사안에서는 입법을 통한 개정이 매우 어렵기 때문에 연방대법원은 이전의 자신의 판결을 뒤집을 수 있다. 이러한 점은 적법절차규정(due process clause)과 관련하여 현저하게 볼 수 있다"라고 판시하여 연방대법원에서의 선례구속성의 원칙에 대하여 언급한 사실이 있다(Burnet v., Coronado Oil & Gas Co., 285 U.S. 393, 406,410(1932)). 토마스 대법관 이전의 최초의 흑인 대법관이었던 더굿 마샬 대법관도 1986년 선례구속의 원칙에 대하여, "선례구속의 원칙은 법이 실수에 의하여 변경되는 것이 아니라, 원칙에 기초하여 합리적으로 발전하여 가는 것을 보장하는 수단이다"라고 설명한 바가 있다. 토마스 대법관 자신도 그의 인준청문회에서 선례구속성에 대한 질문을 받자 "선례구속성은 우리 사법제도의 영속성을 유지하는 수단이며, 이를 통하여 예견가능성을 제공한다"라고 선례구속성의 유지에 대한 의지를 보였다. 왜 이런 질문을 하는가에 대하여는 청문회의 성격을 생각하면 쉽게 생각하여 볼 수 있고, 답을 하는 사람도 인준을 위하여는 어떤 답을 하여야 하는지를 서로 잘 알고 있기는 하지만.

대법관이 된 토마스는 선례구속성의 원칙에서 가장 자유로운 대법관으로 평가

받고 있다. 선례구속의 원칙에 대한 입장은 미국 연방대법관들 사이에서도 나뉜다. 위대한 반대자로 불린 윌리엄 더글라스 대법과도 선례구속의 원칙을 그리 중요하게 생각하지 않았던 대표적인 대법관 중의 하나이다.

(3) 문언주의자와 선례구속성의 원칙

문언주의의 입장에서 보면 선례구속성이라는 것은 사실 서로 상충되는 것처럼 보인다. 이는 대륙법계 국가에서 통상적으로 선례구속성의 원칙이 적용되지 않는다는 것과 같은 맥락이다. 법은 입법자들이 만드는 것이고 이러한 입법형성기능에 대하여 사법부는 이미 만들어진 법을 해석하는 것이며, 이러한 해석에 있어서 기본은 바로 문언이라는 것이 바로 문언주의라고 이해할 수 있을 것이다. 바로 이러한 점에서 문언주의자의 한 사람인 스칼리아 대법관이 만일 문언과 선결례가 서로 상충되는 경우에는 선결례는 항상 뒤로 물러나야 한다고 주장하는 것은 충분히 이해될 수 있다. 다만 미란다 원칙을 뒤집으려고 하는 사건에서 '선례구속성의 원칙은 특별한 정당화 사유가 없는 한 항상 선례에서 출발하여야 한다는 설득력 있는 원칙'이라고 설시하는 것과 같이 일반적으로 이해되는 것이 문언주의와 항상 충돌하는 것인가 하면 그렇지는 않다.

문언만으로 해석이 모호할 경우에는 여전히 선결례는 해석의 지침이 될 수 있다는 점에서 문언주의자라고 하여 반드시 선례구속성의 원칙이 이와 병행될 수 없는 것은 아니다.

(4) 토마스 대법관의 경우

토마스 대법관은 이미 헌법적으로 확립된 것으로 이해되는 30건 이상의 판례들에 대하여 이와 상충되는 의견을 개진하였다. 예를 들어, 칼더 사건(Calder v. Bull 3US (3Dall)386(1798)) 이래로 소급입법(Ex post facto law)은 형사사건의 경우에는 미국 헌법에 위반되는 것으로 허용되지 않는다는 판례가 확립되었다. 이는 윌리엄 쿠싱 등 당시 대법관들의 판결문을 통하여 분명하게 판시되었다. 토마스 대법관은 종종 확립된 법리(法理)에 대하여도 다른 의견을 제시하곤 한다. 물론 이러한 판례법이 뒤집어져서는 안 된다는 취지에서라기보다는 그가 이 정도로 기존의 판례들에 대하여 구속받지 않았다는 것을 단적으로 보여 주는 예라고 하겠다.

그의 이러한 태도 중에서 가장 유명한 사건이 United States v. Lopez 514 U,S, 549(1995) 판결이다. 이 사건은 1929년 대공황 이래로 연방대법원이 헌법상의 주간통상조항(Commerce Clause)을 통하여 의회의 입법권을 통제하여 온 것과 관련된 사건으로, 렌퀴스트 대법관은 판결에서 학교 근처에서 총기를 소지하는 것과 같은 행동은 주간통상이라는 경제적인 행위와는 전혀 무관한 행동으로 이와 같은 행위가 주간통상조항에 의하여 규율될 수 없다고 판시하였고, 토마스 대법관도 이 사건의 별개 의견에서 연방의 권한을 제한하고 주의 권한이 강화되는 방향으로 해석되어야 한다는 취지를 명시하였다. 이 사건은 매우 의미 있는 사건으로 그간 인권의 보호라는 관점에서 연방정부의 권한을 강화하기 위하여 계속적으로 확장되어 온 주간 통상 조항에 대하여 기준을 제시하면서 제한을 가한 사건이다. 5 대 4로 갈린 이 사건의 반대의견은 브라이어 대법관에 의하여 작성되었고, 긴즈버그, 스티븐스, 수터 대법관에 의하여 지지되었다. 다수의견 진영에는 스윙 보터인 케네디와 오코너가 보수 3인방에 동조하였고, 이 중 케네디와 토마스는 별개 의견을 작성한다. 이 판결문은 문언주의가 무엇인지 궁금한 사람이라면 일독을 권하고 싶은 판결문인데 토마스는 1796년대 출판된 존슨(S. Johnson)의 『영어사전(A Dictionary of the English Language) 제6판』을 찾아 헌법이 입법될 당시의 통상(commerce)의 의미가 무엇인가를 질문하고 답하는 것에서 모든 논의를 시작한다. 그러면서 일련의 역사적인 논증을 통하여 마치 고고학자와 같이 풀어 가서는 마침내 주간통상조항의 적용확장의 이론적인 토대가 되었던 '실질적 효과이론(substantial effect theory)'이라는 것이 헌법의 문언과는 괴리된 것으로, 버려야 할 유산이라고 선언한다.

현재진행형으로서의 토마스 대법관

1948년생인 토마스 대법관은 연방대법원 내에서 젊은 편에 속하는 대법관이다. 그는 대체로 스칼리아 대법관과 일치하는 결론을 내고 있다. 그러나 선례에 어긋나는 그의 의견에 대하여는 여전히 많은 반대자들이 존재한다. 미국 흑인 빈민가에서 태어나 자신이 사용하는 말이 다른 전형적인 영어를 사용하는 동료들과 달라서 놀림감이 되었기 때문에 법정에서조차도 말을 하기보다는 말을 듣는 습관이 들었다고 하는 토마스 대법관. 그의 선결례에서 벗어난 행보가 많아질수록 그는 더 많은 논쟁의 소용돌이의 중심이 될 것이다. 그는 로페즈(Lopez) 사건의 다수의견에 반대하는 의견을 작성하면서, "나는 적절한 시점에 우리가 반드시 주간통상조항에 대한 법리를 변경하여야 한다고 생각한다."고 썼다. 토마스 대법관은 또 다른 사건에서 기존의 선례를 변경하여야 한다고 말할 것이다. 현재진행형 대법관인 토마스의 향후 행보를 지켜보는 것은 흥미로운 일이 될 것이다.

06
대법관 긴즈버그
Ruth Bade Ginsburg

1993.10.10.~현재

미국 사법 역사상 2번째의 여성 대법관

필자가 컬럼비아 로스쿨을 졸업할 때, 졸업장을 받기 위하여 카네기홀 옆의 애버리 피셔홀에 모인 졸업생들을 보면서, 반을 넘는 것 같은 여학생의 수에 놀란 기억이 있다. 로스쿨 학장 데이비드 리브론 교수가 자신이 텍사스에 있는 라이스 대학의 총장에 부임하는 것을 기념하여 학생들이 선물한 카우보이 모자를 쓰고는 졸업축사 겸 감사인사를 하는 과정에서 컬럼비아가 여성법조인양성에 기여한 것에 대한 언급을 하는 것을 들은 기억이 난다.

우리나라도 이제 2010년 사법시험 최종 합격자 중 여성의 비율이 41.52%라는 신문보도를 보면서 머지않아 사법고시 합격자 수에서도 여성의 비율이 남성의 비율을 능가할 것이라는 생각을 해본다. 이미 남성들의 영역으로 이해되던 검찰에서도 2009년 신규임용 검사 중 군법무관까지 포함해도 51.8%, 군법무관을 제외하면 61.9%가 여성 검사라는 사실이 격세지감을 느끼게 한다. 이미 우리는 최근이기는 하지만 2010년 김영란 대법관이 퇴임하기 전까지 김영란, 전수안 두 여성 대법관이 있는 나라였다.

미국에서도 여성 대법관의 역사는 일천하다. 여성 대법관이 처음으로 미국 연방대법원의 대법관이 된 것은 1981년이다. 레이건 대통령은 당시 선거공약의 하나로 여성을 미국 연방대법원의 대법관으로 임명하겠다고 하였고, 샌드라 데이 오코너는 최초의 여성 대법관이 되었고, 동시에 버거 대법원에서 유일하게 행정, 입법, 사법의 세 브랜치(branch)를 모두 거친 인물이었다. 그녀가 임명됨으로 인하여 판결문의 서명란이 Mr. Justice에서 Justice로 바뀐 것처럼 여성 대법관의 임명이라는 것은 형식에서부터 법원의 분위기까지 많은 영향을 미쳤다. 오코너 대법관은 많은 부분 보수적인 성향을 가진 대법관이었지만, 그 역시도 여성으로서 최소한 여성과 관련된 부분에 대하여 덜 보수적이었다. 그녀가 1988년 유방암에 걸렸을 때 많은 사람들은 그녀의 은퇴를 점쳤지만, 그녀는 은퇴하지 않았고, 도리어 그 기간 동안에 단 하루도 대법원에 결근하지 않았으며, 렌퀴스트 대법원장의 은퇴가 점쳐질 때면 유력한 대법원장 후보로 언급되기까지 하였다.

샌드라 데이 오코너를 이어 두 번째 여성 대법관이 등장한 것은 첫 여성 대법관이 등장한 때로부터 10년 이상 뒤인 1993년이다. 이 해 클린턴 대통령은 '성 평등법에 있어서의 더굿 마샬'이라고 불리는 한 여성법관을 대법관으로 지명하였다. 바로 긴즈버그였다. 그녀는 1981년 지미 카터(Jimmy Carter) 대통령에 의하여 워싱턴 D.C.[72]의 항소법원 판사로 임명되면서 판사가 된 12년차의 법관이었다. 클린턴 대통령은 루드 베이드 긴즈버그(Ruth Bader Ginsburg) 판사를 바이런 화이트(Byron R. White) 대법관의 후임으로서 미 연방대법원의 대법관으로 지명한 것이다.

컬럼비아에서 로스쿨을 마친 대법관 긴즈버그는 여성의 인권을 위한 대법관의 역할에 최선을 다한 대법관으로 미국 대법원사에 기록될 것이라 생각된다.

여성 최초라는 수식어를 달고 다닌 뉴욕커(New Yorker), 긴즈버그

긴즈버그는 독일계 유대인 가정에서 태어났다. 그녀가 어린 시절 살았던 지역은 뉴욕의 그리 부유하지 않은 이탈리아계 이웃들이 사는 지역이었다. 필자가 보았던 2000년 이후의 브루클린은 〈브루클린으로 가는 마지막 비상구〉라는 영화로 표상되는 산업화 시기, 즉 미국이 노동조합으로 가득차 있던 블루칼라 노동자의 시대와는 달랐

72) 컬럼비아 특별구는 'District of Columbia'로 흔히 줄여서 D.C.라고 쓴다.

다. 그러나 뉴욕커라도 맨하탄과는 구별되는 지역이었다는 점은 여전하였던 것 같다. 뉴욕커 대법관 긴즈버그가 함께 했던 그녀의 이웃들도 가난한 노동자계층의 사람들이었고, 그녀는 어려움을 극복하기 위하여 매우 경쟁적으로 공부에 열중하였다. 고등학교 시절, 병마가 찾아와 암과 싸워야 했지만, 그녀는 늘 모범생이었다. 병마와 싸워 이기고 학부를 코넬에서 마친 후, 하버드 로스쿨에 입학하여, 〈하버드 대학의 공부벌레들〉이라는 영화의 등장에서 우리나라에서도 유명해진 소크라틱 방식(Socratic method)의 시련도 견디어 냈다. 유학시절 필자도 교수의 끊임없는 질문에 괴로워한 경험이 있다.

그녀가 하버드 로스쿨을 다녔던 1960년대 초의 미국에서 로스쿨에서 여학생의 존재감은 당시 학장이었던 어윈 그리스월드(Erwin Griswold)의 표현을 빌리자면 '남자들이 당연히 차지하여야 할 자리에 앉아 있는 그런 존재'였지만, 그녀는 이런 어려움들마저도 극복하였다. 그녀에게 어려움이라는 것은 카드의 반대편과 같은 것이었다. 그녀의 로스쿨 학생 시절 역시도 고난의 연속이었다. 그녀는 암에 걸려서 항암치료를 받아야 했던 남편을 간호하고, 같은 로스쿨 학생이었던 남편의 필기와 공부를 도와주면서, 자녀를 키워내고 자신의 공부도 병행하여야 했다. 요즘 식의 표현을 빌리자면 '알파걸'[73)]이었다. 그 뒤 남편이 뉴욕의 로펌에 취직하게 되자, 남편을 따라서 다시 컬럼비아 로스쿨로 옮겨 수석으로 컬럼비아 로스쿨을 졸업한다. 그녀는 두 개의 최고 로스쿨을 거치면서 최고의 성적을 낸 탁월하고, 억척스러운 여성이었다.

법조인 긴즈버그의 시작은 1963년 그녀가 럿거스 대학(Rutgers University Law School)의 교수가 되는 것으로 시작된다고 하여야 할 것이다. 그녀는 교수로 재직하면서, 육아휴직(maternity leave)의 쟁취를 위하여 투쟁하였다. 1972년에는 여성 최초로 금녀의 구역이었던 명문 컬럼비아 로스쿨의 교수가 되었다. 미국에서 여성이 컬럼비아 로스쿨의 교수가 된 해가 1972년이었다는 것은 보수적인 로스쿨의 변화와 더불어

---

73) Active Leadership Patience Heart Ambitious GIRL의 약칭이다. 무엇이든 먼저 나서서 행동하고(Active), 주위의 주목을 받으며 리더십(Leadership)을 발휘하고 어려움을 이겨낼 수 있는 끈기(Patience)를 가졌으며 자신이 도전하는 일에 열정(Heart)을 갖고 목표를 향해 돌진하는(Ambitious) 여성이라는 의미를 가지고 있다. 흔히 '슈퍼우먼 신드롬'이라는 말과 같이 쓰이곤 한다.

소용돌이치던 베트남 전쟁과 민권운동이 극을 향하여 달려가던 그 시기와 연결되어 있다. 1972년은 그녀가 몸담아 오던 미국민권운동연합(American Civil Liberties Union; 약칭 'ACLU')의 여성인권운동프로젝트의 수석변호사(chief litigator)가 된 해이기도 하다.

여성운동의 '더굿 마샬'

긴즈버그가 여성민권운동의 '더굿 마샬'이라고 불렸던 것을 이해하는 것은 긴즈버그를 살펴보는 것에 있어 매우 중요하다. 필자가 처음으로 더굿 마샬(Thurgood Marshall) 대법관을 알게 된 것은 PSB[74] 방송에서 제작한 다큐멘타리 비디오테이프를 보면서였다. 그의 일대기에서 받은 감동은 지금도 생생하다. 더굿 마샬 대법관 하면 떠오르게 되는 판결이 바로 브라운 대 교육위원회 사건(Brown v. Board of Education) 사건이다. 이 사건에서 마샬은 신청인 브라운측의 대표변호사(lead counsel)였다. 그는 1938년부터 NAACP[75]의 법률팀 및 교육재단을 담당하고 있었다. 그는 이 위치에서 많은 법률적인 업무 및 홍보(PR)와 관련된 업무를 수행하면서, 전략적으로 당시 미국에 존재하였던 미국판 아파르트헤이트를 붕괴시켜 나갔다. 1954년이 되자, 더굿 마샬은 백인은 누구도 들어본 적이 없지만, 모든 흑인들에게는 이미 영웅적인 인물이 되어 있었다.

그는 흑인 해방노예의 자손으로 흑인들의 하버드라고 불렸던 하워드 로스쿨(Howard University Law School)을 수석으로 졸업하였다. 변호사로서 흑인 인권운동을 위하여 헌신하였고, 이러한 그의 노력은 흑인인권운동의 아이콘으로 그를 자리매김하게 하였다. 1967년 흑인의 영웅 더굿 마샬은 린든 존슨(Lyndon B. Johnson) 대통령에 의하여 최초의 흑인대법관 후보로 지명되었다. 온갖 고초를 겪었던 노예의 후손이 미국 최고법원의 법관 후보로 지명된 것이다.

---

74) 'Public Service Broadcasting'의 약자로 사회의 다양성을 유지할 목적으로 공익적인 내용을 담아 전달하는 공공방송을 말한다.

75) NAACP는 National Association for the Advancement of Colored People의 약자로서, 1909년 2월 설립된 이래 흑인의 인권향상을 위하여 활동해 온 인권단체로서 볼티모어에 본부를 두고 미국 각지에 지부를 두고 있다. 더굿 마샬 변호사에 의하여 지도되면서 전성기를 맞았었다.

하지만 보수적인 백인사회의 반발은 만만하지 않았다. 백인사회는 연방대법관으로 흑인을 받아들이려고 하지 않았다. 더굿 마샬은 오바마 대통령이 미국 민주당의 대통령 후보가 되고 대통령이 된 것보다 훨씬 힘든 시간을 보내야 했다. 이런 공격에도 불구하고, 더굿 마샬은 1967년 10월 마침내 인준청문회를 거쳐 얼 워렌(Earl Warren) 대법원의 구성원이 됨으로써 최초의 흑인대법관이 되었고, 그는 전설이 되었다. 이를 통하여 흑인인권의 확장은 바로 더굿 마샬의 역사가 된 것이다. 그러나 더굿 마샬 대법관이 대통령에게 남긴 메모에서 자신의 후임을 오로지 인종에 의하여서만 뽑지는 말라고 하였음에도 불구하고, 가장 보수적인 대법관 중의 한 사람인 클래런스 토마스 대법관이 그의 후임이 되었다는 것은 역사의 아이러니다.

긴즈버그가 이러한 흑인 민권운동의 신화인 더굿 마샬 대법관에 비유된 것을 미루어 본다면, 미국에서의 여권신장의 역사에 긴즈버그가 차지하고 있는 지분에 대한 평가 내지 경의로서는 충분하다고 할 것이다.

여성인권의 신장을 위하여

대법관은 그가 남성이건 여성이건 간에, 자신이 속해 있는 특정한 성의 이익을 도모하기 위해 법적 판단을 내려서는 안 된다. 전체 국민의 인권을 옹호하고 정의를 수호하며 자유를 신장하는 것, 국가적인 중대 분쟁에 있어서 국가의 현자로서 현명한 해결책을 내놓는 것이 대법관의 역할일 것이다. 하지만 그들도 인간이기 때문에 자신이 처해 보지 않은 상황에 대해서는 잘 알 수 없는데, 이러한 경험의 한계를 보완하기 위해 대법원의 구성에 다양성을 추구할 필요가 있다.

미국 연방대법원의 역사는 이러한 다양성을 증대시키는 방향으로 흘러 왔으며, 이러한 다양성이 증대될 때 새로운 진보가 이루어졌다. 더굿 마샬이 그랬고, 샌드라 데이 오코너가 그랬고, 긴즈버그 대법관이 그랬다. 여성이 아니면 이해할 수 없는 여성성에 대한 경의와, 출산과 육아와 같은 여성성과 연결된 성역할에 자신을 한정하지 않고 양성평등을 향해 나아간 그 항해에서 긴즈버그는 단연 돋보이는 별이다.

양성의 평등을 정직하게 이해하고, 양성 공동의 인권향상을 위하여 올바른 방향으로 나아가도록 하는 것이 숨어 있는 사회의 잠재역량을 확장하는 길이기 때문이다.

우선 ACLU[76]와 그녀의 여성운동가로서의 삶은 분리되기 어렵다. 그녀는 ACLU의 수석 변호사로서 여러 대법원 사건들을 다루고 이에 승리하여, 수 세기에 걸쳐 확립되어 있던 성적 불평등 선례들을 바꾸어 나갔다.

긴즈버그 선례

긴즈버그는 전반적으로는 자유주의적인 판사(liberal judge)로 분류된다. 그녀의 이러한 성향은 그녀가 역사적인 부시 대 고어(Bush v. Gore) 사건[77]에서 반대의견을 내었다는 점에서도 알 수 있을 것이다. 또 그녀는 대법원이 입법부의 역할을 대체할 수 있다고 믿기보다는 입법부를 존중하는 방향성을 가지고 있다. 그럼에도 그녀가 여전히 물러설 수 없는 점은 양성평등이다. 그녀는 다른 상원인준청문회에서의 질문에 대하여는 명확하게 답하지 않은 것들도 있지만, 양성평등에 대하여만큼은 자신의 견해를 밝혔다. 하지만 낙태에 대해서는 명확하게 밝히지 않았다. 이 부분은 청문회의 통과와 관련하여 상당히 기교적일 수 있다. 왜냐하면 낙태에 대한 의견표명은 자칫 대법관인준을 매우 어렵게 만들 수도 있기 때문이다. 하지만 긴즈버그는 대법관이 되고 난 뒤 지속적으로 낙태를 옹호하면서, 2000년 스타인버그 사건(Stenberg v. Carhart)에서도 네브라스카 주법을 위헌선언하는 견해에 동조하면서도 동료들이 낙태를 허용하는 기존의 로 사건(Roe v. Wade)에서의 대법원의 판례를 유지하도록 하였다.

흥미로운 것은 그녀를 좋아하기 힘든 공화당이 사임한 샌드라 데이 오코너 대법관의 후임을 정하면서 '긴즈버그 선례(Ginsburg Precedent)'를 자신들이 존 로버츠나 새뮤얼 알리토 지명자를 대법원장과 대법관으로 인준되도록 하기 위하여 사용하였다는 것이

76) ACLU는 American Civil Liberties Union의 약자로 수정헌법 1조 상의 미국 국민의 권리의 향상 등을 자신들의 사명(mission)으로 하는 인권운동단체이다. 자세한 내용은 http://www.aclu.org를 참조. 긴즈버그 교수가 대법관이 되도록 결정적인 기여를 한 시민단체이다.

77) George w. Bush, et al. v. Albert Gore, Jr et al 531 U.S. 98(2000).

다. '긴즈버그 선례'란 긴즈버그 대법관이 연방 상원인준청문회에서 자신이 불편하다고 생각하는 청문회장에서의 질문에 대하여 답을 하지 않았던 긴즈버그 대법관의 예를 말하는 것이다.

공화당의 '긴즈버그 선례'라는 용어 사용에 대하여 민주당 소속 의원들은, 긴즈버그의 경우에는 이미 오랜 기간 동안의 판사경력으로 인하여 이미 성향이 드러나 있으므로 그녀가 곤란한 질문에 대하여 답을 하지 않았다고 하더라도 문제가 되지 않지만, 존 로버츠의 경우에는 판사로서의 경력이 짧기 때문에 인준청문회에서 성향에 대한 상세한 질문이 필요하다고 주장하였다. 긴즈버그와 로버츠는 서로 사안을 달리하는 것이라는 민주당 소속 의원들의 주장에도 불구하고 공화당소속 의원들과 존 로버츠 자신도 이 선례를 자주 언급하였다. 긴즈버그가 구한 것은 여성인권만이 아니라, 존 로버츠 대법원장도 포함되어야 할 것 같다.

여성 대법관과 여성인 대법관

미국의 샌드라 데이 오코너 대법관 이후 긴즈버그 대법관이 지명되기까지 10년 이상의 시간이 필요하였던 것과 비교해 보면, 우리의 경우에는 최초의 여성 대법관인 김영란 대법관의 취임 이후 얼마 지나지 않아 다시 전수안 대법관 후보가 지명됨으로써 매우 빠른 여성 대법관 증가세를 보였다.

2005년 9월 샌드라 데이 오코너 대법관의 후임문제가 한창 문제가 되고 있을 때, 긴즈버그는 뉴욕주 변호사회(New York City Bar Association)에서 한 연설에서, 오로지 여성이라고 해서 대법관으로 지명될 수 있는 것은 아니라고 하면서 대법관으로 지명되지 말아야 할 여성들의 명단을 언급한 일이 있다. 더굿 마샬이 오로지 흑인이라는 이유만으로 자신의 후임이 결정되어서는 안 되며 흑인이면서도 자신의 뜻을 계승할 수 있는 후임자가 지명되어야 한다고 했던 것처럼, 긴즈버그 대법관도 자신과 뜻을 같이할 여성을 바랐던 것이다. 그랬기 때문에 부시 대통령이 해리엇 마이어스를 후임 대법관 후보로 지명하였을 때 긴즈버그는 마이어스가 여성 후보임에도 실망하였다.

그녀는 단지 여성이 대법관이 되어야 한다고 본 것이 아니라, 여성인권을 위하여 일할 동료대법관을 필요로 하였던 것이리라.

연방대법관 인준의 정치학

2006년 여름 우리나라 정가에 주요한 쟁점 중의 하나였던 전효숙 헌법재판소장 임명 관련 논란을 생각해 본다. 행정수도이전특별법에 대해 유일한 합헌 의견을 낸 뒤 헌법재판소 재판관에서 헌법재판소장으로 임명된 전효숙 재판관이 인준이 결국 부결됨으로써 법리적인 논란을 낳았다. 그래서 2009년 헌법재판소법 개정안에 헌법재판소장의 임기 조항을 삽입하여야 한다는 법안이 국회에서 발의될 정도로 우리 사회에 상당한 영향을 주었다. 한편으로 이 사건은 헌법재판소장의 임명과정이 정치적 과정임을 극명하게 보여 준 사건이기도 하다.

대법관 인준절차(authorization process)라는 것은 정치적 기관인 입법부가 사법부에 대하여 영향을 미칠 수 있는 가장 중요한 절차 중의 하나이다. 사법부는 우리의 민주주의절차 하에서 가장 정치적인 편향이거나 당파성을 가지지 않고 중립적인 판단을 하여야 하는 기관이고, 우리는 이러한 판단을 할 것이라는 이념적인 신뢰를 가지고 있다. 다만 이러한 이념적인 신뢰가 실제로 우리가 살고 있는 세상에서는 단순한 신화에 거치거나 이념적으로 가야 할 방향을 보여 주는 데 그칠 수도 있다는 것을 우리는 알고 있다. 이러한 정치와 사법부의 만남, 이러한 양자의 교차점에 있는 대법관 인준절차의 정치학은 종신제인 미국 연방대법관에서는 더욱 극명하게 드러나는 것이라고 하겠다. 이러한 관점에서 보면, 우리나라와 같이 헌법재판소와 대법원이 구별되어 있는 체제에서 사법기관이기는 하지만 정치적 사법기관으로서의 성격을 가지고 있는 헌법재판소의 수장을 인준하는 절차의 정치성은 더욱 두드러지게 될 것인데다, 이미 고(故) 노무현 대통령에 대한 탄핵심판을 거치면서 헌법재판소의 힘에 대한 인식이 이루어진 상황에서는 정권의 생사와 연결되어 있는 중차대한 헌법재판소 재판관, 특히 헌법재판소장을 임명하는 것과 관련된 인준절차에서의 현재와 같은 대치국면은 어쩌면 예견 가능한 일이 현재화된 것이라고도 볼 수 있을 것 같다. 특히 우리의 경우 헌법재판소가 대법원이 정치적인 권력에 대한 거리를 두기 위하여 일정한 판단을 사실상 포기한 결과에 따른 소산이라고 볼 여지가 있다는 부인 할 수 없는 연혁적인 사실도 이러한 대치국면의 치열함을 추측할 수 있게 한다.

긴즈버그, 부시 대(對) 고어 사건에 소수의견을 내다

부시 대통령과 당시 민주당 후보였던 앨 고어 후보의 2000년 미국 연방대통령 선거는 이러한 대법원의 정치와의 관계성에 대하여 볼 수 있는 대표적인 사건이다. 이 사건은 사건의 민감성으로 인하여 법원의 다수의견 집필 대법관을 밝히지 않는 익명재판사건(per curiam decision)[78]으로 어떤 대법관이 법원의 판결을 작성하였는지를 표명하지 않기로 한 사건이었다. 그 만큼 정치적으로 민감한 사안이었기 때문이다. 우리나라의 경우에도 2004년 5월 대통령 탄핵사건[79]에서 헌법재판소가 탄핵 찬성과 반대 등 재판관별로 어떤 의견을 냈는지는 공개하지는 않는 대신 결정문에 소수의견의 취지를 담는 쪽으로 결정한 사례가 있다. 미국이나 우리나라나 별도의 분립된 권력으로 서로 견제를 한다 하더라도, 매우 민감한 정치적인 사안에서 정치적인 영향을 줄이고 법관이 독립된 판단을 하기 위해서는 개별 법관의 의견을 숨겨 주는 것이 필요할 수 있다.

이 사건에서 반대의견을 내었던 긴즈버그 대법관의 의견은 이 사건의 본질에 대한 정곡을 찌르고 있다. 그는 반대의견에서 다음과 같이 쓰고 있다.

"완벽함이라는 것은 재검표 여부를 판단함에 있어 적절한 기준이라고 할 것이다.

78) 미국 연방대법원은 초기부터 여러 건의 익명재판을 하였다. 이러한 익명재판의 예로 Bush v. Gore 사건 외에도 Hayburn's Case, 2 U.S. 409 (1792), Ex parte Quirin, 317 U.S. 1 (1942), Ray v. Blair, 343 U.S. 214 (1952), Toolson v. New York Yankees, 346 U.S. 356 (1953), One, Inc. v. Olesen, 355 U.S. 371 (1958), Brandenburg v. Ohio, 395 U.S. 444 (1969), New York Times Co. v. United States, 403 U.S. 713 (1971), Furman v. Georgia, 408 U.S. 238 (1972), Buckley v. Valeo, 424 U.S. 1 (1976) 등이 있었다.

79) 헌법재판소 2004.5.14 선고 2004 헌나 1 결정.

하지만 우리는 불완전한 세상에 살고 있고, 수천 표가 아직 검표되지 않은 상황이다. 나는 플로리다 대법원의 재검표 결정이 그 자체로 결함을 가지고 있을지언정 재검표를 진행하지 않는 것에 비하여 덜 공정하거나 부정확한 결과를 야기할 것이라는 견해에는 동의할 수 없다."

어떤 편파성도 가지고 있지 않고, 오로지 법과 정의, 그리고 양심에 의하여만 판단하여야 할 법관도 전지전능한 신이 아닌 인간이라는 불완전한 존재인 탓에 제한적인 경험과 지식, 그리고 때에 따른 정치적인 판단을 할 수 있다. 단순한 '직업(job)'이 아닌 '소명(vocation)'의 차원에서 '우리가 명예로운 법관의 직분을 수행하는 법관에게 무엇을 요구할 것인가'라는 질문에 대한 긴즈버그 대법관의 의견은 생각할 점이 있다.

연방대법원의 이 판결로 인하여, 아버지인 앨 고어 시니어가 미국에 주간고속도로(interstate highway)를 건설함으로써 미국인의 생활을 바꾼 것과 같이 정보고속도로(information highway)를 건설하여 미국을 바꾸겠다고 했던 앨 고어 부통령은 전임 클린턴 대통령을 잇지 못하였다. 불완전한 정보의 세상에 살고 있는 우리가 미국 연방대법원이 연방 수정헌법 제14조 상의 '평등한 대우 원칙'에 기초하여 국가질서안정을 위해서 재검표를 하지 않기로 결정한 것은, 결국 대통령을 사법부에서 대법관과 변호사들이 선출하게 되는 상황을 연출하게 되었다. 그래서 많은 논란을 불러일으켰다. 이러한 상황이 우리 민주주의에 어떠한 영향을 주게 되는 것인지 생각해 볼 점이 있다. 또 매우 예외적 상황이기는 하지만 미국에서 연방대법관에게 얼마나 큰 힘을 부여한 것인지를 확인시켜 준 사건이었다.

앨리 맥빌 ; 법관의 자질

〈앨리 맥빌(Ally McBill)〉이라는 TV시리즈물은 우리나라에서도 소개된 인기작이다. 작가 데이빗 켈리(David E. Kelly)에게 인기와 명성, 돈을 가지게 한 작품으로 작가 자신이 로펌에서 근무한 경험을 바탕으로 하여 쓴 작품이라고 한다. 이 작품의 주인공인 앨리 맥빌(칼리스타 프록하트 Calista Flockhart 扮)의 대사 중에서 "존경하는 재판장님(Your Honor)이라고 불리면서 법복(Robe)만 입고 있다고 법관인가"라는 대사가 있다. 주인공이 자신의 사무실의 시니어 파트너(Senior Partner)[80)]인 리처드(Richard)가 사귀는 판사와 회사의 고객과 함께 저녁식사를 하는 자리에서, 판사가 화장실 앞에서 고객과 깊은 키스를 하는 것을 보고는 그녀가 판사라는 사실을 알고 그녀를 만나서 자신이 키스하는 장면을 목격하였다고 이야기를 하고 판사사무실에서 나올 때 하는 대사이다.

옛날부터 내려오는 법률속담에 "법관은 판결로써 말한다"는 것이 있다. 법관이 자신이 왜 그런 판결을 하였는지 하는 것은 판결문에 기록함으로써 사회에 전달되는 것이지 다른 방법으로 자신의 의사를 알려서는 안 된다는 것이다. 우리나라에서는 요즘 법원에도 공보담당판사가 있어서 판결의 의미를 설명하여 주고 기자들을 만나서 사건에 대한 설명을 하여 주기도 한다. 하지만 법관이 사회와 소통하는 가장 기본적이고 중요한 수단이 판결문이라는 점은 달라지지 않았다고 생각한다. 그러나 일상생활에서의 법관의 모습, 행동에 대한 사회의 기대는 판결 이상일 수도 있다. 아무리 훌륭한 설교를 하는 성직자도 사적인 행동이 사회적으로 용인할 수 없을 때 그의 설교가 설득력을 잃게 되는 것과 같다. 그러므로 앨리 맥빌과 같은 생각을 하는 사람이 그리 드문 것은 아니라고 생각한다.

우리가 살고 있는 불완전한 세상과 대법관

법관에게 하는 '존경하는 재판관'이라는 호칭, 법관이 법정에 들어서면 일제히 기립하여 법관에게 경의를 표하는 것, 이러한 법관에 대한 말과 행동은 법관의 직위에 대한 경어임과 동시에 법관에게 요구하는 행동에 대한 요청이 아닐지.

대법관의 자질이 기본적으로 법관의 자질과 다르지는 않을 것이다. 하지만 대법관

80) 로펌(법률회사)은 파트너(Partner) 변호사와 어소시에이트(Associate) 변호사로 구성되어 있다. 우리나라에서는 한글로는 구성원변호사와 소속변호사라고 부른다. 파트너도 다시 연차에 따라 시니어 파트너와 주니어 파트너로 구별하고, 어소시에이트 변호사도 다시 시니어와 주니어로 구별한다. 회사의 운용결정권을 가지고 있는 파트너들을 매니징 파트너라고 부르기도 한다.

은 법관 중에서도 선별되어 그 능력과 인품에 대한 전인격적인 판단을 통하여 지명 및 인준절차를 거쳐서 이루어지는 것으로 법관으로서의 법률적 능력과 함께 우리 사회가 요구하는 전인격체의 요구에도 부응하여야 하는데, 이러한 요구는 엄격할 수 밖에 없다. 이러한 점 때문에 인준청문회에서 국민의 대표자인 의회 의원들이 대법관 후보자에게 여러 가지 법률적인 사항 및 인격적인 사항에 대한 질문을 하여 자질을 검증하는 것이다. 그럼에도 불구하고 우리가 인정할 수밖에 없는 것은 긴즈버그 대법관이 지적한 것과 같이 우리가 사는 세상은 매우 불완전한 세상이라는 것이다. 이 불완전한 세상에서 우리가 할 수 있는 일은 최선을 다해서 완전을 향해 한 발씩 나아가는 것이라는 점이다.

대법관도 인간이라는 점에서 그들의 인간적인 면모나 실수가 이해될 수 있을지 모른다. 하지만 우리가 살고 있는 이 세상이 설혹 불완전하더라도, 최종적인 판단을 하여야 하는 대법관이라는 직위는 법관이라는 직위에서 오는 소명에 더하여 그 완전함에 대한 추구(pursuit to perfection)를 항상 열망하여야 하는 자리가 아닌가 싶다.

완벽하지는 못하더라도 완벽으로 진행하려고 하는 절절한 노력, 그 노력이 대법관이라는 직에서 오는 고뇌의 출발점일 것이다. 또 이러한 고뇌를 검증하는 인준청문회를 통과한 분들만이 영예로운 연방대법관이 될 수 있도록 하는 것은 의회의 역할일 것이다.

연방대법관과 하급법원 판사의 관계에 대한 긴즈버그의 생각

부시 대 고어 사건에서 긴즈버그 대법관의 판시를 보면서 또한 연방대법관의 역할과 관련하여 생각하여 보게 하는 부분이 연방대법관의 역할에 대한 것이다. 그는 소수의견에서 "분명히 미합중국 헌법은 우리에게 연방기관의 연방법에 대한 법률해석을 주 대법원의 주법에 대한 해석에 우선하라는 요청을 하고 있지는 않다. 그리고 우리가 동의하지 않는 주법원의 연방법에 대한 해석에 대하여 이를 그대로 두는 경우도 드물지 않다. (중략) 또한 사실관계의 확정에 있어 연방법원의 판사가 주법원의 판사에 비하여 더욱 능력 있고, 양심적이며 학식을 갖춘 판단을 할 것이라고 볼 본질적인 이유도 없다"라고 말한다. 그는 이러한 자신의 소수의견을 통해서 연방대법원이 자신의 판단에 확신이 서지 않는다면 주법원의 판단을 존중하여야 한다고 주장하고 있는 것이다.

미국의 법조인들이 흔히 시작하는 것과 같이 긴즈버그도 일단 헌법의 아버지들을 언급한다. 헌법의 아버지들을 언급함으로써 자신이 그들과 같은 사법부의 일원임을 알리고는 그는 다시 그가 비록 연방대법관이지만 그가 반드시 주법원의 판사들에 비하여 나은 판단을 할 수 있는 것은 아니라고 말한다. 자신의 불완전성을 스스로 인정하는 것이다. 그러면서 사실관계에 대한 판단에 대해서는 주법원의 판단에 대한 존중하여야 한다고 강조한다. 이러한 표현은 물론 연방국가인 미국헌법에서의 연방주의(Federalism)는 참 번역하기 어려운 용어이다. 이는 연방의 주에 대한 존중(deference)의 표현이기는 하지만, 한편으로는 우리가 부족한 능력을 가지고 있음에도 판단을 할 수밖에 없는 판사의 고뇌를 표현하는 다른 방법이기도 하다.

연방의 권력과 주의 권력 중에서 무엇을 우선할 것인가 하는 연방주의(federalism)와 관련된 논쟁이 필요하지 않은 우리나라에서도 최고법원인 대법원이 하급심과의 관계에서 어떻게 판단을 할 것인가 하는 점에서 긴즈버그의 소수의견을 경청할 만하다. 굳이 법원조직법 제8조와 관련된 언급을 하지 않더라도 최고법원인 대법원의 해석과 같이 대법원의 최종적인 판단에 대한 권위는 분명히 지켜져야 한다. 그러나 사실관계의 확정에 대한 하급심 법관의 판단은 존중되어야 한다. 그것이 법률심으로서의 우리 대법원의 권위를 세우는 방법이기도 할 것이다.

07
대법관 브라이어
Stephen G. Breyer

1994.10.3.~현재

살아있는 헌법(Living Constitution)

현재 미국 연방대법원에서 스칼리아의 태도에 대척점에 있는 대법관이 브라이어(S. Breyer)이다. 스칼리아 대법관이 철저하게 문언에 입각한 헌법해석을 하는 것에 반하여, 브라이어 대법관은 입법목적과 입법사를 법률해석의 중요한 근거로 생각한다. 브라이어 대법관은 살아 있는 헌법(Living Constitution)이라는 개념을 사용하는데, 이 개념에 의하면 헌법은 현재의 사건들, 논쟁들, 그리고 사고의 틀의 변화에 따라 시대상을 반영하여 변화하여야 하며, 대법관은 다수의견을 통하여 민주주의와 헌법에 의하여 선출직의 의회의원들의 결정이라도 뒤집을 수 있는 권한을 가지고 있다고 본다.

대법관 브라이어를 만나보는 것은 미국 연방대법원의 전체적인 지형을 이해하고, 사고의 큰 두 가지 흐름을 이해한다는 점에서 가치 있는 일이다. 대법관 스칼리아를 보았다면 반드시 대법관 브라이어를 같이 보았으면 한다.

엄격해석론자의 반대편에 서서

스칼리아가 엄격해석론자들을 대표하는 대법관이라면, 그 반대편에 있다고 보이는 대법관이 '스티븐 브라이어'이다. 현재 미국 연방대법원의 구성은 통상 대법원장인 존 로버츠를 제외하고는 대법관이 된 연도순으로 선임자를 정하고, 선임자순으로 표시한다.

선임(先任)자순으로 보면 존 폴 스티븐스 대법관의 은퇴로 안토닌 스칼리아 대법관이 최선임자가 되었다. 연방대법원의 서열은 선임자순이다. 다만 대법원장은 선임여부와 무관하게 최고서열이다. 대법원장은 대법원장이기 때문이다. 나이나 선임여부가 아닌 이념적인 끝과 끝은 보수의 스칼리아 대법관과 진보의 브라이어 대법관이다.

브라이어는 그의 저서 『액티브 리버티: 우리의 민주헌법을 해석하는 방법(Active Liberty: Interpreting Our Democratic Constitution)』에서 대법원에서 헌법의 아버지들이 작성한 그 원래의 의미를 기초로 하여 판결에 이른다고 말하는 자신의 동료 대법관 – 소위 엄격해석주의자(Originalist) – 들은 사실 헌법을 왜곡하고 있다고 말한다. 그는 미국 헌법의 아버지들의 의도는 활동적으로 민주주의를 고양하는 것이며, 헌법은 이러한 의도에 따라 해석되어야 한다고 주장한다. 그의 눈에 헌법은 고고학을 하는 사람들의 몫으로 박제된 박물관의 장식물이 아니라, 문제가 발생한 시대의 시대상에 따라 살아 움직이는 생명체이다.

미국에서 대법관이 되는 일반적인 경로

대법원의 역사를 공부하다 보면, 미국의 경우에도 대법관이 되는 경로는 어느 정도 정형화된 틀이 있다고 보인다. 로스쿨을 마치고, 성적이 우수한 학생들은 '로클럭(Law Clerk)'을 한다. 대법관 로클럭의 경우 누가 어떤 학교를 마치고 로클럭을 하였는가를 쉽게 확인할 수 있으며 학교나 학생 모두에게 큰 영예가 된다. 로클럭을 마치고 변호사 생활을 하다가 전문성을 인정받으면 교수직을 전임으로나 겸임으로 수행한다. 그 과정에서 정부에서 일하다가 연방법원 판사로 임명되면 대법관 풀에 들어가게 된다. 연방법원 판사를 거치지 않고도 대법관이 될 수 있지만, 법관으로서의 전문성을 인정받기 위해서는 일단 한 번 연방법원 판사로 지명된 경력이 있는 것이 통상적으로 유리하다. 물론 정치적인 성격을 가진 인준절차를 통과하기 위해서 반드시 연방법원 판사 경력이 유리하다고 단정 지을 수는 없다. 종신직인 대법관의 성격상 개인적인 운이 마지막 화룡점정이다. 대법관의 임기가 빌 시기에 적당한 연령이어야 하고, 지명 당시의 시대상, 공화당과 민주당 중 어느 당이 집권하였는지, 상원의 의석분포 및 지명 당시 상황이 대법관이 될 수 있는가를 정하는 마지막 관문이다. 보크(Bork)와 같이 탁월한 독점금지법 교수도 대법관은 될 수 없었고, 포타스(Fortas)와 같이 탁월한 변호사도 대법관까지는 할 수 있었지만 대법원장은 될 수 없었다.

이 때 어떤 법관 아래에서 로클럭을 하였는가는 매우 중요하고, 이력에 이러한 사항을 중요하게 기재한다. 우리로 비유하자면, 평생을 같이 간다는 점에서 사법연수원제도가 없는 미국의 경우에 사법연수원 지도교수 정도의 위치라고 말할 수 있겠다. 예를 들어 대법원장 존 로버츠의 경우에는 고인이 된 전임대법원장 윌리엄 렌퀴스트의 로클럭으로 일했기 때문에 가장 렌퀴스트의 뜻을 이어받을 수 있는 인물로 꼽혔고, 존 폴 스티븐스는 대법관 러트리지의 로클럭이었다.

미국에서는 대법관 지명 이후에 대법관지명자에 대하여 연방상원 법사위원회의 인준청문회 절차와 같이 외부에 공개된 절차 내지 백악관의 후보자 지명을 위한 내부절차와 같은 직전절차 외에도 변호사 생활에서부터, 교수활동 내지 정부에서의 업무내용, 연방법원의 판사로서의 판결내용 등의 여러 관점에서의 다양한 검증이 이루어진다. 이 과정에서 전미변호사협회(American Bar Association)는 대법관 지명에 대하여 중요한 영향력을 가지고 있다. 왜냐하면 변호사들에 대해서 누구보다 많은 정보를 가지고 있기 때문이다.

대법관이 되기 전의 브라이어

브라이어는 1938년 샌프라시스코 생으로 다른 대법관들과 마찬가지로 톱 로스쿨인 예일, 하버드, 스탠포드, 컬럼비아 중의 하나인 스탠포드 대학교에서 학부를 마치고, 하버드 로스쿨을 졸업한 정통 엘리트 출신이다. 하버드에서 교수직까지 했으니, 서부와 동부의 명문학교들을 섭렵한 경우라고 하겠다. 그는 1964년 미국 법무부 독점금지법 담당 차관보와 1965년에서 1967년까지 워터게이트 사건의 특별검사를 맡았던 아서 골드버그의 로클럭을 하였다. 1967년부터 브라이어는 하버드 로스쿨 조교수로 강의를 시작한다. 그의 교수생활은 그가 1994년 대법관으로 지명될 때까지 계속된다. 그는 1980년 42세로 연방 제1항소법원의 판사가 되고, 1990년 부장판사가 되었다. 브라이어는 1994년 대법관 지명전까지 총 14년간 항소법원 판사 겸 하버드 로스쿨 교수직을 겸임하였다.

그가 이어받은 대법관 자리는 해리 블랙먼(Harry Blackmun) 대법관의 후임이었다. 브라이어는 상원에서 87 대 9로 인준을 받고 대법관이 되었다. 브라이어는 미 연방대법원 역사상 두 번째로 오랫동안 말석대법관직에 있었는데, 4,228일을 기록한 조셉 스토리 대법관보다 단 29일 부족한 숫자였다. 그 말석대법관 자리를 이어받은 대법관이 2006년 임명된 사무엘 알리토 대법관이다. 존 로버츠가 브라이어 대법관보다 뒤에 대법관이 되었지만, 조 로버츠는 대법원장이었기 때문에 동료 중의 일인자(Primus Inter Pares)로서 존 로버츠 대법원장이 여전히 브라이어 대법관의 서열 위에 있었다. 그로서는 기록을 깨기 위하여 알리토의 지명이 아쉬웠을지도 모르겠다.

라인하트, 브라이어에게 편지를 쓰다

라인하트는 연방법원의 자유주의자인 악동(liberal bad boy)이다. 그는 사회운동가 겸 노동변호사로 일하다가, 1980년 지미 카터 대통령에 의하여 샌프란시스코에 있는 제9항소법원의 판사로 지명되었다. 그가 9항소법원에서 쓴 판결들은 늘 연방대법원에 의하여 파기되었다("The Judge the Supreme Court Loves to Overturn", the Weekly Standard, 1997.5.5.). 미국이나 한국이나 어떤 판사의 판결이 늘 상급법원에 의하여 파기되고, 그럼에도 불구하고 지속적으로 연방대법원의 견해와 다른 특이한 1인설을 내세우는 판사들에 대한 세간의 평은 다양하게 이루어지는 듯하다. 그럼에도 그는 연방대법원이 자신의 판결을 더욱 신중하고 꼼꼼하게 읽어보아야 할 것이라고 하면서, 굳건히 법원은 사회변화의 도구로 사용되어야 한다는 자신의 주장을 굽히지 않고,

얼 워렌을 역사상 최고의 법관으로 믿고 대법원에서 파기되는 판결을 계속 쓴 특이한 경력을 가지고 있다.

그는 카터 대통령 이후 12년간 공화당 집권기를 거쳐, 클린턴이 집권하여 대법관을 지명하게 되면서, 카터 집권기와 같이 자유주의자들이 대거 법원으로 입성하기를 고대하여 왔다. 그러던 중, 1994년 클린턴 대통령이 브라이어를 연방대법관으로 지명하자 그에게 보내는 편지를 로스엔젤레스 타임즈에 공개적으로 쓴다. 그는 이 글에 법조계에는 수많은 유능한 법률기술자들(Able Technicians)이 있지만, 미국은 최소한 한 명의 비전과 이상을 가지고 있는 대법관을 필요로 한다고 썼다. 브라이어의 자리는 이런 사람들의 열망을 안고 있던 자리였던 것이다.

액티브 리버티(Active Liberty)

법관으로서 그의 법률해석은 법문의 구조, 역사, 도그마틱 등을 따르기보다는 입법의 목적과 결과를 강조한다. 그는 존 폴 스티븐스, 데이비드 수터, 루드 베드 긴즈버그 대법관들과 함께 대법원의 자유주의자 진영(Liberal Wing)을 형성한다. 그는 의회의 입법을 존중하는 태도를 취하는데, 1994년 이후 위헌판결에 참여한 횟수가 가장 적은 대법관 중의 하나이다.

이런 그가 신조로 삼는 액티브 리버티란 무엇인가? 그는 이를 민주적인 의사결정에 대한 사법적 존중이라고 표현한다. 그리고 헌법의 아버지들이 의도하였던 것은 민주적 정부가 시민들에게 최대한의 자유를 주도록 하는 것이라고 하면서, 자유를 강조한다. 그가 말하는 자유에 대하여, 브라이어는 이사야 벌린(Isaiah Berlin)[81]의 두 가지 개념의 자유를 인용한다. 첫째, 자유의 개념은 대부분의 사람들이 이해하는 것과 같은 정부의 강압으로부터의 자유이다. 벌린은 이를 소극적 자유이라고 칭한다. 두 번째

81) 이사야 벌린(1909~1997)은 라트비아 출신의 영국 철학자로, 하버드 대학 등에서 교수로서 일하면서 많은 강연과 저서로 탁월함을 인정받았다. 자유에 대한 두 가지 개념이 실려 있는 『자유에 관한 네 개의 에세이(Four essays on Liberty)』를 포함한 여러 편의 저서가 있다.

자유는 정부에 참여하는 것에 대한 자유를 말한다. 이 두 번째 자유를 브라이어는 적극적 자유라고 칭하면서, 법관들은 항상 이러한 적극적 자유를 고양하기 위하여 노력하여야 하며, 이러한 적극적 자유야말로 바로 헌법의 아버지들이 뜻하였던 것이라고 주창한다. 또한 대법관 브라이어는 '각주를 쓰지 않는 독특한 판결문 작성 스타일'로도 유명하다.

다섯 번째 이야기
로버츠 코트의
대 법 관 들

Rehnquist 시대가 끝나다

미국 연방대법원의 역사는 미국의 연방대법원장의 성향에 많은 영향을 받았다. 그래서 우리는 이를 워렌 코트(Warren Court)와 같이 대법원장의 이름을 넣어서 불러왔다. 2005년 렌퀴스트 대법원장의 사망으로 끝난 렌퀴스트(Rehnquist) 코트는 보수적인 성향을 가진 법원이었다.

이 기간 동안 미국의 가치에 대한 의미 있는 많은 판결들이 이루어졌고, 미국의 국가질서는 연방대법원의 판결에 많은 영향을 받았다. 렌퀴스트 대법관은 미국 연방대법원의 중앙 홀에 묻혀서 미국 연방대법원의 역사가 되었다. 일시적으로는 선임대법관인 당시 85세의 스티븐스(John Paul Stevens) 대법관이 대법원장직을 대행하다 존 로버츠(John G. Roberts Jr.)가 대법원장이 되었다. 로버츠는 자신이 취임사에서 말한 것처럼 공화당도 민주당도 아닌 미합중국의 헌법을 수호하여야 하는 임무를 담당하게 되었다.

미국 연방대법원의 경우에는 로버츠 코트(Roberts Court)가 들어서고 난 뒤 전체적인 법원의 판결이 친기업적인 성향을 띠고 있다는 비판을 받고 있다. 미국 공화당은 선거에서 패배하여 상하 양원에서 모두 다수당의 지위를 민주당에 넘겨주었고 주지사 선거에서마저 패배함으로써 현저한 정치력의 쇠퇴기를 맞고 있다. 2009년 대통령마저 민주당의 오바마 대통령이 취임함으로써 공화당의 침체기는 완연하다. 보수주의는 새로운 이념적인 아이디어들을 사회구성원들에게 내놓지 못했고, 9·11 테러 이후 이어진 아프카니스탄과 이라크에서의 전쟁으로 인하여 미국은 많은 전비와 사망자, 증가하는 재정적자로 힘들어하고 있다. 2007년 후반기부터 완연해진 경제위기는 서브프라임 사태를 시작으로 2008년 9월 소위 리먼 쇼크로 불리는 리먼브라더스의 파산과 5대 투자은행들의 연이은 붕괴로 미국식 자본주의에 대한 회의론마저 대두하였었다. 2010년 현재 경제위기는 어느 정도 완화되었지만 여전히 미국경제는 침체기이다. 건강보험개혁 등으로 오바마 대통령은 나름의 성과를 거두었지만 경제회복에 대한 미국민들의 열망을 채우지는 못하고 있다.

2010년 현재 정부나 의회[82]를 민주당이 장악하고 있는 것과 달리 대법원은 여전히 보수진영이 장악하고 있다. 로버츠 코트의 진용은 대법원장 로버츠와 말석 대법관 알리토, 보수주의의 좌장 스칼리아, 렌퀴스트와 스칼리아와 함께 공고한 보수라인을 구축했던 토마스의 4명이 확실한 표를 확보하고 있고, 스윙 보트 케네디가 중간에서 사안별 표결을 하고 있다. 케네디 대법관의 최근 행보는 보수진영에 가깝다. 진보진영은 스티븐스와 수터 대법관의 은퇴로 브라이어 대법관과 긴즈버그 대법관이 신임 소토마요르 대법관과 케이건 대법관을 묶어 연대하여야 할 상황이다. 그러나 스티븐스 대법관의 공백을 메우려면 시간이 걸릴 것이다.

부시 대통령이 지명한 대법관들은 2006년 12월 '필립모리스 사건(Philip Morris v. Williams)'에서 담배회사인 필립 모리스에 대한 원고의 징벌적 손해배상 청구를 인정한 오레곤주 대법원의 판결이 잘못되었다고 파기함으로써 징벌적 손해배상을 제한하려고 한 것을 비롯하여 일련의 기업 관련 사건에서 기업의 책임을 인정함에 있어 매우 인색한 태도를 보이고 있다고 평가받고 있다. 이러한 현상은 어찌 보면 당초의 대법관 지명에서부터 예견된 일이라고 할 것이다. 입법부가 사법부를 견제할 수 있는 유일한 절차가 인준절차인데 의회마저 공화당이 장악하고 있던 상황이었으니 공화당의 입장에서는 절호의 기회였던 것이다. 오바마가 대통령에 당선되었지만 부시 대통령이 지명한 로버츠 대법원장과 알리토 대법관이 향후 미국 연방대법원을 통한 사법부의 지형과 나아가 경제 질서에 대한 방향에 중대한 영향을 미치고 있는 것이다.

---

82) 의회 ┌상원(The Senate)-민주당:57석/공화당:41석
　　　　└하원(The House of Representatives)-민주당:256석/공화당:178석

01
대법원장 로버츠
John Roberts Jr.

2005.9.29.~현재

행운의 사나이

지난 2005년 7월 1일 오코너(Sandra Day O'Connor) 대법관이 병상에 있는 남편을 돌보고 개인적인 행복을 얻기 위하여 사임을 하겠다는 서신을 부시 대통령에게 보냈을 때, 부시 대통령은 적시에 후임 대법관을 지명하여 오코너(O'Connor) 대법관이 대법원을 떠날 수 있도록 하겠다고 하였다. 그러나 갑작스런 렌퀴스트(Rehnquist) 대법원장의 사망으로 인하여 부시 대통령이 처음에 오코너 대법관의 후임으로 지명하였던 로버츠(John G. Roberts Jr.) 지명자를 대법원장(Chief Justice of US Supreme Court) 후보로 변경하여 지명함으로써 오코너 대법관의 후임지명은 다소 지체되었다.

로버츠 대법원장은 렌퀴스트 대법원장의 로클럭 출신으로 렌퀴스트 대법원장의 사망으로 대법관을 거치지 않고 바로 대법원장이 되었다. 1955년생인 로버츠는 50세에 대법원장이 된 것이다. 다시 오코너 대법관의 후임으로 지명된 후보는 해리엇 마이어스였다. 하지만 부시 대통령의 개인 변호사로 일한 것 외에는 대법관이 되기에 적당한 경력도 부족하고, 개인적인 문제들도 자꾸 드러나는 등 여러 가지 사유로 대법관 후보로서 적절성이 공격당하게 되자 부시 대통령은 마이어스의 지명을 철회하였다. 부시 대통령은 결국 보수주의 진영을 만족시킬 수 있는 대안으로 낙태반대론자로서 확실한 보수주의자인 알리토(Samuel A. Alito)를 대법관 후보로 지명하였고 그는 연방의회의 인준을 받아 대법관이 되었다.

존 로버츠, 대법관으로 지명되다

미국에서는 미국 연방대법원 오코너 대법관의 후임 대법관에 부시 대통령이 당시 워싱턴 D.C. 연방 항소법원 판사였던 로버츠를 지명한 것에 대해서 많은 논란이 있었다. 당시 미국의 주요 언론 매체들이 로버츠에 대해서 의견의 일치를 본 것은 하버드 로스쿨 수석졸업자이며 명망가 집안의 자제로서 지적인 능력이 탁월할 뿐더러 유머까지 갖추고 있는 유능한 변호사였고, 검사였으며, 법관이었다는 점이다. 반면 그에 대해서 의문을 가지는 것은 그가 대외적으로 공개된 의견서(brief)를 많이 가지고 있지 않아 그의 정확한 성향이 얼마나 보수적인가에 하는 것에 대해서는 사람들이 잘 몰랐다는 점이다. 그는 법무부 재직 시절 정부의 변호사로서 이미 확립된 법이라는 이유로 낙태에 반대하는 취지의 보고서를 작성한 바 있었다. 이처럼 공식적인 문서상으로 드러난 로버츠는 보수주의자였다. 민주당 의원들은 법무부에 로버츠가 연방정부에 근무하던 시절 작성한 문건들의 공개를 요구하였다. 그러나 법무부의 태도는 부정적이었다. 그러자 민주당 출신 의회 법사위원회 위원들은 로버츠의 성향을 들어 로버츠를 공격하였지만 대법원장 후보 로버츠는 이 공격을 이겨내고 상원의 인준을 받았다. 9월 22일 상원 법제사법위원회는 13 대 5로 인준안을 통과시켰고, 상원본회의에서는 78 대 22로 대법원장 인준안을 가결시켰다. 그는 모든 공화당 소속 의원의 지지와 민주당 소속 의원들의 지지까지 끌어냈다. 2005년 9월 29일 미국 연방대법원은 렌퀴스트 대법원장에 이은 젊은 가톨릭계 대법원장을 맞이하였다.

아로요 두꺼비 사건

대법원장 로버츠(Roberts)의 법관으로서의 성향을 볼 수 있는 매우 흥미로운 사건이 아로요 두꺼비(Arroyo Toad) 사건이다. 이 두꺼비는 학명(學名)이 '부포 칼리포니쿠스(Bufo californicus)'로 '부포'는 라틴어의 두꺼비를 의미하며, '칼리포티쿠스'는 서식지역인 남부 캘리포니아와 북구 바자 캘리포니아 지역을 의미한다. 사람들은 흔히 이 두꺼비를 '아로요 두꺼비'라고 부른다. 이 두꺼비는 서식지가 점차 도시화되고 농경이나 댐 건설과 같은 요인으로 인하여 잠식됨에 따라 감소하여, 1994년 이래로 멸종위기의 종으로 지정되어 미국 어류 및 야생생물 보호국(U.S. Fish and Wildlife Service)에 의하여 보호되고 있다. 좀 더 알고 싶은 독자라면 샌디에고 자연사박물관(San Diego Natural History Museum)의 웹 사이트를 보면 이 두꺼비를 사진으로나마 만날 수 있다.

이것이 문제가 된 이유는 이 두꺼비가 오로지 한 주에만 서식하기 때문이었다. 두꺼비가 캘리포니아주에서만 서식하는 것이 문제가 된 이유는 연방법원이 사건을 관할하기 위해서는 여러 주에 걸치는 사건이어야 한다는 조항 때문이었다. 미국 연방헌법에서 연방기관인 연방법원은 여러 주에 걸치는 사건에 대해 관할권을 가지는 것으로 이해된다. 이러한 이해의 기초가 되는 조항을 통상조항(Commerce Clause) 또는 주간 통상조항(Interstate Commerce Clause)이라고 한다. 미국 연방헌법의 주간 통상조항은 주간 통상을 규제하는 것이므로 오로지 한 주에만 서식하고, 다른 주로 이동하지 않는 이 두꺼비를 보호하기 위한 규제를 연방의회에서 할 수 있는가 하는 것이 쟁점이 되었던 것이다. 연방 항소법원 판사로서 로버츠(Roberts)는 소수의견을 써 연방정부는 주간통상이 아닌 한 주에서만 일어나는 일을 규제할 수 없으므로 오로지 한 주에서만 서식하면서 건축을 방해하는 멸종위기 동물인 이 아로요 두꺼비를 연방법인 멸종위기종보호법(Endangered Species Act)에 의하여 보호하는 것은 허용되지 않는다는 취지로 연방법인 멸종위기종보호법의 적용을 반대하는 의견을 냈었다. 이러한 로버츠의 견해는 환경단체로부터 연방의회의 환경보호를 위한 권한을 심각하게 제한하였다는 비판을 받았다.[83)]

이 주간통상조항은 마샬 코트에서 1819년에 판결한 맥컬록(McCulloch v. Maryland) 사건[84)]에서 메릴랜드주가 연방은행에 과세하려 하는 것에 대하여 연방은행에 대한 주의 과세권을 제한한 이래로 연방법원의 권한 확장을 위한 중요한 수단이었다. 1995년 렌퀴스트 코트는 로페즈 사건[85)]에서 대공황기 이후 처음으로 계속적으로 확장되어

83) Rancho Viejo, LLC v. Norton, 323 F.3d 1062(2003).

84) McCulloch v. Maryland, 17 U.S. 316(1819).

오던 주간통상조항의 적용범위를 제한하는 판결을 하였지만 여전히 주간통상조항은 연방의 권한범위를 뒷받침하는 가장 중요한 헌법적 근거이다. 그런 의미에서 로버츠가 연방항소법원 법관으로서 소수의견으로 주간통상조항의 적용범위를 극단적으로 제약하는 판결을 한 것은 매우 중요한 의미를 가지는 것이다.

의회의 규제 권한과 연방 대법원의 역할

(1) 연방대법원을 통한 주간 통상 조항의 적용범위 확대

전통적으로 미국에서 연방의회의 통상조항은 매우 적극적으로 연방이 주의 활동에 대한 규제를 하는 근거로 활용되어 왔다. 연방대법원은 다비 사건(Darby case)[86)]에서 주간 통상에 부정적인 영향을 주게 되는 경우 입법권을 행사하여 규제할 수 있다고 보았다. 이 사건 이후 주간통상조항은 1964년 아틀랜타 모텔 사건 등 민법권(Title 11 of the Civil Rights Act of 1964) 판결[87)]을 통하여 더욱 확대되어 갔다. 연방대법원은 모텔과 같이 그 속성상 지역적 영업(local activity)이라고 하더라도, 그러한 지역적인 영업이 주간 통상에 실질적이고 부정적인 영향(substantial and harmful effect)을 미치는 경우에는 연방의회의 규율대상이 된다고 판시하였다. 연방대법원은 1968년 위쯔(Maryland v. Witz, 392 U.S. 183(1968)) 사건에서 이전의 아틀랜타 모텔 사건의 취지를 다시 확인하였다.

이러한 일련의 판결을 통하여 연방대법원은 어떤 행위가 주간통상(Interstate Commerce)에 해당하는지를 결정할 수 있는 권한을 연방의회가 가지고 있으며, 법원은 그러한 주간통상행위가 연방법의 적용범위에 해당하는지를 정할 수 있는 권한이 있다는, 연방의회와 연방대법원의 권한배분을 하였다.

85) United States v. Lopez, 514 U.S. 549(1995).

86) United States v. Darby, 312 U.S.100(1941).

87) Heart of Atlanta Motel, Inc v. United States, 379 U.S. 241(1964).

(2) 연방대법원을 통한 주간 통상 조항의 적용범위 제한

하지만, 연방대법원은 2000년 United States v. Morrison case(120 S.Ct.1740)에서 경제적인 활동에 대해서는 통상조항이 적용될 수 있고, 이러한 활동으로는 주간통상 경로의 이용, 주간통상의 수단의 이용, 비록 주 내 통상(intrastate commerce)이라고 하더라도 그러한 행위가 주간통상 행위와 실질적으로 관련성을 가지고 있는 경우에는 적용될 수 있다고 하였다. 이 사건은 여성폭력방지법(Violence Against Women Act 42 U.S.C.13981) 사안으로 주 내에 국한되는 활동에 대해 통상조항에 의한 규제를 연방의회에서 하는 것은 헌법에서 규정하고 있는 상황이 아니라고 판시하였다.

이 사건에서 반대의견을 제시한 진보성향의 두 판사 중 브라이어(Breyer) 대법관은 연방의회는 주에 주어진 권한이라 하더라도, 주가 적절하게 규제하고 있지 못하는 부분에 대하여 이를 보완하는 입법을 할 수 있다고 주장하였다. 브라이어 대법관의 견해에 의하면 전통적으로 주의 권한이라 판단되어 오던 영역에 대해서까지도 연방의회가 규제할 수 있다는 결론이 된다. 역사적으로 미국 인권운동의 역사를 보면 연방법을 통하여 주의 인권침해를 견제하여 왔기 때문에 연방권한의 강화는 진보적인 진영에 있는 판사들의 주장의 배경이 된다.

두꺼비가 점지하는 대법관

아로요 두꺼비 사건에서 로버츠(Roberts) 지명자의 태도는 대법원의 기존 견해에 따른 판결을 하여야 하며, 법률의 해석이 철저하게 문언에 기초하여야 한다는 문언주의로 요약될 수 있다. 이러한 문언주의에 대해서는 2백 년 이상의 세월이 지난 헌법의 자구적인 해석에 매달려 당시에는 상상도 할 수 없었던 낙태, 줄기세포 문제나 인간배아 복제의 문제 등과 같은 문제들을 해결할 수 있는가 하는 비판이 있다. 문언주의자들을 비판하는 사람들은 정의(Justice)는 과거의 문언과 현재의 사실을 조화시킬 때 발견되는 것이지, 선결례들을 유지하고, 문언에 집착하는 것으로는 이루어지지 않는다고 주장한다.

우리나라에서도 2006년 3월 우리 대법원의 신용협동조합중앙회를 상대로 낸 조치무효확인소송 상고심(2005다 60949)에서 대법원이 국회가 법률개정 과정에서 명백한 실수로 오류가 생긴 경우 법원은 법해석을 통해 이를 바로잡아 적용할 수 있다는 판단을 한 데 대해, 법원의 역할과 관련하여 법원이 법률의 흠결을 유추해석을 통하여 보완하거나, 또는 법률문언의 불명료한 부분을 해석을 통하여 명확하게 하는 수준을 넘어 문언과 다른 해석을 하였다고 해서 논란이 된 일이 있다. 저마다의 견해가 다를 수 있겠지만, 미국에서의 엄격해석주의자와 적극적 법해석주의자 간의 논란은 미국에서와 같은 연혁적인 배경이 없다고 하더라도 법학방법론상의 흥미로운 주제이다.

아로요 두꺼비 사건은 로버츠 대법원장의 보수적인 성향에 대해 알 수 있는 중요한 계기가 되었고, 그는 두꺼비 논란을 이겨 내고 연방대법원장이 되었다. 로버츠는 이런 의미에서 두꺼비가 점지한 대법관이라고 할 수 있다.

연방대법관 인준 과정이 주는 시사점

로버츠 대법원장의 인준과정을 보면, 그는 렌퀴스트보다도 더 많은 수의 표를 얻어 대법원장 인준에 성공하였다. 미국 연방대법관의 인준절차에 있어 의회의 주된 관심이라는 것이 바로 이 두꺼비 논란의 핵심이다. 미국의 연방대법관의 인준절차를 보면, 대통령은 소속당의 이념에 부합하는 성향의 대법관을 선임하려 하면서도 의회 청문회 과정에서 인준이 되지 않을 가능성을 늘 생각하여야 하므로, 그 대표성 내지 상징성을 생각하여 성별, 인종, 학력, 경력 등 어느 편에서도 공격하기가 쉽지 않은 후보자를 지명하려고 한다.

보수적 기독교 단체, 기업이나 환경단체 등과 같은 이익단체는 자신들의 이해에 부합하는 후보자의 지명과 인준을 위하여 활동한다. 그리고 의회에서는 법사위(Judiciary Committee)에서 자신들의 권한 내지 정통성에 긍정적인 인물이 인준되도록 노력할 것이다. 민주당의 입장에서는 분명히 긍정적이지만은 않은 인물이지만, 전통적으로 인준청문회에서 매우 세부적이고 구체적인 사안에 대한 질문을 자제하여 온

점을 감안하더라도 민주당이 계속 천명하고 있는 것은 사소한 부분에 집착하지 않고, 향후 발생할 개별적인 사안에 대한 의견을 강요하지 않겠다고 하는 것도 사실은 이러한 프로세스상의 정치성을 반영하는 것이 아닌가 한다.

이처럼 연방대법관의 인준절차는 향후 국가의 방향성을 정하는 절차이므로, 결국 이러한 국가 내의 다양한 방향성을 종합적으로 고려하여 결정될 수 있도록 하는 동태적인 과정이며, 이러한 동태적인 피드백(feed back) 과정을 통하여 바람직한 의사결정이 이루어지도록 하는 과정이라는 것이 우리가 다시 생각하여 볼 시사점이 아닌가 한다. 앞으로 점점 복잡해지는 사회 환경에서 국가 원로원으로서의 대법원의 기능은 점점 더 강해질 것이라고 생각한다.

02
대법관 알리토
Samuel Alito

2006.1.29.~현재

'스칼리토'라 불리는 사나이, 알리토

새뮤얼 알리토 Jr. 대법관 후보는 2006년 1월 31일 연방상원의 인준 표결에서 58 대 42로 상원의 인준을 받아, 마침내 미국의 110번째 연방대법관이 되었다. 이 중에서 4명의 민주당 상원의원이 그의 인준에 찬성하였고, 1명의 공화당 상원의원 채피(Lincoln Chaffe)가 반대하였다.

알리토 대법관의 별명은 '스칼리토'이다. 이 별명은 스칼리아 대법관의 이름과 알리토 대법관 후보자의 이름을 합성한 것이다. 스칼리아와 알리토는 모두 이탈리아계 미국인이라는 점, 둘의 성향이 보수적이라는 점과 둘 다 가톨릭을 종교로 가지고 있다는 점 등 둘의 공통점이 많기 때문이다. 존 로버츠 Jr. 대법원장에서 보듯이 Jr.라는 것은 미국에서 소위 뼈대 있는 가문 출신임을 나타내는 것으로, 이탈리아계 이민자의 후예인 새뮤얼 알리토도 나름의 중간이름(middle name)에 Jr.라는 첨자(surfix)를 가진 그 이름부터가 벌써 보수적인 색채를 충분히 보여 주고 있다. 종교적으로도 현재 미국 연방대법원의 존 로버츠 대법원장, 스칼리아, 클래런스 토마스, 케네디 대법관을 이은 다섯 번째 가톨릭 대법관이다. 알리토가 1990년부터 2006년까지 미 연방 제3순회법원 판사로 근무하는 기간 보수적인 성향의 판결을 견지하였기 때문에 알리토가 '스칼리토'라고 불리게 된 것이 아닌가 한다.

미국 대법관이 되기 위한 리트머스 시험지

미국에서 대법관이 되려면 낙태라는 허들을 뛰어넘어야 한다. 낙태에 대한 생각은 생명존중주의자(Pro-Life Group)와 선택존중주의자(Pro-Choice Group)로 크게 양분된다. 이들은 대법원의 성향에 항상 촉각을 곤두세우고 있고, 종교적으로는 전자는 가톨릭계를 중심으로 한 보수적인 계층에 의한 지지를 기반으로 하고 있다. 새뮤얼 알리토 대법관은 이미 그가 예일 로스쿨 학생이던 시절부터 대법관이 되겠다고 말하고 다녔다고 한다. 그는 로스쿨 학생 시절에도 보수단체의 청년단원이기도 했다. 이러한 알리토가 대법관이 되자 전미 생명연대(American Life League)에서는 다음과 같은 성명을 내었다.

"우리는 새뮤얼 알리토 씨의 대법관 인준이 낙태로 인하여 생명을 잃게 될 위험에 처한 모든 아이들을 보호하는 것에 희망을 줄 것이라고 생각합니다. (중략) 알리토 대법관의 인준은 쉬운 승리가 아니었지만, 생명존중그룹은 인준청문회 기간 동안 낙태라는 비극을 종식시키기 위한 노력을 끊임없이 하였고, 그의 인준을 위하여 전국에서 수천 통의 탄원서를 보냈습니다. (중략) 생명존중그룹은 알리토 대법관이 그의 신념에 따라, 사법에 의한 법률형성이 아닌, 엄격한 헌법의 문언해석을 하기를 바랍니다. 왜냐하면, 우리 헌법은 어떤 사람도 무고한 다른 사람을 낙태를 비롯한 기타 어떠한 방법으로도 살해하는 것을 허용하지 않기 때문입니다."

낙태에 대한 '알리토'의 생각

미국 연방상원의 청문회는 결코 요식행위가 아니라는 것은 청문회를 통과 못한 여러 실패자들의 예에서 볼 수 있다. 미국에서 대법관 후보를 지명하고, 상원 법사위와 전원회의에서 승인하는 절차는 기본적으로 정치적인 절차이다. 이러한 정치적인 절차인 인준과정을 통과하기 위하여 헌법재판기능을 주된 기능의 하나로 하는 미국 연방대법원의 경우 몇 가지 주요한 리트머스 시험지의 기능을 하는 질문지를 가지고 있다.

낙태, 사형제도, 연방주의, 수정헌법 제1조 등 여러 가지 관점의 차이를 확인할 수 있는 고정 질문들이 대법관 지명자들을 기다리고 있다.

알리토 대법관의 보수성이 드러난 결정적인 계기가 된 사건이 가족계획협회 사건(Planned Parenthood v. Casey 사건[88])이다. 그는 낙태를 하려는 여성은 남편에게 낙태를 하려고 한다는 사실을 통지하여야 한다는 펜실베니아 주법이 합헌이라고 판단하였다. 1991년 알리토는 연방 제3순회법원 판사로 펜실베니아 주법의 이러한 여성의 남편에 대한 통지의무 규정에 대해 2:1 합헌 결정에서 다수의견을 내었다. 그는 양성평등(gender equality)의 관점에서 최소한 남편이 낙태를 하려는 배우자의 의사에 대하여 서로 상의를 하여 결정하여야 하는 것이라고 하여 합헌 판결을 한 것이다. 만일 부부의 어느 일방이라도 임신 상태의 지속에 대하여 반대하지 않는다면, 그러한 임신은 지속되어야 하고, 임신한 처가 그러한 임신을 단절하고자 하는 의사를 가지고 있다고 하더라도, 남성으로서도 자신이 아이의 아버지가 될 것이라는 사실에 대하여 통보받을 권리가 있다고 할 것이고, 이를 통하여 계획된 부양에 대한 준비를 할 수 있어야 한다는 것이다. 그렇다면, 여성 파트너로 하여금 남성 파트너에게 임신과 관련된 사항에 대하여 통보를 하도록 요구한다고 하더라도 이러한 요구가 과도한 부담(undue burden)이 되지는 않는다고 알리토는 본 것이었다. 하지만 이 펜실베니아 주법은 1992년 연방대법원에서 5:4로 위헌으로 결정되어 폐기되었다.

알리토는 미국 보수단체인 연방주의자회(Federalist Society)의 25년 노력의 결실이다. 연방주의자회는 보수성향을 대법관을 탄생시키기 위해 로스쿨에서부터 노력을 하였다. 그리고 그 상징적인 결실이 알리토이다. 부시 대통령은 알리토를 연방대법관 후보로 지명하면서 '그는 학자적이며, 넓은 안목을 가진 원칙주의자다. 대법관은 법을 해석하는 자리이지, 사람들에 대한 자신의 선호(priorities or preference)를 표현하는 자리가 아니다.'라고 말하였다. 자신의 선호를 표현하는 사람들이 누구일까. 쉽게 추측할 수 있을 것이다.

---

88) 대법원이 판단한 사건은 Planned Parenthood v. Casey, 505 US 833 (1992).

엄격해석주의와 보수주의

위의 성명에서 보이는 엄격해석주의자(Strict Constructionist)란 법문의 문언을 그대로 해석하는 법률해석방법론을 지지하는 법관을 말하는 바, 그들은 헌법은 문언 그대로 해석되어야 한다고 본다. 그들은 소수자 우대정책(Affirmative Action)나 학교에서의 종교적 기도금지, 규제국가, 낙태를 허용한 로 사건(Roe v. Wade) 판결 등에 대하여 부정적인 견해를 가지고 있다. 이에 대응되는 것으로 이해되는 개념을 통상 법행동주의(Legal Activism)라고 칭한다.

이러한 엄격해석주의는 미국에서는 보수적인 법관을 칭하는 다른 표식으로 대법원장인 로버츠도 대표적인 엄격해석주의자로 분류되는 법관이고, 미국 연방대법원의 110번째 대법관이 된 알리토 역시도 이러한 분류에 속하는 법관이다. 바로 이러한 점으로 인하여 부시 대통령이 재선을 위한 기자회견 등을 할 때 기자들로부터 만일 렌퀴스트 대법원장이 은퇴할 경우 후임 대법관 선임에 대한 복안이 있는가라는 질문을 받을 때마다 반복적으로 "나는 엄격해석주의자를 지명할 것이다"라는 답변을 한 것이다.

이 용어는 1968년 리처드 닉슨 당시 대통령후보에 의하여 처음 사용된 용어로서, 당시 닉슨이 이 용어를 사용할 때의 의미는 아마도 당시의 워렌 법원(Warren Court)의 형사피의자들의 인권신장과 법원의 명에 의한 학교 교차통학(School busing) 등의 조치를 완화하겠다는 취지였다. 하지만, 정작 닉슨이 지명한 3명의 대법관, 워렌 버거(Warren E. Burger), 루이스 파웰(Lewis Powell), 그리고 해리 블랙먼(Harry Blackmun)은 모두 실제로는 유연한 보수주의자로서 학교에서의 종교적인 기도, 소수자 우대, 낙태 등의 문제에서 정작 진보주의자(liberals)들의 진용에 서 버렸다.

결국 대법관은 대통령이 임명하지만, 그 의사는 종신직인 대법관이 대통령을 뛰어넘게 되는 것이라고 할 것이다.

엄격해석주의자 알리토, 그 탄생의 역사

지난 36년의 기간 동안 미국의 4명의 공화당 출신 대통령들은 현재의 대법관 아홉 명 중 단지 두 명의 엄격해석주의자만을 지명할 수 있었다. 이와 같이 대법원에서 보수진영의 후퇴가 계속되자, 보수진영(Conservatives)은 헌법 해석에 대한 법학방법론을 연구하게 된다.

(1) 레이건 대통령과 부시 대통령 시대

1985년 연방법무장관이었던 에드윈 미즈 3세(Edwin Meese III)는 다음과 같은 기억할 만한 연설을 한다.

"우리는 헌법의 원래 의미를 다시 복구하기 위하여 노력할 것이다. 그리고 그러한 헌법의 규정과 문언은 법관의 판단에 있어 유일한 신뢰할 수 있는 기준이 되어야 한다."

이 연설 후 이제 새로운 신조어인 '문언주의자(originalist)'가 법조계와 정치계에서의 화두가 되었다. 하지만, 이미 독자들이 알고 있는 것처럼 1987년 이러한 노력의 첫 주자인 로버트 보크 예일대 교수가 상원 청문회에서 인준이 부결되었고, 단지 안토닌 스칼리아, 클래런스 토머스 두 명의 대법관 후보만 살아남아 대법관이 되었다. 그 기간 동안 선임된 샌드라 데이 오코너 대법관, 앤서니 케네디 대법관과 데이비드 수터 대법관은 사실 근본주의자가 아니었으므로 렌퀴스트 코트에서도 여전히 렌퀴스트 대법원장의 외로운 보수주의자로서의 위치는 크게 변하지 않았다.

(2) 클린턴 대통령 시대

클린턴 대통령 임기 중에 보수주의자들은 엄격해석주의의 개념을 재정립하였다. 그들은 규제완화와 관련된 영역에 주의를 기울였다. 보수진영은 그들의 승산이 높고, 사회적인 논란이 발생할 가능성이 상대적으로 적은 부분에 집중을 하였다. 1995년 보수주의 이론가로서 레이건 대통령 임기 중에 연방대법원 판사로 지명되었으나 상원

인준에 실패한 더글러스 긴즈버그는 연방주의(Federalism)에 집중하여야 한다는 점을 지적하였다.

이러한 방향성은 당시 렌퀴스트 법원에서의 연방주의 재정립 경향과 맞물려 있다. 렌퀴스트 코트는 30건 이상의 연방법을 연방주의라는 관점에서 위헌으로 선언하였는데, 이러한 건수는 폭발적인 증가세라고 할 만하였다. 하지만 이러한 수치의 증가에도 불구하고 이런 결과는 보수주의 진영에서 원하던 것에 비하여는 여전히 부족하였는데, 그 이유는 중도 성향의 오코너 판사와 케네디 판사가 한발 물러서는 태도를 보였기 때문이다.

(3) 조지 W. 부시 대통령 시대

조지 W. 부시 대통령이 임기를 시작하면서 염두에 두었던 후보자 명단은 제2, 제3의 오코너 대법관이 아니라 제2, 제3의 스칼리아였다. 이러한 관점에서 보면, 알리토가 스칼리토라는 별명으로 불린 것은 그의 대법관 지명에 상당히 긍정적인 영향을 주었을 것이다. 결국 알리토 대법관은 이와 같은 보수주의자들의 산고의 결과물인 것이다. 알리토 대법관을 통해 드디어 보수진영은 제2의 스칼리아를 대법원에 보낼 수 있었다.

존 그리샴의 소설 『어필』을 보면, 환경 관련 소송의 1심에서 패소한 대기업 크레인 케미컬이 주 대법원에서의 법정 공방을 앞두고 소송에서의 법률적인 전략에 국한하는 것이 아니라, 새로 선출되는 주 대법원의 대법관 중 한명을 자신들의 성향과 일치하는 지역 소규모 로펌의 그다지 명성이 없는 '론 피스크'가 대법관으로 선출되도록 함으로써 자신들에게 불리한 판결을 내릴 것으로 보이는 현역의 '쉴라 매카시' 대법관을 교체하려는 전략을 세운다. 그리고 그들의 계획은 성공하여 주 대법원의 소송을 승소로 이끈다는 내용이다.

소설에서 나오는 것처럼 미국에서 주의 대법관은 선출직인 주도 있고, 임명직인 주도 있다. 반면 연방의 대법원은 대통령과 의회의 견제가 이루어지도록 하는 임명제이다. 연방 대법원의 또 하나의 변수는 종신직이기 때문에 스스로 사임시기를 조절할 수 있다는 점이다. 최소한 사회 내의 각종 변수들이 서로 가장 강력한 견제를 할 수 있는 구도가 미국 연방대법관의 자리이다.

대법관 알리토의 첫 평의

대법관이 되고 난 알리토는 처음으로 평의에 참석하여 표결을 하였다. 알리토는 현재 미국 연방대법원내에서 보수의 적통을 잇는 대법원장 로버츠, 렌퀴스트의 동반자 가톨릭 사제가 어울리는 스칼리아, 소수인종출신의 옹골찬 보수 토마스와 함께 진정한 보수의 한 축을 형성할 것으로 기대된 보수주의 진영의 기대주로 스칼리아와 같은 이태리계 가톨릭 대법관이다. 이러한 전체적인 지형을 두고 보면 그의 평의는 의견의 대립이 있을 경우 로버츠, 스칼리아, 토마스와 함께할 것이 예견되었다.

그런데 그가 이런 세상 사람들의 일반적인 예상을 깨고 첫 평의에서 표결에 참석하면서 다른 세 대법관과 다른 의견을 내었다. 사안은 마이클 테일러(Michael Taylor)라는 사형수의 사형을 집행할 수 있도록 하여 달라는 청원(writ of certiorari)을 대법원이 받아들여 심사하면서 예상과는 달리 알리토가 사형의 집행을 허용하는 의견을 낸 다른 세 사람의 이념적인 동료들과 달리 반대의견을 냄으로써 대법원이 청원을 6 대 3으로 기각시켰다는 내용이다. 테일러는 1989년 미주리주의 캔자스 시티에서 15세의 앤 해리슨이라는 소녀를 납치 강간한 후 살해한 혐의가 인정되어 사형이 선고된 사형수였다.

물론 사형집행을 허용할 것인가 아닌가 하는 것이 보수냐 진보냐 하는 것과 무관한 사안이라고 할 수 있을지 모르겠다. 그러나 통상 사형제도에 대한 찬반은 우리의 경우에도 그렇듯이 미국의 경우에도 법관의 성향을 확인하기 위하여 항상 듣게 되는 일종의 고정된 예상 질문지와 같은 것이라서 그렇게 무의미하다고 할 수는 없다. 우리나라에서도 연쇄살인범들로 인해 사형의 집행을 재개하여야 한다는 목소리가 2010년 현재 점차 동조자들을 얻어가고 있다. 이런 관점에서 알리토의 이번 결정은 보수주의자들의 간담을 서늘하게 하였을지 모른다. 아이젠하워가 워렌 대법원장의 지명을 자신이 한 가장 멍청한 일 중의 하나라고 하였던 것처럼, 알리토의 지명을 후회하게 될지. 하지만 지금까지로 봐서는 알리토는 자신의 후원자들의 더 이상 많이 놀라게 하지는 않고 있는 것으로 보인다.

종신직인 미국 연방대법관의 경우에는 대법관이 되고 난 이후에는 이미 더 이상의 지위가 없는 법조인의 최고위직이다. 게다가 종신직이므로 미국의 연방대법관들은 자신들의 법률적인 철학, 논리, 이념적인 성향을 드러내게 된다. 태프트 대법관과 같이 대법관을 하고 난 뒤에 대통령을 하게 되는 경우가 있기는 하였지만, 이 역시도 대통령이 대법관의 상급기관인 것은 아니므로 결론이 달라지지는 않을 것이다.

대법관 알리토, 렌퀴스트를 놀라게 하다

렌퀴스트를 기둥으로 하여 그 주변의 스칼리아, 토마스가 견지하였던 엄격주의(originalist)의 태도는 헌법의 아버지들의 의도를 다시 고려하여 기본적으로 헌법에 언급되어 있는 권리의 목록만을 권리로 인정하는 것이라고 단순화하여 설명할 수 있을 것이다. 이러한 렌퀴스트 류의 해석은 공화당의 이념적인 성향과 부합하였고, 공화당은 비록 선거에서는 패배할지 몰라도 대법원에서만은 부시 집권기에 자신들의 뜻과 대법관의 성향을 일치시키려 하였다. 이런 관점과 부합하지 않았던 마이어스가 낙마한 후에 지명되고 인준된 후보가 새뮤얼 알리토라는 점에서 그의 첫 표결은 여러 가지 논란을 불러일으킬 수밖에 없는 것이었다. 죽은 공명이 사마의를 놀라게 하였던 고사에 견주면 산 알리토가 죽은 렌퀴스트를 놀라게 한 사건이라고 할까?

이 지점에서 부시가 대법관 인준 후에 한 연설을 상기하여 보는 것은 의미 있다. "미국 연방대법원은 지금 두 명의 훌륭한 구성원을 맞이하게 되었습니다. 한 사람은 대법원장 존 로버츠이고, 한 사람은 대법관 사무엘 알리토입니다. 나는 이 두 분을 대법관으로 인준하여 주신 의회에 감사합니다. 나는 항상 법관들이 법의 하인이 되어야지 스스로 사법부에서 입법권을 행사하는 사람이 되어서는 안 된다는 기준으로 인선을 하려고 하였습니다."

조셉 리버만이라는 변수가 있기는 하지만 상원까지 민주당이 장악하고 있던 상황에서, 알리토의 인준이 알리토의 판결성향이 보수적이라는 이유로 클래런스 토마스 대법관 이후 가장 접전 상황이 이루어졌다. 그리고 위의 연설에서 볼 수 있는 것처럼 보수적으로 알려진 바로 이러한 성향이 그의 대법관 인준을 가능하게 한 이유였다는 점에서 보면, 렌퀴스트는 자신의 로클럭이었던 로버츠라는 확실한 후계자를 얻은 반면 알리토라는 모호한 후계자를 알게 된 것이 아닌가 한다. 인준 당시 필리버스터(filibuster)를 주도하였던 민주당의 존 케리 상원의원은 "알리토의 지난 15년간 판결기록을 분석하여 보면 연방 제3항소법원 재직 기간 동안의 그의 판결로 그가 극단적인 우익임을 알 수 있다"라는 취지로 반대하면서, 필리버스터의 정당성을 이념으로 도배(ideological court-packing)된 대법원을 만들려는 부시의 시도에 대한 저항이라는 점에서 찾았다. 존 케리가 메사추세츠의 케네디 상원과 같이 시도하였던 필리버스터는 비록 실패하였지만, 그의 노력으로 당시 의석 분포에서는 상당한 접전인 58 대 42로 인준이 된 알리토의 상원대법관 인준표결은 보수진영을 매우 놀라게 했다. 연방대법관은 임명이 되면 13개의 항소법원 관할과 연방정부에 대한 관할을 배정받게 되는데, 예를 들어 알리토의 경우에는 남북 다코타주(north and south Dakota), 네브라스카주(Nebraska), 미네소타주(Minnesota), 미주리주(Missouri), 아칸소주(Arkansas)를 포함하는 제8연방항소법원을 자신의 관할법원으로 배정받았다. 그가 연방항소법원을 하였던 제3연방항소법원의 경우에는 관할이 기존에 배정되어 있던 수터(David Souter) 대법관에게 유지되었고 수터 대법관이 퇴임한 2009년 이후에는 후임 소토마요르 대법관이 담당하고 있다. 그러다가 만일 전원합의체(en banc court)를 열어야 하는 경우가 발생하면 전원합의체로 사건을 처리하게 된다. 대법관 알리토의 다음 행보를 유심히 보는 것은 사람을 중심으로 법원을 보는 흥미로운 관찰점이 될 것이다.

03
대법관 소토마요르
Sonia Sotomayor

2009.8.8.~현재

2010년 6월 28일

2010년 6월 28일 미국 연방대법원은 몇 개의 중요한 판결을 선고하였다. 개정기가 얼마 남아 있지 않았던 시점에 세인의 관심이 집중되었던 중요한 판결을 선고함으로써 많은 사람들이 대법관들의 생각을 알고 여름휴가를 갈 수 있게 되었다. 그것이 비록 어떤 이에게는 쓰라린 가슴을 달래면서 보내야 하는 휴가일지라도.

우선 빌스키 사건(In re Bilski)에 대한 판결이 선고되었다. 이 사건의 판결을 통하여 연방대법원은 연방항소법원(CAFC) 창설 이후 지속적으로 확장하여 오던 미국에서의 특허대상을 축소하는 것에 동의하였다. 이미 이 사건의 원심인 연방항소법원은 특허대상이 되지 않는다고 하여 비즈니스 모델 특허의 확장에 제동을 걸었고, 연방대법원은 이러한 연방항소법원의 판단에 동의하였다. 이 사건의 판결을 통해서 연방대법원이 특허대상의 확장의 끝이 어디인가를 궁금하게 생각하던 많은 미국인들에게 그 끝을 보여 줄 것으로 기대하였지만 새로운 기준을 제시하지는 않았다.

연방대법원은 또 2002년 소위 엔론과 월드컴 스캔들 이후 입법된 회계개혁법(Sarbanes-Oxley Act)에 규정되었던 공개회사의 외부감사인들을 규율하는 기구인 공개회사회계감독기구(Public Company Accounting Oversight Board)의 설치를 위헌이라고 판단하였다(Free Enterprise Fund and Beckstead and Watts v. Public Company Accounting Oversight

Board). 네바다주에 소재한 작은 회계법인인 Backstead & Watts LLP가 제기한 이 소송을 지원한 것은 자유기업펀드(Free Enterprise Fund)라는 집단이다. 이들은 공개회사회계감독기구가 3권 분립에 반하는 위헌적인 기관이라고 주장하였다. 그들의 주장에 의하면 공개회사회계감독기구는 연방헌법이 허용하는 유형의 연방기구(federal agency)가 아니라는 것이었다. 그러나 이 사건의 판단을 맡은 워싱턴 D.C 지방법원은 공개회사회계감독기구의 설치는 합헌이라고 보았다. 2008년 워싱턴 D.C 연방항소법원은 소부에서 2 대 1로 갈리기는 하였지만 지방법원의 합헌의견을 유지하였고, 같은 해 11월 전원합의체 회부를 하지 않기로 결정하여 소부판결을 유지하였다. 그런데 연방대법원은 이러한 하급심의 판단을 뒤집어서 사건을 파기 환송하였다.

그리고 또 하나의 중요한 사건인 시카고시의 총기규제법령의 위헌 여부에 대한 판결도 이날 선고되었다. 위헌이라는 것이 연방대법원의 결론이었다.

미국인들에게 총이란

2011년 1월 8일 애리조나주에서 민주당 소속의 가브리엘 기퍼즈 하원의원이 괴한으로부터 총격을 당하였고 그 자리에 같이 있던 연방지방법원 판사는 총격으로 사망하였다. 매년 3만 명 이상이 총기로 인해 사망하는 미국이 왜 총기를 규제하지 않는지 필자로서는 의문이다. 한번은 아는 미국인에게 미국과 같이 총기범죄가 많이 발생하는 국가에서 왜 총기를 규제하지 않는가 하고 직설적으로 물어본 일이 있다. 그런데 답은 미국인에게 총은 자유를 상징한다는 것이었다. 미국인들은 개척시대부터 자신이 스스로를 지켜 왔고, 이러한 자기방위의 기초가 총기의 소지라는 것이 그의 생각이었다. 그리고 그는 이러한 철학이 공화당원들의 생각이라고 말해주었다. 칼이나 다른 무기와 달리 총은 살상력이 높고, 따라서 규제의 효과도 크지 않는가 하고 물었지만, 그는 동의하지 않았다. 결국 효율성이니 하는 것도 여러 가지 판단의 기초일 뿐 유일한 근거가 될 수는 없는 것이라는 생각이니 사회적 총의를 구할 수밖에.

그런데 이 민감한 총기규제의 문제가 다시 연방대법원에 왔었고, 2010년 6월 28일 연방대법원은 5 대 4로 위헌판단을 하였다(McDonald v. Chicago). 예상할 수 있는 것처럼 스티븐스 대법관이 반대의견을 내었고, 브라이어 대법관도 별도의 반대의견을 내었다. 그리고 브라이어 대법관의 반대의견에 긴즈버그 대법관과 소토마요르 대법관이 동조하였다. 이 사건에서 다투어진 것은 가정에 총을 소지하는 것을 금지하는 것이 미국 연방 수정헌법에 위반되는가 하는 점이었다. 이미 연방대법원은 워싱턴 D.C에서 총기소지를 금지하는 조례가 위헌이라는 판단을 헬러 판결(District of Columbia v. Heller)에서 한 바 있다. 그러자 미국 연방총포협회(National Rifle Association)가 맥도날드(McDonald)라는 원고를 찾아서 이 사건 소송을 제기한 것이다. 이 소송에서 연방총포협회의 주장은 시카고에서 조례에 의해서 총기의 소유를 금지하는 것도 연방관할구역인 워싱턴 D.C에서 총기소지를 금지하는 조례가 위헌인 것과 마찬가지로 위헌이라는 것이었다. 시카고를 관할하는 연방 제7항소법원(7th U.S. Circuit Court of Appeals)은 연방대법원이 헬러 판결을 통하여 미국 전역에서 총기사용을 금지하는 어떠한 법령이 모두 위헌이라고 판단하였다고는 볼 수 없으며, 시카고에서의 조례는 헬러 판결에도 불구하고 제7항소법원의 기존 선례에 따라 합헌이라고 판시하였다. 제7항소법원은 연방대법원의 헬러 판결의 적용범위를 제한하는 방법으로 시카고시의 총기규제를 지지하였다. 이 항소법원의 판결을 쓴 판사가 시카고 대학 교수이면서 저명한 법경제학자인 프랑크 이스트브룩(Frank Easterbrook)이다. 그는 효율성의 면에서 총기규제의 필요성을 찾았다.

하지만 연방대법원의 보수진영의 총기규제에 대한 견해는 분명했다. 연방대법원은 알리토 대법관이 작성한 다수의견을 통해 연방헌법은 연방과 주를 불구하고 적용되는 것이며, 연방의 규제에 대하여 위헌을 선고한 헬러 판결은 주의 법령에 대해서도 그대로 적용된다고 판시하였다.

연방대법원 보수진영의 블록화

위의 사베인스-옥슬리 법상의 공개회사회계감독기구의 설치를 위헌이라고 판단한 사건에서 알 수 있는 것처럼 연방대법원은 연방정부의 권한확대를 제한하려고 하고 있으며, 총기규제에 대한 공화당의 입장을 반영하고 있다. 이 2개의 사건들은 모두 5 대 4 사건이고, 찬성한 대법관과 반대한 대법관이 모두 동일하다. 수터를 계승한 111번째 미국 연방대법원 대법관 소토마요르는 이미 그녀가 대법관 인준을 기다리고 있을 때부터 라틴계 미국인들을 포함한 소수인종을 대변하는 역할이 기대되었다. 그리고 실제로 소토마요르 대법관은 그러한 역할을 충실히 하고 있다.

2009년 6월 29일 연방대법원은 흑인은 전혀 없고, 히스패닉만 2명이 포함된 코네티컷주 뉴헤이븐시의 소방관 승진시험 무효화 조치의 위법성에 대해서 위법이라고 판시하여 소토마요르 대법관이 항소법원 판사로서 내린 판결을 뒤집은 바 있다. 소토마요르는 소수인종이 포함되지 않으면 연방법 위반이어서 승진시험을 무효화시킬 수밖에 없었다는 뉴헤이븐시의 주장을 받아들였지만 존 로버츠 대법원장을 포함한 대법원의 보수진영은 오히려 이와 같은 뉴헤이븐시의 조치는 백인소방관들을 차별한 것이라고 보았다. 그때도 5 대 4로 나뉜 판결이었다.

최근 연방대법원은 금번의 총기규제를 위헌으로 본 판결을 포함하여 주요한 사안에서 5 대 4로 나뉜 판결을 계속하고 있다. 로버츠 대법원장, 스칼리아 대법관, 케네디 대법관, 토마스 대법관, 알리토 대법관으로 구성된 5인조는 대법원 내에서 강고한 연대를 하고 있고, 연령대로 보더라도 이러한 연대는 상당히 계속될 것으로 보인다. 다만 변수는 스윙맨 역할을 종종 하였던 케네디가 언제까지 이 팀에 계속 있을 것인가 하는 점이다.

현재 연방대법원의 구성에서 소토마요르

고령인 스티븐스 대법관은 2010년 6월 29일자로 대법관직을 사임했고, 긴즈버그 대법관은 종양이 발견되는 등 건강이 좋지 않다. 결국 브라이어 대법관 정도가 진보진영에 있는 상황에서 소토마요르는 연방대법원 내의 진보진영에서 하여야 할 역할이 커지고 있다. 엘리나 케이건 전(前) 하버드 로스쿨 학장이 스티븐스 대법관의 후임으로 지명되어 상원의 인준을 거쳐 대법관이 되는 등 최근 연방대법원 내의 진보진영 대법관들의 변화가 수터 대법관 이후 계속되고 있다. 엘리나 케이건 대법관 지명자는 소토마요르 대법관 지명 당시에도 지명 예상자 명부(short list)에 있었던 인물이다. 오바마 대통령이 염두에 두었던 인물이었지만 소토마요르 대법관의 경우 최초의 히스패닉계 대법관이라는 상징성이 있었기 때문에 소토마요르가 먼저 대법관이 되었다.

엘리나 케이건(Elena Kagan)에게 가장 큰 문제는 법관으로서의 경험이 없다는 점이었다. 실제로 공화당은 케이건 후보자가 법관 경험이 없고 이념적으로 편향이 있다며 그녀의 지명을 공격하였다. 연방 상원 법제사법위원회 간사인 공화당 제프 세션스 의원은 케이건은 적어도 최근 50년간 지명된 대법관 후보들 가운데 현장의 법경험이 가장 부족한 인물이라고 말하기도 하였다. 존 폴 스티븐스 대법관의 후임으로 지명된 케이건 후보자가 상원 인준을 통과하면서 현재 50세인 케이건은 대법관으로서 역대 최연소이자, 40년 만에 처음으로 법관 경험이 없는 연방대법관이 탄생하였다.

지명 당시 연방 법무부 송무담당 차관(U.S. Solicitor General)을 맡고 있던 케이건과 경합하였던 다이앤 우드(Diane Wood) 연방항소법원 판사나 머릭 갈랜드 연방항소법원 판사는 소토마요르 대법관 지명 당시에도 물망에 올랐으나 지명을 받지 못하였고, 이번에도 다시 지명을 받는 데 실패하였다. 우드 판사는 현재 제7항소법원 판사로 일하고 있다. 그녀는 텍사스 로스쿨 출신으로 1976년에서 1977년까지 1년 동안 해리 블랙먼 대법관의 로클럭으로 일을 함으로써 최초의 여성 연방대법원 로클럭이기도 하다. 그녀는 변호사 생활 이후 시카고 대학 교수로 있다가 1995년 빌 클린턴 대통령에 의하여 제7항소법원 판사로 지명되어 지금까지 항소법원 판사로 일하고 있다. 그녀는 제7항소법원에서 두 명의 법경제학의 거두인 포스너(Richard Posner)와 이스트브룩(Frank Easterbrook) 판사와 함께 진보진영을 형성하고 있다. 그녀는 낙태와 성차별 등의 대법관 인준 과정에서 보수진영이 리트머스 시험지로 사용하는 쟁점들에 대해서 분명한 성향을 가지고 있어 오바마 대통령의 당선과 함께 대법관이 될 것이라는 많은 관측과는 달리 계속 대법관으로 지명되지 못하고 있다. 연방 제7항소법원의 진보진영의 세 명의 판사들은 모두 시카고 대학의 교수를 하였고, 모두 세상에서 높은 평가를 받고 있지만 모두 대법관직과는 인연을 맺지 못하고 있다. 1950년생인 우드도 그녀의 다른 두 명의 저명한 동료와 같은 길을 갈 가능성이 높아 보인다. 한편 다른 한 명의 후보였던 갈랜드 판사는 하버드 로스쿨을 나와 윌리엄 브래넌 전 대법관의 로클럭을 거쳐 연방항소법원 판사로 재직 중이다.

이러한 변화의 시기에 소토마요르는 111번째 대법관으로, 112번째 대법관으로 케이건이 임명되면서, 연방대법원사에서 최초로 3인의 여성대법관 시대를 맞게 되었다. 진보진영의 축으로 오랜 시간을 지켜왔던 스티븐스 대법관의 퇴임 이후 진보진영 내에서 여성대법관들의 역할이 더 중요해질 것이다. 그리고 오바마 대통령이 인선과정에서 우드 판사 대신 케이건을 지명한 것이 상대적으로 무난한 선택이고, 대법원을 변화시키고자 하는 그의 나름의 변화를 위한 선택일 수는 있겠으나 진보진영에 옳은 선택일지는 시간을 두고 볼 필요가 있을 것 같다. 그리고 우드에게 다시 기회가 있을지도 필자로서는 관심을 가지고 보고 싶다. 참고로 스티븐스 대법관의 퇴임으로 연방대법원에는 많은 가톨릭 신자와 2명의 유대교 신자(긴즈버그, 브라이어)와 0명의 개신교 신자가 남게 되었다. 마지막 개신교 신자인 스티븐스가 은퇴하였기 때문에.

인물

포스너(Richard Posner): 1939년 뉴욕 태생인 포스너는 더 이상 말이 필요 없는 법경제학계의 거두이고, 현직 판사이다. 예일 대학교에서 영문학으로 학사학위를 받고, 하버드 로스쿨을 수석으로 졸업한 그는 시카고 대학 교수를 거쳐, 1981년부터 레이건 대통령의 지명으로 제7항소법원 판사직을 수행하면서, 시카고 대학 수석강사(senior lecturer)로 있다. 그는 다양한 분야에 많은 저서와 논문을 써왔다. 그의 저서인 『법의 경제학적 분석(Economic Analysis of Law)』은 시대를 뒤흔든 명저이다.

이스트브룩(Frank Easterbrook): 1948년 뉴욕주 출신으로 시카고 대학 로스쿨을 졸업하였다. 그 역시도 포스너와 같이 제7항소법원 판사로 1985년부터 봉직하여 왔고, 법경제학 분석으로 인하여 미국 연방항소법원 판사들 중에서 가장 저명한 판사 중의 한 사람이다. 그 역시도 시카고 대학 교수로 3년 정도 일하였고, 1980년 법관으로 지명되면서 교수직을 그만두었다. 판사로 근무하면서, 그가 1991년에 피셸(Daniel Fischel)과 공저한 『회사법의 경제학적 분석(The Economic Structure of Corporate Law)』은 명저이다.

04
대법관 케이건
Elena Kagan

2010.8.7.~현재

112번째 연방대법관

엘레나 케이건이 존 폴 스티븐스 연방대법관의 자리를 승계하여 미국 연방대법원의 제112번째 대법관이 되었다. 미국 상원 법사위원회는 2010년 8월 5일 인준투표에서 찬성 63, 반대 37로 엘레나 케이건 법무부 송무담당 차관에 대한 대법관 인준안을 가결했다. 엘레나 케이건은 1972년 렌퀴스트 대법원장 이후 거의 40년 만에 임명된 법관 경력이 없는 대법관 후보자였다. 또 그녀가 하버드 로스쿨 학장 시절에 진보적인 성향을 분명히 드러낸 점을 들어 공화당 소속 의원들은 그녀의 지명에 부정적이었다. 민주당 지지자들도 그녀의 진보적인 성향이 불분명하다는 점에서 역시 우려 섞인 시각도 가지고 있었다.

그러나 미국 상원은 9명 정원의 미국 연방대법원에 3번째 여성 대법관을 받아들이게 되었다. 이제 케이건 대법관은 8월 8일 선서함으로써 대법관으로 취임했고, 10월 1일 새로운 개정기가 되면서 케이건 대법관은 대법관 직무를 실질적으로 시작하였다. 이번에 엘레나 케이건 대법관이 취임하면서, 오바마 대통령은 111번째인 소토마요르 대법관에 이어 112번째인 케이건 대법관까지 자신이 행사한 2번의 지명을 모두 여성으로 하였다.

그녀는 지금은 은퇴한 오코너 대법관, 그리고 현직의 긴즈버그 대법관과 소토마요르 대법관에 이어 미국 사법사에서 4번째 여성 대법관이 되었다. 긴즈버그는 오코너의 후임 대법관이 누가 되어야 하는가 하는 논란이 일어난 이후 일관해서 여성이라는 이유로 대법관이 되어서는 안 되며, 여성성에 대한 진정한 이해를 하고 있는 대법관이 지명되어야 한다는 소신을 견지하였다. 소토마요르 대법관은 소수자들의 관점을 항소법원 판사로 재임하던 시절부터 분명히 하였고, 대법관이 되고 난 이후에도 이러한 성향을 유지하고 있다. 물론 블랙먼의 예에서 보는 것처럼 취임 첫해를 가지고 성향을 쉽게 단정할 수 없으며, 종신직 대법관이 된 이후 성향은 기존의 성향과 달라질 수도 있다. 그런 의미에서 소토마요르 대법관도 살펴볼 필요가 있을 것이다.

또 한 명의 유대계 대법관

케이건 대법관은 이름에서 그녀가 유대계임을 알 수 있다. 케이건(Kagan)이라는 이름은 코헨(Cohen)이라는 이름과 같은 뿌리를 가지고 있는 이름으로 유대식 이름이다. 그녀는 1960년 뉴욕시 출신으로 올해 50세이다. 그녀는 어려서부터 유대식 교육을 받았고, 이후 1981년 프린스턴 대학교에서 역사학으로 학사를, 1983년 옥스퍼드 대학교에서 석사학위를 받고, 1986년 하버드 로스쿨을 졸업하였다.

1987년 항소법원 로클럭을 한 뒤, 1988년 더굿 마셜 대법관의 로클럭을 거쳤다. 그리고 워싱턴 D.C에 있는 로펌 Williams & Connolly에서 변호사 생활을 시작하였다. 1991년 시카고 로스쿨의 조교수가 된 뒤, 1995년 테뉴어(tenure)를 받았다. 그녀가 시카고 로스쿨 교수로 일하던 기간에 오바마 대통령도 시카고 로스쿨의 조교수로 일을 하였다.

1995년부터 1999년까지 그녀는 클린턴 행정부 시절 백악관에서 근무하였다. 그녀는 1996년 백악관에서 근무하던 시절 자원봉사자보호법(Volunteer Protection Act)과 관련된 메모를 작성하였다. 그녀는 비영리기관의 자원봉사자들이 직무를 수행하는 과정에서 행한 행위에 대한 소송상 책임을 면책시키는 것을 내용으로 하는 이 법에 대한 정부의 입장을 설명하는 과정에서 전미총기협회(National Rifle Association)를 백인인종 우월주의 단체인 KKK(Ku Klux Klan)와 같은 악당 단체(bad organizations)로 언급해 총기 규제금지에 반대하는 공화당의 입장과는 분명히 배치되는 태도를 취했다. 그리고 이 문건은 대법관 인준청문회에서 공격을 받는 빌미를 제공했다. 1999년 클린턴 대통령은 그녀를 버클리(James L. Buckley) 판사의 후임으로 워싱턴 D.C. 항소법원 판사로 지명하였다. 그러나 상원이 그녀의 인준청문회를 개최하지 않고, 클린턴 대통령이 임기를 마침에 따라 케이건은 연방항소법원 판사가 되지 못했다.

1999년 그녀는 다시 시카고 로스쿨로 복귀하려고 하였으나 시카고 로스쿨은 그녀를 임용하지 않았다. 그녀는 백악관에서 근무하기 위해서 시카고 로스쿨의 테뉴어를 포기하였기 때문에 시카고 로스쿨로 돌아가기 위해서는 다시 재임용 절차를 거쳐야 했는데, 이 과정에서 시카고 로스쿨이 그녀의 복귀를 받아들이지 않은 것이었다. 그래서 그녀는 모교인 하버드 로스쿨의 방문교수(visiting professor)로 학계에 복귀하게 되었다. 그리고 2001년 하버드 로스쿨의 교수가 되었다.

2003년 그녀는 하버드 로스쿨 역사상 처음으로 여성 학장이 되었다. 이 때 그녀의 전임자가 클락(Robert C. Clark) 교수였다. 클락 교수는 1989년에서 2003년까지 하버드 로스쿨 학장으로 재임하였다. 그는 1979년부터 하버드 로스쿨 교수로 재임하면서, 회사법 분야의 권위자로서 특히 기업지배구조와 관련된 분야에서 주요한 저술을 남겼다. 케이건이 클락 교수의 후임이 된 것이다. 그녀는 학장으로 재임하면서, 4억7천6백만 달러라는 엄청난 금액의 후원금을 모금하였고, 이러한 재정적인 기반을 바탕으로 하여 시카고 대학의 행동경제학과 법학을 접목한 개척자로서 오바마 행정부를 돕고 있는 카스 선스틴(Cass Sunstein) 교수, 국제법과 증권법 분야의 전문가로 버지니아 로스쿨 교수로 있다가 부시 행정부에서 애쉬크로프트(John Ashcroft) 법무장관 시절 법무부에서 근무하다가 학교로 복귀한 골드스미스(Jack Goldsmith) 교수, 지적재산권법과 인터넷법 분야의 권위자인 스탠포드 대학교의 로렌스 레식(Lawrence Lessig) 교수 등을 하버드 로스쿨로 스카우트해 왔다. 이를 통해서 하버드 교수진은 더욱 풍부해지고 각 분야의 최고 전문가들이 모이는 집단이 되었다. 특히 그녀는 골드스미스 교수 채용 시에 학내에서 상당한 반대가 있었고 그녀는 골드스미스 교수가 가지고 있는 여러 약점에도 불구하고 하버드는 그의 장점이 필요하다고 하면서 골드스미스 교수 채용을 관철시켰다. 대학 행정가로서 그녀의 능력은 탁월했다. 학내의 분파주의를 극복하고, 재정을 튼튼하게 하면서, 우수한 교수들을 경쟁대학에서 초빙함으로써 하버드 로스쿨은 면모를 일신하였다. 백악관에서 일한 4년의 경험은 그녀의 행정가로서의 역량을 키운 중요한 자산이 되었다.

2009년 1월 케이건은 오바마 정부에서 일하기로 하고, 법무부 송무담당 차관(Solicitor General)으로 일하게 된다. 사실 그녀는 법무부 송무담당 차관으로 임명될 때에도 반대에 부딪혔다. 왜냐하면 법무부 송무담당 차관은 연방정부를 대리하여 대법원과 연방항소법원에서 소송을 수행하는 책임을 지는 직책인데, 그녀가 법정 경험이 일천함은 물론, 대법원에서 소송을 단 한 번도 진행한 사실이 없었기 때문이다. 따라서 이러한 문제는 그녀의 적격성에 대한 논란을 불러일으켰다. 더구나 법무부 송무담당 차관은 대법관이 되는 중요한 경로 중의 하나라는 점에서 이런 논란은 의미를 가졌다. 2009년 3월 19일 이러한 논란에도 불구하고, 61 대 31로 케이건은 여성으로서는 최초로 법무부 송무담당 차관이 되었다. 그녀는 학장직을 사임하고, 학교를 휴직한 상태로 오바마 행정부의 일원이 되었다.

그리고 2009년 사임한 수터(Souter) 대법관의 후임으로 논의되었으나, 히스패닉계의 소토마요르 대법관이 그 자리에 지명되어 대법관이 되었고, 드디어 2010년 존 폴 스티븐스 대법관의 후임 대법관이 된 것이다. 기존의 긴즈버그 대법관과 브라이어 대법관에 이어 또 한명의 유대계 대법관이 미국 연방대법원의 구성원이 된 것이다.

묻지마 정책("Don't Ask, Don't Tell" policy; DADT)

이번 인준 청문회에서도 문제가 되었던 '묻지마 정책'과 관련된 문제는 그녀가 하버드 로스쿨의 학장 시절에 발생한 일이다. '묻지마 정책'이란 군이 모병을 하면서, 개인의 성적 취향을 질문하지 못하지만 공개적으로 자신이 동성애자라고 밝히는 자는 이러한 성적 취향이 개인적인 문제에 그치는 것이 아니라, 군의 전투력에 영향을 줄 수 있으므로 전투병으로 근무할 수 없게 한 정책이다.

빌 클린턴 대통령은 군이 모병을 하면서, 게이나 레즈비언, 양성애자들을 근무하지 못하도록 하는 정책을 폐지하려고 하였다. 그러나 엄청난 반대에 부딪히게 되었고, 대신 '묻지마 정책'이 1993년 군에서 채택되었다. 케이건도 군의 모병관들이 캠퍼스에 모병을 하면서 전투병의 경우에 '묻지마 정책'의 예외를 두는 것이 동성애자에 대한 부당한 차별이라고 보았다. 그래서 클린턴은 캠퍼스 내의 모병관의 활동을 금지하였다. 한편 오바마 대통령은 자신이 대통령 후보 시절의 공약의 하나로 이 '묻지마 정책' 마저도 폐지하여 성적 취향과 관련된 일로 군에서 근무하는 것을 막지 못하게 하려고 하였다.

그리고 이 문제는 사건화되어 연방대법원에서 판단을 하였다(Pietrangelo v. Gates). 이 사건의 원고 Pietrangelo는 군에서 근무하다가 게이(gay)라는 이유로 퇴역을 한 전직 군인으로서 국방부의 이러한 정책이 헌법에 어긋나는 차별행위라는 이유로 위헌이라고 주장하였다. 그러나 연방대법원은 원고의 주장을 받아들이지 않은 하급심의 판결을 유지하였다.

그녀는 이러한 연방대법원의 판결에 대해서 부당하다고 비판을 하였다. 이러한 그녀의 태도는 상원 인준청문회에서 공화당측 의원들에 의해서 공격당했다. 공화당측 의원들은 케이건의 이러한 태도는 연방대법관으로서 공익을 위해서 봉사하는 직위와 부합하지 않는다고 비판하였다. 반면 자신의 공약으로 이 정책을 폐지하겠다고 선언하였던 오바마 대통령으로서는 그녀의 태도가 자신의 입장과 일치하는 것으로 그녀에 대해서 우호적인 태도를 취하게 했을 것이며, 대법관 지명에도 긍정적인 역할을 하였을 것이다. 케이건 대법관과 경합하였던 다이앤 우드 판사가 분명한 진보진영의 대변자 역할을 할 수 있을 것이라고 생각되는데도 케이건이 오바마의 지명을 받았던 것은 대법관의 지명의 정치성을 보여 준다.

여성대법관 트로이카 시대의 시작

오바마 대통령은 힐러리 캠프에 일했던 여성들의 표를 고려하여야 할 필요성이 있었고, 케이건과 같이 법관 경험이 없는 법조인들이 행정부의 의사와 더 부합하는 면이 있다는 생각이 있었던 것으로 보인다. 이 점은 케이건의 지명과 관련하여 사법부 내에서의 케이건의 역할에 대해서 일각에서 우려하는 목소리이기도 하였다.

이제 이런 저런 논란에도 불구하고 케이건은 연방대법관이 되었다. 그녀가 종신직인 연방대법관이 됨으로써 우리는 미국 역사상 최초의 여성대법관 트로이카 시대를 경험하게 되었다.

긴즈버그 대법관이 77세로 건강이 나쁜 점을 감안하면 여성 대법관 트로이카 시대가 얼마나 지속될지는 알 수 없다. 긴즈버그의 임기에는 그녀의 건강도 문제가 될 것이다. 또 하나의 변수는 미국 정치 지형에서 대통령 선거가 어떤 방향으로 진행될 것인가 하는 점도 있다. 워렌 대법관이 은퇴를 선언한 시점에서 닉슨이 대통령이 당선되면서, 닉슨 대법관들이 다수 등장하고, 워렌 코트의 판결들은 점차 제한되고, 축소되어 온 바 있다. 2010년 스티븐스 대법관의 은퇴는 스티븐스 대법관이 90세의 고령인 점 외에 오바마 대통령 임기 중에 퇴임하려는 생각도 있었을 것이다. 고인(故人)이 된 렌퀴스트 대법원장이 부시 대통령 임기 중에 은퇴하여 존 로버츠 대법원장과 같이 보수적인 성향의 자신의 로클럭으로 일한 경력이 있는 후임 대법원장을 추천할 수 있었던 것과 같이.

그러나 케이건이 대법원 내의 진보진영의 리더 역할을 하였던 스티븐스의 역할을 당장 할 수는 없을 것이다. 성향면에서 케이건은 분명히 검증되지 않았고, 법관 생활도 하지 않았기 때문에 이 부분에 대한 예상도 쉽지 않다. 검증 파일이 적은(thin profiler) 대법관 후보자였던 케이건이 앞으로 어떤 판결을 할지 진보진영으로서는 오바마 대통령의 결정의 당부를 당분간 지켜보아야 할 것 같다.

정리하는 이야기

미국의 사법제도

01
미국 사법부의 구성
Composition of US Judiciary

연방법원의 구성

미국도 삼권분립제를 취하고 있다. 미국 헌법 제1조는 입법부를, 제2조는 행정부를 규율하고 있다. 제3조는 사법부이다. 우리와 구별되는 점은 미국은 연방제 국가라는 점이다. 그러므로 사법시스템도 연방법원과 주법원으로 구별되어 있다. 미국 헌법에 의하여 연방사건인 경우는 제한적으로 인정되고 오히려 대부분은 주법원의 사건이다.

연방법원의 사건이 되기 위해서는 3가지 점을 검토하여야 한다. 첫째, 소송이 제기된 장소가 어디인가. 둘째, 소송이 제기된 방식이 어떠한가. 마지막으로 분쟁을 해결하는 방법으로 소송이 적합한지 여부이다. 이 3가지 요건이 모두 구비되어야 연방법원이 소송을 담당할 수 있다. 사물관할(subject matter jurisdiction)이 인정되어 연방법원이 사건을 관할하기 위해서는 소송이 수개의 주에 걸쳐 있어 어느 하나의 주법원에서 취급하는 것이 적절하지 않은 경우라야 되는데 이를 다이버시티 관할(Diversity Jurisdiction)이라고 한다. 또 연방문제(federal question)가 소송의 대상이 되는 경우에도 연방법원이 관할한다. 그 외 부수적 관할(ancillary jurisdiction)이라고 하여 주 대법원 관할 사건이라도 연방법원이 심리하는 연방사건과 관련된 사건의 경우에는 심리할 수도 있다.

미국에서 이러한 소송절차를 규정한 법이 연방민사소송규칙(Federal rule of civil procedure: FRCP)이다. 예를 들어 연방관할과 관련된 조항 중 지역적인 관할에 대하여는

FRCP 4(k)(1)(A)에서 규정하고 있다.

연방법원의 단계는 지방법원과 항소법원, 연방대법원의 순인데, 지방법원의 판사가 판결한 것에 대해서 3인의 연방항소법원 판사가 항소사건을 담당하고, 이에 불복하면 바로 대법원에 상고허가(writ of certiorari)를 신청하여 대법원으로 가거나, 아니면 항소법원의 전원합의체에서 사건을 심리한 후 대법원으로 상고가 되는 단계를 거친다. 연방대법원은 주 대법원의 상고사건도 관할하는데, 대법원은 사회적으로 매우 중요한 사건의 경우 사건이송을 명하여 자신이 당해 사건을 심리할 수도 있다.

(1) 연방지방법원

연방법원제도에서 최하단에 있는 연방지방법원(federal district court)은 연방법 사건과 관련된 사실심 법원으로서 현재는 94개가 있다. 미국 연방을 구성하는 50개의 각 주는 최소한 하나의 연방지방법원을 두고 있으며, 그 명칭은 예를 들어 필자가 공부하였던 뉴욕주의 경우에는 S.D.N.Y(Southern District Court of New York)과 같은 방식으로 주의 명칭에서 동서남북의 위치를 합쳐 표시한다. 특허사건으로 유명한 텍사스주 동부지방법원(Eastern District Count of Texas, E.D.T.X)과 같은 식으로 표기하는 것이다.

미국 본토에 있는 90개의 연방지방법원에 더하여 괌(Guam), 북부 마리아나 제도(Northern Marlana Islands), 푸에르토리코(Puerto Rico), 미국령 버진 아일랜드(U.S. Virgin Island)의 4개 미국령 지역에 있는 연방지방법원이 합쳐서 94개의 연방지방법원을 구성하는 것이다. 각 지방법원의 관할지역은 아래의 지도와 같다.

(2) 연방항소법원

현재 13개의 연방항소법원이 있으며, 각 연방항소법원의 판사는 대통령이 지명한다. 1982년 의회는 미국정부를 상대로 한 사건들을 관할하는 법원으로 새로 연방청구법원(United States Court of Claims)과 연방특허항소법원(CAFC: Court of Appeals for the Federal Circuits)을 창설하여 새로운 전속관할을 가진 항소법원이 등장하게 된다. 특허사건의 경우 연방특허항소법원이 창설됨에 따라 특허사건에 대하여 특허권자에게 유리한 판결을 함으로써 소위 친특허적 경향(pro-patent policy)이 널리 퍼지게 된다. 연방항소법원의 구성은 지도와 같다.

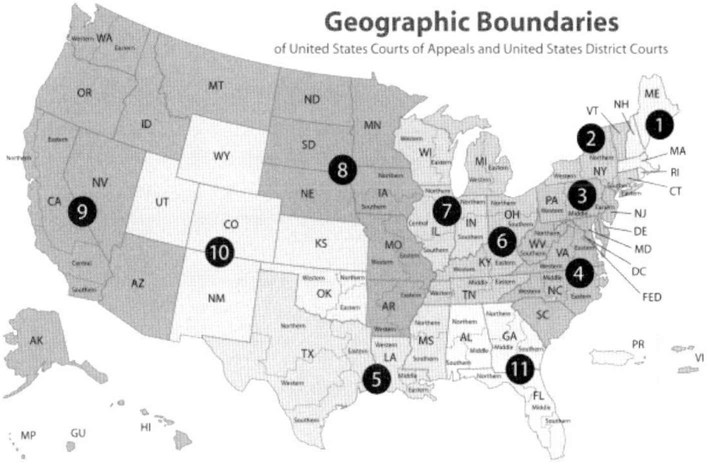

[위 지도는 http://www.uscourts.gov/courtlinks/에서 인용하였음]

Federal Circuit (Washington)

D.C. Circuit (Washington)
- District of Columbia

1st Circuit (Boston)
- Maine
- Massachusetts
- New Hampshire
- Puerto Rico
- Rhode Island

2nd Circuit (New York)
- Connecticut
- New York
- Vermont

3rd Circuit (Philadelphia)
- Delaware
- New Jersey
- Pennsylvania

8th Circuit (St. Louis)
- Arkansas
- Iowa
- Minnesota
- Missouri
- Nebraska
- North Dakota
- South Dakota

9th Circuit (San Francisco)
- Alaska
- Arizona
- California
- Guam
- Hawaii
- Idaho
- Montana
- Nevada

· U.S. Virgin Islands **4th Circuit** (Richmond) · Maryland · North Carolina · South Carolina · Virginia · West Virginia **5th Circuit** (New Orleans) · Louisiana · Mississippi · Texas **6th Circuit** (Cincinnati) · Kentucky · Michigan · Ohio · Tennessee **7th Circuit** (Chicago) · Illinois · Indiana · Wisconsin	· Northern Mariana Islands · Oregon · Washington **10th Circuit** (Denver) · Colorado · Kansas · New Mexico · Oklahoma · Utah · Wyoming **11th Circuit** (Atlanta) · Alabama · Florida · Georgia

(3) 연방대법원

미국 연방대법원의 위치는 우리나라 법과의 관계에서 보면 오히려 헌법재판소와 유사한 점이 있고, 국가질서의 근간을 이루고 있는 헌법적 사건에 대하여 상고허가(writ of certiorari)를 통하여 제한적인 판단을 함으로써 미국헌법이 전제하는 질서를 유지한다. 연방대법원은 전속관할(original jurisdiction)과 상소관할(appellate jurisdiction)을 가진다. 전속관할 사건으로는 대사나 주가 당사자가 되는 사건이 있고, 상소관할은 하급심 법원의 상고심을 담당한다. 이러한 관점에서 미국 연방대법원은 헌법재판소의 기능을 하는 것이라고 이해할 수 있다.

1990년 통계에서 미국 연방지방법원 판사의 경우 250명 정도의 인원이 연간 250,000여 건을 담당하고 있어 1인당 1,000여 건의 사건을 처리하여야 하는 것으로 되어 있는데, 2010년 현재는 연방지방법원 판사의 수가 677명으로 증가하였지만 사건 수도 증가하여 더 많은 사건을 처리하고 있다고 한다. 반면 미국 연방대법원의 경우에는 다소 차이가 있으나 연간 100여 건의 사건을 처리한다.

미국 연방대법관의 수

1789년 미국 사법법(Judiciary Act of 1789)은 입법을 통하여 연방사법시스템을 구성할 수 있도록 하였다. 이 당시 연방대법원의 대법관 수는 연방항소법원의 수에 연동되도록 하였던 바, 당시 연방항소법원의 수가 3개였기 때문에 연방대법관의 수는 각 항소법원 별로 2인씩 6인이 되도록 규정되었다. 1801년 연방항소법원의 수와 연방대법관 수를 서로 연동하도록 하는 규정은 제거되었지만, 1807년까지 6명으로 규정된 연방대법관 수는 유지되었다. 1837년 2개의 연방항소법원이 추가되면서 2명의 연방대법관이 추가 임명되었다. 1863년 연방대법관의 수는 10명으로 늘어났다.

남북전쟁(1861년에서 1865년) 이후 국가 재건 과정에서 미국의 시스템은 전반적으로 재검토되었다. 이 당시 가부동수가 발생하여 결론이 나지 않을 수 있는 10명이라는 짝수로 된 대법관의 수의 적절성에 대한 논란이 있었다. 1869년 사법법 개정을 통하여 연방항소법원 판사와 연방대법관 모두 9명으로 변경되었다. 9명이라는 대법관의 수를 변경하기 위한 노력은 뒤에도 있었지만 이 수는 변경되지 않고 유지되었다.

비선출제 최고 기관으로서의 연방대법원

미국의 민주주의는 신대륙에서 새롭게 시도된 것으로 선례를 찾아보기 어려운 제도이다. 그러나 왕정 내지 귀족정을 피하여 신대륙으로 이주하였던 청교도들은 매우 성공적으로 국가의 주권이 국민에게 있다는 주권재민의 원리를 신대륙에 구현하였다. 이러한 성공적인 민주주의의 한 부분으로서의 사법부에 대하여, 알렉산더 해밀턴[89]은 삼권분립된 세 가지 권력 중에서 가장 약한 권력이라고 보았다. 상하원의

89) Alexander Hamilton(1755~1804)은 미국 건국의 아버지 중 한 사람으로 경제학자이며 동시에 철학

의원이나 대통령과 달리 유일하게 비선출제의 최고권력기관인 대법원의 대법관은 다른 각 부를 규율하고 통제하는 역할을 헌법에 기초하고 있다. 그러므로 미국 연방대법원의 모든 권력은 미국 헌법에서 나온다.

미국 헌법의 경우 연방대법원의 판결을 뒤집은 4번의 헌법 수정이 있었다. 1795년 수정헌법 제11조는 1793년 선고된 치솜 대 조지아(Chisholm v. Georgia) 사건을 뒤집어서 헌법 개정을 한 것이고, 수정헌법 제14조는 1857년 선고된 스코트 판결(Scott v. Sanford)을 남북전쟁 이후인 1868년 헌법 개정을 통하여 뒤집었고, 1913년에는 수정헌법 제16조 개정을 통하여 1895년 선고된 폴록 판결(Pollock v. Farmer's Loan)의 결론을 뒤집었다. 가장 최근의 개정으로는 수정헌법 제26조가 1971년 개정되면서, 1970년 선고된 오레곤 대 미첼(Oregon v. Mitchell) 사건의 판결을 뒤집은 바 있다.

자이기도 하였다. 그는 미국의 초대 재무부장관을 역임하였다.

02
연방대법관
US Justices

대법관, 망치질하는 사람

출장차 프랑크푸르트에 들렀다. 공항에서 호텔로 가기 위해서는 아우토반을 지나서 메세스트라세에서 괴테스트라세 방향으로 가야 했다. 지나가다 본 메세스트라세에서 있는 거대한 철구조물. 그 구조물의 이름은 '해머링 맨'이었다. 관심을 가지고 본 사람이라면 덕수궁 돌담길을 걷다 이 조각을 보았을 것이다. 무려 23미터(72피트)에 달하는 커다란 철제조각 작품 하나. 보스톤 출신의 미국 조각가인 조나단 브롭스키의 '망치질하는 사람(Hammering man)'이라는 야외 조각 작품이다. 하늘을 나는 사람(Flying man), 걷는 사람(Walking man), 노래를 부르는 사람(Singing man) 등 일련의 사람 연작 중의 하나다. 이 작품은 서울과 프랑크푸르트 외에도 미국의 댈라스 등 여러 도시에 같은 이름으로 서 있다.

우리들은 중요한 의사결정을 할 때 망치질을 한다. 그런 의미에서 망치질은 권위를 빌어 무언가를 지시하거나 마무리를 하는 것을 상징한다. 법관이 하는 망치질도 그처럼 의사결정을 마무리한다는 의미를 가지고 있는 것이다. 해머링 맨의 조나단 브롭스키가 법관을 상정하고 이러한 작품을 만들었는지 알 길은 없다. 하지만 법관은 망치질과 친한 직업이고, 대법관은 이러한 망치질을 최종적으로 하여 권위로 마무리하는 제사장이다. 이 망치질이 어떻게 되는가에 따라 우리의 역사는 많은 변화를 겪었다.

남북전쟁을 일으킨 망치질, 드레드 스콧 판결

미국 연방대법원은 정치적인 역할을 하고 있으며, 정치적인 해결이 되지 않을 때 사회적인 문제 해결을 위한 최후의 기관으로서 기능한다.

남북전쟁의 발생원인은 경제학적인 관점에서 북부와 남부 간의 경제력의 격차, 산업구조의 차이 등과 같은 설명이 가능하겠지만, 사회공동체 전체를 조율하는 역할을 하는 미국 연방대법원의 역할과 관련되어 있다.

1857년 미국 연방대법원은 그 유명한 드레드 스콧(Dred Scott) 사건에서 노예는 시민이 아니라고 판시하였다. 자신의 주인이 미주리 협정에 따라 자유주인 일리노이주와 미네소타주에 살았음을 이유로 자신들이 자유민임을 확인하여 달라는 드레드 스콧의 주장을 배척함으로써, 결국 사법적인 방법으로 남부와 북부 간의 갈등을 해결하지 못한 채 전쟁이라는 방법으로 분쟁이 번져 결국 링컨 대통령의 노예해방선언과 북부의 승리로 마무리되게 된 것이다.

필자는 후배변호사들에게, 로스쿨학생들에게 변호사를 포함한 법조인은 사람이라는 점을 강조한다. 그리고 분쟁을 해결하기 위해서 서로가 다르다는 점을 인정하고, 우리 사회의 다양성을 수긍해야 한다고 말한다. 서로 간의 다름을 인정하는 것은 법조인이 분쟁을 해결하고 타협점을 발견하는 출발점이 된다. 법조인이 이러한 역할을 못하면 사회의 분쟁이 결국 물리적인 충돌을 일으킬 수 있다는 예가 바로 이 사건이라고 할 것이다. 역으로 만일 미국 연방대법원이 드레드 스콧 사건에서 이와 반대되는 결론을 내렸다면 미국의 역사는 어떻게 되었을까? 역사에는 존재하지 않은 가정법을 내세우며 여전히 물리적인 충돌을 피하지 못하였을 것이라는 주장을 하더라도 뭐라 반론을 제기할 수는 없겠지만.

우리는 줄기세포연구와 관련하여, 인간배아가 인간인지 아닌지를 다투었다. 그런데 우리 문명의 역사는 불과 150여 년 전에 흑인이 인간인지 아닌지를 법정에서 다투었고, 이에 대해 미국 연방대법원은 흑인이 인간이 아니라 재산권의 대상이 된다고 판시하였던 것이다.

연방대법원의 구성

미국 연방대법원을 구성하는 대법관들은 다양한 미국사회 내의 구성을 보여 주는 다양성(diversity)을 반영하고 있다. 물론 미국 사회 주류(mainstream)의 관점에서 소수자인 유대인, 흑인, 가톨릭 등의 인종적인 내지 종교적인 배경을 가지고 있는 대법관들의 수는 매우 제한적이다. 하지만 유대인의 경우에도 브랜다이스 대법관 이래 지속적으로 대법관이 배출되고 있고, 현재의 대법원의 구성에서도 2명의 유대계 대법관이 있다. 흑인의 경우에는 더굿 마샬 대법관 이후 현재는 토마스 대법관이 대법원에 있고, 가톨릭의 경우 지금은 알리토 대법관의 합류로 기존의 스칼리아 대법관 등 오히려 대법원의 다수를 이루고 있는 이례적인 현상을 보이고 있다. 아직까지 대법관을 배출하지 못하고 있는 아시아계의 경우에도 언젠가는 미국 연방대법원에 대법관을 배출할 날이 오리라고 기대한다.

예일, 하버드, 컬럼비아 그들의 대법원

연방대법관 지명과 관련하여 연방대법관들의 출신 로스쿨을 보는 것도 우리 전통에서는 관심 있는 일이 될 것이다. 미국 연방대법원은 지금까지 전통적으로 예일과 하버드를 중심으로 한 소위 아이비리그 출신들로 구성되었다. 연방판사를 배출하는 것만 해도 대단한 영예이므로, 필자가 공부한 컬럼비아 로스쿨의 경우에도 하버드 JD[90]이지만, 대학원과정을 컬럼비아에서 마쳤고, 교수생활을 하였다는 이유로 긴즈버그 대법관이 매년 주요한 행사에 초대되곤 하였다. 세월이 바뀌어 보수적인 월가(街)에서조차도 소위 비명문대학 출신들이 CEO까지 하게 되었지만, 미국 연방대법원은 여전히 명문 로스쿨 출신들의 집합소이다. 영화 〈시빌 액션(Civil Action)〉을 보면, 하버드 교수인 상대방의 변호사가 코넬 대학 출신의 주인공 쉬릭맨에게 하버드 클럽에 초대하는 장면

90) JD(Juris Doctor)는 우리 식의 박사(Ph.D)가 아니다. 비유적으로 보자면, 마치 학부만 마쳐도 의사를 닥터(Doctor)라고 칭하는 것과 같다고 할까.

이 나온다. 그러면서 자신은 출신성분이 다름을 상대방에게 과시하는 것이다. 이 영화에서 쉬릭맨도 상대방에게 가난하게 보이면 안 된다고 하면서, 연신 돈을 꾸러 다니면서도 고급호텔에서 증인신문(Deposition)을 하는데, 협상의 기술이라는 관점에서 보면 좋은 조건으로 화해(Settlement)를 하기 위해서는 상대방에게 궁한 입장을 알리면 협상력이 떨어지게 된다는 점에서 이해할 수 있는 일로 두 사람의 변호사들의 두뇌싸움이 볼 만한 영화였고, 미 법조계의 한 단면을 알 수 있는 영화였다.

미국 사회 중에서도 법조계 상층부는 매우 제한적인 진입만을 허용하고, 이러한 경향은 연방법원으로 가면서 심화되며, 연방대법원 단계에 이르면 극대화된다고 할 것이다. 이러한 경향은 법원이 가지고 있는 사회 기반질서로서 기존의 질서를 유지하는 것을 일차적인 목적으로 하는 데 근거하는 것이고, 민주성에 대하여, 엘리트 중심의 전문성에서 그 권위의 기초가 도출된다는 점에서 또 다른 이유를 찾을 수 있을 것이다.

연방대법관 임명절차
: 검증 파일이 많아도 안 되고, 적어도 안 되는 대법관 임명

대법관의 인준절차는 일단 대법관을 대통령이 지명(nomination)하고, 지명이 이루어지고 나면 연방상원 법사위에서 인준청문회를 하고, 상원의 표결을 거쳐 인준이 이루어지면 대통령이 대법관으로 임명을 하고 선서하고 난 뒤 직무를 수행하게 된다.

(1) 의회의 대법관 인준청문회

미국에서 연방대법관이 되기 위하여는 혹독한 연방 상원의 청문회 절차를 거쳐야 한다. 이러한 청문회 절차를 통과시키기 위해 대통령은 가능한 문제점을 최소화하여야 하므로, 오히려 검토대상이 될 만한 파일이 적은 것이 전략적으로 더 인준절차를 통과하는 데 유리할 수 있다는 점에서 검증을 위한 기록이 얇은 후보(Thin Filer)를 선호하게 되는 것이다. 인준이 되기는 하였지만, 존 로버츠(John G. Roberts Jr.) 대법원장의 경우에도 판사로서, 연방 검사로서 작성한 문건이 극히 적었던 것으로 인하여 다소 논란이 된 바 있다.

오코너(Sandra Day O'Connor) 대법관의 후임으로 지명되었다가 철회된 해리엇 마이어스(Harriet Miers)의 경우에는 참고할 만한 문헌이 거의 없다는 점에서 그 정도가 훨씬 더한 경우였다.

(2) 보크(Bork) 지명자의 인준실패

로버트 보크(Robert Bork)는 반대로 파일이 많았음에도 인준에 실패한 예이다. 1987년 로날드 레이건 정부에서는 로버트 보크(Robert Bork)가 파월(Lewis F. Powell) 대법관의 후임으로 지명되었다. 보크는 성공적인 경력을 가지고 있는 예일법대 교수 출신의 지명자로서 D.C. 연방순회항소법원의 판사와 법무장관을 지냈었다. 또한 그의 『독점금지법의 모순(Antitrust Paradox)』은 지금도 계속 참조되는 뛰어난 저서이다. 문제는 그의 이러한 경력이었다. 그는 엄격한 문언주의자로서 헌법해석에서 매우 보수적인 태도를 취하고 있었고, 시카고 학파를 정통으로 이어받은 인물로서 그의 저서 『독점금지법의 모순(Antitrust Paradox)』을 보면 경제학적 성과를 바탕으로 한 기존 대법원에 대한 비판적 견해와 더하여 시장에 대한 분명한 신뢰가 드러난다. 이러한 점은 현재의 로버츠(Roberts) 대법원장과 유사한 입장이라고 할 수 있다. 그는 소수자 우대정책에 반대하고, 비정치적인 언론의 자유를 위하여 수정헌법 제1조를 사용하는 것에 반대하였다. 그는 닉슨(Nixon) 대통령의 워터게이트 스캔들과도 연관성을 가지고 있었다.

당시 연방상원은 민주당이 지배하고 있었고, 보크의 지명에 반대하였다. 민주당원들의 반대는 극심하였고, 더구나 보크가 승계하려고 하는 대법관이 대법원 내의 중재자로서의 역할을 수행하였던 파월(Powell) 대법관이었다는 점이 더 문제가 되었다. 파월(Powell) 대법관은 백키 사건(Regent of the university of California v. Bakke(438U.S.265 (1978))에서 그는 중도적인 의견을 내면서 주심판사로서 다수의견을 작성한 바 있다. 이 사건에서 파월(Powell)은 학교에서의 소수자 우대정책 자체는 부인하지 않으면서도 인종만을 유일한 기준으로 하여 학교가 쿼터와 같은 할당제를 사용할 수 없다고 한 바 있다. 이처럼 그의 역할은 대법원 내의 조정자의 역할이었는데, 보크 지명자의 매우 보수적인 성향은 대법원 내의 지형을 변동시킬 상황이었다는 점에서 민주당으로서는 수긍할 수 없었고, 오로지 6명의 공화당 소속 상원의원들만이 보크의 지명에 반대하였음에도 58 대 42로 인준에 실패하였다.

(3) 연방대법관의 선임과 정치적 역학 관계

부시 대통령은 후임 대법관의 선임과 관련하여 "나는 연방대법관으로 미국민들이 자랑스러워 할 수 있는 분을 선임하겠다. 미국은 연방상원이 행하는 공정하고 영예로운 인준절차를 통하여 새로운 대법관을 맞이하게 될 것이다."라고 하는 매우 원칙적인 언급을 하였지만, 그가 지명한 로버츠 대법원과 알리토 대법관은 지금까지는 공화당의 입장에서는 매우 성공적인 인선이었다. 경제적인 위기로 정권을 민주당에 넘겨주었다는 비판을 받을지는 몰라도 대법원의 구성은 분명 부시 집권 전보다 많이 보수화되었다. 물론 역사를 통해 우리가 볼 수 있는 것처럼, 미국에서의 대통령의 연방대법관의 선임은 마치 알 수 없는 미래에 화살을 쏘는 것과 같이 자신보다 더 긴 임기를 가지게 될 가능성이 많은 권력 기관에 대한 선임이다. 공화당 출신의 대통령이 임명한 대법관이 7인임에도 실제 성향을 5 대 4의 묘한 균형을 유지하고 있는 것처럼 대법관이 자신을 임명하여 준 대통령의 노선만을 견지하는 것은 아니고 G. W. Bush 대통령이 임명하였다고 하여 반드시 보수적인 노선을 취할 법조인이 대법관이 되는 것도 아니어서 향후 이들의 변화를 지켜보아야 할 것이다.

미국은 소수자우대정책(Affirmative Action)와 관련된 논의를 중심으로 한 인종문제 등과 총기규제에 대한 문제, 안락사, 배아줄기세포실험과 관련된 생명윤리의 문제, 동성결혼과 관련된 동성애에 대한 문제 등의 쟁점들에 더해서 경제위기로 그 대응입법들이 속속 이루어지고 있다. 경제위기법(Economic Emergence Act of 2008)을 포함한 일련의 입법들이 만일 법률적인 쟁점화하였을 때 현재의 연방대법원이 어떤 태도를 취할지도 매우 흥미로운 관전 포인트 중의 하나가 될 것이다. 이 밖에도 미국 내에서의 인종구성의 변화에 대한 배려로 소토마요르가 최초의 히스패닉계 대법관이 되었다.

(4) 우리나라에 대한 시사점

우리나라의 경우에도 대법관과 헌법재판소 재판관의 선임이 국가질서에 매우 중요한 역할을 하고 있고 이러한 중요성은 점차 강화될 것이다. 특히 미국 연방대법원의 역할을 상당 부분 수행하고 있는 헌법재판소의 경우에는 그 재판자체의 정치적인 성격 내지 국가질서 형성작용적인 성격으로 인하여 헌법재판소 재판관의 선임은 점차 그 중요성을 더해 갈 것이다. 그러므로 우리도 현행 제도상의 후보추천절차, 청문회절차, 인준투표절차 등 여러 가지 면에서 국민적인 여론수렴과 법조계의 전체적인 신망을 감안할 수 있는 공정하고 투명한 절차인가를 검토하여 보고, 만일 제도상의 문제가 있다면 제도를, 운용상의 문제가 있다면 운용을 개선하기 위한 방법을 갖추는 것이 민주적 정당성을 강화하는 방법일 것이기에 이에 대한 심사숙고가 필요하지 않을까 한다.

대법원장의 역할 : 브라운 판결과 프레드 빈슨 대법원장의 사망

대법원장은 동료 중의 1인자(first among equals)이다. 대법원장이 어떤 성향을 가지고 있는가 하는 것은 동료 중의 1인자에 불과한 대법원장의 지위만으로 보면 결정적인 것이라고 할 수는 없을지 모르지만 대법원장이 가질 수 있는 영향력이라는 것은 그 이상이다. 이러한 점을 보여 주는 사건이 브라운 사건이라고 할 것이다.

미시시피 대학 최초의 흑인학생 입학사건으로 우리가 기억하고 있는 브라운판결은 미국 헌법을 공부한 사람이라면 누구나 한 번쯤은 들어 보았을 유명한 사건이지만 이 사건과 프레드 빈슨 대법관의 관계에 대해서 알고 있는 사람은 많지 않은 것 같다. 법원이 이 사건의 구두변론을 처음으로 연 것은 1952년 9월 9일이었다. 당시 연방대법원장이었던 프레드 빈슨(Fred Vinson)은 공공연히 자신은 프래시 대(對) 퍼거슨(Plessy v. Ferguson) 사건에서 대법원이 취하였던 기존의 분리하되 평등을 유지한다는 원칙(separate but equal)을 변경할 생각이 없다고 하였다. 그는 의회는 분리정책을 저지하기 위한 어떠한 입법도 하지 않았다는 점을 자신의 판단의 근거로 삼았다. 대법원장의 이러한 태도에 더하여 대법관들은 통일된 의견을 가지기보다는 분열되어 있었다. 누가 보더라도 1952년 당시의 분위기는 기존의 대법원 판례의 유지였고, 이는 결국 미국 학교에서의 분리원칙이 그대로 지켜진다는 것이었다. 그런데 1953년 9월 뜻밖의 일이 발생하였다. 대법원장 빈슨이 심장마비로 갑자기 사망한 것이다. 그가 법봉을 두드렸다면 결론이 달라졌을 것인데 누구도 예견하지 못한 일이 일어난 것이다.

뒤에 프랑크 퍼터 대법관은 자신의 로클럭(law clerk)들에게 "빈슨의 사망은 세상에 하느님이 존재한다는 첫번째 계시였다"라고 말했다. 그는 스탠리 리드(Stanley Reed)에게 보내는 편지에서 "만일 분리 사건(segregation case)의 판결이 이루어졌다면 빈슨, 리드(Reed), 클락(Clark), 잭슨(Jackson)의 네 대법관을 포함한 다수의견이 분리 사건에 대하여 기존 대법원 판례를 유지하는 결정을 하였을 것이고, 이러한 대법원의 판결은 엄청난 사회적인 파장을 일으켰을 것이다"라고 썼다.

빈슨의 사망으로 공석이 된 미국 연방대법원의 대법원장 자리는 1953년 12월 얼 워렌(Earl Warren)이 대법원장으로 지명됨으로써 메워지게 된다. 소위 워렌 코트 시대가 열린 것이다. 얼 워렌은 사실 법관으로서의 경력은 없고, 그의 대부분의 경력은 정치인으로서의 경력이었다. 이러한 점으로 인하여 얼 워렌은 대법원장으로서는 적임자가 아니라는 것이 주된 평가였다. 그런 부적임이라고 평가된 얼 워렌이 역설적으로 미국 연방대법원에 미친 영향은 엄청난 것이었다.

03
상고허가절차
Cert Procedure

연방대법원의 사건처리

미국 연방대법원은 우리 대법원과 달리 매우 제한적인 사건을 처리한다. 1년에 처리하는 사건의 수가 우리는 1년에 1만 건 이상의 사건을 처리해 1심법원의 사건 처리 수와 크게 차이가 없어 보일 정도이지만, 연방대법원은 1년에 100건 정도의 사건에 상고허가 절차를 거쳐서 상고허가장(writ of certiorari)을 부여하고 이들 사건을 선별적으로 처리한다.

(1) 사건성(cases and controversy)

연방대법원의 판단을 받기 위해서는 미국 헌법 제3조 제2항에 규정한 것과 같이 우선 사건성(cases and controversy)을 갖추어야 한다. 대법원이 해당 사건을 심리하여 판결을 내면 당사자들간의 분쟁을 해결할 수 있어야 한다. 실제 사건성이 없고 당사자들이 오로지 실제로 존재하지도 않는 분쟁(collusive litigation)을 법원의 판단을 받아 보기 위하여 제기하는 유형의 소송은 사건성이 없어 연방대법원의 판단대상이 되지 않는다.

(2) 사건의 성숙성(Ripeness)

연방대법원의 판단을 받기 위해서는 사건이 성숙되어야 한다. 성숙성 요건은 사건성 요건에서 파생된 요건 중의 하나로서 사법적인 판단을 하기 위해서는 사건에서 문제가 되는 재산이나 자유 등의 기본권이 실제로 침해되거나 침해될 우려가 존재하여야 한다. 예를 들어 공무원에 대하여 정치적인 행동을 금지하는 법령을 제정하는 경우 실제로 정치적인 행동이 금지되지는 않았고, 단지 잠재적으로 정치적 표현이라는 수정헌법 제1조상의 권리가 침해될 가능성이 있는 경우 이러한 입법의 효력 발생을 정지하여 달라고 하는 청구에 대하여 연방대법원은 사건의 성숙성 요건을 흠결하였다는 이유로 이러한 청구를 받아들이지 않았다(United Public Workers v. Mitchell(1947)).

그 외 권리보호이익(Mootness)나 당사자적격(Standing)과 같은 연방법원의 판단을 위한 각종 요건들을 구비하여야 연방대법원이 심사하게 되는 점은 동일하다.

(3) 권리보호이익(Mootness)

이 요건은 법원이 사건을 판단하기 위해서는 법원이 판결을 하는 경우에 이러한 판결에 의하여 당해 당사자의 권리 법률관계에 영향을 줄 수 있어야 한다는 요건이다. 예를 들어 워싱턴 로스쿨에의 입학이 불허되자, 이러한 입학불허가 인종차별에 근거한 것이라고 소송을 제기하였고, 이 소송이 진행되는 중에 입학허가가 이루어져 판결이 이루어질 즈음에는 졸업을 하게 되는 당사자의 경우에는 Mootness 요건이 흠결된 경우라고 할 수 있다. 왜냐하면 법원이 판결을 통하여 달성하고자 하는 것은 당사자의 입학인데 입학불허가결정이 위헌이라고 판단하더라도 당사자의 권리법률관계에 아무런 영향을 줄 수 없기 때문이다(DeFunis v. Odegaard (1974)).

(4) 당사자적격(Standing)

당사자적격은 원고가 직접적으로 행정부 등의 처분으로 인하여 피해를 입게 되는 자이어야 한다는 요건이다. 우리나라 민사소송법의 당사자적격 요건과 유사하다고 할 수 있어 상술하지는 않는다.

상고허가신청

상고허가를 신청하기 위하여는 하급심 법원의 판결이나 배심원의 평의가 있어야 한다. 연방대법원은 제한적인 전속관할사건을 제외하면 상소사건을 다루는 법원이므로 하급심의 판단 없이는 사건을 다룰 수 없다.

그리고 연방대법원은 법률심 법원이다. 따라서 미국 민사소송법에서 상세하게 구별하는 법률문제(matter of law)와 사실문제(matter of fact) 중에서 법률문제만을 취급하므로 연방대법원의 전속관할 사건을 제외하고는 법률문제에 대한 판단만을 한다. 연방대법원 규칙 제10조에 의하면 연방대법원의 상고허가 여부는 연방대법원의 재량사항이다.

상고허가신청의 심리

(1) 로클럭에 의한 1차적인 심사

상고허가 신청이 이루어지면 우선 로클럭들이 사건을 심리한다. 상고허가신청 사건의 수가 점차 증가하게 됨에 따라 로클럭들의 1차적인 심사의 중요성이 매우 커지고 있는 상황이다. 로클럭들은 1차적인 심사를 하고 난 후 당해 신청들이 절차적인 요건을 구비하였고, 대법원이 판단할 정도의 사건이라고 판단하는 경우에는 사건을 대법원 사건으로 정리하여 사건번호(docket number)를 부여하고, 각 대법관들에게 사건의 신청서 사본을 회람한다.

대법관들이 실제로 사건을 보기 전에 이루어지는 이러한 로클럭들의 심사는 크로스 체크가 이루어지게 되지만, 최근 문제가 되는 것은 로클럭들이 명문 로스쿨 출신들이기는 하지만 아직 경험이 일천한 로스쿨 졸업생에 불과하므로 과연 대법원에서의 사건 심리를 위한 1차 관문심사를 담당하는 것이 타당한가 하는 점이다. 이러한 논란에도 불구하고 로클럭들의 1차적인 관문심사는 계속되고 있으며 대법원 로클럭이 대법관이나 연방법관이 되는 주요한 경로가 되어 있다는 점에서 이를 쉽게 바꾸기도 어려울 것 같다. 현재 로클럭들의 구성은 대부분 탑 5 로스쿨 출신들이다. 예를 들어 로버츠 대법원장이 대법원장이 되고 난 뒤 2005년부터 2009년까지 채용한 로클럭은 모두 21명인데, 그중 6명이 예일대 로스쿨 출신이고, 4명이 하버드 로스쿨 출신이다. 예일대와 하버드대 로스쿨 출신이 절반을 차지하고 있다는 점이 말하는 바는 분명해 보인다.

로클럭들은 대법관들의 판단을 위하여 대법관들이 심리할 사건의 목록을 만들고, 메모를 작성하여 리스트 별로 첨부한다. 뒤에서 보는 대법원장 렌퀴스트의 유명한 브라운 메모도 렌퀴스트 대법원장이 로클럭을 하던 시기에 유명한 '브라운 대 토페카 교육위원회 사건'에서 작성한 메모였다.

미국의 로클럭들은 대법원 재판연구관과 경력, 성격이나 역량이라는 면에서 차이가 나는 집단이다. 미국에서 사건 심리 충실을 위하여 주장되는 방향이 우리나라의 대법원 재판연구관과 같은 방향이라는 것은 흥미로운 일이다.

(2) 대법관들의 심리와 결정

대법관들은 상고허가 여부에 대한 심리를 전통적으로 수요일 오전과 금요일 오후에 한다. 상고허가 심리를 위해서는 최소 6명의 대법관이 심리에 참여하여야 하며, 대법관들은 회의실에 모여서 회의를 하게 되며, 회의실의 배치는 최근에 대법관으로 임명된 순서대로 문에서 가까운 곳이 말석이 되며, 오로지 대법관들만 입장하여 각자의 이름이 붙은 자리에 앉아서 토론을 진행한다.

대부분의 하급법원의 판단은 존중된다. 긴즈버그 대법관 편에서 보았던 것처럼 하급심의 판단에 대하여 상급법원인 대법관이라고 하더라도 명백한 오류를 발견하지 못하면 뒤집지 않는 것이 전통이다. 그러므로 대부분의 상고허가 신청은 기각된다. 그리고 상고허가 신청기각 결정 시에는 이유를 부기하지 않기 때문에 왜 연방대법원이 상고허가를 하지 않았는가 하는 점은 관련 대법관이 블랙먼 대법관과 같이 도서관을 남겨서 후세에 별도의 기록으로 남기지 않는 한 공개되지 않는다. 그러므로 실제 치열한 논쟁은 사실 판결이 이루어지는 사건만큼이나 상고허가 결정을 위한 토론에서 이루어진다.

에필로그

이 책을 준비하면서 목표로 한 것은 미국 연방대법관을 주제로 하여 미국의 사법제도를 살펴볼 수 있는 관점을 제공하고자 하는 것이었다. 이러한 관점에서의 여행은 아직 많은 여정을 남겨 두고 있다. 필자가 이 책에서 미처 다루지 못한 대법관들이나, 다루었지만 더욱 비중 있게 다루어야 할 대법관들에 대한 많은 이야기 보따리들은 앞으로 다른 기회에 풀어 드릴 것을 약속한다.

자료적인 점에 대하여 질문을 받게 된다. 이 책에 등장한 대법관들에 대한 이야기는 이미 서울지방변호사회의 웹진인 『시민과 변호사』에 지속적으로 연재되고 있으며, 이 연재를 위한 자료의 시작은 미국 유학 기간 동안 컬럼비아 로스쿨에서 본 책들이 모티프가 되었다. 컬럼비아 대학 도서관에서 여러 대법관들의 자서전을 포함하여 여러 책을 보았고 인터넷을 통하여 각 대법관들에 대한 기본적인 사항을 검색할 수 있었다. 구글 서치는 매우 강력한 인터넷 서치 결과를 제공하여 주었고, 이를 통하여 위키피디아와 같은 인터넷 백과사전에 기재된 내용이나 미국정부의 사이트들에서 제공하는 인적 사항들을 확인할 수 있었다. 위키피디아의 정보는 미국정부의 공식 사이트들을 통해 다시 한번 확인하여 정확성을 담보하려고 하였다.

법관은 판결로 말을 한다. 이 글을 준비하기 위하여 사실 가장 많이 읽은 것은 판결문이었다. 미국의 당시 역사적인 배경을 확인하기 위하여 미국사와 관련된 책들도 두루 보았다. 그리고 대법관들이 저술한 책이 있다면 가능한 한 찾아보려고 하였다. 판결문을 보면서 이미 알고 있는 그 시대의 시대적인 상황을 결합하여 보면 그 판결문이 살아 움직이기 시작한다.

마지막으로 항상 우리의 현재의 문제들에 접목하여 보려고 노력했다. 이 글을 쓰는 이유가 미국 대법관들의 자서전을 정리하거나, 판례를 단순히 정리하려고 하는 것이 아니기 때문이다.

추가적인 공부를 하려는 독자들을 위해 참고가 될 만한 기본적인 문헌들을 소개한다.

미국사

미국사 일반에 대하여는 앞에서 언급한 『사료로 읽는 미국사』 외에 아래의 책이 쉽게 읽을 만함.

이구한, 『이야기 미국사』, 청아출판사(2007).

미국 대법원사

개별 대법관과 관련하여서 우리의 경우와 달리 대법관들을 한 사람 한 사람 조명하여 쓴 책들이 있으므로 이 책을 읽어보는 것은 당연히 권할 만한 사항임.

그 외 일반적인 서적으로는 아래의 책 참조

Jeffrey A. Segal et al, 『The Supreme Court in the American Legal System』, Cambridge University Press(2005).

Peter Charles Hoffer at al, 『The Supreme Court; An Essential History』, University Press of Kansas(2007).

미국 판결

www.westlaw.com은 유료법률정보사이트임.

www.findlaw.com에서도 판결정보를 얻을 수 있음.

그 외 구글 서치를 하면 판결전문을 얻을 수 있는 사이트가 있음.

미국 법령

www.cornell.edu 사이트에서 코넬 대학에서 제공하는 법령정보를 얻을 수 있음.

미국의 연방대법원, 법무성, 노동성 등의 사이트에 법령정보가 자료실에 제공되고 있으므로 이러한 사이트를 참고할 수 있음.

앞의 www.westlaw.com과 같은 유료정보 사이트를 이용하여 검색하는 것도 가능함.

참고문헌

한국미국사학회 엮음, 『사료로 읽는 미국사』, 궁리미국총서 1, 궁리(2006).

알렉시스 토크빌, 임효선 외 역, 『미국의 민주주의』, 한길사(2006).

루이스 메넌드, 정주연 역, 『메타피지컬 클럽-오늘날의 미국을 만든 단 하나의 사상 프래그머티즘은 어떻게 탄생했는가』, 민음사, 2006.

『법복과 의사봉(Cloak and Gavel)』은 1992년에 Alexander Charns가 쓴 책으로 일리노이 대학교 출판부에서 출판된 책이다. 『법복과 의사봉』은 연방대법원과 정보기관 간의 관계라는 점에서 연방대법원을 정보를 통하여 통제하려는 정보기관과 연방대법관의 역학관계라는, 세인들에게 매우 흥미로운 주제를 다룬 책이다. 평소 이러한 유의 음모이론에 관심이 많은 독자라면 읽어볼 만한 책이다. 이 책에서는 미국 연방수사국이 도청을 포함한 여러 가지 정보수집을 통하여 연방대법원을 엿보고, 연방대법관들을 감시하였다는 내용을 담고 있으며 많은 참고자료들을 인용하고 있다.

최승재, 미국 최초 여성 대법관의 퇴임-Sandra Day O'Connor, 법률신문, 2005.7.11.

최승재, 성 중립성과 성 평등성-입법을 중심으로, 법제, 2006.7.

최승재, 컬럼비아 로스쿨 소개, 법률신문, 2004. 5. & Columbia Law School Report, Fall, 2004.

강한승, 『Roberts Court vs Kennedy Court』, 2008.9.29.자 법률신문.

A New Supreme Swing Man: Anthony Kennedy could become the most influential voice on a deeply divided court, US NEWS AND WORLD REPORT (2005) VOL 139.

Bernard Schwartz, The Burger Court: Counter-Revolution or Confirmation(1998)

Brian Knowlton, About a 'telltale' toad and a top court choice, July 28, 2005 International Herald Tribune.

Bob Woodward and Scott Armstrong, The Brethren: Inside the Supreme Court (2005)[이 책은 안경환 교수님이 2008년에 '지혜의 아홉 기둥 : 미국을 움직이는 숨은 저력, 연방대법원'이라는 제목으로 번역하셨다. 안 교수님의 2008년 판 이전 번역본도 있지만 새로운 번역이 좋은 것 같다.]

Frank, John P., 『The Justices of the United States Supreme Court : Their Lives and Major Opinions』 (Leon Friedman and Fred L. Israel, editors) Chelsea House Publishers(1995)

Frankfurter, Felix. 『The Case of Sacco and Vanzetti : A Critical Analysis for Lawyers and Laymen』, New York : Universal Library(1962)

D. J. Hutchinson, 『The Man Who Once Was Whizzer White : A Portrait of Justice Byron R. White』, The Free Press(1998)

Richard A. Posner(edited), 『The ESSENTIAL HOMES』, The University of Chicago Press(1992)

Robert G. McCLOSKEY, 『The American Supreme Court』 The Universty of Chicago Press(2005)

Dionne, E. J. (EDT)/ Kristol, William/ Dionne, E. J./ Kristol, William, 『Bush V. Gore: The Court Cases and the Commentary』, Brookings Institution Press 2001.02.01.

Terence Jeffrey, 『Justice Kennedy should stand for re-election』, Washington post 2005.3.9.

Ken Foskett, 『Judging Thomas: The Life and Times of Clarence Thomas』, Harper Collins Publisher (2004).

Kevin Merida & Michael Fletcher, 『Supreme Discomfort: The Divided Soul of Clarence Thomas』, Doubleday (2007).

David Stout, Bush Says He Will Move Quickly to Name Rehnquist Successor, The New York Times, 2005. 9. 4.

Edward Alden and Patti Waldmeier, Supreme Court nominee has opponent guessing, July 24 2005 Financial Times.

The New York Times & International Herald Tribune Tuesday Jan. 31. 2006

Morton J. Horwitz, The Warren Court and the Pursuit of Justice(1999)

Lucas A. Powe Jr., The Warren Court and American Politics(2002)

Jeffrey Toobin, The Nine: Inside the Secret World of the Supreme Court(2008)

William H. Rehnquist, The Supreme Court(2002)

David L. Hudson, The Rehnquist Court: Understanding Its Impact and Legacy(2006)

이 책에서 언급한 미국헌법원문에 관심이 있는 독자들을 위해서 미국 헌법을 부록으로 붙인다.

부 록

미국 대통령-주요 지명 대법관

순	대통령	재임기간	당적	책에 등장하는 대법원장 및 대법관
1	George Washington	1789. 4. 40. ~1797. 3. 4.	No party	John Jay(C.J.); John Rutledge(C.J.); William Cushing, James Wilson, John Blair, James Iredell; Oliver Ellsworth(C.J)
2	John Adams	1797. 3. 4. ~1801. 3. 4.	Federalist	John Marshall(C.J.)
3	Thomas Jefferson	1801. 3. 4. ~1809. 3. 4	D/R	
4	James Madison	1809. 3. 4. ~1817. 3. 4	D/R	Joseph Story
5	James Monroe	1817. 3. 4. ~1825. 3. 4.	D/R	
6	John Q. Adams	1825. 3. 4. ~1829. 3. 4.	D/R	
7	Andrew Jackson	1829. 3. 4. ~1837. 3. 4.	D	Roger B. Taney(C.J.)
8	Martin Van Buren	1837. 3. 4. ~1841. 3. 4.	D	
9	William H. Harrison	1841. 3. 4. ~1841. 4. 4.	W	
10	John Tyler	1841. 4. 4. ~1845. 3. 4.	W	
11	James K. Polk	1845. 3. 4. ~1849. 3. 4.	D	
12	Zachary Taylor	1849. 3. 4. ~1850. 7. 9.	W	
13	Millard Fillmore	1850. 7. 9. ~1853. 3. 4.	W	
14	Franklin Pierce	1853. 3. 4. ~1857. 3. 4.	D	

순	대통령	재임기간	당적	책에 등장하는 대법원장 및 대법관
15	James Buchanan	1857. 3. 4. ~1861. 3. 4.	D	Nathan Clifford
16	Abraham Lincoln	1861. 3. 4. ~1865. 4. 15.	R	Stephen Johnson Field Salmon P. Chase(C.J.)
17	Andrew Johnson	1865. 4. 15. ~1869. 3. 4.	D	
18	Ulysses S. Grant	1869. 3. 4. ~1877. 3. 4.	R	
19	Rutherford B. Hayes	1877. 3. 4. ~1881. 3. 4.	R	
20	James A. Garfield	1881. 3. 4. ~1881. 9. 19.	R	
21	Chester A. Arthur	1881. 9. 19. ~1885. 3. 4.	R	Horace Gray
22	Grover Cleveland	1885. 3. 4. ~1889. 3. 4.	D	
23	Benjamin Harrison	1889. 3. 4. ~1893. 3. 4.	R	
24	Grover Cleveland (2nd term)	1893. 3. 4. ~1897. 3. 4.	D	
25	William McKinley	1897. 3. 4. ~1901. 9. 14.	R	
26	Theodore Roosevelt	1901. 9. 14. ~1909. 3. 4.	R	Oliver Wendel Homes, Jr.
27	William Howard Taft	1909. 3. 4. ~1913. 3. 4.	R	
28	Woodrow Wilson	1913. 3. 4. ~1921. 3. 4.	D	Louis D. Brandeis
29	Warren G. Harding	1921. 3. 4. ~1923. 8. 2.	R	William Howard Taft(C.J.)
30	Calvin Coolidge	1923. 8. 2. ~1929. 3. 4.	R	
31	Herbert Hoover	1929. 3. 4. ~1933. 3. 4.	R	Benjamin N. Cardozo; Fred M. Vinson(C.J.)
32	Franklin D. Roosevelt	1933. 3. 4. ~1945. 4. 12.	D	Felix Frankfurter; William O. Douglas; Wiley B. Rutledge; Harlan F. Stone(C.J)
33	Harry S. Truman	1945. 4. 12. ~1953. 1. 20.	D	

순	대통령	재임기간	당적	책에 등장하는 대법원장 및 대법관
34	Dwight D. Eisenhower	1953. 1. 20. ~1961. 1. 20.	R	Earl Warren(C.J.); William J. Brennan Jr.
35	John F. Kennedy	1961. 1. 20. ~1963. 11. 22.	D	Byron R. White; Arthur J. Goldberg
36	Lyndon Johnson	1963. 11. 22. ~1969. 1. 20.	D	Abe Fortas; Thurgood Marshall
37	Richard Nixon	1969. 1. 20. ~1974. 8. 9.	R	Warren E. Burger(C.J.); Harry A. Blackmun
38	Gerald Ford	1974. 8. 9. ~1981. 1. 20.	R	John Paul Stevens
39	Jimmy Carter	1977. 1. 20. ~1981. 1. 20.	D	
40	Ronald Reagan	1981. 1. 20. ~1989. 1. 20.	R	Sandra Day O'Connor; William Rehnquist(C.J.); Antonin Scalia; Anthony M. Kennedy
41	George H. W. Bush	1989. 1. 20. ~1993. 1. 20.	R	David H. Souter; Clarence Thomas
42	Bill Clinton	1993. 1. 20. ~2001. 1. 20.	D	Ruth Bade Ginsburg; Stephen G. Breyer
43	George W. Bush	2001. 1. 20. ~2009. 1. 20.	R	John Roberts Jr.(C.J.); Samuel Alito
44	Barak Obama	2009. 1. 20. ~	D	Sonia Sotomayor Elena Kagan

- (C.J.)라고 표시한 사람은 대법원장이다. Chief Justice의 약자로 사용하였다. 그 이외에는 대법관으로 영문으로는 Associated Justice이다.
- 당적의 R(Republican)은 공화당, D(Democratic)는 민주당을 표시, W는 휘그(Whig)당 소속 대통령을 말한다. 휘그당은 미국사에서 잠시 존재하였던 정당으로 1833년에서 1856년까지 존속하였다. 노예제 문제로 인하여 붕괴하였다. D/R(Democratic-Republican Party) 민주공화당으로 이 당은 1792년 토마스 제퍼슨 등이 알렉산더 해밀턴이 이끄는 연방주의자당(Federalist)에 통상정책 등에 반대하기 위해서 만든 정당이다.

역대대법원장 연표

대법원장(순)	대법원장(이름)	지명 대통령(이름)	재임기
1	John Jay	George Washington	(1789~1795)
2	John Rutledge	George Washington	(1795~1795)
3	Oliver Ellsworth	George Washington	(1796~1800)
4	John Marshall	John Adams	(1801~1835)
5	Roger Brooke Taney	Andrew Jackson	(1836~1864)
6	Salmon P. Chase	Abraham Lincoln	(1864~1873)
7	Morrison R. Waite	Ulysses S. Grant	(1874~1888)
8	Melvin W. Fuller	Grover Cleveland	(1888~1910)
9	Edward D. White	William Howard Taft	(1910~1921)
10	William Howard Taft	Warren G. harding	(1921~1930)
11	Charles E. Hughes	Herbert Hoover	(1930~1941)
12	Harlan F. Stone	Franklin D. Roosevelt	(1941~1946)
13	Fred M. Vinson	Harry S. Truman	(1946~1953)
14	Earl Warren	Dwight D. Eisenhower	(1953~1969)
15	Warren Burger	Richard Nixon	(1969~1986)
16	William Rehnquist	Ronald Reagan	(1986~2005)
17	John Roberts Jr.	George W. Bush	(2005~현재)

미국 연방 대법원장

미국 연방 대법원장(Chief Justice of United States)은 연방대법원의 동료들 가운데 일인자(first among equals)이다. 대법원장은 대법원의 구성원으로 동료 대법관(Associated Justice of Supreme Court)들과 같이 대법원의 판결에 참여한다. 하지만 동시에 대법원장은 연방법원의 행정에 있어서 최고 책임자이기도 하다. 대법원장은 연방법원의 최고 책임자로서 행정부나 입법부에 대하여 사법부를 대표한다. 그 밖에도 대통령의 탄핵을 담당하기도 하고, 오바마 대통령 취임식을 밤잠을 설치면서 본 독자들은 알겠지만 대통령 취임선서를 담당하기도 한다. 물론 미합중국 헌법 어디에도 대법원장이 대통령 취임선서를 받으라는 것은 없지만 이미 관행으로 굳어졌다.

대법원장은 다른 연방법관들의 임명절차에서와 같이 대통령에 의해 지명된다. 그리고 대통령이 지명한 대법원장 후보는 상원 법제사법위원회를 거쳐, 연방상원의 표결을 통해 승인된다. 그러나 대통령의 탄핵은 연방하원에 의해서 이루어진다.

연방 대법원장으로 지명되기 위해 반드시 법관으로서의 경력이 필요한 것은 아니다. 그러나 많은 경우 연방항소법원 판사로서의 경력이 있는 법조인 중에서 지명한다. 물론 대법원의 역사를 바꾸었던 존 마샬 대법원장이나 얼 워렌 대법원장처럼 아무런 법관 경력이 없이 대법원장으로 지명되는 경우도 있었다. 또 포타스 대법관이나 렌퀴스트 대법원장처럼 대법관으로 봉직하던 중에서 대법원장으로 지명되는 경우도 있다. 이 중 렌퀴스트 대법원장처럼 지명 후 대법원장 인준이 되면 문제가 없지만 만일 포타스 대법원장 후보처럼 대법관으로 봉직하던 중 대법원장으로 지명되었으나 인준이 되지 않으면 어떻게 될까. 결론적으로 대법관으로서 근무하는 것은 아무 문제가 되지 않는다. 다만 포타스 대법관의 경우에는 대법관직에서도 대법원장 청문과정에서 드러난 문제가 커져 사임하였다. 현재 대법원장인 로버츠 대법관의 경우에는 원래 오코너 대법관의 후임으로 대법관으로 지명되었다가 갑자기 렌퀴스트 대법원장이 사망함에 따라 대법관으로서의 지명을 대통령이 철회하고 다시 대법원장 후보로 지명한 경우이다.

대법원은 누가 먼저 대법관이 되었나 하는 순서대로 대법원 내의 서열을 정한다. 그리고 가장 오래 대법관으로 근무한 선임대법관 렌퀴스트 대법원장의 사망과 같은 갑작스럽게 대법원장의 유고가 발생하게 되는 경우에는 대법원장의 직무를 대행한다. 렌퀴스트 대법원장의 경우에는 선임대법관이었던 존 폴 스티븐스 대법관이 직무대행을 하였다. 그런데 대법원장은 대법관 중에서 비교적 뒤에 대법원의 구성원이 되었다고 하더라도 가장 최선임대법관으로 본다. 이러한 권위에 기초하여 연방 대법원이 처리하는 사건의 의사를 진행할 때 최초의 발언은 대법원장이 시작함이 원칙이다.

연방대법원장은 최선임대법관으로 보기는 하지만 그렇다고 다른 8명의 대법관들보다 더 많은 의결권을 가지는 것은 아니며, 다른 대법관들도 연방대법원장의 의견에 추가적인 비중을 둘 이유가 없다. 다만 법원의 다수의견이 정해지면 어떤 대법관이 판결문을 작성할 것인지를 결정할 수 있는 권한이 있다. 대법원장이 지명하는 대법관이 대법원의 다수의견을 작성하는 것은 결론을 바꾸는 것은 아니지만, 연방대법원이 가지고 있는 하급심에 대한 선도기능을 감안할 때 어떤 내용의 판결문을 작성하는가 하는 것은 비록 그것이 판결의 결론인 주문(主文)이 그대로이고, 왜 그런 판결을 하였는가 하는 이유 부분이나 결론에 영향이 없는 방론(dictum)에 기재된 것이라도 큰 영향을 줄 수 있으므로 매우 중요한 권한이다.

1. 미국 헌법
[Constitution for the United States of America]

We the People of the United States, in Order to form a more perfect Union, establish Justice, insure domestic Tranquility, provide for the common defence, promote the general Welfare, and secure the Blessings of Liberty to ourselves and our Posterity, do ordain and establish this Constitution for the United States of America.

Article. I.

Section. 1. All legislative Powers herein granted shall be vested in a Congress of the United States, which shall consist of a Senate and House of Representatives.
Section. 2. The House of Representatives shall be composed of Members chosen every second Year by the People of the several States, and the Electors in each State shall have the Qualifications requisite for Electors of the most numerous Branch of the State Legislature.

No Person shall be a Representative who shall not have attained to the Age of twenty five Years, and been seven Years a Citizen of the United States, and who shall not, when elected, be an Inhabitant of that State in which he shall be chosen.

Representatives and direct Taxes shall be apportioned among the several States which may be included within this Union, according to their respective Numbers, which shall be determined by adding to the whole Number of free Persons, including those bound to Service for a Term of Years, and excluding Indians not taxed, three fifths of all other Persons [Modified by Amendment XIV]. The actual Enumeration shall be made within three Years after the first Meeting of the Congress of the United States, and within every subsequent Term of ten Years, in such Manner as they shall by Law direct. The Number of Representatives shall not exceed one for every thirty Thousand, but each State shall have at Least one Representative; and until such enumeration shall be made, the State of New Hampshire shall be entitled to chuse three, Massachusetts eight, Rhode-Island and Providence Plantations one, Connecticut five, New-York six, New Jersey four, Pennsylvania eight, Delaware one, Maryland six, Virginia ten, North Carolina five, South Carolina five, and Georgia three.

When vacancies happen in the Representation from any State, the Executive Authority thereof shall issue Writs of Election to fill such Vacancies.

The House of Representatives shall chuse their Speaker and other Officers; and shall have the sole Power of Impeachment.

Section. 3. The Senate of the United States shall be composed of two Senators from each State, chosen by the Legislature thereof [Modified by Amendment XVII], for six Years; and each Senator shall have one Vote.

Immediately after they shall be assembled in Consequence of the first Election, they shall be divided as equally as may be into three Classes. The Seats of the Senators of the first Class shall be vacated at the Expiration of the second Year, of the second Class at the Expiration of the fourth Year, and of the third Class at the Expiration of the sixth Year, so that one third may be chosen every second Year; *and if Vacancies happen by Resignation, or otherwise, during the Recess of the Legislature of any State, the Executive thereof may make temporary Appointments until the next Meeting of the Legislature, which shall then fill such Vacancies* [Modified by Amendment XVII].

No Person shall be a Senator who shall not have attained to the Age of thirty

Years, and been nine Years a Citizen of the United States, and who shall not, when elected, be an Inhabitant of that State for which he shall be chosen.
The Vice President of the United States shall be President of the Senate, but shall have no Vote, unless they be equally divided.
The Senate shall chuse their other Officers, and also a President pro tempore, in the Absence of the Vice President, or when he shall exercise the Office of President of the United States.
The Senate shall have the sole Power to try all Impeachments. When sitting for that Purpose, they shall be on Oath or Affirmation. When the President of the United States is tried, the Chief Justice shall preside : And no Person shall be convicted without the Concurrence of two thirds of the Members present.
Judgment in Cases of Impeachment shall not extend further than to removal from Office, and disqualification to hold and enjoy any Office of honor, Trust or Profit under the United States : but the Party convicted shall nevertheless be liable and subject to Indictment, Trial, Judgment and Punishment, according to Law.
Section. 4. The Times, Places and Manner of holding Elections for Senators and Representatives, shall be prescribed in each State by the Legislature thereof; but the Congress may at any time by Law make or alter such Regulations, except as to the Places of chusing Senators.
The Congress shall assemble at least once in every Year, *and such Meeting shall be on the first Monday in December* [Modified by Amendment XX], unless they shall by Law appoint a different Day.
Section. 5. Each House shall be the Judge of the Elections, Returns and Qualifications of its own Members, and a Majority of each shall constitute a Quorum to do Business; but a smaller Number may adjourn from day to day, and may be authorized to compel the Attendance of absent Members, in such

Manner, and under such Penalties as each House may provide.

Each House may determine the Rules of its Proceedings, punish its Members for disorderly Behaviour, and, with the Concurrence of two thirds, expel a Member.

Each House shall keep a Journal of its Proceedings, and from time to time publish the same, excepting such Parts as may in their Judgment require Secrecy; and the Yeas and Nays of the Members of either House on any question shall, at the Desire of one fifth of those Present, be entered on the Journal.

Neither House, during the Session of Congress, shall, without the Consent of the other, adjourn for more than three days, nor to any other Place than that in which the two Houses shall be sitting.

Section. 6. The Senators and Representatives shall receive a Compensation for their Services, to be ascertained by Law, and paid out of the Treasury of the United States. They shall in all Cases, except Treason, Felony and Breach of the Peace, be privileged from Arrest during their Attendance at the Session of their respective Houses, and in going to and returning from the same; and for any Speech or Debate in either House, they shall not be questioned in any other Place.

No Senator or Representative shall, during the Time for which he was elected, be appointed to any civil Office under the Authority of the United States, which shall have been created, or the Emoluments whereof shall have been encreased during such time; and no Person holding any Office under the United States, shall be a Member of either House during his Continuance in Office.

Section. *7.* All Bills for raising Revenue shall originate in the House of Representatives; but the Senate may propose or concur with Amendments as on other Bills.

Every Bill which shall have passed the House of Representatives and the Senate, shall, before it become a Law, be presented to the President of the United States; If he approve he shall sign it, but if not he shall return it, with his Objections to that House in which it shall have originated, who shall enter the Objections at large on their Journal, and proceed to reconsider it. If after such Reconsideration two thirds of that House shall agree to pass the Bill, it shall be sent, together with the Objections, to the other House, by which it shall likewise be reconsidered, and if approved by two thirds of that House, it shall become a Law. But in all such Cases the Votes of both Houses shall be determined by yeas and Nays, and the Names of the Persons voting for and against the Bill shall be entered on the Journal of each House respectively. If any Bill shall not be returned by the President within ten Days (Sundays excepted) after it shall have been presented to him, the Same shall be a Law, in like Manner as if he had signed it, unless the Congress by their Adjournment prevent its Return, in which Case it shall not be a Law.

Every Order, Resolution, or Vote to which the Concurrence of the Senate and House of Representatives may be necessary (except on a question of Adjournment) shall be presented to the President of the United States; and before the Same shall take Effect, shall be approved by him, or being disapproved by him, shall be repassed by two thirds of the Senate and House of Representatives, according to the Rules and Limitations prescribed in the Case of a Bill.

Section. 8. The Congress shall have Power To lay and collect Taxes, Duties, Imposts and Excises, to pay the Debts and provide for the common Defence and general Welfare of the United States; but all Duties, Imposts and Excises shall be uniform throughout the United States;

To borrow Money on the credit of the United States;

To regulate Commerce with foreign Nations, and among the several States, and with the Indian Tribes;

To establish an uniform Rule of Naturalization, and uniform Laws on the subject of Bankruptcies throughout the United States;

To coin Money, regulate the Value thereof, and of foreign Coin, and fix the Standard of Weights and Measures;

To provide for the Punishment of counterfeiting the Securities and current Coin of the United States;

To establish Post Offices and post Roads;

To promote the Progress of Science and useful Arts, by securing for limited Times to Authors and Inventors the exclusive Right to their respective Writings and Discoveries;

To constitute Tribunals inferior to the supreme Court;

To define and punish Piracies and Felonies committed on the high Seas, and Offences against the Law of Nations;

To declare War, grant Letters of Marque and Reprisal, and make Rules concerning Captures on Land and Water;

To raise and support Armies, but no Appropriation of Money to that Use shall be for a longer Term than two Years;

To provide and maintain a Navy;

To make Rules for the Government and Regulation of the land and naval Forces;

To provide for calling forth the Militia to execute the Laws of the Union, suppress Insurrections and repel Invasions;

To provide for organizing, arming, and disciplining, the Militia, and for governing such Part of them as may be employed in the Service of the United States, reserving to the States respectively, the Appointment of the Officers, and the

Authority of training the Militia according to the discipline prescribed by Congress;

To exercise exclusive Legislation in all Cases whatsoever, over such District (not exceeding ten Miles square) as may, by Cession of particular States, and the Acceptance of Congress, become the Seat of the Government of the United States, and to exercise like Authority over all Places purchased by the Consent of the Legislature of the State in which the Same shall be, for the Erection of Forts, Magazines, Arsenals, dock-Yards, and other needful Buildings; — And

To make all Laws which shall be necessary and proper for carrying into Execution the foregoing Powers, and all other Powers vested by this Constitution in the Government of the United States, or in any Department or Officer thereof.

Section. 9. The Migration or Importation of such Persons as any of the States now existing shall think proper to admit, shall not be prohibited by the Congress prior to the Year one thousand eight hundred and eight, but a Tax or duty may be imposed on such Importation, not exceeding ten dollars for each Person.

The Privilege of the Writ of Habeas Corpus shall not be suspended, unless when in Cases of Rebellion or Invasion the public Safety may require it.

No Bill of Attainder or ex post facto Law shall be passed.

No Capitation, or other direct, Tax shall be laid, unless in Proportion to the Census or Enumeration herein before directed to be taken.

No Tax or Duty shall be laid on Articles exported from any State.

No Preference shall be given by any Regulation of Commerce or Revenue to the Ports of one State over those of another; nor shall Vessels bound to, or from, one State, be obliged to enter, clear, or pay Duties in another.

No Money shall be drawn from the Treasury, but in Consequence of Appropriations made by Law; and a regular Statement and Account of the Receipts and Expenditures of all public Money shall be published from time to time. No Title of Nobility shall be granted by the United States : And no Person holding any Office of Profit or Trust under them, shall, without the Consent of the Congress, accept of any present, Emolument, Office, or Title, of any kind whatever, from any King, Prince, or foreign State.

Section. 10. No State shall enter into any Treaty, Alliance, or Confederation; grant Letters of Marque and Reprisal; coin Money; emit Bills of Credit; make any Thing but gold and silver Coin a Tender in Payment of Debts; pass any Bill of Attainder, ex post facto Law, or Law impairing the Obligation of Contracts, or grant any Title of Nobility.

No State shall, without the Consent of the Congress, lay any Imposts or Duties on Imports or Exports, except what may be absolutely necessary for executing it's inspection Laws; and the net Produce of all Duties and Imposts, laid by any State on Imports or Exports, shall be for the Use of the Treasury of the United States; and all such Laws shall be subject to the Revision and Controul of the Congress.

No State shall, without the Consent of Congress, lay any Duty of Tonnage, keep Troops, or Ships of War in time of Peace, enter into any Agreement or Compact with another State, or with a foreign Power, or engage in War, unless actually invaded, or in such imminent Danger as will not admit of delay.

Article. II.

Section. 1. The executive Power shall be vested in a President of the United States of America. He shall hold his Office during the Term of four Years, and, together with the Vice President, chosen for the same Term, be elected, as follows:

Each State shall appoint, in such Manner as the Legislature thereof may direct, a Number of Electors, equal to the whole Number of Senators and Representatives to which the State may be entitled in the Congress : but no Senator or Representative, or Person holding an Office of Trust or Profit under the United States, shall be appointed an Elector.

The Electors shall meet in their respective States, and vote by Ballot for two Persons, of whom one at least shall not be an Inhabitant of the same State with themselves. And they shall make a List of all the Persons voted for, and of the Number of Votes for each; which List they shall sign and certify, and transmit sealed to the Seat of the Government of the United States, directed to the President of the Senate. The President of the Senate shall, in the Presence of the Senate and House of Representatives, open all the Certificates, and the Votes shall then be counted. The Person having the greatest Number of Votes shall be the President, if such Number be a Majority of the whole Number of Electors appointed; and if there be more than one who have such Majority, and have an equal Number of Votes, then the House of Representatives shall immediately chuse by Ballot one of them for President; and if no Person have a Majority, then from the five highest on the List the said House shall in like Manner chuse the President. But in chusing the President, the Votes shall be taken by States, the Representation from each State having one Vote; a quorum for this Purpose shall consist of a Member or Members from two thirds of the States, and a Majority of all the States shall be necessary to a Choice. In every Case, after the Choice of the President, the Person having the greatest Number of Votes of the Electors shall be the Vice President. But if there should remain two or more who have equal Votes, the Senate shall chuse from them by Ballot the Vice President [Modified by Amendment XII].

The Congress may determine the Time of chusing the Electors, and the Day on which they shall give their Votes; which Day shall be the same throughout the United States.

No Person except a natural born Citizen, or a Citizen of the United States, at the time of the Adoption of this Constitution, shall be eligible to the Office of President; neither shall any Person be eligible to that Office who shall not have attained to the Age of thirty five Years, and been fourteen Years a Resident within the United States.

In Case of the Removal of the President from Office, or of his Death, Resignation, or Inability to discharge the Powers and Duties of the said Office, the Same shall devolve on the Vice President, and the Congress may by Law provide for the Case of Removal, Death, Resignation or Inability, both of the President and Vice President, declaring what Officer shall then act as President, and such Officer shall act accordingly, until the Disability be removed, or a President shall be elected [Modified by Amendment XXV].

The President shall, at stated Times, receive for his Services, a Compensation, which shall neither be increased nor diminished during the Period for which he shall have been elected, and he shall not receive within that Period any other Emolument from the United States, or any of them.

Before he enter on the Execution of his Office, he shall take the following Oath or Affirmation : — "I do solemnly swear (or affirm) that I will faithfully execute the Office of President of the United States, and will to the best of my Ability, preserve, protect and defend the Constitution of the United States."

Section. 2. The President shall be Commander in Chief of the Army and Navy of the United States, and of the Militia of the several States, when called into the actual Service of the United States; he may require the Opinion, in writing, of the principal Officer in each of the executive Departments, upon any Subject relating to the Duties of their respective Offices, and he shall have Power to grant Reprieves and Pardons for Offences against the United States, except in Cases of Impeachment.

He shall have Power, by and with the Advice and Consent of the Senate, to make Treaties, provided two thirds of the Senators present concur; and he shall nominate, and by and with the Advice and Consent of the Senate, shall appoint Ambassadors, other public Ministers and Consuls, Judges of the supreme Court, and all other Officers of the United States, whose Appointments are not herein otherwise provided for, and which shall be established by Law : but the Congress may by Law vest the Appointment of such inferior Officers, as they think proper, in the President alone, in the Courts of Law, or in the Heads of Departments.

The President shall have Power to fill up all Vacancies that may happen during the Recess of the Senate, by granting Commissions which shall expire at the End of their next Session.

Section. 3. He shall from time to time give to the Congress Information of the State of the Union, and recommend to their Consideration such Measures as he shall judge necessary and expedient; he may, on extraordinary Occasions, convene both Houses, or either of them, and in Case of Disagreement between them, with Respect to the Time of Adjournment, he may adjourn them to such Time as he shall think proper; he shall receive Ambassadors and other public Ministers; he shall take Care that the Laws be faithfully executed, and shall Commission all the Officers of the United States.

Section. 4. The President, Vice President and all civil Officers of the United States, shall be removed from Office on Impeachment for, and Conviction of, Treason, Bribery, or other high Crimes and Misdemeanors.

Article. III.

Section. 1. The judicial Power of the United States shall be vested in one supreme Court, and in such inferior Courts as the Congress may from time to time ordain and establish. The Judges, both of the supreme and inferior Courts, shall hold their Offices during good Behaviour, and shall, at stated Times, receive for their Services a Compensation, which shall not be diminished during their Continuance in Office.

Section. 2. The judicial Power shall extend to all Cases, in Law and Equity, arising under this Constitution, the Laws of the United States, and Treaties made, or which shall be made, under their Authority; — to all Cases affecting Ambassadors, other public Ministers and Consuls; — to all Cases of admiralty and maritime Jurisdiction; — to Controversies to which the United States shall be a Party; — to Controversies between two or more States; — *between a State and Citizens of another State* [Modified by Amendment XI]; — between Citizens of different States; — between Citizens of the same State claiming Lands under Grants of different States, and between a State, or the Citizens thereof, and foreign States, Citizens or Subjects.

In all Cases affecting Ambassadors, other public Ministers and Consuls, and those in which a State shall be Party, the supreme Court shall have original Jurisdiction. In all the other Cases before mentioned, the supreme Court shall have appellate Jurisdiction, both as to Law and Fact, with such Exceptions, and under such Regulations as the Congress shall make.

The Trial of all Crimes, except in Cases of Impeachment, shall be by Jury; and such Trial shall be held in the State where the said Crimes shall have been committed; but when not committed within any State, the Trial shall be at such

Place or Places as the Congress may by Law have directed.

Section. 3. Treason against the United States shall consist only in levying War against them, or in adhering to their Enemies, giving them Aid and Comfort. No Person shall be convicted of Treason unless on the Testimony of two Witnesses to the same overt Act, or on Confession in open Court.

The Congress shall have Power to declare the Punishment of Treason, but no Attainder of Treason shall work Corruption of Blood, or Forfeiture except during the Life of the Person attainted.

Article. IV.

Section. 1. Full Faith and Credit shall be given in each State to the public Acts, Records, and judicial Proceedings of every other State. And the Congress may by general Laws prescribe the Manner in which such Acts, Records and Proceedings shall be proved, and the Effect thereof.

Section. 2. The Citizens of each State shall be entitled to all Privileges and Immunities of Citizens in the several States.

A Person charged in any State with Treason, Felony, or other Crime, who shall flee from Justice, and be found in another State, shall on Demand of the executive Authority of the State from which he fled, be delivered up, to be removed to the State having Jurisdiction of the Crime.

No Person held to Service or Labour in one State, under the Laws thereof, escaping into another, shall, in Consequence of any Law or Regulation therein, be discharged from such Service or Labour, but shall be delivered up on Claim of the Party to whom such Service or Labour may be due [Modified by Amendment XIII].

Section. 3. New States may be admitted by the Congress into this Union; but no new State shall be formed or erected within the Jurisdiction of any other State; nor any State be formed by the Junction of two or more States, or Parts of States, without the Consent of the Legislatures of the States concerned as well as of the Congress.

The Congress shall have Power to dispose of and make all needful Rules and Regulations respecting the Territory or other Property belonging to the United States; and nothing in this Constitution shall be so construed as to Prejudice any Claims of the United States, or of any particular State.

Section. 4. The United States shall guarantee to every State in this Union a Republican Form of Government, and shall protect each of them against Invasion; and on Application of the Legislature, or of the Executive (when the Legislature cannot be convened), against domestic Violence.

Article. V.

The Congress, whenever two thirds of both Houses shall deem it necessary, shall propose Amendments to this Constitution, or, on the Application of the Legislatures of two thirds of the several States, shall call a Convention for proposing Amendments, which, in either Case, shall be valid to all Intents and Purposes, as Part of this Constitution, when ratified by the Legislatures of three fourths of the several States, or by Conventions in three fourths thereof, as the one or the other Mode of Ratification may be proposed by the Congress; Provided that no Amendment which may be made prior to the Year One thousand eight hundred and eight shall in any Manner affect the first and fourth Clauses in the Ninth Section of the first Article; *and that no State, without its Consent, shall be deprived of its equal Suffrage in the Senate* [Possibly abrogated by Amendment XVII].

Article. VI.

All Debts contracted and Engagements entered into, before the Adoption of this Constitution, shall be as valid against the United States under this Constitution, as under the Confederation.

This Constitution, and the Laws of the United States which shall be made in Pursuance thereof; and all Treaties made, or which shall be made, under the Authority of the United States, shall be the supreme Law of the Land; and the Judges in every State shall be bound thereby, any Thing in the Constitution or Laws of any State to the Contrary notwithstanding.

The Senators and Representatives before mentioned, and the Members of the several State Legislatures, and all executive and judicial Officers, both of the United States and of the several States, shall be bound by Oath or Affirmation, to support this Constitution; but no religious Test shall ever be required as a Qualification to any Office or public Trust under the United States.

Article. VII.

The Ratification of the Conventions of nine States, shall be sufficient for the Establishment of this Constitution between the States so ratifying the Same.

The Word, "the," being interlined between the seventh and eighth Lines of the first Page, The Word "Thirty" being partly written on an Erazure in the fifteenth Line of the first Page, The Words "is tried" being interlined between the thirty second and thirty third Lines of the first Page and the Word "the" being interlined between the forty third and forty fourth Lines of the second Page.

Attest William Jackson

Secretary

done in Convention by the Unanimous Consent of the States present the Seventeenth Day of September in the Year of our Lord one thousand seven hundred and Eighty seven and of the Independence of the United States of America the Twelfth In witness whereof We have hereunto subscribed our Names,

Go. WASHINGTON — Presidt.

and deputy from Virginia

New Hampshire {

JOHN LANGDON

NICHOLAS GILMAN

Massachusetts {

NATHANIEL GORHAM

RUFUS KING

Connecticut {

WM. SAML. JOHNSON

ROGER SHERMAN

New York . . . .

ALEXANDER HAMILTON

New Jersey {

WIL : LIVINGSTON

DAVID BREARLEY.

WM. PATERSON.

JONA : DAYTON

Pennsylvania {

B FRANKLIN

THOMAS MIFFLIN

ROBT MORRIS

GEO. CLYMER

THOS. FITZ SIMONS

JARED INGERSOLL

JAMES WILSON

GOUV MORRIS

Delaware {

GEO : READ

GUNNING BEDFORD jun

JOHN DICKINSON

RICHARD BASSETT

JACO : BROOM

Maryland {

JAMES MCHENRY

DAN OF ST THOS. JENIFER

DANL CARROLL

Virginia {

JOHN BLAIR

JAMES MADISON jr

North Carolina {

WM. BLOUNT

RICHD. DOBBS SPAIGHT

HU WILLIAMSON

South Carolina {

J. RUTLEDGE

CHARLES COTESWORTH PINCKNEY

CHARLES PINCKNEY

PIERCE BUTLER

Georgia {

WILLIAM FEW

ABR BALDWIN

In Convention Monday, September 17th, 1787.

Present

The States of

New Hampshire, Massachusetts, Connecticut, MR. Hamilton from New York, New Jersey, Pennsylvania, Delaware, Maryland, Virginia, North Carolina, South Carolina and Georgia.

Resolved,

That the preceeding Constitution be laid before the United States in Congress assembled, and that it is the Opinion of this Convention, that it should afterwards be submitted to a Convention of Delegates, chosen in each State by the People thereof, under the Recommendation of its Legislature, for their Assent and Ratification; and that each Convention assenting to, and ratifying the Same, should give Notice thereof to the United States in Congress assembled. Resolved, That it is the Opinion of this Convention, that as soon as the Conventions of nine States shall have ratified this Constitution, the United States in Congress assembled should fix a Day on which Electors should be appointed by the States which have ratified the same, and a Day on which the Electors should assemble to vote for the President, and the Time and Place for commencing Proceedings under this Constitution. That after such Publication the Electors should be appointed, and the Senators and Representatives elected : That the Electors should meet on the Day fixed for the Election of the President, and should transmit their Votes certified, signed, sealed and directed, as the Constitution requires, to the Secretary of the United States in Congress assembled, that the Senators and Representatives should convene at the Time and Place assigned; that the Senators should appoint a President of the Senate, for the sole purpose of receiving, opening and counting the Votes for President; and, that after he shall be chosen, the Congress, together with the President, should, without Delay, proceed to execute this Constitution.

By the Unanimous Order of the Convention

Go. WASHINGTON — Presidt.

W. JACKSON Secretary.

Amendments
수정헌법

Amendment I

Congress shall make no law respecting an establishment of religion, or prohibiting the free exercise thereof; or abridging the freedom of speech, or of the press; or the right of the people peaceably to assemble, and to petition the government for a redress of grievances.

Amendment II

A well regulated militia, being necessary to the security of a free state, the right of the people to keep and bear arms, shall not be infringed.

Amendment III

No soldier shall, in time of peace be quartered in any house, without the consent of the owner, nor in time of war, but in a manner to be prescribed by law.

Amendment IV

The right of the people to be secure in their persons, houses, papers, and effects, against unreasonable searches and seizures, shall not be violated, and no warrants shall issue, but upon probable cause, supported by oath or affirmation, and particularly describing the place to be searched, and the persons or things to be seized.

Amendment V

No person shall be held to answer for a capital, or otherwise infamous crime, unless on a presentment or indictment of a grand jury, except in cases arising in the land or naval forces, or in the militia, when in actual service in time of war or public danger; nor shall any person be subject for the same offense to be twice put in jeopardy of life or limb; nor shall be compelled in any criminal case to be a witness against himself, nor be deprived of life, liberty, or property, without due process of law; nor shall private property be taken for public use, without just compensation.

Amendment VI

In all criminal prosecutions, the accused shall enjoy the right to a speedy and public trial, by an impartial jury of the state and district wherein the crime shall have been committed, which district shall have been previously ascertained by law, and to be informed of the nature and cause of the accusation; to be confronted with the witnesses against him; to have compulsory process for obtaining witnesses in his favor, and to have the assistance of counsel for his defense.

Amendment VII

In suits at common law, where the value in controversy shall exceed twenty dollars, the right of trial by jury shall be preserved, and no fact tried by a jury, shall be otherwise reexamined in any court of the United States, than according to the rules of the common law.

Amendment VIII

Excessive bail shall not be required, nor excessive fines imposed, nor cruel and unusual punishments inflicted.

Amendment IX

The enumeration in the Constitution, of certain rights, shall not be construed to deny or disparage others retained by the people.

Amendment X

The powers not delegated to the United States by the Constitution, nor prohibited by it to the states, are reserved to the states respectively, or to the people.

Amendment XI

The judicial power of the United States shall not be construed to extend to any suit in law or equity, commenced or prosecuted against one of the United States by citizens of another state, or by citizens or subjects of any foreign state.

Amendment XII

The electors shall meet in their respective states and vote by ballot for President and Vice-President, one of whom, at least, shall not be an inhabitant of the same state with themselves; they shall name in their ballots the person voted for as President, and in distinct ballots the person voted for as Vice-President, and they shall make distinct lists of all persons voted for as President, and of all persons voted for as Vice-President, and of the number of votes for each, which lists they shall sign and certify, and transmit sealed to the seat of the government of the United States, directed to the President of the Senate;--The President of the Senate shall, in the presence of the Senate and House of Representatives, open all the certificates and the votes shall then be counted;--the person having the greatest number of votes for President, shall be the President, if such number be a majority of the whole number of electors appointed; and if no person have such majority, then from the persons having the highest numbers not exceeding three on the list of those voted for as President, the House of Representatives shall choose immediately, by ballot, the President. But in choosing the President, the votes shall be taken by states, the representation from each state having one vote; a quorum for this purpose shall consist of a member or members from two-thirds of the states, and a majority of all the states shall be necessary to a choice. And if the House of Representatives shall not choose a President whenever the right of choice shall devolve upon them, before the fourth day of March next following, then the Vice-President shall act as President, as in the case of the death or other constitutional disability of the President. The person having the greatest number of votes as Vice-President, shall be the Vice-President, if such number be a majority of the whole number of electors appointed, and if no person have a majority, then from the two highest numbers on the list, the Senate shall choose the Vice-President; a quorum for the purpose shall consist of two-thirds of the whole number of Senators, and a majority of the whole number shall be necessary to a choice. But no person constitutionally ineligible to the office of President shall be eligible to that of Vice-President of the United States.

Amendment XIII

Section 1. Neither slavery nor involuntary servitude, except as a punishment for crime whereof the party shall have been duly convicted, shall exist within the

United States, or any place subject to their jurisdiction.

Section 2. Congress shall have power to enforce this article by appropriate legislation.

Amendment XIV

Section 1. All persons born or naturalized in the United States, and subject to the jurisdiction thereof, are citizens of the United States and of the state wherein they reside. No state shall make or enforce any law which shall abridge the privileges or immunities of citizens of the United States; nor shall any state deprive any person of life, liberty, or property, without due process of law; nor deny to any person within its jurisdiction the equal protection of the laws.

Section 2. Representatives shall be apportioned among the several states according to their respective numbers, counting the whole number of persons in each state, excluding Indians not taxed. But when the right to vote at any election for the choice of electors for President and Vice President of the United States, Representatives in Congress, the executive and judicial officers of a state, or the members of the legislature thereof, is denied to any of the male inhabitants of such state, being twenty-one years of age and citizens of the United States, or in any way abridged, except for participation in rebellion, or other crime, the basis of representation therein shall be reduced in the proportion which the number of such male citizens shall bear to the whole number of male citizens twenty-one years of age in such state.

Section 3. No person shall be a Senator or Representative in Congress, or elector of President and Vice President, or hold any office, civil or military, under the United States, or under any state, who, having previously taken an oath, as a member of Congress, or as an officer of the United States, or as a member of

any state legislature, or as an executive or judicial officer of any state, to support the Constitution of the United States, shall have engaged in insurrection or rebellion against the same, or given aid or comfort to the enemies thereof. But Congress may by a vote of two-thirds of each House, remove such disability.
Section 4. The validity of the public debt of the United States, authorized by law, including debts incurred for payment of pensions and bounties for services in suppressing insurrection or rebellion, shall not be questioned. But neither the United States nor any state shall assume or pay any debt or obligation incurred in aid of insurrection or rebellion against the United States, or any claim for the loss or emancipation of any slave; but all such debts, obligations and claims shall be held illegal and void.
Section 5. The Congress shall have power to enforce, by appropriate legislation, the provisions of this article.

Amendment XV

Section 1. The right of citizens of the United States to vote shall not be denied or abridged by the United States or by any state on account of race, color, or previous condition of servitude.
Section 2. The Congress shall have power to enforce this article by appropriate legislation.

Amendment XVI

The Congress shall have power to lay and collect taxes on incomes, from whatever source derived, without apportionment among the several states, and without regard to any census or enumeration.

Amendment XVII

The Senate of the United States shall be composed of two Senators from each state, elected by the people thereof, for six years; and each Senator shall have one vote. The electors in each state shall have the qualifications requisite for electors of the most numerous branch of the state legislatures.

When vacancies happen in the representation of any state in the Senate, the executive authority of such state shall issue writs of election to fill such vacancies : Provided, that the legislature of any state may empower the executive thereof to make temporary appointments until the people fill the vacancies by election as the legislature may direct.

This amendment shall not be so construed as to affect the election or term of any Senator chosen before it becomes valid as part of the Constitution.

Amendment XVIII

Section 1. After one year from the ratification of this article the manufacture, sale, or transportation of intoxicating liquors within, the importation thereof into, or the exportation thereof from the United States and all territory subject to the jurisdiction thereof for beverage purposes is hereby prohibited.

Section 2. The Congress and the several states shall have concurrent power to enforce this article by appropriate legislation.

Section 3. This article shall be inoperative unless it shall have been ratified as an amendment to the Constitution by the legislatures of the several states, as provided in the Constitution, within seven years from the date of the submission hereof to the states by the Congress.

Amendment XIX

The right of citizens of the United States to vote shall not be denied or abridged by the United States or by any state on account of sex.

Congress shall have power to enforce this article by appropriate legislation.

Amendment XX

Section 1. The terms of the President and Vice President shall end at noon on the 20th day of January, and the terms of Senators and Representatives at noon on the 3d day of January, of the years in which such terms would have ended if this article had not been ratified; and the terms of their successors shall then begin.

Section 2. The Congress shall assemble at least once in every year, and such meeting shall begin at noon on the 3d day of January, unless they shall by law appoint a different day.

Section 3. If, at the time fixed for the beginning of the term of the President, the President elect shall have died, the Vice President elect shall become President. If a President shall not have been chosen before the time fixed for the beginning of his term, or if the President elect shall have failed to qualify, then the Vice President elect shall act as President until a President shall have qualified; and the Congress may by law provide for the case wherein neither a President elect nor a Vice President elect shall have qualified, declaring who shall then act as President, or the manner in which one who is to act shall be selected, and such person shall act accordingly until a President or Vice President shall have qualified.

Section 4. The Congress may by law provide for the case of the death of any of the persons from whom the House of Representatives may choose a President whenever the right of choice shall have devolved upon them, and for the case of the death of any of the persons from whom the Senate may choose a Vice President whenever the right of choice shall have devolved upon them.

Section 5. Sections 1 and 2 shall take effect on the 15th day of October following the ratification of this article.

Section 6. This article shall be inoperative unless it shall have been ratified as an amendment to the Constitution by the legislatures of three-fourths of the several states within seven years from the date of its submission.

Amendment XXI

Section 1. The eighteenth article of amendment to the Constitution of the United States is hereby repealed.

Section 2. The transportation or importation into any state, territory, or possession of the United States for delivery or use therein of intoxicating liquors, in violation of the laws thereof, is hereby prohibited.

Section 3. This article shall be inoperative unless it shall have been ratified as an amendment to the Constitution by conventions in the several states, as provided in the Constitution, within seven years from the date of the submission hereof to the states by the Congress.

Amendment XXII

Section 1. No person shall be elected to the office of the President more than twice, and no person who has held the office of President, or acted as President, for more than two years of a term to which some other person was elected President shall be elected to the office of the President more than once. But this article shall not apply to any person holding the office of President when

this article was proposed by the Congress, and shall not prevent any person who may be holding the office of President, or acting as President, during the term within which this article becomes operative from holding the office of President or acting as President during the remainder of such term.
Section 2. This article shall be inoperative unless it shall have been ratified as an amendment to the Constitution by the legislatures of three-fourths of the several states within seven years from the date of its submission to the states by the Congress.

Amendment XXIII

Section 1. The District constituting the seat of government of the United States shall appoint in such manner as the Congress may direct :
A number of electors of President and Vice President equal to the whole number of Senators and Representatives in Congress to which the District would be entitled if it were a state, but in no event more than the least populous state; they shall be in addition to those appointed by the states, but they shall be considered, for the purposes of the election of President and Vice President, to be electors appointed by a state; and they shall meet in the District and perform such duties as provided by the twelfth article of amendment.
Section 2. The Congress shall have power to enforce this article by appropriate legislation.

Amendment XXIV

Section 1. The right of citizens of the United States to vote in any primary or other election for President or Vice President, for electors for President or Vice President, or for Senator or Representative in Congress, shall not be denied or abridged by the United States or any state by reason of failure to pay any poll tax or other tax.

Section 2. The Congress shall have power to enforce this article by appropriate legislation.

Amendment XXV

Section 1. In case of the removal of the President from office or of his death or resignation, the Vice President shall become President.

Section 2. Whenever there is a vacancy in the office of the Vice President, the President shall nominate a Vice President who shall take office upon confirmation by a majority vote of both Houses of Congress.

Section 3. Whenever the President transmits to the President pro tempore of the Senate and the Speaker of the House of Representatives his written declaration that he is unable to discharge the powers and duties of his office, and until he transmits to them a written declaration to the contrary, such powers and duties shall be discharged by the Vice President as Acting President.

Section 4. Whenever the Vice President and a majority of either the principal officers of the executive departments or of such other body as Congress may by law provide, transmit to the President pro tempore of the Senate and the Speaker of the House of Representatives their written declaration that the President is unable to discharge the powers and duties of his office, the Vice President shall immediately assume the powers and duties of the office as Acting President. Thereafter, when the President transmits to the President pro tempore of the Senate and the Speaker of the House of Representatives his written declaration that no inability exists, he shall resume the powers and duties of his office unless the Vice President and a majority of either the principal officers of the executive department or of such other body as Congress may by law provide, transmit within four days to the President pro tempore of the Senate and the Speaker of the House of Representatives their written declaration that the President is unable to discharge the powers and duties of his office. Thereupon Congress shall decide the issue, assembling within forty-eight hours for that purpose if not in session. If the Congress, within twenty-one days after receipt of the latter written declaration, or, if Congress is not in session, within twenty-one days after Congress is required to assemble, determines by two-thirds vote of both Houses that the President is unable to discharge the powers and duties of his office, the Vice President shall continue to discharge the same as Acting President; otherwise, the President shall resume the powers and duties of his office.

Amendment XXVI

Section 1. The right of citizens of the United States, who are 18 years of age or older, to vote, shall not be denied or abridged by the United States or any state on account of age.

Section 2. The Congress shall have the power to enforce this article by appropriate legislation.

Amendment XXVII

No law, varying the compensation for the services of the Senators and Representatives, shall take effect, until an election of Representatives shall have intervened.

수정헌법 목록(괄호 안은 수정시기)

Amendment I [Religion, Speech, Press, Assembly, Petition (1791)]

Amendment II [Right to Bear Arms (1791)]

Amendment III [Quartering of Troops (1791)]

Amendment IV [Search and Seizure (1791)]

Amendment V [Grand Jury, Double Jeopardy, Self-Incrimination, Due Process (1791)]

Amendment VI [Criminal Prosecutions - Jury Trial, Right to Confront and to Counsel (1791)]

Amendment VII [Common Law Suits - Jury Trial (1791)]

Amendment VIII [Excess Bail or Fines, Cruel and Unusual Punishment (1791)]

Amendment IX [Non-Enumerated Rights (1791)]

Amendment X [Rights Reserved to States (1791)]

Amendment XI [Suits Against a State (1795)]

Amendment XII [Election of President and Vice-President (1804)]

Amendment XIII [Abolition of Slavery (1865)]

Amendment XIV [Privileges and Immunities, Due Process, Equal Protection, Apportionment of Representatives, Civil War Disqualification and Debt (1868)]

Amendment XV [Rights Not to Be Denied on Account of Race (1870)]

Amendment XVI [Income Tax (1913)]

Amendment XVII [Election of Senators (1913)

Amendment XVIII [Prohibition (1919)]

Amendment XIX [Women's Right to Vote (1920)

Amendment XX [Presidential Term and Succession (1933)]

Amendment XXI [Repeal of Prohibition (1933)]

Amendment XXII [Two Term Limit on President (1951)]

Amendment XXIII [Presidential Vote in D.C. (1961)]

Amendment XXIV [Poll Tax (1964)]

Amendment XXV [Presidential Succession (1967)]

Amendment XXVI [Right to Vote at Age 18 (1971)]

Amendment XXVII [Compensation of Members of Congress (1992)]

찾아보기

[ㅇ]

[ㅈ]